Ramsey Clark
Wüstensturm

Ramsey Clark

Wüstensturm

US-Kriegsverbrechen am Golf

Aus dem amerikanischen Englisch
von Klaus Sticker und Sebastian Vogel

Mit einem Vorwort
von Alfred Mechtersheimer

Lamuv Taschenbuch 176

Originaltitel: The fire this time

Gedruckt auf Fortuna Werkdruckpapier, chlorfrei, säurefrei, alterungsbeständig der Firma Steinbeis Temming Papier GmbH, Glückstadt

1. Auflage Februar 1995

Lektorat: Martin Raschke
Umschlaggestaltung: Gerhard Steidl
unter Verwendung eines STERN-Fotos von Perry Kretz
Gesamtherstellung: Steidl, Göttingen
Printed in Germany
ISBN 3-88977-407-5

Inhalt

Vorwort

1. Wer dieses Buch von Ramsey Clark gelesen hat, weiß, wie unbegründet der Vorwurf ist, die deutsche Friedensbewegung habe nur aus antiamerikanischem Ressentiment gegen den Golfkrieg demonstriert. Niemand in Europa hat diesen ersten großen Krieg nach dem Ende des Ost-West-Konflikts so kompromißlos verurteilt wie der ehemalige US-Justizminister. Ramsey Clark ist ein amerikanischer Patriot, der die Regierung seines Landes deshalb anklagt, weil er deren Außenpolitik an den Werten mißt, auf denen angeblich eine »Neue Weltordnung« errichtet werden soll.

Im November 1991 kam Ramsey Clark nach Stuttgart, wo eine Anhörung zu den Kriegsverbrechen während des Golfkriegs stattfand. Eine Jury, der auch Felicia Langer, Konrad Lübbert und Henning Zierock angehörten, nannte sowohl den Krieg selbst als auch die Art seiner Führung und die Fortsetzung des Embargos zu Lasten der Menschen ein mehrfaches Kriegsverbrechen. Im Februar 1992 erklärte ein von Ramsey Clark organisiertes internationales Tribunal in New York unter deutscher Beteiligung die US-Regierung in 19 Anklagepunkten für schuldig, Verbrechen gegen die Menschlichkeit begangen zu haben.

2. Mit dem Golfkrieg sollte nach dem Willen von Präsident George Bush die von ihm verkündete »Neue Weltordnung« eingeläutet werden. Doch diese Premiere war eine Offenbarung der Amoralität der westlichen Politik und eine Dokumentation ihrer Heuchelei. Im November 1990, wenige Monate bevor die westlichen Militärmächte ein unvorstellbares Zerstörungspotential auf den Irak haben niedergehen lassen, hatten sich deren Staats- und Regierungschefs in der »Charta von Paris« feierlich verpflichtet, künftig auf die Androhung oder Anwendung von Gewalt zu verzichten. Das, was »Neue Weltordnung« genannt wird, ist keine Friedensordnung, sondern eine Neuorganisation der US-Vorherrschaft unter den veränderten weltpolitischen Bedingungen nach dem sowjetischen Kollaps. Kaum war der alte Gegner verschwunden, setzten die NATO-Staaten ihre Hochrüstung massiv dort ein, wo sie den neuen Feind ausgemacht hatten: in der arabischen Welt.

3. Das System der gegenseitigen nuklearen Abschreckung hatte die gewaltigen Rüstungsapparate der Supermächte und ihrer Verbündeten

gefesselt. Unter den neuen Bedingungen soll der Krieg endlich wieder ein jederzeit einsatzfähiges Instrument der Außenpolitik werden. Seit dem Ende des Zweiten Weltkrieges haben die USA ihre Waffen ausschließlich in der Dritten Welt eingesetzt. Um die erstarkenden Länder des Südens, die sich nicht freiwillig dem Willen der Industriestaaten unterordnen, auch künftig mit Waffen disziplinieren zu können, wollen die Militärmächte des Nordens die nukleare Proliferation in dieser Region verhindern. Deshalb fürchtet der Club der »offiziellen« Nuklearmächte, der nicht zufällig mit den ständigen Mitgliedern des UN-Sicherheitsrats identisch ist, die irakische, nordkoreanische oder iranische Atombombe. Statt die Ausbreitung dieser Massenvernichtungsmittel durch den eigenen Nuklearwaffenverzicht und ein weltweites Verbot wirksam zu verhindern, verteidigen sie ihr Monopol durch militärische Schläge. Die Regierungen des Nordens sorgen sich weniger um die potentiellen Opfer der Atomwaffen als um den Verlust ihrer Dominanz über die Dritte Welt. Und sie wollen sich ihre gerade erst gewonnene »militärische Freiheit« nicht durch die Unbotmäßigkeit kleiner Länder nehmen lassen.

In dieser Situation kam der US-Administration der brutale Überfall Saddam Husseins auf Kuwait außerordentlich gelegen. Die USA brauchen die Krise und den Krieg, weil sie ihre Rolle als einzige Supermacht nur dann wahrnehmen können, wenn das Militärische in den internationalen Beziehungen nicht noch weiter abgewertet wird. Nur bei einer fortgesetzten Kriegs- und Konfrontationspolitik bleiben die Märkte für den amerikanischen, britischen und französischen Waffenexport erhalten. Nichts hat die Militarisierung der gesamten Nahostregion so vorangetrieben wie der Golfkrieg, womit gleichzeitig Voraussetzungen für den nächsten Krieg geschaffen werden. Als Rechtfertigung für die Beibehaltung eines Großteils der im Kalten Krieg aufgetürmten Rüstungspotentiale ist die arabisch-islamische Welt ohnehin noch zu schwach. Deshalb profitiert die westliche Rüstungsindustrie auf doppelte Weise: einerseits durch den legalen oder illegalen Rüstungsexport an arabische Länder und andererseits durch die Lieferung an die eigenen Streitkräfte, die vor der selbst geschaffenen potentiellen Bedrohung schützen sollen. Es wäre naiv zu erwarten, die Westmächte hätten in der Golfkrise angesichts dieser eindeutigen Interessenlage nicht-militärischen Konfliktlösungen eine ernsthafte Chance eingeräumt. Der US-Präsident wollte den Krieg, auch aus innenpolitischen Gründen. Politische Lösungen hat Washington nur vorgetäuscht, um die Zeit bis zur Einsatzbereitschaft der alliierten Truppen zu überbrücken. Ein Beleg für die Untauglichkeit nicht-militärischer Mittel gegen eine Aggression ist die Golfkrise jedenfalls nicht, weil der politische Wille für eine friedliche Lösung nicht vorhanden war.

4. Der Golfkrieg hat nicht nur wie in einem Brennglas den Charakter der neuen US-Weltordnung enthüllt, er hat auch gezeigt, daß die Vereinten Nationen nur nominell eine Organisation der Staatengemeinschaft sind. Der UN-Sicherheitsrat ist als US-Sicherheitsrat handlungsfähig geworden, in dem Washington früher oder später fast jede gewünschte Entscheidung herbeiführen kann. Nationale Herrschaftsinteressen der USA werden durch die Resolutionen des Sicherheitsrats in Interessen der Völkergemeinschaft verwandelt. Diese Metamorphose von Macht in Recht wird selbst von großen Teilen der kritischen Öffentlichkeit immer noch nicht durchschaut, obwohl der willkürliche Umgang mit guten und schlechten Diktaturen, mit tolerierten und bestraften Invasionen und Menschenrechtsverletzungen allzu offensichtlich ist. Die supranationalen Illusionen über eine Weltregierung sind immer noch stärker als die Erkenntnis, daß eine globale Zentrale noch mehr von mächtigen Gruppen beeinflußt wird und noch weiter vom Bürger entfernt ist als eine nationale Regierung. In der Theorie ist eine Weltpolizei die ideale Friedensinstanz, in der Praxis ist sie ein Herrschaftsinstrument der Mächtigen gegen die Schwachen. Wenn sich Deutschland künftig so verhält wie seine Verbündeten im UN-Sicherheitsrat, in der NATO und der Westeuropäischen Union (WEU), wird es zum Hilfspolizisten einer ungerechten Weltordnung. Es würde sich an Interventionen beteiligen, die nur vorgeblich Recht und Frieden dienen, in Wahrheit aber wirtschaftlichen und politischen Vorherrschaftsinteressen. Wirkliche Friedenspolitik ist nur auf einem positiven Sonderweg möglich.

5. Durch den Golfkrieg haben die Nord-Süd-Beziehungen eine neue Qualität erhalten, vor allem wurde eine neue gefährliche Phase in den europäisch-arabischen Beziehungen eingeleitet. Schon vor dem Krieg gegen den Irak hatte die NATO begonnen, ihr gegen den Warschauer Pakt aufgebautes Militärpotential nach Süden auszurichten. Erstmals hat das westliche Militärbündnis im April 1992 einen ständigen Flottenverband im Mittelmeer eingerichtet. »Die Araber« und der islamische Fundamentalismus haben »die Russen« und den Kommunismus als

Feindbilder abgelöst. Fremdenhaß hat auch eine unterschätzte außenpolitische Dimension.

Die Friedensunwilligkeit der amtlichen Politik ist daran zu erkennen, daß in Washington, London, Paris und Bonn nicht berücksichtigt wird, wie durch den Krieg gegen den Irak, durch die Sanktionen gegen Libyen, die ungleiche Behandlung der Besetzung von Kuwait und Palästina in den arabischen Massen die Empörung und Wut über den Westen wachsen. Dort wird aufmerksam registriert, daß für die meisten Amerikaner und Europäer ein toter GI ungleich mehr bedeutet als ein toter Iraker und eine tote muslimische Bosnierin. Von dieser Demütigung profitieren die fundamentalistischen Extremisten. Wieder einmal spielen sich – wie früher im Kalten Krieg zwischen Ost und West – die Falken beider Seiten in die Hände.

Wo bleibt die prophylaktische Friedensarbeit, wo die interkulturelle Verständigung von unten, ohne die der drohende große Konflikt zwischen Europa und der arabischen Welt nicht verhindert werden kann? Voraussetzung ist eine Revitalisierung der Friedenskräfte in unserem Land und eine konsequente Kritik an der menschenverachtenden Politik »unserer« Regierungen. Ramsey Clark personifiziert den Widerstandsgeist gegen eine erbarmungswürdige Obrigkeit. Diese amerikanisch-deutsche Gemeinsamkeit hätten die Regierenden in Washington und Bonn zu fürchten.

Alfred Mechtersheimer

Danksagungen

Genau genommen ist dieses Buch das Ergebnis der Arbeit Zehntausender – jener Frauen und Männer in der ganzen Welt, die ihr Möglichstes getan haben, um den US-Krieg gegen den Irak zu verhindern, später: zu beenden. Sie haben gezeigt, daß es noch Hoffnung auf Frieden gibt. Auch die Hunderte, die – zuweilen unter großen Gefahren – mit der Untersuchungskommission des Internationalen Tribunals gegen Kriegsverbrechen zusammengearbeitet haben, um der Wahrheit zu ihrem Recht zu verhelfen, haben dazu beigetragen.

Insbesondere gebührt den MitarbeiterInnen der Untersuchungskommission Dank für ihre vielfältigen Bemühungen, die die Grundlage für dieses Buch bilden: Sie haben Anhörungen organisiert, Zeugenaussagen und anderes Beweismaterial gesammelt und weltweit nach Informationen geforscht. Es sind: Adeeb Abed, Paul Ahuja, Sahu Barron, Brian Becker, Richard Becker, John Catalinotto, Joyce Chediac, Kathy Durkin, Gavrielle Gemma, Teresa Gutierrez, Jelayne Miles, Monica Moorehead, Yuriko Okawara, Joan Sekler, Paul Sheehan, Karen Talbot, Jan van Heurck, Diane Wang und Phil Wilayto. Sharon Murphy und Dierdre Sinnott haben Herausragendes bei der Mittelbeschaffung geleistet.

Besonderer Dank gebührt Shreeram Krishnaswami, Bill Doares und Carl Glenn, die wertvolles Material zu den Kapiteln 1, 4 und 6 beigesteuert haben, sowie Prof. Francis Boyle für die Überlassung seiner umfangreichen Unterlagen.

Ich danke besonders Ben Chaney für seinen Einsatz bei der Textverarbeitung und Shelley Ettinger für ihre Unterstützung bei der Redaktion der ersten Textfassung.

Den Forschungsgruppen kamen die Bemühungen folgender Personen zugute: Kathy Avakian, Max Becher, Wallace Cheatham, Magie Dominic, Pat Hochmeyer, Pandy Hopkins, Jane Moritz und Barbara Nell-Perrin in New York City sowie Gautaum Biswas, Steve Bush, Rachel Davis, Peter Harlan, Shiu Hung, Francis Kelly, Marie Kelly, Ruth Levine und Paul Greenburg in San Francisco. Paddy Colligan leistete die so sehr benötigte Hilfe bei den Ermittlungen. Die Unterlagen, die uns das Data Center, ein gemeinnütziges Forschungszentrum in Oakland, zur Verfügung stellte, waren für uns von unschätzbarem Wert.

Auch Dank jenen, ohne deren Unterstützung die Arbeit der Kommission nicht hätte fortgesetzt werden können: Dr. Moniem Fadali,

M. D., Casey Kasem, Margot Kidder, Kris Kristofferson, Corliss und Beth Lamont, Dr. Chandra Muzaffar und Dr. M. A. Samad-Matias.

Danken möchte ich auch Robert Weisser für seinen unermüdlichen Einsatz beim Redigieren und dem Verlag Thunder's Mouth Press, ohne den das Buch ursprünglich nicht hätte veröffentlicht werden können.

Schließlich wäre das Buch ohne die Arbeit Sara Flounders' nicht entstanden, die von Anbeginn viel Zeit und Energie in die Veröffentlichung investiert hat; Michelle LeBlanc, die Stunden um Stunden damit verbrachte, Forschungsergebnisse zusammenzustellen, Informationen zu sammeln und die Unterlagen einzuarbeiten und die New Yorker Forschungsarbeiten leitete; sowie Tony Murphy, meinem engsten Mitarbeiter bei diesem Buch, der unermüdlich, oft nachts, an Recherchen, Ermittlungen, an Redaktion und Organisation arbeitete. Ihr Engagement war ganz dem Ziel der Kommission und des Buches gewidmet: der US-Intervention und den tragischen Verlusten an Menschenleben ein Ende zu bereiten.

Einleitung

Das Leben ist ein Weg ins Unbekannte. Nicht nur wir entscheiden, wann wir die Richtung ändern. Es gibt auch Entscheidungen außerhalb unserer Kontrolle, unvorhergesehene Weggabelungen und -biegungen. Als ich im Februar 1991 während der schweren Bombardierungen durch die US-Streitkräfte in den Irak reiste, ahnte ich nicht, wohin mich die Reise führte.

Dieses Buch ist soweit das Ergebnis meiner Reise und der Bemühungen aller Beteiligten. Es beschreibt die Geschichte, die Planung und die Vorbereitungen, die den Vereinigten Staaten die Vormachtstellung am Golf bringen mußten. Es beschreibt das Abschlachten der wehrlosen irakischen Streitkräfte, die Bombardierung wichtiger ziviler Versorgungseinrichtungen und Wohngebiete, die Umweltschäden sowie die grausigen Folgen und die steigende Zahl der Todesopfer, die auch auf das Konto der andauernden Sanktionen gehen; all dies beraubte die irakische Bevölkerung dringend benötigter Nahrungsmittel, Medikamente, Trinkwasser und auch der Möglichkeit, ihre darniederliegende Wirtschaft wieder anzukurbeln.

Es zeigt, wie die Verfassung der Vereinigten Staaten und die Charta der Vereinten Nationen verletzt wurden; es geht auf die internationalen Gesetze ein, die Kriegsverbrechen definieren. Es analysiert das Versagen der amerikanischen Medien bei der angemessenen Information der Öffentlichkeit zu Hause wie im Ausland – ein wichtiger Beitrag zum Verständnis der Tragödie und zur Vermeidung weiterer. Dieses Versagen führte dazu, daß das Gemetzel gefeiert wurde, und es stellt die Hilflosigkeit einer zwar demokratischen, aber – selbst wenn es um ihr eigenes Überleben geht – ignoranten und fehlinformierten Weltöffentlichkeit bloß.

Das letzte Kapitel faßt alle Erfahrungen und Ideen für eine künftige Friedensarbeit zusammen. Damit, wer sich betroffen fühlt, Licht in das Dunkel bringen kann, statt die Macht der Finsternis zu verfluchen. Es soll aufzeigen, was wir tun können.

Ich hoffe, die Leser begleiten mich auf diesem Weg. Er wird steinig sein. Und er verspricht wenig Trost, außer dem, den man im aufrechten Gang finden kann. Die Lektüre selbst ist nicht leicht. Für jene Amerikaner, die ihr Land lieben und an Gerechtigkeit glauben, wird es am schwersten sein. Ich habe mich nicht um eine schonende Darbietung bemüht. Aber das Buch bietet mehr als harte Hintergrundinformationen. Es eröffnet die Möglichkeit, sich am Streit für den Frieden zu beteiligen.

Kühle Morgenluft umfing uns, als wir eine alte amerikanische Limousine mit unserem spärlichen Gepäck und der sperrigen Kameraausrüstung beluden und alles um sechs große Kunststoff-Benzinkanister herum verstauten. Wir fünf, das waren außer mir John Alpert, ein mit Preisen ausgezeichneter Dokumentarfilmer, Maryann DeLeo, Alperts Assistentin und erfahrene Berufsfotografin, Mohammad al Kaysi, unser Dolmetscher und Führer, und ein Jordanier, der sich bereit erklärt hatte, uns zu chauffieren. Wir saßen eingezwängt im Wagen und nahmen bei Sonnenaufgang Kurs Ost, aus Amman heraus zur irakischen Grenze. Die Luftangriffe dauerten erst zwei Wochen, dennoch: Spürbar war der Krieg überall. Vor der US-Botschaft in Amman hatte eine aufgebrachte Menge die Menschenschlangen, die sonst auf Einreisevisa nach den USA warteten, abgelöst. Dem allmorgendlichen geschäftigen Treiben hatten die drastischen wirtschaftlichen Auswirkungen des Embargos gegen den Irak, den größten Handelspartner Jordaniens, ein jähes Ende gemacht. Die Verkehrsströme nach Irak waren zum Rinnsal geworden. Überall Militär. Auf den Rollfeldern entlang der Route starteten und landeten pausenlos Maschinen der jordanischen Luftwaffe. Bei den kurzen Unterbrechungen unserer achtstündigen Fahrt zur Grenze, bei denen wir uns mit Brot, Trinkwasser und Lebensmitteln versorgten und die Beine vertraten, hörten wir nur zornige Gespräche über den Krieg. Riesige Tanklaster mit Öl, aus Irak kommend, rumpelten an uns vorüber, und längs des Weges hielten viele an, um auszuruhen und Aktuelles über den Zustand der Straßen zu erfahren. Näher zur Grenze waren ganze Tankerflotten abseits der Straßen geparkt, stillgelegt, bis der Transport weniger gefährlich wäre.

In der letzten jordanischen Siedlung vor einer Reihe militärischer Kontrollpunkte tankten wir den Wagen auf und füllten die Ersatztanks. Denn, so hatte man uns gewarnt, im Irak war es unmöglich, an Benzin zu kommen. Wenn wir ausgebrannte oder noch brennende Fahrzeuge am Straßenrand passierten, dachten alle daran, wie die Granatsplitter wohl unseren Wagen zurichten würden.

Das letzte Mal war ich im November 1990, als sich die Lage zuspitzte, in Bagdad gewesen. Die irakische Botschaft hatte damals für mich eine Unterredung mit Saddam Hussein arrangiert. Das abendliche

Gespräch, bei dem es vor allem darum ging, wie ein Krieg zu vermeiden sei, dauerte mehrere Stunden. Nun kehrte ich auf eigenes Ersuchen dorthin zurück, um zu dokumentieren, was die US-Bombardierung für das Leben der Menschen bedeutete.

An der Grenze sollten wir von Angehörigen des irakischen Außenministeriums abgeholt und nach Bagdad begleitet werden. Obwohl in der Nähe der jordanischen Kontrollpunkte Tausende von Menschen in Flüchtlingslagern lebten, konnten wir ohne nennenswerte Verzögerung passieren – nach Osten, in den Irak, wollte niemand. 30 Meilen weiter die große irakische Einwanderungs- und Zollstation, nun merkwürdig ruhig und fast verlassen. Niemand vom Außenministerium empfing uns, keiner der Beamten war von unserem Kommen unterrichtet. Die Station, deren Sender und Relaisstation vor kurzem beschossen worden waren, hatte seit zwei Wochen keine Funk- und Telefonverbindung mehr. Nirgends Militärs. Die Einwanderungsbeamten waren nervös, und schienen unsicher, ob sie uns einreisen lassen sollten. Das Tageslicht schwand rasch.

Wir konnten die Grenzbeamten überreden, doch empfahl man uns, den Morgen für die Weiterfahrt nach Bagdad abzuwarten. Tagsüber war die Fernstraße bombardiert worden; vom Zustand der Straßen und Brücken wußte man noch nichts. Das Fahren mit eingeschalteten Scheinwerfern, so warnte man uns, sei zu riskant, denn Luftangriffe wurden rund um die Uhr geflogen.

Wir beschlossen, noch am Abend wieder aufzubrechen, obwohl unser Fahrer gestand, seit 20 Jahren nicht mehr in Bagdad gewesen zu sein. In eitler Selbstüberschätzung versicherte ich ihm, daß ich ihn, einmal in Bagdad angekommen, dirigieren könnte. Es sollte eine Nacht werden, in der die Blinden die Lahmen führten.

Wir befanden uns noch keine fünfzehn Minuten auf irakischem Boden, als wir Flammen von einem Lastzug auflodern sahen. Er transportierte Viehfutter für Iraks hungrige Herden, als er von der Fahrbahn gefegt wurde. Es waren keine Lebenszeichen mehr festzustellen.

Wir setzten unseren Weg fort, so schnell es die abgeschalteten Scheinwerfer erlaubten. Nicht lange, und wir rasselten im Dunkeln in einen Sandhaufen, der auf die Fahrbahn gekippt worden war, um die Autos vor dem Sturz in den Bombenkrater dahinter zu bewahren. Als wir die Betondecke schließlich wieder unter uns hatten, fuhren wir langsamer.

Auf den ersten 100 Meilen passierten wir Dutzende zerstörter Fahrzeuge, deren Umrisse sich im Dunkeln unklar abzeichneten. Dort, wie auch anderswo, war die Straße vom Bombardieren und Beharken aufgerissen. Mehrere Male wurde der Verkehr auf die Gegenspur geleitet, um solchen Stellen auszuweichen. Auf der ganzen Strecke bis zur Hauptstadt begegneten uns nicht einmal ein Dutzend fahrtüchtiger Autos. Von Zeit zu Zeit war Feuer zu sehen; aus einer Industrieanlage am Euphrat leckten Flammen gen Himmel. Unsere Nachforschungen – die Anlage befand sich nicht einmal eine Meile abseits der Straße – blieben erfolglos, wir konnten uns dem Schauplatz nicht nähern.

Als wir die Randbezirke erreichten, lag Bagdad völlig im Dunkeln; es schien verlassen. Von den Überführungen aus waren eine Reihe von Bränden und Rauchsäulen zu sehen. Straßenschilder waren nicht auszumachen, aber die an Kreuzungen postierten Freiwilligen boten Hilfe an und rieten uns, die Scheinwerfer ausgeschaltet zu lassen. Von Zeit zu Zeit war in der Ferne Beschuß zu hören, Flugabwehrfeuer erhellte die Nacht. Schließlich stießen wir auf einen größeren Busbahnhof, wo Menschen durcheinanderliefen. (Als wir Tage später dort vorbeikamen, war der Bahnhof zerstört.) Wir fanden einen Taxifahrer, der sich bereit erklärte, uns zum Al-Rashid-Hotel zu führen, wo wir Zimmer zu finden hofften.

Bald fanden wir uns in der großen Marmor-Eingangshalle des modernen, nach europäischen Maßstäben gebauten Luxushotels ein. An der Anmeldung brannte eine einzige Kerze. Nach der Eintragung wurden wir ebenfalls mit einer Kerze ausgestattet und im Dunkeln zum Treppenaufgang zu unseren Zimmern im fünften Stock geführt. Nachdem ich die Zimmertür geschlossen hatte, tastete ich mich zum Bett und schlief rasch ein – Wasser für die Abendtoilette gab es sowieso nicht.

Beim Luftalarm blieb ich auf dem Zimmer – mir bei der Suche nach dem Bunker im Keller des Hotels ein Bein brechen, das wollte ich nicht riskieren. Morgens mußte ich feststellen, daß alle sich so verhalten hatten. Wir blieben während der gesamten Reise dabei.

Von meinem Fenster aus konnte ich in unmittelbarer Nachbarschaft vier oder fünf schwer beschädigte große Gebäude sehen, darunter das Hauptfernmeldeamt. Das Tageslicht drang nicht bis zu den Gängen und Treppenhäusern durch; bald wußte ich sie bei völliger Dunkelheit zu meistern.

Frühmorgens fand uns das Außenministerium. Man stellte uns zwei Autos mit Fahrern zur Verfügung sowie einen Protokollbeamten, der uns bei Terminabsprachen unterstützen sollte; ohne Telefone und bei den nach dem Beschuß über neue Amtssitze verstreuten Staatsbeamten keine leichte Aufgabe. Einige von uns nutzten den ersten Morgen für die Suche nach Verwandten von Iraki-Amerikanern, die uns darum gebeten hatten; viel Glück war uns nicht beschieden, denn die Menschen waren in (wie sie hofften) sicherere Unterkünfte gezogen. Unser jordanischer Fahrer blieb noch ein paar Tage bei uns, bevor er sich wieder auf den Weg nach Amman machte – nun mit mehr Fahrgästen. Jeden Morgen waren wir in der Dämmerung auf den Beinen und brachten weite Märsche hinter uns, um trotz des zusammengebrochenen Verkehrs wenigstens einen Termin am Abend vereinbaren zu können.

An jenem ersten Abend hatten wir eine Unterredung mit dem Gesundheitsminister, einem Offizier, der sein Hauptquartier vorübergehend in die Verwaltungsräume einer großen Klinik verlegt hatte. Viel wußte er uns nicht zu berichten, in seinem überlaufenen Büro kurz vor Einbruch der Dunkelheit, und fast schien es, als würde er die Lage auch nicht besser überblicken als wir, die wir einen ganzen Tag auf der Straße, eine Stunde beim Roten Halbmond (der Rotkreuzorganisation in islamischen Ländern) und zahllose Gespräche mit ausgebombten Familien zugebracht hatten. Die Nachrichtenkanäle waren verstopft, die Befehlsstruktur aufgebrochen, und so war er auf Kuriere und Meldungen angewiesen. Nach seinen Prioritäten beim Schutz des Lebens und der Gesundheit seiner Landsleute gefragt, nannte er ohne Zögern drei: Wasser, Wasser, Wasser. Verseuchtes Wasser bedrohe die ganze Nation, und er schätzte die Zahl der Opfer auf 3 000, die der ärztlich Behandelten auf 25 000 und die der durch verschmutztes Wasser Erkrankten auf eine Viertelmillion. Wir waren froh über das von uns in Flaschen mitgebrachte Trinkwasser. Das furchtbare Dilemma von verzweifeltem Durst, verseuchtem Wasser und Durchfall blieb uns erspart. Der Minister befürchtete, daß die Wasserversorgung des ganzen Landes zerstört sei. Ein Jahr später, bei meiner Rückkehr nach Basra, sah ich, daß immer noch alles Trinkwasser von Tankwagen angeliefert wurde; die Menschen warteten in langen Schlangen auf ihre Ration.

Der Minister arrangierte für uns einen Besuch auf einer der Klinikstationen. Was wir dort sahen, lag zwischen Dantes Inferno und dem brutalen Antikriegsfilm M*A*S*H*. Kalt und dunkel waren die Zimmer, mit zwei Kerzen für 20 Betten, und vollgestopft mit Patienten, ihren Familien, dem Personal. Schluchzen, Murmeln, hastige Anweisungen der Ärzte, unterbrochen von Schmerzensschreien, und das Klagen der trauernden Angehörigen füllten unsere Ohren. Der Rücken einer Frau mittleren Alters war von etwa 30 Granatsplittern übersät. Ein zwölfjähriges Mädchen, dessen linkes Bein knapp unterhalb der Hüfte ohne Betäubung amputiert worden war, lag im Delirium. Einer Frau, nur halb bei Bewußtsein, die beim Einsturz ihres Hauses schwer verletzt worden war, hatte man noch nicht gesagt, daß sie die letzte Überlebende einer siebenköpfigen Familie war.

Ein Chirurg, der gerade eine Radikaloperation am Arm eines jungen Mannes durchgeführt hatte, kam auf uns zu, erschöpft, der Verzweiflung nahe. In England ausgebildet, arbeitete er nun 18 bis 20 Stunden am Tag. Es gab keine Anästhetika, erklärte er uns, also mußten die Patienten während der Operation von Pflegern festgehalten werden. Gaze, Verbände, Pflaster und Antiseptika waren ausgegangen. Er hielt uns beide Hände hin: »Das sind die Instrumente, mit denen ich ihnen zu Leibe rücke. In den wenigen Stunden Schlaf, die mir bleiben, werde ich immer wieder wach und reibe meine Hände. Mir fehlt sauberes Wasser, um sie zu waschen, Alkohol, um die Keime abzutöten, und unser Vorrat an Handschuhen ist vor einer Woche zu Ende gegangen. Stunde um Stunde behandle ich eine offene Wunde nach der anderen und stecke alle Patienten an. Ich kann ihnen nicht helfen.«

Wir verließen Bagdad in Richtung Süden, von wo die schwersten Bombardierungen der Städte gemeldet wurden. Als wir Diwaniya erreichten, sahen wir das Krankenhaus – keine Fensterscheibe war heil geblieben –, die Schule von Granaten zerfetzt.

Das Amtsgebäude des Gouverneurs war zerstört, aber wir konnten ihn ausfindig machen. Er führte uns in zwei zerbombte Wohngebiete. Die Menschen waren sprachlos und noch benommen. Sie betonten, in diesem Gebiet gebe es keine militärischen Ziele, auch Truppenverbände seien nicht durchgezogen. Das Stadtzentrum war mit Granatenfeuer bestrichen worden, drei kleinere Hotels, der Bahnhof, der Busbahnhof, Amtsgebäude, Geschäfte, Restaurants und das Postgebäude mit Funkstation und Sendemast zerstört. Von militärischen Einrichtungen keine Spur.

Auf nach Basra. Wir passierten Schlangen von Taxis mit Särgen auf den Gepäckträgern – auf dem Weg zum Heiligen Grab in Kerbala. Soldatensärge waren in eine Flagge gehüllt, Zivilistensärge in Wolldecken. Entlang der Straße stießen wir auf Hunderte von zerstörten Zivilfahrzeugen, darunter Busse, Lastwagen, Lieferwagen und Taxis.

Basra hatte in weniger als drei Wochen Luft- und Raketenkrieg größere Schäden erlitten als während der gesamten monatelangen iranischen Belagerung der Stadt im iranisch-irakischen Krieg, so der Gouverneur. Den zweiten Angriff überlebte er nicht.

Angehörige des Zivilschutzes erklärten sich bereit, uns herumzuführen, sowie sie von neuen Angriffen erfuhren, und zumindest einmal waren wir als erste am Schauplatz. Ich hielt mich nie lange in Basra auf.

Wir waren die ersten westlichen Besucher, die während des Bombardements nach Basra gelangten, und wir waren die einzigen Gäste des Sheraton Basrah am malerischen Schatt el-Arab, den Euphrat und Tigris durchteilen, bevor sie in den Persischen Golf münden. Der Küchenchef, glücklich über jemanden, den er bekochen konnte, bereitete zum Dinner frische Brötchen, die wir einsam bei Kerzenlicht genossen, als ohrenbetäubendes Donnern das Gebäude erschütterte. Nur wenige Schritte von uns barsten Fensterscheiben. Einige von uns stürmten hinauf aufs Dach und sahen im Dämmerlicht eine mächtige Wassersäule aus dem Schatt emporschießen. Dort war jenseits des verdunkelten Ausbildungskrankenhauses, das nach einem früheren Beschuß geschlossen worden war, eine Bombe eingeschlagen, ohne Schaden anzurichten. Der Zivilschutz traf binnen weniger Minuten ein. Unser Kleinlaster fuhr nach hundert Metern über einen Granatsplitter – den Rest der kurzen Strecke gingen wir zu Fuß, durch dichten Rauch, und fanden schließlich zwei von Bomben zerstörte Gebäude vor uns.

Am folgenden Tag, beim Besuch des verdunkelten, kalten Allgemeinkrankenhauses, fragt John Alpert den Chefchirurg, wie er sich fühle – zum Heilen der Kranken ausgebildet zu sein, nur um immer wieder die vom Krieg Getöteten und Verstümmelten vor sich zu haben. Erschöpft antwortete er: »Unser Schicksal.«

Es war furchtbar, eine von Menschen bevölkerte Stadt derart bombardiert zu sehen. In weniger als 24 Stunden zählten wir Hunderte von Gebäuden, ganze Blocks in zehn verschiedenen Wohngebieten, Krankenhäuser, Moscheen und Kirchen, die schwer beschädigt oder zerstört waren. Das Stadtzentrum war nicht völlig verbrannt, nicht wie Dresden oder Hiroshima. Aber alle Einrichtungen, die für das moderne Stadtleben wichtig sind, lagen danieder.

Bald war uns klar, daß eine ganze Nation hilflos dem Vernichtungsfeldzug einer fremden Militärmaschinerie ausgeliefert war, die ungestraft angreifen und zerstören konnte. Es dauerte Monate, bis wir genau wußten, was die Vereinigten Staaten wirklich angerichtet hatten. Bis Kriegsende flogen die Amerikaner, Briten und Franzosen mehr als 109 000 Einsätze, ließen 88 000 Tonnen Bomben regnen – das Siebenfache der Hiroshima-Sprengkraft – und töteten wahllos im ganzen Land.

Was allerdings zu sehen war, war ein Land mit Tausenden Opfern unter der Zivilbevölkerung; ohne Wasser, Krankenhäuser oder medizinische Versorgung, ohne Strom, Nachrichtenverbindungen oder öffentliche Verkehrsmittel, ohne Benzin, ohne die Möglichkeit, zerstörte Straßen und Brücken wiederherzustellen oder an wichtige Ersatzteile zu gelangen. Und eine sich stetig verschlimmernde Lebensmittelknappheit. Aufgrund der Natur der amerikanischen Waffen wurde Irak aus der Distanz zum Krüppel gemacht und in einen schmerzvollen Überlebenskampf gestürzt. Der Beschuß, das war vom Boden aus zu sehen, war keineswegs »chirurgisch präzise«, wie die US-Militärs nicht müde wurden zu behaupten, sondern zielte ganz klar darauf ab, das ganze Land und seine Bevölkerung für lange Zeit in die Knie zu zwingen.

Bei der Rückkehr aus dem Irak, vorbei an neuerlich beschossenen Brücken und noch schwerer beschädigten Straßen, begriff ich, daß unsere Reise erst der Anfang war. Auf dem Rückflug beschrieb ich in einem Brief detailliert unsere Beobachtungen und bot Präsident Bush, UN- Generalsekretär Perez de Cuellar und Präsident Hussein Videoaufzeichnungen und anderes Informationsmaterial an. Die Briefe wurden einen Tag nach unserer Ankunft zugestellt. Bei den Vereinten Nationen wurde eine Pressekonferenz abgehalten, unwiderlegbare Beweise für die Kriegsverbrechen gegen die irakische Bevölkerung wurden vorgelegt.

Präsident Bush forderte ich in meinem Brief auf: »Vor allem ist die Bombardierung der Städte und der Zivilbevölkerung einzustellen. ... Gibt es keinen Waffenstillstand, ist die Bombardierung auf militärische Ziele zu beschränken.«

Im Brief an Generalsekretär Perez de Cuellar schrieb ich: »Die Geißel des Krieges herrscht solange, wie die Vereinten Nationen diesen Angriff auf das Leben hinnehmen. Die UNO darf sich nicht zum Gehilfen von Kriegsverbrechern machen lassen.«

Die Reise in den Irak während des Krieges sollte sich als die kürzeste Etappe herausstellen. Drei Wochen nach meiner Rückkehr in die USA war der Krieg vorbei, aber der Irak, durch das Embargo von der Außenwelt abgeschnitten und von den durch die Bush-Regierung unterstützten inneren Unruhen in den Grundfesten erschüttert, wurde weiter zur Ader gelassen. Viele Kriegsgegner, die sich so rasch gegen den Golfkrieg gestellt hatten, verstummten ob der rohen Brutalität, mit der das Land verkrüppelt wurde. Bald führte uns die Reise um die ganze Welt. Gemeinsam mit einer Reihe von Organisationen und Einzelpersonen in den Vereinigten Staaten – darunter Friedensaktivisten, Vereinigungen der afrikanisch-amerikanischen und der südamerikanischen Volksgruppen, die Kirchen, Atomwaffengegner, arabisch-amerikanische Organisationen, Gewerkschaften, studentische und akademische Vereinigungen sowie Umweltverbände – riefen wir die Untersuchungskommission für ein internationales Tribunal gegen Kriegsverbrechen ins Leben.

Die Untersuchungskommission entstand aus den internationalen Anstrengungen, Beweismaterial zu sammeln, das die Kriegsverbrechen der Vereinigten Staaten beim Angriff auf den Irak belegt. Zu diesem Zweck habe ich 19 detaillierte vorläufige Anklageschriften verfaßt: Sie enthalten Anklagen wegen Verbrechen gegen den Frieden, Kriegsverbrechen und Verbrechen gegen die Menschlichkeit, begangen von der Regierung meines eigenen Landes. Sie fußen auf bereits vorliegenden Beweisen und internationalem Recht, das Kriegsverbrechen und Verbrechen gegen den Frieden definiert – etwa die Haager und Genfer Konventionen und das Nürnberger Abkommen. Auf der Basis dieser Anklageschriften wurden in mehr als 30 Städten der USA Anhörungen durchgeführt, die die Aussagen von Zeugen, Wissenschaftlern und Experten aufnahmen. Auch in mehr als 20 anderen Ländern, organisiert mit Hilfe vielfältiger Unterstützung, gab es solche Anhörungen. Bei vielen davon, in Asien, Nordafrika, im Nahen Osten, in Europa und ganz Amerika, war ich selbst dabei.

An den Vorbereitungen (wie den Lernprozessen) waren Zehntausende beteiligt. Sie umfaßten das Zusammenstellen von Unterlagen, das Sammeln von Zeitungsausschnitten, Fotos, Büchern, Videos und Zeugenaussagen. Zehn Monate dauerten diese Arbeiten. Auch der vielfältige und vielschichtige kulturelle, ideologische und religiöse Hintergrund wurde erforscht, um die Vereinigten Staaten für ihr Vorgehen verantwortlich machen zu können. Allen Beteiligten war klar, daß die US-Regierung die Situation nahezu völlig unter Kontrolle hatte, aber alle waren entschlossen, den Siegern die Geschichtsschreibung dieses Krieges nicht allein zu überlassen.

Bei der abschließenden Urteilsverkündung des Tribunals in New York, am Jahrestag des Kriegsendes, befanden 22 Richter aus 18 Nationen die Vereinigten Staaten und ihre Befehlshaber in allen Punkten der Anklage auf Kriegsverbrechen für schuldig. Von den US-Medien ignoriert, fand der Vorgang bei der internationalen Presse dennoch große Beachtung.

Die Wahrheit will ans Licht. In den kommenden Jahren werden Berge von Material den Spruch des Tribunals erneut bestätigen. Tatsächlich steht die Arbeit der Kommission für all die Menschen, die nicht gewillt sind, Jahrzehnte zu warten, bis der Wahrheit zu ihrem Recht verholfen wird. Es gilt, die US-Politik heute zu verstehen, denn andere Kriege und Interventionen sind Bestandteil der neuen Weltordnung. Deshalb konzentriert sich dieses Buch auf die US-Politik und will nicht darüber befinden, wer in der krisengeschüttelten Golfregion im Recht oder Unrecht ist.

Die Anhörungen der Kommission sollten nicht nur klären, was im Irak wirklich geschah, sondern auch, wie es zu den Angriffen kam und, wichtiger noch, wie man Vergleichbares künftig verhindern kann.

Wissen, ohne zu handeln, ist Nichtwissen. Wenn wir aber handeln, muß Krieg nicht unser Schicksal sein. Dieses Buch schärft das Bewußtsein für die Gefahren der Militärtechnologie, die neuen Auswüchse und die Unmenschlichkeit der uralten Geißel des Krieges, die Stärken und Schwächen der amerikanischen Verfassung und die Krise der Vereinten Nationen, für das Versagen der Medien und die Rolle internationalen Rechts bei der Verhinderung von Kriegsverbrechen. Möge es uns helfen, Mittel und Wege zu finden, gemeinsam und beharrlich für den Frieden einzutreten.

Wüstensturm

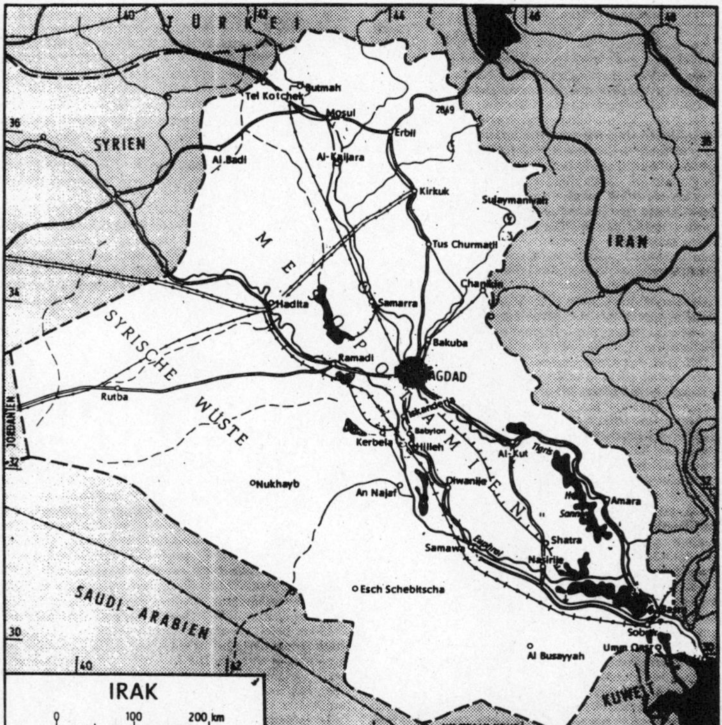

Chronologie

1921
Das britische Kolonialamt trennt Kuwait von der irakischen Provinz Basra ab. Irak verliert seinen Zugang zum Persischen Golf.

1951
Die iranische Mossadegh-Regierung verstaatlicht die anglo-iranische Ölgesellschaft, die jetzige Britisch Petroleum.

1953
Mit Hilfe der CIA stürzt Schah Reza Pahlewi die Mossadegh-Regierung. General Norman Schwarzkopf Senior ist beteiligt an der Bildung der geheimen Staatspolizei SAVAK.

1958
Eine Volkserhebung stürzt die pro-britische Monarchie im Irak. Abdel Karim Kassem beginnt Verstaatlichungen.

1963
Mit Hilfe der CIA wird die Kassem-Regierung gestürzt.

1968
Die Baath-Partei übernimmt die Macht im Irak.

1972
Irak kündigt Verstaatlichungen an. Die USA setzen den Irak auf eine Liste angeblich proterroristischer Regierungen und unterstützen die kurdische Opposition.

1975
Im Abkommen von Algier tritt Irak den Schatt el-Arab an den Iran ab. Waffenlieferungen an die irakischen Kurden werden im Gegenzug gestoppt.

1979
Die Schah-Regierung im Iran wird gestürzt.

1980
US-Präsident Carter kündigt an, den Zugang zum Öl des Persischen Golfes gegebenenfalls mit militärischen Mitteln zu sichern (Carter-Doktrin). Die schnelle Eingreiftruppe (später CENTCOM) wird gebildet. Mit stillschweigender Zustimmung der USA fällt der Irak im Iran ein. In diesem ersten Golfkrieg unterstützen die USA beide Seiten.

1982
Irak wird von Liste terroristischer Staaten gestrichen.

1984
Die USA nehmen volle diplomatische Beziehungen mit dem Irak auf und gewähren weitere Hilfen im Krieg gegen den Iran.

1985
Oberst Oliver North bietet iranischen Unterhändlern Hilfe beim Sturz von Hussein an.

1986

Der Iran-Contra-Skandal wird aufgedeckt.

1987

General Norman Schwarzkopf erhält das Kommando der schnellen Eingreiftruppe. Die USA flaggen kuwaitische Tanker aus und bombardieren iranische Ölanlagen.

1988

Höhepunkt der westlichen Unterstützung für den Irak (USA, Kuwait, Saudi-Arabien, Jordanien, England, Frankreich, Deutschland). Waffenstillstand zwischen Iran und Irak. Kehrtwende der US-Politik, nunmehr gegen den Irak. Eine US-Studie geht von einem Krieg der USA gegen den Irak aus.

1989

US-Kriegsplan 1002-90 für einen Krieg gegen den Irak

1/1990

CENTCOM Planspiel »Internal Look«

5/1990

Beim arabischen Gipfel in Bagdad beschuldigt Hussein die Golfstaaten der wirtschaftlichen Kriegführung gegen den Irak.

6/1990

Irak beschuldigt Kuwait der wirtschaftlichen Kriegführung und verlegt Truppen an die Grenze.

2.8.1990

Der Irak besetzt Kuwait.

3.8.1990

Die UN-Resolution 660 verurteilt den Irak.

6.8.1990

Die UN-Resolution 661 verhängt Sanktionen.

8.8.1990

Die USA kündigen die Entsendung von 40 000 Soldaten an. Irak annektiert Kuwait.

12.8.1990

Irak verlangt eine Verknüpfung der Kuwait-Frage mit den israelisch besetzten Gebieten. Die USA lehnen ab.

8.11.1990

Ohne erkennbare Änderung der Lage kündigt Bush die Verdoppelung der Truppen im Golf auf 400 000 Mann an.

29.11.1990

Die UN-Resolution 678 autorisiert militärische Mittel, sofern Irak Kuwait nicht bis zum 15. Januar zurückgegeben haben wird.

22.12.1990
Aufgrund des Embargos hat sich die Kindersterblichkeit im Irak verdoppelt.

12.1.1991
Der US-Kongreß autorisiert den Einsatz militärischer Mittel, falls Irak Kuwait nicht am 15. Januar geräumt haben wird.

17.1.1991
Die USA beginnen mit Luftangriffen auf den Irak. Die folgenden 42 Tage werden im Durchschnitt 2000 Einsätze über dem Irak und Kuwait geflogen.

13.2.1991
Beim amerikanischen Angriff auf den Al-Amariyah-Bunker in Bagdad sterben 1500 Zivilisten.

15.2.1991
Bush fordert in einer Rede den Sturz Husseins.

21.2.1991
Die Sowjetunion gibt bekannt, daß Irak einem bedingungslosen Rückzug aus Kuwait zugestimmt habe. Die USA setzen ein Ultimatum von 48 Stunden und drohen mit dem Bodenangriff.

23.2.1991
Der Bodenangriff beginnt.

26.2.1991
Das irakische Radio kündigt den Rückzug an. US-Einheiten bombardieren die Rückzugswege.

28.2.1991
Irak und die USA vereinbaren einen Waffenstillstand.

2.3.1991
US-Truppen töten Tausende irakischer Soldaten vier Tage nach dem Waffenstillstand.

3/1991
Mit Unterstützung der USA erheben sich Kurden und Schiiten gegen die Regierung Hussein.

5/1991
Seit dem Ende des Krieges sind durch Embargo und Bombardierungen über 150000 Iraki, zumeist Kinder, gestorben.

1/1993
Im Streit um die Ausführung kleinerer Waffenstillstandsbedingungen läßt die scheidende Bush-Administration mit Zustimmung des bereits gewählten Nachfolgers, Bill Clinton, erneute Angriffe auf den Irak fliegen.

1. Die Planung der US-amerikanischen Herrschaft über den Golf

Die US-Regierung behauptet, Irak habe durch die Invasion Kuwaits den Golfkrieg provoziert. Die Vereinigten Staaten hätten nur auf das Vorgehen Saddam Husseins reagiert, der, so wurde den Amerikanern beigebracht, den kleineren Nachbarn ohne Warnung und ohne Grund überfallen habe. Betrachtet man das amerikanische Engagement in der Golfregion etwas genauer, dann trägt vor allem die US-Regierung, und nicht der Irak, die Verantwortung für diesen Krieg, der in Washington, lange bevor der erste irakische Soldat kuwaitischen Boden betrat, vorbereitet wurde.

Die US-Regierung benutzte das kuwaitische Königshaus, um eine irakische Invasion zu provozieren, die wiederum einen massiven Angriff auf den Irak rechtfertigen würde, einen Angriff, der zur amerikanischen Herrschaft über den Golf führen sollte. Der Golfkrieg wurde nicht geführt, um Kuwaits Souveränität wiederherzustellen, wie Präsident Bush verkündete, sondern um die amerikanische Hegemonie über den Golf und den Zugang zu den Ölvorkommen zu sichern.

Der jordanische König Hussein stellte im September 1990 in einem Brief an Saddam Hussein richtig fest:

> »Die großen Industrienationen sahen in der Golfkrise eine willkommene Gelegenheit, die Ordnung dieses Gebiets gemäß ihrer eigenen Vorstellungen und Interessen umzugestalten – auf Kosten der Erwartungen und Interessen der arabischen Völker – und eine neue Hegemonialordnung herzustellen.«[1]

Das Pentagon teilt diese Einschätzung. Patrick Tyler berichtete in der »New York Times« vom 8. März 1992 über einen aufschlußreichen Plan, der das Aufkommen rivalisierender Mächte in der Welt verhindern sollte:

> »Im Nahen Osten und in Südostasien ist es unser oberstes Ziel, die dominierende ausländische Macht in dieser Region zu bleiben und den US-amerikanischen und europäischen Zugriff auf das Öl zu erhalten. ... Wie die irakische Invasion Kuwaits zeigte, bleibt

dies von fundamentaler Bedeutung, um die Hegemonie eines einzelnen Landes oder das Zusammengehen verschiedener Mächte mit dem Ziel des Erringens einer Vormachtstellung in der Region zu verhindern.«

Trotz all der leidenschaftlichen Reden Präsident Bushs gegen die »nackte Aggression« Iraks erwähnt dieser Pentagon-Bericht die Wiederherstellung der kuwaitischen Souveränität mit keinem Wort.

US-Interventionen und Golfpolitik

Irak ist das Ziel unverhüllter US-amerikanischer Aktivitäten spätestens seit dem sich abzeichnenden Schwinden des britischen Einflusses auf die Region im Jahr 1958. Am 14. Juli dieses Jahres stürzte eine vom Volk getragene und von Abdel Karim Kassem geführte, nationale Revolution die hashemitische Monarchie, die 1921 von den Briten im Irak errichtet worden war. Die neue Regierung förderte die Gründung der Organisation Erdölexportierender Länder (OPEC), die 1960 ins Leben gerufen wurde, um ein Gegengewicht zum Einfluß der westlichen Ölkonzerne zu bilden.

Kassem suchte den Irak aus dem Würgegriff der westlichen Ölkonzerne zu befreien, der die Kontrolle über den Verkauf des arabischen Erdöls ermöglicht hatte. Diese Herausforderung der in Washington seit langem gehegten Absicht, die Kolonialmächte Großbritannien und Frankreich als die dominierenden Kräfte im Nahen Osten abzulösen, konnte natürlich nicht geduldet werden. Seitdem zielen die Vereinigten Staaten auf eine Schwächung Iraks und die Kontrolle seines Öls.

Kurz nach der Revolution von 1958 bildete die CIA eine Gruppe, zynischerweise »Komitee zur Änderung der Gesundheit« (health alterations committee) genannt, die ein Attentat auf Kassem planen sollte. Gleichzeitig entwarfen US-Generäle in der Türkei ein Planspiel mit dem Decknamen »Cannonbone« für eine Invasion des irakischen Nordens und die Besetzung der dortigen Ölfelder.[2] 1963 wurden Kassem und Tausende seiner Anhänger in einem von der CIA unterstützten blutigen Umsturz massakriert. Bei seiner Zeugenaussage vor einem Senatsausschuß im Zusammenhang mit dieser Aktion witzelte ein Angehöriger der CIA:

»Das Objekt erlag einer tödlichen Erkrankung vor einem Exekutionskommando in Bagdad.«[3]

Zehn Jahre zuvor hatte eine von der CIA gestützte Operation die demokratisch gewählte Mossadegh-Regierung im benachbarten Iran gestürzt. Wie im Irak war auch bei der iranischen Aktion der Wunsch des Landes, über eine eigene Ölindustrie zu verfügen, der wichtigste Anreiz. Man ließ Schah Reza Pahlevi den Pfauenthron besteigen, worauf er 40 Prozent der Anteile an den iranischen Ölfeldern den US-Konzernen überschrieb. Kermit Roosevelt, der führende CIA-Kopf beim iranischen Umsturz, wurde Vizepräsident der Gulf Oil.[4]

1968 übernahm die Baath-Partei die Macht im Irak. Nach der Verstaatlichung der bis dahin von Amerikanern und Briten gehaltenen irakischen Ölgesellschaft unter dem Motto »Arabisches Öl den Arabern« wurde das Land seit 1972 zum Ziel verdeckter CIA-Operationen. Nach einem Treffen zwischen Präsident Nixon, Sicherheitsberater Henry Kissinger und dem Schah im Mai 1972 begann Washington, die Kurdenführer im Norden Iraks zu drängen, sich gegen die irakische Regierung zu erheben. Die Vereinigten Staaten versprachen den Kurden Unterstützung auf der ganzen Linie.

Der Pike Report, später vorgelegt vom Sonderausschuß für Geheimdienstfragen, beschrieb das folgende als »zynisches Unternehmen, selbst im Rahmen von geheimdienstlichen Operationen«.[5] Der Schah schleuste von den USA gelieferte Waffen zu den Kurden, und Kissinger ermunterte die kurdischen Führer, ein sowjetisches Angebot zur Vermittlung zwischen ihnen und Bagdad abzulehnen.[6] Laut Pike Report wünschten weder der Schah noch Präsident Nixon noch Dr. Kissinger einen kurdischen Sieg. Sie hofften damit lediglich sicherzustellen, daß die Aufständischen in der Lage sein würden, ein ausreichend hohes, für den Irak kräftezehrendes Maß an Feindlichkeiten aufrechtzuerhalten.

1975 stimmte Irak im Abkommen von Algier mit dem Irak einer Aufteilung der Kontrolle über den strittigen Wasserweg des Schatt el-Arab zu. Die Vereinigten Staaten und der Schah entzogen den kurdischen Aufständischen sofort die Unterstützung; die Kurdenführer gaben den Kampf auf und flohen über die Grenze. Doch um das Schicksal der Zurückgebliebenen scherte sich die US-Regierung nicht: Wie Henry Kissinger einem Berater erklärte, »sollte man Geheimdienst-Operationen nicht mit Missionstätigkeit verwechseln«.[7]

Anfang 1979 hatte der lange Kampf der iranischen Bevölkerung zum Sturz des Schah schließlich Erfolg. Das despotische Regime, und, wie der frühere CIA-Chef William Colby meinte, zugleich die stolzeste Errungenschaft des CIA, war Washingtons wichtigster Verbündeter in der Golfregion gewesen. Nun vollzog die US-Politik erneut eine radikale Wende. Sicherheitsberater Zbigniew Brzezinski, der eine wohlwollende Haltung gegenüber dem Irak einnahm, ermunterte das Land öffentlich, den Iran anzugreifen, um die Kontrolle über den Schatt el-Arab zurückzuerlangen – jenes Gebiet, das der Irak erst vier Jahre vorher auf Druck der USA dem Iran überlassen hatte![8]

Im Herbst 1980 ließen die Vereinigten Staaten dem Irak über Kuwait, Saudi-Arabien und andere befreundete arabische Regierungen Geheimdienstberichte zukommen, die besagten, daß der Widerstand der iranischen Streitkräfte angesichts eines raschen irakischen Vordringens bald zusammenbrechen würde. Auf Drängen des Emirs von Kuwait, des ägyptischen Staatspräsidenten Anwar As Sadat und anderer von den USA unterstützten arabischen Regierungen, folgte Saddam Hussein Ende 1980 dem Rat Brzezinskis und entfesselte einen Krieg mit dem Iran des Ayatollah Khomeini; ein Krieg, in dem Hunderttausende ihr Leben ließen.[9]

Im Gegensatz zur Reaktion der USA auf Iraks relativ unblutige Besetzung Kuwaits zehn Jahre später zeigte Washington ob des irakischen Angriffs auf Iran keinerlei moralische Entrüstung. Der Überfall diente den amerikanischen Interessen: indem er sowohl den Iran selbst schwächte – dort wurden die Angehörigen der US-Botschaft immer noch als Geiseln gehalten – als auch den antiamerikanischen Einfluß der moslemischen Regierung Irans auf die islamische Welt zurückdrängte.

Natürlich mußte ein Krieg gegen den viel größeren Iran auch den Irak auszehren. Washington war weder an einem Sieg der einen noch der anderen Seite interessiert. »Einen Sieg des einen oder des anderen Landes wollten wir vermeiden«, erklärte ein Beamter der Reagan-Administratioan der »New York Times«.[10] Henry Kissinger wurde noch deutlicher: »Ich hoffe, sie bringen sich gegenseitig um.« Und: »Zu schade, daß nicht beide verlieren können.«[11]

Obwohl die Vereinigten Staaten ihre Unterstützung für den Irak verstärkten, insbesondere, als ein iranischer Sieg zu erwarten war, blieben die übergeordneten Ziele Washingtons die gleichen: Schwächung der Golfstaaten und Vormachtstellung in der Region. Dies ist auch die Ursache für den häufigen strategischen Wechsel in der US-Politik, der schließlich, 1991, zur Zerstörung des Iraks durch die amerikanische Militärmaschinerie führen sollte.

Der Irak hätte den achtjährigen Krieg gegen den viel größeren Nachbarn ohne die massive direkte und indirekte Hilfe der UdSSR, anderer Ostblockstaaten, Kuwaits, der Vereinigten Arabischen Emirate, Saudi-Arabiens, der Vereinigten Staaten, Großbritanniens, Frankreichs und der Bundesrepublik niemals überstehen können. Nach Seymour Hersh haben Pentagon und CIA dem Irak während des ganzen Krieges Satelliten- und AWACS-Luftaufklärungsinformationen über die iranischen Streitkräfte zugespielt. Mitglieder unserer Untersuchungskommission erfuhren aus wohlunterrichteten Quellen, daß die US-Regierung CIA- und Spezialeinheiten zur Ausbildung irakischer Kommandos abgestellt hatte. Und Washington duldete und unterstützte, daß über pro-amerikanische Regierungen in Nahost Waffen im Wert von Milliarden Dollar in den Irak geschleust wurden.[12]

Ägypten, ein bevorzugter Empfänger von US-Militärhilfe, stellte dem Irak Truppen, Panzer und schwere Artillerie zur Verfügung und bevollmächtigte Bagdad, in Irak arbeitende Ägypter einzuziehen.[13] Nach einem Besuch des Stabschefs des US-Heers, General David Jones, schickte die Türkei – damals Militärdiktatur und selbst ein bedeutender Empfänger amerikanischer Militärhilfe – Truppen zum Kampf gegen kurdische Rebellen in den Irak, um der irakischen Armee für den Krieg gegen Iran den Rücken freizuhalten.

Die von den USA unterstützten Regime in Kuwait und Saudi-Arabien förderten die irakischen Kriegsanstrengungen mit zweistelligen Milliardensummen. Allein Kuwait ließ sich das Unternehmen 30 Milliarden US-Dollar kosten. Die USA lieferten in dieser Zeit Waffen im Wert von 20 Milliarden Dollar an Kuwait, Saudi-Arabien und andere Golfstaaten. Die Reagan-Administration setzte sich über die gesetzlichen Bestimmungen hinweg und erlaubte Saudi-Arabien, einem bedeutenden Abnehmer amerikanischer Waffen, während des Kriegs große Mengen des US-Kriegsmaterials in den Irak zu schaffen.

Als der Irak 1972 seine Ölindustrie verstaatlichte, setzten die USA das Land auf eine Liste angeblich pro-terroristischer Länder. Während des iranisch-irakischen Kriegs allerdings ließ Reagan den Irak von der Liste streichen. Nun konnten US-Firmen sogenannte »Dual-use«-Ausrüstung wie angeblich nicht zwingend militärische Dinge wie Jeeps, Hubschrauber und Lockheed-L-100-Transportmaschinen wieder direkt an Bagdad verkaufen.[14] Darunter waren auch 45 Bell-Helikopter, die ursprünglich als Truppentransporter für die Armee des Schah gebaut worden waren. Verkäufe im Wert von fünf Milliarden Dollar wurden illegalerweise durch ein Kreditprogramm des Landwirtschaftsministeriums für den Kauf landwirtschaftlicher Güter finanziert.[15]

1984 ließen die Vereinigten Staaten ihre Quellen für den Irak noch reicher sprudeln. Durch den vermehrten Einkauf irakischen Öls wurde Amerika zum wichtigsten Handelspartner des Landes; Europa und Japan wurden ermuntert, dem amerikanischen Beispiel zu folgen.[16] Eine immer noch geheimgehaltene Studie der Reagan-Administration plädierte für eine verstärkte Nachrichten- und geheimdienstliche Kooperation mit dem Irak. Leslie Gelb berichtete in der »New York Times« vom 4. Mai 1992, daß dies nach offizieller Lesart den Vereinigten Staaten freie Hand ließe, »alles irgend mögliche zu tun«, um dem Irak gegenüber dem Iran zu helfen. Im selben Jahr begannen Vizepräsident Bush, das Außenministerium und die CIA mit Hilfe der Export-Import-Bank, US-Exporte in den Irak in großem Maßstab zu finanzieren.[17] Und 1986 schließlich entsandten die USA ein hochrangiges CIA-Team als Berater für das irakische Militär nach Bagdad.[18]

Immer noch spielten die Vereinigten Staaten zur Beförderung ihrer eigenen Interessen beide Seiten gegeneinander aus. 1983 berichtete der »New Statesman«, daß amerikanische und türkische Generäle die Operation »Cannonbone« wiederbelebt hätten, jenen Plan aus dem Jahr 1958, der die Invasion des irakischen Nordens und die Besetzung der Ölfelder zum Ziel hatte, und daß sie seine Umsetzung für den Fall einer irakischen Niederlage vorbereiteten.[19] Wie inzwischen allgemein bekannt, ließen die USA bis Ende 1986 große Mengen Waffen über die Aktivitäten des Oliver North in den Iran schaffen, und über andere, größere Operationen auch gemeinsam mit Israel und Pakistan.[20] Bei der Iran-Contra-Anhörung sagten Zeugen aus, daß Oliver North 1985 iranischen Partnern sogar erklärt hatte, daß die USA Husseins Sturz bewerkstelligen wollten.[21]

Mit der Entscheidung, kuwaitische Öltanker im Golf zu beschützen, griffen die USA 1987 schließlich direkt auf seiten der Iraker in den Krieg ein. Mit den Öltankern und der schützenden US-Flagge hatte Amerika den Vorwand, endlich selber im Golf militärisch präsent zu sein. Während zum Teil irakisches Öl unter dem Schutz der »Stars & Stripes« verschifft wurde, griffen irakische Jets iranische Tanker an. Irans schwedische Patrouillenboote wurden genauso von US-Schiffen versenkt wie auch seine Ölplattformen zerstört.

Selbst dies lieferte jedoch noch nicht den Vorwand, eine eigene ständige Militärpräsenz in der Golfregion zu begründen. Deshalb änderte Washington im August 1988, als Irak und Iran einen Waffenstillstand vereinbarten, erneut seine Taktik. Angesichts eines in der Substanz geschwächten Iran und einer zur Reaktion unfähigen Sowjetunion griffen die Vereinigten Staaten nunmehr zu dem Bild eines militärisch starken Irak, das eine Intervention im Nahen Osten rechtfertigen sollte.

Militärische Vorbereitungen der USA

Die Planungen eines amerikanischen Militäreinsatzes im Nahen Osten reichen in die siebziger Jahre zurück, als Washington sich auf arabische nationalistische Erhebungen in den ölproduzierenden Ländern und auf deren wachsende Unabhängigkeit einstellte. Vor der Bildung der OPEC 1960 teilten sich vor allem sieben US-amerikanische und britische Konzerne den Besitz des Öls aus Nahost. Diese Gesellschaften bestimmten die Förderquoten der einzelnen Länder – denen sie buchstäblich Pfennigbeträge für das Faß zahlten –, fuhren riesige Gewinne ein und verschafften den USA eine starke politische Position auch gegenüber den Europäern.

In den siebziger Jahren änderte sich diese Situation drastisch, als die Ölstaaten einer nach dem anderen die Verfügungsgewalt über die Bodenschätze in den eigenen Grenzen für sich beanspruchten. Nach der libyschen Revolution 1968, der Verstaatlichung der irakischen Ölgesellschaft 1972 und der Ölkrise 1973 erlangten die Ölstaaten einen viel größeren Anteil an den Ölgewinnen. Bis 1975 hatten sogar die pro-westlichen Regime in Saudi-Arabien und Kuwait ihre Ölindustrien verstaatlicht.

1973 begann das Pentagon mit jährlichen Manövern in der Mojave-Wüste, Alkali Canyon genannt, bei denen man Marinetruppen und Landstreitkräfte gegen Soldaten in libyschen und irakischen Uniformen kämpfen ließ.[22] Strategen in Washington erörterten offen eine Invasion des Golfs und die Besetzung der Ölfelder. Selbst Kuwait und Saudi-Arabien nahmen 1974 Drohgebärden Schlesingers so ernst, daß sie ihre Ölfelder verminten. 1977 erklärte der Ausschuß für Energie und Bodenschätze des Senators Henry Jackson: »Ein Engagement zur Verteidigung der Ölquellen am Golf und für die politische Stabilität der Region ist für die Vereinigten Staaten stets von lebenswichtigem Interesse.«

Eine Reihe von Faktoren verhinderten ein direktes Eingreifen der USA. Dazu gehörte das hohe Risiko einer direkten Konfrontation mit der UdSSR, aber auch die in den Vereinigten Staaten immer noch starke Ablehnung militärischer Einsätze infolge des Vietnamkriegs. Derartige Hindernisse machten eine Politik erforderlich, die als Nixon-Doktrin bekannt wurde: Sie stützte sich auf regionale Mächte wie Israel und Iran, um nationalistischen Herausforderungen der US-Interessen in der Region zu begegnen. Das Pentagon verhalf dem Iran des Schah zu einer Vormachtstellung. Im Gegenzug half der Schah bei der Finanzierung von Operationen wie zum Beispiel den von der kurdischen Minderheit gegen den Irak geführten Kleinkriegen und bei der Niederschlagung einer Volkserhebung gegen den Sultan von Oman.

1979 aber stürzte der Schah. Das Militär und die Geheimdienste lösten sich durch Massendesertion und Unruhen auf, so daß im Pentagon ernsthafte Interventionsplanungen wieder aufgenommen wurden. Im Rahmen der neuen »Carter-Doktrin« wurde ein Plan für den Einsatz einer schnellen Eingreiftruppe im Golf entwickelt, angeblich als Antwort auf die neue, durch die sowjetische Invasion Afghanistans entstandene Bedrohung. Obwohl Moskau nie eine richtige Gefahr für den Golf bildete, wurde der Überfall als solche dargestellt, um dem Kongreß und der Öffentlichkeit neue Interventionsstrategien verkaufen zu können. Die iranische Geiselnahme von Amerikanern 1979 hatte in den USA die nötige anti-arabische Stimmung geschaffen.

Zentral für die neuen US-Interventionsstrategien war der Kriegsplan 1002 aus der frühen Reagan-Ära. Jeder Bedrohung des amerikanischen Zugangs zum Nahost-Öl konnte und sollte nun mit militärischen Mitteln begegnet werden. 1983 wurde die »Schnelle Eingreiftruppe« zum eigenen Oberkommando CENTCOM erhoben und insgeheim mit der Ausweitung des Netzes der US-amerikanischen Militärbasen und Überwachungseinrichtungen in Saudi-Arabien begonnen. Die neuen Stützpunkte waren top-modern ausgerüstet und wurden später zum Rückgrat der Operation Wüstensturm.

Mit diesem Fuß in der Tür waren die USA der direkten Intervention im Nahen Osten näher gekommen. Das Szenario des Golfkriegs von 1990/91 vorwegnehmend, hatte Carters Verteidigungsminister Harold Brown bereits Ende 1979 erklärt: »Ich glaube nicht, daß in diesem Gebiet direkt amerikanische Stützpunkte das richtige Mittel sind. Es ist in dieser Region einer Reihe von Staaten möglich, Stützpunkte zu unterhalten. Wenn sie im Ernstfall dann unsere Hilfe anfordern, können wir diese Basen nutzen.«[23]

Auf dem Höhepunkt einer großen iranischen Offensive gegen Irak im Jahr 1984 besuchten der stellvertretende Außenminister Richard Murphy und das Mitglied des Nationalen Sicherheitsrates John Poindexter die Herrscherfamilien am Golf, um festzustellen, daß jede militärische Intervention ein öffentliches Ersuchen und den uneingeschränkten Zugang der USA voraussetze.[24] Bis 1985 hatten die Vereinigten Staaten dazu von Saudi-Arabien eine unbefristete Zustimmung erwirkt. In einer geheimen Studie des Außenministeriums, über die in der »New York Times« vom 5. September 1985 berichtet wurde, heißt es: »Obwohl die Saudis sich standhaft gegen ein formelles Abkommen über den Zugang wehren, haben sie Zugang für die Streitkräfte der Vereinigten Staaten zugesichert, soweit nötig, um einer sowjetischen Aggression oder Krisen in der Region zu begegnen, die sie selbst nicht bewältigen können.«

1987 wurde General Norman Schwarzkopf Jr. zum Befehlshaber der CENTCOM ernannt. Ursprünglich war das Marinekorps für den Oberbefehl vorgesehen, aber General Schwarzkopf war durch seinen Hintergrund für die Ernennung prädestiniert. Er kannte den Nahen Osten seit seiner Kindheit. Sein Vater hatte 1953 am Sturz von Irans Mossadegh-Regierung mitgewirkt.[25] Als die Vereinigten Staaten mit gründlichen und umfangreichen Vorbereitungen für den Krieg gegen Irak begannen, sollte Schwarzkopf das Ruder übernehmen.

Der Zerfall des Sowjetreiches ließ dem Weißen Haus und dem Pentagon freie Hand. Als die Wirtschaft in der UdSSR zusammenbrach, wurden die sowjetischen Truppen aus Afghanistan abgezogen, der Warschauer Pakt aufgelöst. Es fehlte nun die Abschreckung gegen eine US-Intervention am Golf. Ein alter Feindbilder beraubtes Pentagon ging nun daran, sich neue Aufgaben maßzuschneidern.

Mit dem Ende des iranisch-irakischen Krieges 1988 zeichneten die Szenarien für einen Krieg in der Golfregion den Irak als Angreifer.[26] Im Januar 1990 bescheinigte CIA-Direktor William Webster vor dem Streitkräfte-Ausschuß des Senats dem Westen eine wachsende Abhängigkeit vom Nahost-Öl.[27] Im Februar erklärte General Schwarzkopf demselben Ausschuß, daß die Vereinigten Staaten ihre Militärpräsenz in der Region verstärken müßten, und beschrieb neue militärische Pläne für eine Intervention im Konfliktfall.[28] Bei der viel stärkeren Abhängigkeit Japans und Europas vom Öl der Golfregion hielten die USA die Kontrolle über dieses Gebiet im Hinblick auf ihre geopolitische Machtposition auf Jahrzehnte hinaus für entscheidend.

Das Ziel des Pentagons war nun der Schutz des Zugangs zu strategisch wichtigen Ressourcen. Im Januar 1990 schrieb Carl E. Vuono, Stabschef des Heeres: »Die Vereinigten Staaten müssen sich die Möglichkeit und die Fähigkeit erhalten, lebenswichtige Interessen dort zu schützen, wo immer sie bedroht sind. Das könnte auch bedeuten, sich einer voll ausgerüsteten Armee in Dritte-Welt-Ländern entgegenzustellen.«[29]

Im Januar 1992 war Les Aspin, Abgeordneter des Repräsentantenhauses und Vorsitzender des Streitkräfteausschusses, überzeugt, daß der Golfkrieg diese neue Politik bestätigt hatte. Die »New York Times« zitierte ihn mit der Ansicht, daß der Irak-Erfahrung »weltweit Geltung verschafft werden müsse«, um die relative Stärke anderer »schwieriger regionaler Mächte« zu ermessen – als Mittel, ihre Niederringung zu planen. »Mr. Aspin«, so die »New York Times«, »will bei dieser Methode von ›Irak-Äquivalenten‹ gesprochen wissen.«[30]

Die neue Strategie war mehr als eine kühnere Version dessen, was die USA seit je in der Dritten Welt unter dem Stichwort »Schutz lebenswichtiger Interessen« praktizierten – offener und verdeckter Krieg. Das vieldiskutierte Strategiepapier »Air-land-Battle 2000« war ein früher Ausdruck dieser grundsätzlich neuen Herangehensweise. Sie gründete sich auf die strategische ständige Stationierung von US-Streitkräften, ausgestattet mit kompliziertester Waffentechnik, um jeden Widerstand brechen und die Herrschaft über eine Region und ihre Ressourcen sichern zu können. In Schwarzkopfs Aussage vor dem Senat Anfang 1990 sprach er davon, daß das CENTCOM die Militärpräsenz im Golf durch ständig stationierte Bodentruppen, gemeinsame Manöver und »Sicherheitsunterstützung« – ein beschönigender Ausdruck für Waffenlieferungen – verstärken sollte. Sogar noch vor dieser Aussage, nämlich 1989, war der CENTCOM-Kriegsplan 1002 überarbeitet und in Kriegsplan 1002-90 umbenannt worden. In der neuen Fassung hatte der Irak die Sowjetunion als Feind ersetzt.[31] Die letzten beiden Stellen der Plankennziffer standen natürlich für 1990. Mit Schwarzkopfs Oberbefehl begann CENTCOM mit der Entwicklung von Planspielen gegen den Irak.

1990 wurden mindestens vier dieser gegen den Irak gerichteten Szenarien – einige gingen von der Voraussetzung einer irakischen Invasion Kuwaits aus – vor der tatsächlichen Invasion durchgespielt. Eines der ersten, die Computersimulation »Internal Look«, fand im Januar 1990 statt,[32] und im Juni ließ Schwarzkopf in gewaltigen Szenarien Tausende von US-Soldaten gegen bewaffnete Divisionen der Republikanischen Garde antreten.[33]

Im Mai 1990 hatte das Zentrum für strategische und internationale Studien (CSIS), eine Denkfabrik in Washington, eine zwei Jahre zuvor begonnene Studie abgeschlossen, die den Ausgang eines Kriegs zwischen den Vereinigten Staaten und dem Irak prognostizierte. Diese Studie wurde, so ein Mitarbeiter, Major James Blackwell (a. D.), im Pentagon, unter Kongreßabgeordneten und Rüstungsfirmen verbreitet. Kaum noch verwunderlich, bildete die irakische Invasion Kuwaits das Szenario für die intensiven US-Planungen.

Bei all dem Planungsaufwand sollte man glauben, daß der Irak eine schwere Bedrohung darstellte. Doch das Land kämpfte mit den Folgen eines achtjähriges Krieges.

Nach dem Waffenstillstand mit dem Iran verkündete Saddam Hussein ein 40-Milliarden-Dollar-Programm für den friedlichen Wiederaufbau des Landes. In einer Anfang 1990 vom Institut für strategische Studien der US-Kriegsakademie vorgelegten Untersuchung heißt es dazu:

> »Es steht nicht zu erwarten, daß Bagdad irgend jemanden zu einer militärischen Konfrontation provozieren wird. Seinen Interessen ist zur Zeit und in nächster Zukunft mit dem Frieden am besten gedient... Die Einkünfte aus Ölverkäufen könnten ihm ökonomisch gesehen zu einem Platz in den vordersten Reihen der Staaten verhelfen. Die Stabilität im Nahen Osten ist dem Verkauf von Öl nur förderlich; Störungen wirken sich langfristig nachteilig auf den Ölmarkt und damit für den Irak aus... Gewalt ist nur wahrscheinlich, wenn sich die Irakis ernstlich bedroht fühlen... Nach unserer Überzeugung ist der Irak grundsätzlich einer nicht-aggressiven Strategie verpflichtet und bestrebt, im Laufe der nächsten Jahre seinen Militärapparat beträchtlich zu verkleinern. Die wirtschaftlichen Bedingungen zwingen praktisch zu solchen Maßnahmen... Es scheint keinen Zweifel daran zu geben, daß der Irak nun, nach dem Ende des Krieges, demobilisieren will.«[34]

Es war nicht der Irak, sondern starke Kräfte in den USA, die einen neuen Krieg im Nahen Osten wollten: das Pentagon, um seinen gewaltigen Haushalt zu behalten; der militärisch-industrielle Komplex mit seiner Abhängigkeit von Waffenverkäufen in den Nahen und Mittleren Osten und von staatlichen Rüstungsaufträgen; die Ölgesellschaften, die auf eine bessere Kontrolle der Rohölpreise und höhere Gewinne aus waren; und die Bush-Regierung, die im Zerfall der Sowjetunion ihre Chance sah, im Nahen Osten eine ständige Militärpräsenz aufzubauen, ihre Vormachtstellung in der Region zu stärken und enorme geopolitische Vorteile durch die Kontrolle der Ölvorkommen bis ins nächste Jahrtausend zu erzielen. Die Herausforderung für das Pentagon bestand darin herauszufinden, was den Irak dazu bringen könnte – obwohl viel mehr an Wiederaufbau als an Expansion interessiert –, Schritte zu tun, die eine US-Militärintervention rechtfertigen würden. Um eine solche Krise herbeizuführen, bemühte das Pentagon seine besonderen Beziehungen zum kuwaitischen Königshaus.

Kuwait und der Weg in den Krieg

Am Tag vor der Verabschiedung der UN-Resolution 661, die die Souveränität Kuwaits wiederherstellen sollte, charakterisierte die »New York Times« das Scheichtum als »weniger ein Staat als eine in Familienbesitz befindliche Ölgesellschaft mit eigener Flagge«. Kuwait wurde nach dem Ersten Weltkrieg vom britischen Kolonialministerium künstlich als nationale Einheit geschaffen, um Druck auf den an Ölvorkommen reichen Irak ausüben zu können.

1918 erhoben sich nationale Widerstandsbewegungen gegen die Besetzung Iraks durch Großbritannien. Die Briten schlugen die Aufstände, erstmals in der Geschichte, durch systematische Bombardierungen aus der Luft nieder. Angesichts immer wieder aufflammender Aufstände verlieh Großbritannien dem Irak 1932 nominell die Unabhängigkeit. Aber auf dem irakischen Thron saß ein von den Briten eingesetzter Monarch, und die irakischen Ölfelder befanden sich im Besitz der Irakischen Ölgesellschaft, einem Konsortium britischer, US-amerikanischer und französischer Firmen. Hinzu kommt, daß Kuwait, mit einem ständigen britischen Marinestützpunkt und einer von den Briten abhängigen Königsfamilie, ein britisches Protektorat blieb – als Versicherung gegen die mögliche irakische Herausforderung des westlichen Besitzes der Ölvorkommen.

Um den Staat Kuwait zu schaffen, hatte Großbritannien ein Wüstengebiet vom Irak abgetrennt: die Stadt Kuwait, ihre Umgebung sowie die

Inseln Bubjan und Warba, die den irakischen Zugang zum Persischen Golf beherrschten. Die Grenzen zwischen Kuwait, Irak und Saudi-Arabien zog Sir Percy Cox vom britischen Kolonialministerium 1921 und 1923. Damit setzte er sich mit einem Federstrich über die Tatsache hinweg, daß diese Küstengebiete seit eh und je zum Irak gehört hatten.

Kuwaitis, die weiterhin zum Irak gehören wollten, wurden von den britischen Streitkräften unterdrückt. Der britische Diplomat Sir Anthony Parsons gab später zu: »Im irakischen Bewußtsein ist Kuwait als Teil der Provinz Basra tief verwurzelt, und die verhaßten Briten haben es gestohlen. Wir haben unsere strategischen Interessen zwar ziemlich erfolgreich geschützt, uns aber nicht um die Menschen geschert, die dort lebten. Wir haben eine Lage geschaffen, in der sie sich betrogen fühlten.«[35]

Als 1936 in Kuwait riesige Ölfelder entdeckt wurden, versprachen sie Gulf Oil – das Unternehmen besaß die kuwaitischen Förderrechte – gewaltigen Profit. Die Förderung aus jenen Feldern sollte den westlichen Ölgesellschaften in späteren Jahren eine scharfe Waffe im Kampf mit den ölproduzierenden Ländern in die Hand geben und schließlich eine Hauptursache für die irakische Invasion werden.

In den frühen fünfziger Jahren, als die Mossadegh-Regierung im Iran den Besitz der Anglo-Iranian Oil Company (heute British Petroleum, BP) verstaatlichte, boykottierten die sieben großen Ölfirmen schlicht das iranische Erdöl und zapften statt dessen noch ungenutzte Quellen in Kuwait an. Die CIA nutzte die daraus entstehende wirtschaftliche Krise im Iran, um den Sturz Mossadeghs ins Werk zu setzen. Der Iran stand darauf westlichen Ölgesellschaften wieder offen.

1960, als die irakische Kassem-Regierung bei der Gründung der Organisation erdölexportierender Länder (OPEC) mitwirkte, um den einseitigen Preissenkungen seitens der Ölkartelle entgegenzutreten, erhöhten die Ölgesellschaften erneut die kuwaitische Produktion und beschnitten die irakischen Ölexporte.

Die irakische Wirtschaft ging in die Talfahrt, Kassem wurde zwei Jahre später gestürzt.

Immer wieder hat die kuwaitische Königsfamilie innerhalb der OPEC zum Nutzen der Ölkonzerne gewirkt, indem sie mit Hilfe der riesigen Ölvorkommen des eigenen Landes die ärmeren und bevölkerungsreicheren OPEC-Mitglieder an die Kandare nahm, wenn diese den Ölgesellschaften fairere Preise abzuringen suchten. Ihre Milliarden an Petrodollar legte sie erneut bei US-Banken an. Im Gegenzug garantierten das US-Militär und die CIA den Thron Al-Sabahs'.

Nach dem Ende des iranisch-irakischen Krieges wurde Kuwait erneut von den USA benutzt, diesmal bei einer Aktion, die nach den Worten des CSIS-Direktors Henry M. Schuler auf einen »Wirtschaftskrieg« gegen Irak hinauslief.[36] In seinem Buch »Secret Dossier: The Hidden Agenda Behind the Gulf War« stellt Pierre Salinger fest, daß Kuwait am 8. August 1988 beschloß, die Ölförderung drastisch zu erhöhen – einen Tag nachdem Iran einem Waffenstillstand mit dem Irak zugestimmt hatte.[37] Sowohl der Iran als auch der Irak waren von stabilen Ölpreisen geradezu abhängig, um den Wiederaufbau finanzieren zu können. Kuwaits Maßnahme – die OPEC-Beschlüsse verletzte – ließ die Ölpreise in den Keller rutschen: Der Rohölpreis fiel von 21 Dollar auf 11 Dollar pro Barrel. Dem Irak kostete das 14 Milliarden Dollar im Jahr. Die Preissenkungen stürzten auch die Wirtschaft ärmerer ölproduzierender Länder wie Algerien und Nigeria ins Chaos. Dann, im März 1989, verlangte Kuwait eine 50prozentige Erhöhung seiner OPEC-Quote: Eine Forderung, die 1989 bei der Juni-Tagung der OPEC zurückgewiesen wurde, deren Ablehnung aber Kuwaits Ölminister Scheich Ali Al-Khalifa verkünden lassen konnte, daß sich Kuwait nicht mehr an Quotenregelungen gebunden fühle. Schließlich steigerte Kuwait die Förderung auf mehr als zwei Millionen Barrel pro Tag.[38]

Salinger beschreibt, daß Kuwait beabsichtigte, die Ölfelder von Rumailah – an der strittigen irakisch-kuwaitischen Grenze – stärker auszubeuten. Für den Irak war Rumailah ein besonders wunder Punkt. Während dem Irak durch den Krieg die Hände gebunden waren, verschob Kuwait seine Grenze nordwärts und verleibte sich weitere 900 Quadratmeilen der Rumailah-Ölfelder ein. Mit Hilfe der von den Vereinigten Staaten gelieferten Schrägbohr-Technologie konnte Kuwait außerdem aus jenem Teil der Rumailah-Ölfelder abpumpen, die unbestreitbar auf irakischem Boden lagen. Auf dem Höhepunkt des iranisch-irakischen Krieges, als der Irak unter eingeschränkten Exportkapazitäten litt, gedieh Kuwait also durch den Verkauf irakischen Öls an irakische Kunden.

Das war noch nicht alles. Der Irak hatte sich während des Krieges mit dem Iran enorm hoch verschuldet. Ein Bericht der US-Kriegsakademie urteilte: »Die Baath-Partei vertritt die Ansicht, daß man dem Irak ermöglichen sollte, in den Wiederaufbau und die Industrialisierung zu investieren, um die Produktivität wiederzuerlangen, die man für eine Schuldentilgung braucht. Die Banken wollen ihr Geld jetzt.«[39]

Kuwait war der Hauptgläubiger des Irak, nachdem es dem Land während des Krieges 30 Milliarden Dollar zur Verfügung gestellt hatte, das meiste davon, nachdem der Iran Kuwait selbst direkt bedroht hatte. Nun verlangten die kuwaitischen Herrscher die Rückzahlung. Der Krieg hatte den Irak aber mehr als 80 Milliarden Dollar gekostet, und der fallende Ölpreis – eine unmittelbare Folge der kuwaitischen Maßnahmen – machte dem Irak die Schuldentilgung unmöglich.

Von 1988 bis 1990 war der Irak bemüht, die Differenzen diplomatisch beizulegen – wie die Studie der US-Kriegsakademie vorausgesagt hatte. Kuwait reagierte nach übereinstimmender Meinung aller Beobachter darauf mit einer Mischung aus Überheblichkeit und Unnachgiebigkeit. Die Haltung des Scheichtums war in der arabischen Welt wohlbekannt. Eine Rückzahlung erwartete es eigentlich nicht, verweigerte aber auch einen formellen Schuldenerlaß. Ein hoher Beamter der Bush-Administration erklärte gegenüber »New York Newsday«: »Kuwait hatte Überkapazitäten, und als die Irakis anfragten, ›könnt ihr uns nicht helfen?‹, lehnten die Kuwaitis ab. Keineswegs höflich, sondern reichlich unverschämt. Sie waren dumm, überheblich, schrecklich.«[40]

Von Kuwaits Unnachgiebigkeit zeigte sich auch Jordaniens König Hussein betroffen. Im »San Francisco Chronicle« vom 13. März 1991 erklärte er:

> »Lange Zeit, vor dem Ende des iranisch-irakischen Krieges, habe ich mein möglichstes unternommen, um Auswege zu finden ... Er [Saddam Hussein] sagte mir, wie sehr er darum bemüht sei, die Situation so rasch wie möglich zu klären. Deshalb ergriff er die Initiative für den Kontakt mit den Kuwaitis ..., was nicht auf Anhieb von Erfolg gekrönt war. Man traf sich, aber nichts geschah ... Für mich, nach meinem Verständnis, war das wirklich rätselhaft. Das Problem zu lösen lag durchaus im Interesse der Kuwaitis. Ich weiß, daß es keine klar gezogene Grenze gab, und daß es die Ansicht gab, Kuwait sei Teil des Irak.«[41]

War es Zufall, daß die kuwaitischen Herrscher sich plötzlich so kampfeslustig gegen den größeren Nachbarn stellten, wo gleichzeitig die Pentagonplaner den Irak im Visier hatten? Wenige Kuwaitis glauben das. In einem Artikel für »The New Yorker« zitiert der Nahost-Experte Milton Viorst Ali Al-Bedah, einen kuwaitischen Geschäftsmann und pro-demokratischen Aktivisten: »Ich glaube, daß die Königsfamilie ohne den Druck seitens der Amerikaner niemals Schritte unternommen hätte, um Saddam zu provozieren.«[42]

Viorst zitierte auch Dr. Mussama Al-Mubarak, einen Politikwissenschaftler der Universität von Kuwait: »Ich weiß nicht, was die Regierung dachte, aber sie ist auf eine äußerst harte Linie eingeschwenkt, was mich vermuten läßt, daß die Entscheidungen nicht in Kuwait allein getroffen wurden. Ich nehme an, daß Kuwait sich in diesen Angelegenheiten ganz selbstverständlich abstimmt mit Saudi-Arabien und Großbritannien, ebenso wie mit den Vereinigten Staaten.«

Viorst interviewte sowohl amerikanische als auch kuwaitische Regierungsmitglieder. Der kuwaitische Außenminister Scheich Al-Salem Al-Sabah erklärte, daß General Schwarzkopf nach dem iranisch-irakischen Krieg Kuwait regelmäßig besuchte. Er sagte: »Schwarzkopf war einige Male hier, um sich mit dem Kronprinzen und dem Verteidigungsminister zu treffen. Es wurden Routinebesuche daraus, um die militärische Zusammenarbeit zu erörtern, und als die Krise mit dem Irak bereits ein Jahr schwelte, wußten wir, daß wir uns auf die Amerikaner verlassen können.«

Ein US-Vertreter in Kuwait bestätigte die Einschätzung des Scheichs: »Schwarzkopf kam vor dem Krieg zu Besuchen hierher, vielleicht einige Male im Jahr. Er war ein politischer General, an sich etwas Ungewöhnliches. Er engagierte sich persönlich sehr stark und war mit allen Ministern in Kuwait praktisch per du.«

Nach der Besetzung Kuwaits im Sommer 1990 legte der Irak UN-Generalsekretär Perez de Cuellar die Kopie einer Notiz vor, die seinen Soldaten in die Hände gefallen sei. Mit Datum vom 22. November 1989 wurde darin die Begegnung zwischen dem kuwaitischen Brigadegeneral Ahmed Al-Fahd, dem Leiter des kuwaitischen Ministeriums für Staatssicherheit und CIA-Direktor William Webster wiedergegeben. Es wurde die Ausbildung von 128 Leibwächtern des kuwaitischen Königshauses sowie die Zusammenarbeit der CIA und Kuwaits hinsichtlich geheimdienstlicher Informationen über den Iran und Irak erörtert. Auch den folgenden Abschnitt enthielt die Notiz: »Wir stimmten mit der amerikanischen Seite darin überein, daß es wichtig sei, die sich verschlechternde wirtschaftliche Situation in Irak zu nutzen, um die irakische Regierung in Sachen Grenzverlauf unter Druck zu setzen. Die CIA erläuterte uns die ihrer Ansicht nach angemessenen Druckmittel und erklärte, daß wir eine umfassende Zusammenarbeit einleiten sollten, vorausgesetzt, entsprechende Aktivitäten würden auf hoher Ebene koordiniert.«[43]

Die CIA stritt die Echtheit des Dokuments ab und behauptete, das Thema Irak sei »bei der Begegnung« nicht erörtert worden.[44] Zahlreiche Experten hingegen bestätigen seine Echtheit. Es liefert aussagekräftige Beweise und dokumentiert den Wirtschaftskrieg Kuwaits und der Vereinigten Staaten gegen den Irak – ein Krieg, den die USA lange nach der Vertreibung der irakischen Streitkräfte aus Kuwait mit den Sanktionen weiter fortführen.

1990 war es um die irakische Wirtschaft schlechter bestellt als zum Ende des Krieges mit dem Iran. Die Inflation war auf 40 Prozent gestiegen, der Wert des Dinar rapide gesunken. In einer Rede anläßlich des Gipfeltreffens der Arabischen Liga im Februar in Amman verlangte Saddam Hussein den Abzug der US-Flotte aus dem Golf: »Wenn die Golf-Anrainer, wie alle anderen Araber, nicht auf der Hut sind, wird die arabische Golfregion von den Vereinigten Staaten beherrscht werden. Bleiben die Araber schwach, kann die Situation eskalieren – die USA warten nur darauf. Es wird dazu führen, daß sie die Ölfördermengen für jedes Land festlegen und die Abnehmer bestimmen, und sie werden die Preise so festsetzen, daß es vor allem ihren eigenen Interessen dient.«[45]

Neue Förderquoten wurden bei der März-Sitzung der OPEC 1990 festgelegt, aber Kuwait und die Vereinigten Arabischen Emirate (VAR) weigerten sich, sie einzuhalten, und erhöhten ihre Produktion erneut.[46] Beim Bagdader Gipfeltreffen der Arabischen Liga im Mai erklärte Saddam Hussein, daß Kriege normalerweise geführt werden durch »die Entsendung von Truppen über die Grenzen, durch Sabotageakte, durch das Töten der Gegner und die Unterstützung eines Staatsstreichs, aber einen Krieg kann man auch mit wirtschaftlichen Mitteln führen … und was hier stattfindet [Kuwaits Erdölpolitik] ist ein Krieg gegen den Irak[47].«

Im Juni schickte der Irak Emissäre in verschiedene arabische Staaten mit dem Appell, neue Quoten festzusetzen, die eine leichte Erhöhung der Rohölpreise zuließen. Kuwait lehnte ab und wies auch den irakischen Vorschlag zurück, ein Gipfeltreffen der Staatschefs von Irak, Kuwait, Saudi-Arabien und der VAR einzuberufen.

Schließlich kam es am 10. Juli zu einer Begegnung der Ölminister dieser Länder und zu einem Abkommen über die schrittweise Erhöhung der Ölpreise. Am folgenden Tag allerdings, nach einer Unterredung mit dem Emir, verkündete der kuwaitische Ölminister, daß sein Land seine Fördermengen bis Oktober beträchtlich erhöhen werde.

Am 16. Juli beschuldigte Saddam Hussein Kuwait und die Vereinigten Staaten öffentlich, sich gegen die irakische Wirtschaft zu verschwören: »Wenn Worte die Irakis nicht mehr schützen können, muß etwas

Wirksames unternommen werden, um die rechte Ordnung wiederherzustellen und widerrechtlich angeeignete Titel ihren Inhabern zurückzugeben ... Oh, Allmächtiger Gott, siehe, daß wir sie gewarnt haben.«[48]

Am folgenden Tag wurden irakische Truppen an der kuwaitischen Grenze konzentriert. Damit unterstrich der Irak, wie ernst er den gegen das Land geführten Wirtschaftskrieg nahm. Die Erklärung Präsident Bushs vom 8. August, der Irak habe Kuwait ohne Vorwarnung überfallen, war eine plumpe Täuschung.

Trotz der Warnungen Saddam Husseins schien Kuwait erstaunlich unbekümmert. Schließlich, auf wiederholtes Drängen König Husseins und Saudi-Arabiens König Fahd, stimmte der Emir einem Mini-Gipfeltreffen am 31. Juli im saudi-arabischen Dschidda zu.[49]

Arabische Staaten arbeiten bei solchen formellen Treffen gewöhnlich Vereinbarungen vorab aus. König Fahd hatte Saddam Hussein persönlich zugesichert, daß Kuwait in Dschidda einem Kompromiß zustimmen würde. Dr. Michael Emery, Professor für Journalistik an der California State University in Northridge, gelangte in den Besitz einer Kopie der offiziellen Einladung zum Treffen von Dschidda, die König Fahd dem Emir übermittelt hatte. Ein Auszug daraus:

> »Ich möchte auf die brüderliche Verständigung hinweisen, die zwischen Eurer Exzellenz und dem irakischen Präsidenten Saddam Hussein herrschte, und auf Ihre Zustimmung hinsichtlich der Begegnung zwischen Seiner Exzellenz Scheich Saad Al-Abdallah Al-Sabah und Mr. Izzat Ibrahim im Königreich Saudi-Arabien. Ich vertraue voll auf Ihre Urteilskraft und Weisheit bei der Erfüllung dessen, was wir anstreben und was Ihre arabischen Brüder sich für die Überwindung aller Hindernisse und für die Bekräftigung der Liebe und Freundschaft zwischen den beiden brüderlich verbundenen Ländern ersehnen.«[50]

Der Emir schrieb quer über den Kopf des Einladungsbogens eine Notiz an seinen Premierminister, den er an seiner Statt reisen ließ, nachdem er anfänglich persönliches Erscheinen zugesagt hatte. Darin hieß es unter anderem:

> »Wir werden an dem Treffen entsprechend der von uns vereinbarten Bedingungen teilnehmen. Für uns ist nur unser nationales Interesse von Bedeutung. Hören Sie nicht auf das, was die Saudis oder Irakis von brüderlicher oder arabischer Solidarität reden.

Jeder von ihnen vertritt die eigenen Interessen. Die Saudis wollen uns schwächen und unsere Konzessionen an die Irakis ausnutzen, damit wir ihnen [den Saudis] künftig die geteilte [neutrale] Zone zugestehen. Die Irakis wollen ihre Kriegskosten von uns bezahlt haben. Weder das eine noch das andere darf eintreten. Das ist auch die Ansicht unserer Freunde in Ägypten, Washington und London. Bleiben Sie unerschütterlich. Wir sind stärker, als sie glauben.«[51]

Emery führte anhand der Notiz verschiedene Unterschriften- und Handschriftenprüfungen durch; er legte die Notiz sogar König Hussein vor, der selbst Nachforschungen über ihre Herkunft anstellte. Auch er hält sie für echt. Aus der Notiz des Emirs geht hervor, daß ausländische Unterstützung die Kuwaitis jeder Notwendigkeit zu Verhandlungen enthob. Die konsequente Haltung der kuwaitischen Herrscherfamilie Al-Sabah wurde einer von König Hussein geleiteten jordanischen Delegation unmißverständlich klar gemacht, die am 30. Juli nach Kuwait reiste, um an dem für Dschidda angestrebten Kompromiß beratend mitzuwirken. Obwohl zu diesem Zeitpunkt bereits irakische Truppen an der kuwaitischen Grenze aufmarschiert waren, fanden die Jordanier erstaunlich unbekümmerte und überhebliche Gesprächspartner vor. Scheich Sabah, gedrängt, das irakische Vorgehen ernster zu nehmen, erklärte der jordanischen Delegation: »Wir werden nicht auf [den Irak] eingehen ... Wenn es ihnen nicht paßt, sollen sie unser Gebiet doch besetzen ... wir werden die Amerikaner ins Spiel bringen.«

Beobachter der Begegnung berichteten, daß Scheich Sabah aufgefallen war, was ihm da herausgerutscht war. Hastig fügte er hinzu: »Nun, wissen Sie, das Beunruhigende daran ist ... das Beunruhigende daran ist die israelisch-amerikanische Dimension.«[52]

Die Notiz des Emirs und seine Diskussion mit den Jordaniern stehen in direktem Widerspruch zu der in dieser Zeit verkündeten US-Politik. John Kelly, Abteilungsleiter im Außenministerium und zuständig für Nahost- und südostasiatische Angelegenheiten, sagte am 31. Juli 1990 vor dem Kongreß aus und behauptete eine US-amerikanische Neutralität in »arabisch-arabischen« Konflikten. Notiz und Unterredung belegen außerdem, daß die Vereinigten Staaten eine friedliche Lösung der irakisch-kuwaitischen Differenzen blockierten.

Der Präsident der Palästinensischen Befreiungsorganisation (PLO), Yasir Arafat, erklärte vor Pressevertretern, daß Kuwait beim Gipfeltreffen der Arabischen Liga am 9./10. August 1990 sein nachdrückliches Eintreten für eine Verhandlungslösung der Golfkrise ignoriert und erklärt habe, »daß es nur eine Frage von Tagen sei, ›bis die Amerikaner das Problem lösen werden‹«[53].

Den Arabern war klar, was im Juli 1990 vor sich ging – den Amerikanern nicht. Am 20. Juli erklärte der Kolumnist Mu'nis Al-Razzaz in einem für die arabischen Medien in diesem Monat typischen Kommentar:

> »Aus meiner Sicht als arabischer Bürger und im Namen der arabischen Würde fordere ich Kuwait auf, die gegen den Irak gerichtete Unterstützung Kuwaits durch die Amerikaner anzuprangern, denn der Irak ist ein arabischer Bruder... [Wir] sind sicher, daß unsere kuwaitischen Brüder die beleidigenden Feststellungen der USA, ihre Freunde in der Region zu verteidigen, zurückweisen werden... Die Logik der Amerikaner, der Kuwait sich nicht anzuschließen braucht, wird die US-Militärpräsenz am Golf verstärken – eine Militärpräsenz, die von allen arabischen Völkern abgelehnt wird.«[54]

Die Isolierung des Irak

Die USA beschränkten sich nicht darauf, Kuwait zu ermuntern: Sie unternahmen auch eigene Schritte, den Irak zu isolieren und in eine Wirtschaftskrise zu stürzen. Sobald der iranisch-irakische Krieg zu Ende war, begann der Propagandakrieg der Vereinigten Staaten gegen Saddam Hussein und, abgestimmt mit anderen westlichen Ländern, ein De-facto-Embargo. Die politische Absicht wurde in allen arabischen Ländern erkannt. Am 14. Februar 1991 stellte der algerische Außenminister Sid Ahmed Ghozali im Rundfunk fest, daß die Angriffe gegen den Irak seit zwei Jahren eskalierten.[55]

Der Waffenstillstand zwischen Irak und Iran trat offiziell am 20. August 1988 in Kraft. Fast augenblicklich verschlechterte sich Iraks Image in der westlichen Welt. Am 8. September erklärte Washington, daß der Irak gegen die Kurden Giftgas eingesetzt habe. Washington entrüstete sich allerdings etwas verspätet. Der schwerste Angriff mit – nach kurdischen Quellen – 5 000 Toten und weiteren 7 000 Verletzten hatte bereits sechs Monate zuvor in Halabja stattgefunden. Damals war der mörderische Angriff auf die eigene Bevölkerung von den USA nicht verurteilt worden. Selbst der Hungerstreik irakischer Kurden vor den UN, ein Protest gegen das Massaker, wurde von westlichen Regierungen und Medien nicht beachtet.

Im September jedoch, am Tag, als der irakische Außenminister Sa'dun Hammadi sich mit seinem amerikanischen Amtskollegen George Schultz treffen sollte, berief der Sprecher des Außenministeriums, Charles Redman, eine Pressekonferenz ein, um die Vorfälle von Halabja im nachhinein auszuschlachten: »Die Regierung der Vereinigten Staaten ist überzeugt, daß der Irak bei den militärischen Einsätzen gegen die kurdische Guerilla Chemiewaffen eingesetzt hat. Wir kennen nicht das Ausmaß der Giftgaseinsätze, doch betrachten wir jeden Einsatz in diesem Zusammenhang als abscheulich und durch nichts zu rechtfertigen.«[56]

Offensichtlich: Washington war im innerirakischen Bürgerkrieg gerade zur anderen Seite übergewechselt. Als Hammadi zwei Stunden nach der Pressekonferenz im Außenministerium eintraf, überschütteten ihn die Reporter mit Fragen. Deutlich überrascht, war Hammadi unfähig zu antworten. Innerhalb von 24 Stunden nach Redmans Erklärung sprach sich der Senat einstimmig für wirtschaftliche Sanktionen gegen den Irak aus, die Verkäufe von Technologie und Lebensmitteln unterbinden sollten. Obwohl die Vorlage nie Gesetzeskraft erlangte, war sie sowohl eine Drohung als auch eine Demütigung, deren Absicht nicht nur im Irak als heuchlerisch empfunden wurde.

Die Attacken des State Department waren der Auftakt zu einer fast zwei Jahre dauernden antiirakischen Propaganda. Sie wurde Anfang 1990 verstärkt und auf die illegale Herstellung von Waffen im Irak konzentriert. Die westlichen Medien griffen Saddam Husseins Erklärung vom 2. April auf, daß Iraks Chemiewaffen im Falle eines israelischen Angriffs auf den Irak den jüdischen Staat »halb verschlingen« würden. Die Propaganda vertuschte allerdings zwei wichtige Punkte in Saddams Rede: Erstens war es Israel, das mit finanzieller Unterstützung der USA als erster Staat der Region zu chemischen und atomaren Waffen gelangt war, und zweitens hatte Saddam Hussein in eben dieser Rede vorgeschlagen, über eine ABC-Waffenfreie Zone im Nahen Osten zu verhandeln. Und in der Tat hatte der Irak ausreichend Grund, sich durch Israel bedroht zu fühlen, hatten die Israelis doch 1981 die Baustelle des von den Franzosen gelieferten Kernkraftwerks bei Osirak bombardiert und im Frühjahr 1990 mit einem erneuten Angriff gedroht.

Am 11. April, als Bevollmächtigte der britischen Regierung für den Export in den Iran vorgesehene Stahlrohre beschlagnahmten, schreckte die Öffentlichkeit auf. Obwohl die Rohre als Teile einer Pipeline deklariert waren, behaupteten die Briten, daß sie tatsächlich für den Bau einer irakischen »Superkanone« gedacht seien. Bei den beschlagnahmten Gütern handelte es sich um »Dual-use«-Waren (für zivile und militärische Zwecke verwendbar) der Art, wie sie von westlichen Regierungen wissentlich und illegalerweise seit Jahren an den Irak geliefert wurden. Britische Beamte taten, als hätten die Exportkontrollen versagt, und die Medien griffen die Gelegenheit beim Schopfe, um den Irak als militärische Bedrohung hinzustellen. Später, als eine Folge der BBC-»Panorama«-Serie die Komplizenschaft der britischen Regierung bei der Belieferung des Iraks mit Gütern der genannten Art aufdecken sollte, wurde der Bericht auf unbestimmte Zeit »verschoben«.[57]

Zur selben Zeit, als die internationale Presse mit der Propaganda zum irakischen Mißbrauch von Gütern für militärische Zwecke aufmachte, genehmigte das US-Handelsministerium die Lieferung vergleichbarer »Dual-use«-Ausrüstungen im Wert von Milliarden Dollar an eben jenen Irak. Das muß bei den Irakis den Eindruck erweckt haben, die US-Regierung unterstütze die Entwicklung der irakischen Rüstung. Das Handelsministerium änderte die amtlichen Unterlagen, um sein Vorgehen vor dem Kongreß und der Öffentlichkeit zu verschleiern.[58]

Die westliche Propaganda in der Zeit nach dem iranisch-irakischen Krieg zielte so offensichtlich auf Irreführung und Provokation ab, daß die Arabische Liga am 5. April 1990 eine Erklärung herausgab, des Inhalts, daß sie »die politischen Verlautbarungen und die ungerechte, feindselige und tendenziöse Pressekampagne gegen den Irak mit äußerster Besorgnis« betrachte.[59]

Es blieb nicht bei der Propaganda. Die westlichen Staaten verhängten de facto Sanktionen gegen den Irak. Von den UN nicht gebilligt, wirkten sie dennoch gemeinsam mit dem kuwaitischen Wirtschaftskrieg verschlimmernd auf die irakische Wirtschaftskrise. Bei seinem Treffen mit US-Botschafterin April Glaspie am 25. Juli 1990 bezog sich Saddam Hussein auf diese Sanktionen: »Von den Amerikanern bleibt uns nichts mehr zu kaufen als Weizen. Wann immer wir etwas kaufen wollen, heißt es, das ist untersagt. Ich fürchte schon den Tag, an dem es heißt, ›Aus dem Weizen wollt ihr bloß Schießpulver machen.‹«[60]

Iraks stellvertretender Regierungschef Ramadan erklärte im November 1990 gegenüber der von Muhammad Ali geleiteten Friedensdelegation, daß in den zwei Jahren zuvor Hunderte von Wissenschaftsabkommen, Vereinbarungen über technische Zusammenarbeit und Lebensmittel-Lieferverträge zwischen dem Irak und westlichen Regierungen gekündigt worden seien. Kubas UN-Botschafter Ricardo Alarcon bezog sich am 6. August 1990 in seiner Rede vor dem Sicherheitsrat auf diese Isolierung. Er sprach sich gegen eine weltweite Sanktionen fordernde Resolution aus und erklärte: »Wir werden aufgefordert, gezielte Sanktionen zu billigen, die von den wichtigsten Industriestaaten der Welt bereits einseitig verhängt wurden.«[61]

Die Signale der Vereinigten Staaten in Richtung Irak in den ersten sieben Monaten des Jahres 1990 waren verwirrend. Nichtöffentlich äußerten die USA den Wunsch nach besseren Beziehungen mit dem Irak, trotz der feindseligen Propaganda und des Wirtschaftsembargos, und obwohl das Planspiel 1002-90 den Irak immer noch als größte Bedrohung für den Persischen Golf bezeichnete. Im Februar 1990 erklärte General Schwarzkopf vor dem Senat: »Der Irak verfügt über die Mittel, die angrenzenden Staaten militärisch unter Druck zu setzen... Im CENTCOM gilt uns als das gefährlichste Szenario ein lokaler Konflikt, der in einen regionalen Krieg mündet.«[62]

Dennoch äußerte der stellvertretende Außenminister John Kelly gegenüber Saddam Hussein am 13. Februar in Bagdad, daß dieser »eine moderierende Kraft« darstelle und die Vereinigten Staaten ihre Beziehungen mit dem Irak zu verbessern beabsichtigten.[63] Anfang April wirkte Kelly an der Ausarbeitung von Kongreß-Vorschlägen für Sanktionen gegen den Irak mit. Gleichzeitig war eine Gruppe von US-Senatoren unter Leitung des Führers der Minderheit im Senat, Robert Dole, bei einem Besuch des Iraks am 12. April bestrebt, Saddam Hussein in der Frage einer Gesetzesvorlage des Kongresses zu Sanktionen zu beruhigen: »Ich gehe davon aus, daß Bush Sanktionen ablehnt. Er wird sein Veto einlegen, sofern es nicht zu Provokationen kommt.«

Als Hussein sich über die von der westlichen Presse gegen ihn geführte Propagandaschlacht beklagte, versicherte ihm Senator Alan Simpson, daß Bush nicht dahinter stehe, und nannte die Journalisten »verdorben und eingebildet[64]«.

Nach dem Golfkrieg, als die Euphorie über den Sieg des US-Militärs nachließ und nach und nach bekannt wurde, daß Tod und Vernichtung über den Irak gekommen waren, war eine plausible Erklärung für die Beweise, daß der Irak zur Invasion Kuwaits provoziert wurde, wichtiger als jemals zuvor. Seitdem war man bemüht – so zum Beispiel durch die gezielte Veröffentlichung von Dokumenten –, die Vorkriegsereignisse als Bushs verfehlte Versuche hinzustellen, mit dem Irak nach dem iranisch-irakischen Krieg funktionierende bilaterale Beziehungen aufrechtzuerhalten. Ein typisches Beispiel für derartige Erklärungsversuche ist der erwähnte Artikel des Kolumnisten Leslie Gelb in der »New York Times« vom 4. Mai 1992. Unter der Überschrift »Bushs Irak-Fehler« stellt er fest, daß »[die] Bush-Mannschaft ... der Meinung war, mit [Hussein] zusammenarbeiten zu müssen, weil der Irak in der Region eine Vormachtstellung errungen hatte. Und sie dachte, ihn mit Hilfslieferungen und diplomatischen Streicheleinheiten zähmen zu können – weil er ein ›Realist‹ sei, mit dem andere Realisten handelseinig werden könnten«.

Diese Analyse übersieht geflissentlich jene Maßnahmen der Bush-Administration, die den eigenen Schlußfolgerungen völlig widersprechen. Gelb beschreibt die Regierung als entschlossen, dem Irak Waffen zu verkaufen – entschlossen bis hin zum Druck auf die Präsidenten der Export-Import-Bank, leichtsinnigerweise Kredite zuzusagen und ständig die Exportkontrollen zu umgehen. Dafür sieht Gelb keine andere Motivation als die, daß Bush »dachte, mit Saddam Hussein zusammenarbeiten zu können«. Nach ihm gab sich Washington mit der Zusicherung des saudischen Königs Fahd, des jordanischen Königs Hussein und Ägyptens Präsident Hosni Mubarak zufrieden, die irakischen Drohungen gegen Kuwait seien aufgeregtes Geschrei.

Diese Einschätzung ignoriert entscheidende Fakten: daß die gesamte militärische und strategische Planung seit 1988 den Irak als die zentrale Bedrohung in der Golfregion ausgemacht hatte; daß danach die Vereinigten Staaten dem Irak versicherten, man betrachte die Auseinandersetzungen mit Kuwait als regionale Angelegenheiten; und daß sich die Vereinigten Staaten zwar versöhnlich gaben, aber mit anderen westlichen Ländern und Kuwait kooperierten, um den Irak durch Propaganda und wirtschaftlichen Druck zu schwächen.

Die Vorstellung, Bush habe in seinen Beziehungen mit dem Irak schwere Fehler gemacht, hätte ihm innenpolitische Probleme bereiten können. Das wäre immer noch besser für ihn gewesen als die Wahrheit über die Irak-Politik, nämlich: daß die Vereinigten Staaten seit den siebziger Jahren nach einer Rechtfertigung für eine Intervention in der Region zwecks Kontrolle über ihre Ressourcen suchten. Die Vereinigten Staaten trieben den Irak zu Schritten, die den USA ein Eingreifen ermöglichen sollten, indem sie Saddam Hussein als monströsen Popanz aufbauten und ihn gleichzeitig zum Einmarsch in Kuwait provozierten. Das war wohl der eigentliche Grund für den scheinbar versöhnlichen Ton und die bemerkenswerten Zusicherungen des Außenamts-Zeiten Kelly und der US-Botschafterin Glaspie. Wären die USA wirklich daran interessiert gewesen, mit dem Irak »handelseinig« zu werden, hätten sie das Land wirtschaftlich nicht unter Druck gesetzt. Mit dem Irak »handelseinig« zu werden, dazu trug auch nicht das neue Feindbild nach den Jahren der Kooperation bei.

Wozu allerdings beigetragen wurde, das war das militärische Eingreifen, für das die Pläne bereits in der Schublade lagen. Der britische Kolumnist John Pilger berichtete im »New Statesman«, daß der Nationale Sicherheitsrat Präsident Bush ein Weißbuch vorgelegt hatte, in dem der Irak und Saddam Hussein »als die besten Bewerber für eine Feindbild-Nachfolge des Warschauer Paktes« und als rationale Erklärung für weitere Militärausgaben auf dem Niveau des Kalten Krieges beschrieben wurden.[65]

Der diplomatische Aufmarsch

Am 24. Juli 1990 gab das Pentagon bekannt, daß sechs US-Kriegsschiffe im südlichen Golf ins Manöver gingen – »kurzfristige« Manöver, nämlich Schwarzkopfs »gemeinsame Übungen« mit Truppen der Vereinigten Arabischen Emirate. Im »Wall Street Journal« vom 25. Juli war zu lesen, daß diese Maßnahme im direkten Zusammenhang mit den irakisch-kuwaitischen Spannungen stehe.[66] Der Artikel zählt zu den wenigen Berichten in diesem Land, die im Widerspruch zu den Erklärungen der Bush-Administration standen, daß man über Irak nicht besorgt sei. Nach dem 2. August sollte dergleichen nicht mehr geschrieben werden.

Am 25. Juli – einen Tag nachdem die Vereinigten Staaten die gemeinsamen Golfmanöver mit den VAR angekündigt hatten, während irakische Truppen an der kuwaitischen Grenze konzentriert wurden und General Schwarzkopf das CENTCOM auf den Krieg vorbereitete – zitierte Saddam Hussein die US-Botschafterin Glaspie zu sich. Es scheint der letzte Versuch gewesen zu sein, die Haltung Washingtons zur Auseinandersetzung mit Kuwait abzuklären. Glaspie versicherte ihm: »Zu arabisch-arabischen Konflikten, wie zum Beispiel Ihre Auseinandersetzung mit Kuwait über die gemeinsame Grenze, haben wir keine Meinung... [Außenminister] James Baker hat unseren Sprecher angewiesen, dies nachdrücklich zu betonen.«[67]

Das war die offizielle Politik. Am 24. Juli hatte Glaspie ein Telegramm des State Department erhalten, mit dem sie ausdrücklich angewiesen wurde, zu wiederholen, daß die Vereinigten Staaten »keine Meinung« zu »arabisch-arabischen« Konflikten hätten.[68]

Nach dem Krieg, am 21. März 1991, dementierte Glaspie diese Wiedergabe ihrer Unterredung mit Hussein. In ihrer Aussage vor dem außenpolitischen Ausschuß des Senats erklärte sie, sie habe Hussein wiederholt gewarnt, daß die USA die Anwendung von Gewalt seitens Irak als Mittel der Konfliktlösung nicht hinnehmen würden. Sie meinte, Hussein sei wohl zu »dumm« gewesen, die möglichen Reaktionen der Vereinigten Staaten zu verstehen.[69]

Im Juli 1991 aber wurden die Telegramme Glaspies an das Außenministerium mit ihrer Wiedergabe der Unterredung schließlich dem Senat zugänglich gemacht. Daraus ging hervor, daß ihre Aussage vor dem Senat weitgehend auf Erfindungen beruhte und die vom Irak veröffentlichte Version zutreffend war.[70] Am 12. Juli 1991 verlangte der Ausschußvorsitzende, Senator Claiborne Pell, in einem zornigen Brief an Außenminister James Baker eine Erklärung für die Unstimmigkeiten zwischen Glaspies Aussage und dem Telegramm. Senator Alan Cranston behauptete, Glaspie habe den Kongreß hinsichtlich ihrer Rolle im Golfkrieg vorsätzlich in die Irre geführt.

Am 31. Juli entdeckte die Defense Intelligence Agency (DIA), der militärische US-Geheimdienst, daß irakische Truppen Treibstoff, Wasser, Munition und anderen Nachschub an Kuwaits Grenze verlegten.[71] Am selben Tag sandte der stellvertretende Außenminister Kelly – ein letztes Mal – in einer Anhörung eines Kongreß-Untersuchungsausschusses Signale aus, die mißverstanden werden mußten. Er wurde vom Abgeordneten Lee Hamilton befragt. Der Wortwechsel:

> »Hamilton: Haben wir gegen unseren Verbündeten am Golf eine Verpflichtung für den Fall, daß sie in Öl- oder Gebietskonflikte mit ihren Nachbarn verwickelt werden?
>
> Kelly: Wie ich bereits sagte, Herr Vorsitzender, haben wir mit keinem der Länder Beziehungen, die durch ein Verteidigungsabkommen geregelt sind. Wir haben es immer vermieden, zu Grenzkonflikten oder internen OPEC-Beratungen Stellung zu beziehen, doch haben wir sicherlich – wie alle Regierungen – in

unmißverständlicher Weise zu einer friedlichen Beilegung der Differenzen in dieser Region aufgerufen.

Hamilton: Wenn Irak beispielsweise die Grenze überschreitet und Kuwait angreift – aus welchen Gründen auch immer –, wie würden wir uns hinsichtlich des Einsatzes der US-Streitkräfte verhalten?

Kelly: Das ist rein hypothetisch, Herr Vorsitzender, ein Eventualfall, Fragen, die ich nicht beantworten kann. Es sei nur soviel gesagt, daß wir auf das Äußerste besorgt wären, aber »Was wäre, wenn ...«-Gedankengänge bleiben mir verschlossen.

Hamilton: Ist es unter diesen Voraussetzungen dennoch zutreffend, daß wir kein Beistandsabkommen abgeschlossen haben, das uns zu einem Einsatz der US-Streitkräfte verpflichten würde?

Kelly: Das ist zutreffend.«[72]

Am 2. August 1990 überfiel der Irak Kuwait – offensichtlich im Glauben, die USA hätten zugesichert, nicht einzugreifen. Die Vereinigten Staaten beantragten unverzüglich eine Verurteilung durch die UN. Eine der ersten Maßnahmen in der Region nach dem irakischen Einmarsch war, Ägypten zu drängen, zum Gipfeltreffen der Arabischen Liga am 2./3. August in Kairo eine Resolution einzubringen, die Irak verurteilen sollte. Der US-Regierung war klar, daß ein irakischer Rückzug aus Kuwait dadurch erschwert würde.

Am Tag der Invasion sprach der jordanische König Hussein, in der Hoffnung, eine arabische Lösung der Krise durchzusetzen, mit Saddam Hussein, der seine Bereitschaft zum Rückzug erklärte. Dieser werde aber unwahrscheinlicher, wenn die Arabische Liga den Irak verurteile.

Der König flog nach Alexandrien, wo er dem ägyptischen Präsidenten Hosni Mubarak das Versprechen abnahm, seinen Außenminister in Kairo nicht für eine Verurteilung Iraks stimmen zu lassen. Beim Treffen Hussein-Mubarak setzte Präsident Bush telefonisch eine Frist von 48 Stunden für eine Verhandlungslösung. Der Jordanier verließ Ägypten, im Gepäck eine Einladung zu einer weiteren Konferenz in Dschidda, dem letzten verzweifelten Versuch für Verhandlungen mit Kuwait und Saudi-Arabien, angesetzt für den 5. August. Am 3. August traf er Saddam Hussein in Bagdad und legte ihm die Einladung vor.

Saddam erklärte gegenüber König Hussein, an der Konferenz in Dschidda teilnehmen zu wollen. Wichtiger noch: er wolle am 5. August mit dem Truppenabzug beginnen, wenn die Verhandlungen an diesem Tag Erfolg versprächen – sofern, schränkte er ein, nicht einer der arabischen Staaten den Irak verurteile. Der Journalist Pierre Salinger zitiert Saddams Warnung: »Wenn es in diese Richtung läuft, werde ich Kuwait einfach zu einem Teil Iraks erklären und es annektieren.«[73]

Offensichtlich war Saddam Hussein noch am 3. August zum Rückzug aus Kuwait bereit, wenn eine Verurteilung verhindert würde. Zumindest ließen seine Äußerungen eine arabische Lösung noch sehr wahrscheinlich erscheinen.

König Hussein flog nach Amman, überzeugt, eine Lösung sei greifbar nahe, denn Mubarak hatte zugesichert, daß Ägypten den Irak nicht verurteilen werde. Am selben Tag gab Saddam Hussein ein Kommuniqué heraus, in dem er erklärte, am 5. August, also zwei Tage später, mit dem Abzug der irakischen Truppen aus Kuwait zu beginnen. Bushs Antwort darauf war: »Soll er sie doch sofort abziehen.«[74]

Bei seiner Ankunft in Amman mußte König Hussein feststellen, daß Ägypten eine – von der Arabischen Liga angenommene – Resolution vorgelegt hatte, die Invasion Kuwaits zu verurteilen.[75] Ägypten, so stellte sich heraus, war von den Vereinigten Staaten unter Druck gesetzt worden. Nach Salinger übermittelte der stellvertretende Außenminister Kelly seinem ägyptischen Amtskollegen die folgende Botschaft: »Der Westen hat seine Pflicht getan, aber die arabischen Länder legen die Hände in den Schoß. Die USA haben den arabischen Staaten, insbesondere Ägypten, Waffen in großem Umfang geliefert. Wenn sie jetzt nicht handeln, wenn sie jetzt in der Kuwait-Frage keinen festen Standpunkt beziehen, können sie sicher sein, daß sie in Zukunft nicht mehr auf Amerika zählen können.«[76]

Da Bush König Hussein zwei Tage Zeit für eine Lösung eingeräumt hatte, zeigt die Botschaft Kellys, daß der US-Präsident einen Erfolg der Mission des Jordaniers nie gewollt hatte. König Hussein erklärte Dr. Emery, daß er später habe feststellen müssen, daß Mubarak unter Druck gesetzt worden sei, die Verurteilung bis 3. August, 5.00 Uhr New Yorker Zeit zu verabschieden – zeitgleich mit der zweiten von den USA entworfenen Resolution des Sicherheitsrates, die einen Wirtschaftsboykott gegen den Irak forderte. Dem Sicherheitsrat lag der Text dieser Resolution Nr. 661 um 5.48 Uhr vor, übermittelt per Fax von der US-Botschaft.[77] Das war nur ein Tag nach der irakischen Besetzung Kuwaits.

Der kubanische UN-Botschafter Alarcon, der für die erste Resolution des Sicherheitsrates – die Verurteilung Iraks wegen der Besetzung

Kuwaits – gestimmt hatte, erklärte vor dem UN-Gremium am 6. August, wie die Vereinigten Staaten Husseins Entscheidung vom 5. August, sich nicht zurückzuziehen – also anders als zunächst vorgesehen – nutzten: »Es wird zur Zeit der Versuch gemacht, die Sanktionen damit zu rechtfertigen, daß der Irak seine Truppen nicht von kuwaitischem Boden zurückgezogen hat, oder auch damit zu begründen, wie verschiedene Erklärungen Bagdads am Sonntag [5. August] beziehungsweise seiner ständigen Vertreter hier ausgelegt werden. Das entspricht aber nicht der Wahrheit. Der Plan, über den Irak Sanktionen zu verhängen, existierte bereits vor Aufnahme unserer Beratungen im Sicherheitsrat, zu einer Zeit, da noch niemand von der Absichtserklärung der irakischen Regierung wußte – ebenfalls am 3. August –, ihre Truppen aus Kuwait zurückziehen zu wollen.«[78]

Damit ist klar: Die Vereinigten Staaten brachten Ägypten dazu, in der Arabischen Liga eine Verurteilung der irakischen Invasion durchzusetzen, was dazu führte, daß der Irak nicht mehr zum Rückzug bereit war. Washington wiederum nutzte die irakische Weigerung als Rechtfertigung, Sanktionen zu verhängen.

Die jordanische Regierung erhielt später einen Drohbrief ähnlich dem an den ägyptischen Außenminister. In dem von Präsident Bush unterzeichneten Schreiben heißt es: »Es liegt im ureigensten Interesse Jordaniens, sich in der Auseinandersetzung zwischen dem Irak und der überwiegenden Mehrheit der arabischen Staaten nicht neutral zu verhalten.«

Von Emery befragt, wie dieser Brief zu verstehen sei, erklärte ein Berater König Husseins: »Als schikanierend, einschüchternd, chauvinistisch und völlig unannehmbar.«[79]

Beim Kairoer Gipfeltreffen am 9./10. August setzte Ägypten eine weitere Verurteilung der Invasion durch und forderte die Entsendung westlicher Truppen an den Golf. Zahlreiche arabische Beobachter, wie auch des Arabischen mächtige westliche Journalisten, berichteten, daß der Text des Abschlußkommuniqués unbeholfen formuliert war, als sei er vom Englischen ins Arabische übersetzt worden.[80] Ein regionales Abkommen der arabischen Staaten zu diesem Zeitpunkt wäre die größte Bedrohung für die US-Kriegspläne gewesen. Durch den Druck auf Ägypten und andere Staaten und die nachhaltige Unterstützung der kuwaitischen Königsfamilie konnten die USA diesen frühen Versuch einer friedlichen Lösung vereiteln.

Gleichzeitig mit der diplomatischen machten die Vereinigten Staaten die militärische Front auf. Zunächst mußte Saudi-Arabien dazu gebracht werden, der Stationierung von Truppen auf seinem Boden zuzustimmen. Washington behauptete, Saddam Hussein konzentriere Tausende von Soldaten an der saudischen Grenze, weswegen Saudi-Arabien um die US-Militärpräsenz gebeten habe. Die Wahrheit ist, daß Saudi-Arabien der zunächst abgelehnten US-Forderung nach Truppenstationierung erst nach massivem Druck der Vereinigten Staaten nachgegeben hatte. Am 3. August, vier Tage vor Ankündigung der ersten US-Truppenstationierung, waren Verteidigungsminister Dick Cheney und General Colin Powell, der Stabschef des Vereinigten Oberkommandos der Streitkräfte, mit dem saudischen Botschafter in den Vereinigten Staaten, Prinz Bandar bin Sultan, zusammengekommen. Bandar war stärker westlich orientiert als andere Mitglieder der Saud-Familie und an verschiedenen verdeckten US-Aktionen beteiligt gewesen – die Iran-Contra-Affäre gehört dazu.

Als Cheney und Powell dem Prinzen ihre Argumente darlegten, stützten sie sich vor allem auf Satellitenfotos, die angeblich irakische Truppenkonzentrationen an der saudischen Grenze zeigten. Darauf nutzte Bandar die Fotos, um die Zustimmung der Saud-Familie zu einer Begegnung mit einer US-Delegation zu gewinnen.[81]

Am 28. Januar 1991 berichtete »Newsweek«, was am 4. August, einen Tag nach dem Treffen Bandars mit Cheney und Powell, geschah:

> »Mitten in der Beratung schreckte der Kriegsrat auf: Es kam die ›sehr zuverlässige Information‹ eines befreundeten Staatsoberhauptes, daß die Saudis die Stationierung amerikanischer Truppen ablehnten. Das widersprach den Äußerungen Bandars tags zuvor. Der Präsident erhob sich, verließ den Raum und ließ sich mit König Fahd verbinden. Er erwähnte [Fahd gegenüber] nicht den Hinweis, den er gerade erhalten hatte. Statt dessen eröffnete er dem König, daß er fest entschlossen sei, Saudi-Arabien zu verteidigen, daß er keine ständigen Militärstützpunkte wolle, daß er alle amerikanischen Streitkräfte abziehen werde, wann immer der König die Zeit für gekommen halte... Er empfahl dem König, bloß nicht um Streitkräfte zu bitten, wenn er nur Alibitruppen wolle. Der Anruf schien gewirkt zu haben, obwohl der König noch unsicher war. Bush kehrte in die Runde zurück und erklärte, die Saudis schienen noch willens, der Truppenstationierung zuzustimmen.«

Am 5. August machten sich Cheney, Powell, Robert Gates – der damalige stellvertretende Direktor des Nationalen Sicherheitsrates –, Paul Wolfowitz – ein Referent im Verteidigungsministerium – und General Schwarzkopf auf den Weg nach Saudi-Arabien, um den Druck zu verstärken.

Bis dahin sahen saudische Diplomaten keine Anzeichen für eine bevorstehende irakische Invasion. In seinem Buch »The Commanders« schreibt Bob Woodward, daß König Fahd vor Ankunft der Cheney-Delegation einen Spähtrupp über die kuwaitische Grenze geschickt hatte, um festzustellen, ob irakische Truppen auszumachen seien. Man kehrte unverrichteter Dinge zurück. »Von irakischen Truppen auf dem Vormarsch keine Spur«, schreibt Woodward. Fahd zweifelte deshalb die Notwendigkeit einer US-Truppenstationierung an.[82]

Ursprünglich war es Saudi-Arabien lediglich um die Luftabwehr zu tun gewesen und die mündliche Zusicherung der USA, Saudi-Arabien notfalls zu verteidigen – von den 100 000 Soldaten, die stationiert werden sollten, war keine Rede gewesen. Die Cheney-Mission vom 5. August war jedoch erfolgreich. Am 6. August, nach vier Tagen unter ständigem Druck aus Washington völlig zermürbt, erklärte sich Fahd im wesentlichen einverstanden, Saudi-Arabien als Aufmarschgebiet für einen Angriff auf den Irak nutzen zu lassen. Allerdings bat er Präsident Bush, in einer wie auch immer gearteten öffentlichen Erklärung zu verkünden, daß die Saudis um die US-Truppen zur Verteidigung der eigenen Grenzen gebeten hätten.[83]

Am 7. August sagte der Pressesprecher des Weißen Hauses, Marlin Fitzwater: »Nach unserer Auffassung ergibt sich für Saudi-Arabien eine unmittelbare Bedrohung durch die Art und Weise, wie sie [irakische Truppen] in Kuwait stationiert sind.«[84]

In einer im Fernsehen landesweit übertragenen Rede am 8. August erklärte Bush: »Nach Gesprächen mit König Fahd habe ich Verteidigungsminister Cheney beauftragt, Maßnahmen zu erörtern, die wir gemeinsam ergreifen können. Nach diesen Treffen hat die saudische Regierung um unsere Hilfe gebeten.«[85]

Gut einen Monat später, am 11. September, sollte Bush dem Kongreß eröffnen, daß 120 000 irakische Soldaten mit 850 Panzern »Kuwait überfallen [hätten] und [bis zum 5. August] nach Süden vorgedrungen [wären], um Saudi-Arabien zu bedrohen[86].« Der »U. S. News & World Report« vom 20. Januar 1992 schreibt allerdings: In derselben Woche, in der Cheney die Saudis bearbeitete, um ihnen die Zustimmung zur Landung von US-Truppen abzuringen, berichtete ein Mitarbeiter des US-Geheimdienstes aus Kuwait, daß sich Truppen der Republikanischen Garden in Wirklichkeit aus dem Süden Kuwaits Richtung Irak zurückzögen. In dem Buch »Triumph Without Victory« des »U.S. News & World Report« wird ein CENTCOM-Befehlshaber mit den Worten zitiert: »Wir haben immer noch keine schlüssigen Beweise dafür, daß [Hussein] jemals beabsichtigt hat, Saudi-Arabien zu überfallen.«[87]

Die in Florida erscheinende »St. Petersburg Times« berichtete am 6. Januar 1991 von Fotos eines sowjetischen Nachrichtensatelliten, die zeigten, daß bis zum 8. August keine irakischen Truppen an der saudischen Grenze waren, dem Tag, als Bush den US-Einsatz ankündigte. Die »Times« beauftragte zwei Experten des Militärischen Geheimdienstes mit der Prüfung der Satellitenaufnahmen, darunter auch Fotos vom 11. und 13. September – als das Verteidigungsministerium von geschätzten 250 000 irakischen Soldaten und 1 500 Panzern in Kuwait sprach. Der eine Experte war Prof. Peter Zimmerman, ein Dozent der George-Washington-Universität, der unter Reagan für das Amt für Rüstungskontrolle und Abrüstung gearbeitet hatte. Der andere war ein früher für den Militärischen Geheimdienst tätiger Spezialist für Satellitenfotos.

Die Fachleute erklärten, daß das Fotomaterial die US-Angaben nicht stützten. Die Fotos vom 8. August zeigten leichte Sandverwehungen auf den von Kuwait-City zur saudischen Grenze führenden Straßen. Zimmermann sagte: »Das deutet mit Sicherheit darauf hin, daß sie von niemandem benutzt wurden und daß das [irakische] Militär sie für seine Fahrzeugbewegungen auch nicht freigemacht hat.«

Die auf den Septemberfotos sichtbaren Sandverwehungen waren größer und höher. Sie hatten sich seit einem Monat ungestört aufbauen können. Während zu diesem Zeitpunkt die Präsenz der 100 000 US-Soldaten in Saudi-Arabien klar war, sagte Zimmermann:

> »Es gibt keine Anzeichen für irakische Truppen in Kuwait in der von der Regierung behaupteten Stärke, nicht einmal von 20 Prozent dessen... Wir konnten keinerlei Hinweise darauf finden. Wir sehen keine Zeltlager, keine Panzerverbände, keine Truppenkonzentrationen, und der wichtigste kuwaitische Luftwaffenstützpunkt scheint verlassen. Seit Beginn der Invasion sind es fünf Wochen, und nach dem, was uns vorliegt, hat die irakische Luftwaffe noch kein einziges Kampfflugzeug zum strategisch wichtigsten Stützpunkt in Kuwait geflogen. Es ist keine Infra-

struktur für die Versorgung der großen Zahl von Menschen zu sehen. Sie müssen doch Toiletten haben..., sie brauchen Lebensmittelvorräte... aber wo soll das alles sein?«[88]

Ähnlich äußerte sich der frühere Spezialist des Militärischen Geheimdienstes: »Es war einfach nicht zu sehen, was man hätte erwarten können, zum Beispiel die dreiseitigen Verschanzungen für Fahrzeuge, auf den angenommenen Angriff hin ausgerichtet. Es gibt sie aber nicht.«

Die Satellitenfotos wären Stoff für große Aufmacher in den Zeitungen gewesen. Sie zeigten, daß die US-Regierung schlicht gelogen hatte, um die 540 000 Soldaten für einen Angriff auf den Irak in Saudi-Arabien zu stationieren. Die wichtigsten Blätter weigerten sich jedoch fast einmütig, darüber zu berichten. Erwähnt wurden die Fotos lediglich in einer kleinen Meldung der »Newsweek« vom 3. Dezember: ABC hätte die Fotos ursprünglich denselben Experten vorgelegt, sie aber »so verwirrend gefunden, daß [man] sie nicht veröffentlichen wollte«[89]. Die Redakteure der »St. Petersburg Times« boten das Material dem »Scripps-Howard News Service« und »Associated Press« – zweimal – an. Beide waren nicht interessiert.[90]

Die Dämonisierung Saddam Husseins

Unterstützt von der Presse, waren die Vereinigten Staaten bestrebt, Saddam Hussein zu dämonisieren, um der Öffentlichkeit den geplanten Krieg besser verkaufen zu können. Nach mehreren Jahren enger diplomatischer, wirtschaftlicher und militärischer Kooperation zwischen Bagdad und Washington während des iranisch-irakischen Krieges wurde Saddam plötzlich zum Tyrannen – »schlimmer als Hitler«.

Neben persönlichen Beschimpfungen hatte man noch andere Aufhänger für die Medien. Öl gehörte von Anfang an dazu. Am 11. September erklärte Bush: »Wir können nicht zulassen, daß ein so lebenswichtiger Rohstoff einem so rücksichtslosen Diktator überlassen wird. Und wir werden es nicht zulassen.«[91]

Dennoch waren große Teile der Öffentlichkeit nicht ganz überzeugt. Über einen neuen Versuch berichtete die »New York Times«:

»Außenminister Baker... soll zunehmend darüber verärgert sein, daß die Redenschreiber des Weißen Hauses nicht in der Lage sind, die Golfpolitik des Präsidenten auf einfache, zusammenhängende und überzeugende Art und Weise zu präsentieren, um in der amerikanischen Öffentlichkeit nachhaltige Unterstützung zu finden.

Seit Beginn der Golfkrise im August ändern sich die Rechtfertigungsversuche des Präsidenten ständig: von ›lebenswichtigen Interessen‹, die auf dem Spiel stünden, über den Grundsatz, daß Aggression sich nicht auszahlen dürfe, bis zur Behauptung, Iraks Präsident Saddam Hussein sei schlimmer als Hitler.

Außenminister Baker behauptete zunächst, erstmalig am vergangenen Freitag, daß am Golf die ›Brieftaschen‹ und der ›Lebensstandard‹ aller Amerikaner auf dem Spiel stünden.

Der Bush-Administration ist klar geworden, daß die schwindende Unterstützung für die Golfpolitik der Regierung, sofern der Trend nicht umgekehrt wird, die gesamte Golfstrategie zunichte machen wird.«

So verfiel Baker auf ein neues Spiel mit der Angst:

»Damit es auch der Mann von der Straße versteht, ... will ich es so ausdrücken: Es geht um die Arbeitsplätze. Ein weltweiter Konjunkturrückgang, verursacht durch die Kontrolle einer Nation – eines Diktators, wenn Sie so wollen – [über das Erdöl] wird zum Verlust von Arbeitsplätzen amerikanischer Bürger führen.«[92]

Mit einem Federstrich gab Baker dem irakischen Präsidenten nicht nur die Schuld für den US-Aufmarsch am Golf, sondern auch für die Verschlechterung der wirtschaftlichen Lage der Nation (die nach dem Krieg noch deutlicher zu spüren war).

Als im Herbst 1990 eine von der »New York Times« und CBS durchgeführte Meinungsumfrage zu dem Ergebnis kam, daß 54 Prozent der US-Bürger eine Militärintervention für vertretbar hielten, wenn sie den Erwerb von Atomwaffen durch den Irak verhindere, war das Wasser auf die Mühlen Bushs. Es war nun geradezu die Pflicht der Vereinigten Staaten, Husseins Massenvernichtungswaffen zu zerstören. »Mit jedem Tag, der verstreicht«, sagte er der Truppe am Erntedankfest, »nähert sich Saddam seinem Ziel, ein Atomwaffenarsenal aufzubauen. Und das ist der Grund, warum Ihre Mission mehr und mehr zur Notwendigkeit, unausweichlich wird... Er hat noch nie eine Waffe besessen, von der er keinen Gebrauch machte«[93].

Bush übertrieb sowohl das nukleare Potential des Irak als auch die militärischen Fähigkeiten. Es war weithin bekannt, daß der Irak kurz vor der Herstellung vom Atomwaffen stand, aber dazu fehlte – unter anderem – die notwendige Versorgung mit Plutonium. Im April 1992 gelangten Atomwaffenexperten der Untersuchungskommission vor Ort im Irak zu der Auffassung, daß das Land zur Herstellung einer einzigen Atombombe mindestens noch drei Jahre brauchen würde. In jedem Fall war die heuchlerische Behauptung eine List und leicht als Versuch zu entlarven, eine nachträgliche Rechtfertigung für den US-Truppenaufmarsch zu finden.

Etwa zeitgleich erschien Seymor Hershs aufsehenerregendes Buch »The Sampson Option«, in dem Hersh aufdeckte, daß Israel schon über 300 Atomsprengköpfe und geeignete moderne Raketen verfügte.[94] Die gesamte arabische Welt befürchtet, daß Israel Atomwaffen gegen seine Nachbarn einsetzen könnte, ähnlich wie Pakistan und Indien über die Atomwaffen des jeweils anderen beunruhigt sind. Gleichzeitig unternimmt Israel alles, um die Araber an der Entwicklung derartiger Waffen zu hindern. Trotzdem hat sich die UNO noch nie genötigt gefühlt, Inspektionsteams nach Israel, Indien, Pakistan oder andere Länder, denen man eine Verletzung des Vertrags über die Nichtweiterverbreitung von Atomwaffen nachsagt, zu entsenden.

Und Iraks »Millionenheer«? Natürlich, die Armee des Iraks wurde im iranisch-irakischen Krieg größer. Die Baath-Partei verlangte nachdrücklich nach mehr Rekruten und erhöhte die Zahl der Einberufungen 1986 drastisch. Die Republikanische Garde, zuvor den Bewohnern Tikrits, Husseins Heimatstadt, vorbehalten, stand nun Wehrpflichtigen aus ganz Irak offen. Man holte die Leute buchstäblich von der Straße.

Allerdings: Das Image der kampferprobten Streitmacht, die nur dafür lebte, die Golfregion zu überrennen, war reine Illusion. Die Mehrzahl der irakischen Soldaten waren Wehrpflichtige im Alter von 16 bis 42 Jahren, ohne tiefere Loyalität zum Militär. Der Anteil der bewaffneten Streitkräfte mit guter Ausbildung und Ausrüstung war sehr niedrig.[95] Trotz des Medienrummels um die irakische Armee schätzten Militär- und Geheimdienstexperten die tatsächliche Truppenstärke Iraks auf nur 300 000.[96] Kein westlicher Militärfachmann hielt die irakische Armee für erstklassig.

Was in dieser Zeit eine Woge der Entrüstung auslöste, war der »Brutkasten-Skandal« – der ebenfalls auf Lügen beruhte. Bei der Aussage vor den Menschenrechts-Parteigremien am 10. Oktober 1990 behauptete ein nur mit »Nayirah« vorgestelltes 15jähriges Mädchen, sie sei Zeugin geworden, wie irakische Soldaten Babys aus ihren Brutkästen genommen und »sie auf dem kalten Fußboden sterben gelassen« hätten.[97] Den Vorfall hat die Bush-Administration weidlich ausgeschlachtet für ihre Kriegsanstrengungen. Bush kam in zahlreichen Reden darauf zurück und behauptete, 312 Säuglinge hätten auf diese Weise den Tod gefunden. In einem Bericht vom 19. Dezember 1990 bestätigte amnesty international den Vorfall.

Seit dem Ende des Golfkrieges ist die Geschichte gründlich widerlegt. Es kam ans Licht, daß die Zeugen, die vor dem Sicherheitsrat und dem Kongreß ausgesagt hatten, dies unter falschem Namen und falscher Identität taten. Ein »Mr. Issah Ibrahim, der Chirurg«, war in Wirklichkeit Ibraheem Behbehani, ein Kieferorthopäde.[98] Nayirah, die 15jährige, die ausgesagt hatte, sie habe zur Zeit der angeblichen Greueltaten in der Klinik freiwillige Hilfsdienste geleistet, stellte sich als die Tochter des kuwaitischen Botschafters in den USA heraus – was den Organisatoren der Anhörung vom 10. Oktober bekannt war.[99]

Amnesty international zog seine Bestätigung der Geschichte im April 1991 zurück. Middle East Watch untersuchte die Vorwürfe und schloß im Februar 1992 mit der Gegenanklage, daß die Story, wie andere Schilderungen von Massenvergewaltigungen und Folter durch die Irakis, »eindeutig Kriegspropaganda« waren.

Washingtons Ablehnung von Verhandlungen

Seit Beginn der Krise argumentierte Präsident Bush, daß jede Verhandlung mit Saddam Hussein »eine Belohnung für Aggression« sei. Eine mehr als zynische Haltung, weniger als ein Jahr nach der US-Invasion Panamas, bei der Tausende von Zivilisten getötet wurden.

Die Vereinigten Staaten torpedierten schon früh die arabischen Bemühungen um eine Verhandlungslösung unter den arabischen Staaten. Dennoch setzte der Irak seine Anstrengungen fort. Am 12. August 1990 schlug der Irak Verhandlungen vor, die einen Rückzug aus Kuwait mit umfassenden Erörterungen der israelischen Besetzung palästinensischer Gebiete und anderer Probleme der Region verknüpfen sollten. Der Vorschlag umfaßte die Aufhebung der Sanktionen und den Ersatz der US-Streitkräfte im Golf durch arabische Truppen unter UN-Aufsicht. Bush und seine Leute reagierten mit Spott und Ablehnung.

Als der Irak den Vorschlag Mitte August modifizierte, wurde er von den Medien kaum noch zur Kenntnis genommen. Der neue Plan – von der genannten Verknüpfung war keine Rede mehr – bot einen irakischen Rückzug aus Kuwait und die Freilassung aller Amerikaner und Europäer an, die bis dahin den Irak nicht verlassen durften. Im Gegenzug forderte der Irak die Aufhebung der UN-Sanktionen, einen garantierten Zugang zum Persischen Golf und die Kontrolle über die Rumailah-Ölfelder.

Das State Department leugnete, daß dieser Vorschlag auf dem Tisch lag – eine glatte Lüge, und um so frecher, als das Weiße Haus ihn gleichzeitig bestätigte. »Newsweek« berichtete am 10. September 1990, daß »›ein früherer hochrangiger Regierungsbeamter‹ den irakischen Friedensplan dem nationalen Sicherheitsberater Bushs, Brent Scowcroft, vorgelegt habe... Das State Department dementierte dies ›nachdrücklich‹ – weshalb James Baker, der in Urlaub befindliche Außenminister, nicht ganz auf dem laufenden schien, als das Weiße Haus bestätigte, Scowcroft habe das Angebot tatsächlich von einem alten Freund übergeben bekommen.«

»Der Vorschlag«, so fuhr das Magazin fort, »wurde schnell als Reinfall abgetan.«[100]

Nicht jeder dachte so. Eine Zusammenfassung des irakischen Vorschlags, von einem demokratischen Mitglied des Kontrollausschusses für die Nachrichtendienste für den Kongreß erarbeitet, kam zu dem Ergebnis, daß eine ernsthafte Prüfung des Vorschlags seitens der USA einen Krieg hätte vermeiden können. Es hieß darin: »Die Irakis waren offensichtlich der Meinung, daß sie mit der Invasion Kuwaits weltweit die Aufmerksamkeit auf sich lenken, eine Verbesserung ihrer wirtschaftlichen Lage aushandeln und sich dann wieder zurückziehen könnten... [Eine] diplomatische Lösung, die auch den Interessen der Vereinigten Staaten gedient hätte, wäre durchaus schon zu Beginn der Invasion möglich gewesen.«[101]

Aber die Bush-Administration wollte keine Verhandlungslösung. Sie wollte Krieg. Washington reagierte schnell, um jede sich andeutende diplomatische Lösung zu vereiteln. Am 22. August, einen Tag nachdem Tariq Aziz zum wiederholten Male die Bereitschaft Iraks zu Verhandlungen kundgetan hatte, äußerte Saudi-Arabien starkes Interesse an einem Gebietskompromiß. Der saudische Verteidigungsminister Prinz Sultan erklärte, die strittigen Inseln Bubjan und Warba könnten zum Bestandteil eines Vertrages über einen Rückzug aus Kuwait werden: »Saudi-Arabien hat erklärt – und wiederholt dies heute –, daß die Einräumung von Rechten, einschließlich bereitwillig gemachter brüderlicher

Gebietszugeständnisse, eine Frage des Ehrgefühls der arabischen Nation ist.«[102]

Die Reaktion der USA: Sie ließen über den saudischen Botschafter Bandar Druck auf seine Regierung ausüben, die Erklärung zurückzuziehen. »Danach meldete uns Bandar, daß der Prinz behaupte, falsch zitiert worden zu sein«, erklärte ein Regierungsbeamter nach dem Anruf. Kuwait und die Vereinigten Staaten bestätigten erneut ihre Forderung nach einem bedingungslosen irakischen Rückzug.[103]

Auch nach dieser weiteren Zurückweisung setzte der Irak seine Verhandlungsbemühungen fort. Am 4. November sagte Saddam Hussein in einem Interview mit ABC News in Bagdad, daß er Gespräche wolle, und deutete sogar an, daß die irakischen Truppen Kuwait letztendlich verlassen würden. Bereits zwei Wochen zuvor hatte der sowjetische Sonderbotschafter Jewgeni Primakow auf die Gesprächsbereitschaft Iraks hingewiesen und nach einer weiteren Begegnung mit Hussein festgestellt, daß der irakische Staatschef nicht mehr von Kuwait als Teil des Iraks spreche.

»Wir sind zu Gesprächen mit den entsprechenden Parteien bereit«, hatte Hussein ABC gesagt.[104] Er wiederholte nachdrücklich den Wunsch, die Differenzen mit den Vereinigten Staaten und den arabischen Ländern auszuräumen. Sein Appell wurde ignoriert.

Statt dessen erntete er nur Spott. Am 28. August schlug Saddam eine Fernsehdiskussion mit Präsident Bush, der britischen Premierministerin Margaret Thatcher – eine der Hauptbeteiligten – und ihm selbst vor. Das State Department nannte den Vorschlag »verrückt«, die Briten hielten ihn für »reinen Firlefanz«.[105]

Am 18. November, nachdem ich ihn gedrängt hatte, darauf hinzuwirken, daß alle Ausländer auf ihren Wunsch hin das Land verlassen konnten, erklärte sich Saddam Hussein bereit, alle sich noch in Irak aufhaltenden Europäer und US-Bürger über einen Dreimonatszeitraum ausreisen zu lassen, sofern die Vereinigten Staaten keinen Krieg begännen. Washington wies dies als »weiteren zynischen Manipulationsversuch« zurück.[106] Als Hussein 14 US-amerikanischen und 32 britischen Geiseln die Ausreise erlaubte und die Freilassung von 330 französischen Staatsbürgern ankündigte, wollte er dies als humanitäre Geste verstanden wissen. Washington nannte das »barbarisch« und warf Hussein »Geiselhandel« vor.[107] Einigen Hundert Bürgern aus westlichen Ländern wurde zwar über drei Monate die Ausreise verweigert, aber sie konnten sich dennoch frei bewegen. An einem Novemberabend verbrachte ich mehrere Stunden mit 15 US-Bürgern – alles Männer –, die komfortabel in der Residenz des US-Botschafters untergebracht waren. In Bagdad waren sie frei: Zwei von ihnen brachten mich im Wagen nach Mitternacht zum Al-Rashid-Hotel zurück. Man folgte uns nicht einmal. Sie alle erklärten zwar, nach Hause zu wollen, aber die meisten wiesen auf andere hin, als ich sagte, daß einige sehr bald, vielleicht schon am nächsten Tag, das Land verlassen könnten. Die beiden Männer, auf die sie sich schließlich einigten, konnten zwei Tage später nach Hause. Sie alle fürchteten weniger die Irakis, als den Ausbruch eines offenen Krieges.

Der einzige Vorschlag der Vereinigten Staaten zu Gesprächen war nicht einmal eine leere Geste – es war eine Drohung. Am 30. November, einen Tag nachdem die UN sich für die Anwendung von Gewalt ausgesprochen hatte, schlug Bush vor, Baker nach Bagdad zu entsenden und den irakischen Außenminister Tariq Aziz nach Washington einzuladen. Irak nahm das Angebot ohne Zögern an und erklärte am folgenden Tag, daß die Regierung die Gelegenheit zu Gesprächen begrüße. Aber Washington wich zurück. Nach einem Monat war noch kein Termin für die Begegnung zustande gekommen. Schließlich einigte man sich auf den 9. Januar, aber bis dahin hatten die Vereinigten Staaten den Vorschlag für Gespräche auf hoher Ebene, die sowohl in Washington als auch in Bagdad stattfinden sollten, zurückgezogen. Statt dessen sollte es nur eine einzige Unterredung in der Schweiz geben.

Das Ergebnis legte Bush im voraus fest: Es werde »keine Verhandlungen, keine Kompromisse, keine Versuche, das Gesicht zu wahren, und keine Belohnung für Aggression geben.«[108] Und Baker verhandelte auch tatsächlich nicht. Er übergab Aziz einen Brief Bushs an Saddam Hussein, in dem die Zerstörung des Iraks in Aussicht gestellt wurde, wenn die Besetzung Kuwaits nicht beendet würde. Die Palästinenserfrage oder andere Probleme wurden nicht angesprochen. Statt dessen die Warnung: »Bei allem was auf dem Spiel steht darf keine Möglichkeit ausgelassen werden, eine Katastrophe für das irakische Volk zu vermeiden.«[109] Im November hatte er noch verkündet: »Wir hegen nur freundschaftliche Gefühle für das [irakische] Volk.«[110] Aber jetzt, im Brief an Hussein, eine unverhüllte Drohung gegen das irakische Volk:

> »Man hört zuweilen, daß Ihnen nicht klar sei, wie isoliert der Irak ist und welche Konsequenzen das für ihn hat ... Aber solange Sie sich nicht vollständig und bedingungslos aus Kuwait zurückziehen, werden Sie mehr als Kuwait verlieren ... Sie haben die

Wahl... Im Irak sind die von den UN verhängten Sanktionen schon zu spüren. Sollte es Krieg geben, wäre das für Sie und Ihr Volk eine noch viel größere Tragödie... Mein Brief ist keine Drohung, er dient zu Ihrer Information.«

Wie von Präsident Bush beabsichtigt, schlugen die Gespräche fehl.

Mit Volldampf in den Krieg

Gleich mit den ersten Nachrichten über eine irakische Invasion Kuwaits befand sich Washington auf Kriegskurs. Diplomatische Lösungen wurden verhindert. Nur das Militär handelte bemerkenswert schnell.

Um 5.00 Uhr morgens am 2. August fertigte Bush zwei Verordnungen aus, die den Handel mit dem Irak verboten, und fror die irakischen Guthaben in Höhe von 30 Milliarden US-Dollar ein.[111] Die Verordnungen wurden um 10.00 Uhr des gleichen Tages in den amtlichen Mitteilungen verkündet. Die irakische Besetzung Kuwaits hatte erst wenige Stunden zuvor begonnen.

Um 5.30 Uhr trafen sich Bush und Brent Scowcroft, um zu beraten, wie man die Zusammenarbeit der Alliierten bei den Sanktionen gewinnen könne. Am selben Tage verabschiedete der UN-Sicherheitsrat eine von den USA eingebrachte Resolution, die die irakische Invasion Kuwaits verurteilte und den Rückzug der Truppen verlangte. Am 2. August entsandten die Vereinigten Staaten einen kleinen Flottenverband von sieben Kriegsschiffen, angeführt von der Independence, in den Golf. Am 5. August war ein weiterer Flugzeugträger im Mittelmeer einsatzbereit, ein weiteres Landungsfahrzeug konnte in die Region geschickt werden. Auch Frankreich war mit einem Kriegsschiff beteiligt. US-amerikanische und alliierte Marinetransporter machten sich auf den Weg in den Golf noch vor Bushs Ankündigung am 7. August, daß Saudi-Arabien der Landung von 90 000 US-Soldaten zugestimmt hätte. Später konnte König Hussein berichten, Margaret Thatcher habe ihm erklärt, daß die »Truppen schon halb am Ziel waren, bevor sie angefordert worden waren«[112]. Ohne Abstimmung mit dem Kongreß waren 40 000 Soldaten sofort in den Einsatz geschickt worden.

Der Einsatz sollte zur größten Truppenmobilisierung seit dem Vietnamkrieg und zur größten Luftbrücke seit dem Zweiten Weltkrieg werden.

Als die Vereinigten Staaten in der saudischen Wüste mit massiven Truppenkonzentrationen begannen, waren die meisten Amerikaner überrascht. Die Truppenstärke war von Anfang an viel größer, als der Öffentlichkeit bekannt. Die USA waren in der Lage, Kampfflugzeuge aus der ganzen Welt auf mehr als 20 voll einsatzbereiten, befestigten Militärbasen in Saudi-Arabien landen zu lassen – auf jenen Stützpunkten, die man zehn Jahre zuvor für die Schnelle Eingreiftruppe errichtet hatte. Auf die US-Kriegsschiffe warteten neun Häfen. Durch ihre Einrichtungen, darunter die modernsten Überwachungsanlagen, konnten die Vereinigten Staaten einen Krieg führen, der woanders nicht möglich gewesen wäre. Der Journalist Scott Armstrong zitierte in der November/Dezember-Ausgabe der Zeitschrift »Mother Jones« einen Militärplaner, der von den Stützpunkten behauptete: »Nirgendwo sonst in der Welt – nicht einmal in den Vereinigten Staaten – hätten wir so erfolgreich kämpfen können wie am Golf.«[113]

Bush hatte erklärt, die Vorbereitungen hätten ausschließlich der Verteidigung gedient. Dennoch deuteten die Nachrichten in den Medien von Anfang an auf die umfangreichen Planungen der Vereinigten Staaten für einen Angriff hin. Am 11. August, als sich 40 000 US-Soldaten am Golf befanden, stellte die »Los Angeles Times« in einem Leitartikel fest: »Aus anonymer Quelle im Pentagon wird allgemein zitiert, daß Pläne für den Eventualfall im Persischen Golf zur Entsendung von bis zu 200 000 oder 250 000 Soldaten der US-Bodentruppen führen können ... Das ist ernüchternd – um nicht zu sagen: wahnsinnig.«

Am 24. August zitierte dasselbe Blatt in einem Artikel mit der Überschrift »Pentagon bei grünem Licht: Massiver Schlag«, den Stabschef der Luftwaffe, Michael Dugan, mit den Worten: »Wir sind auf einen gemeinsamen Angriff eingestellt.«

Später, als die Vereinigten Staaten mit Nachdruck und unter dem Vorwand, Wüsten-Schild diene nur der Verteidigung, ihre Koalition schmiedeten, enthob US-Verteidigungsminister Richard Cheney den General nach ähnlich offenherzigen Erklärungen seines Postens. Am 15. September eröffnete Dugan den Reportern, daß der Angriff auf herkömmliche militärische Ziele im Irak nicht ausreiche, um den Krieg zu gewinnen. Er hielt irakische Städte, Stromversorgungseinrichtungen, Straßen, Eisenbahnen und Ölfelder für bessere Ziele.[114]

Von Anfang an war der Aufmarsch offensiv gemeint. Die Bush-Administration versuchte kaum, dies zu bemänteln, obwohl der Kongreß niemals zustimmte oder auch nur gefragt wurde. Bis zum 4. September waren 100 000 Soldaten am Golf, bis Mitte Oktober hatte sich ihre Zahl verdoppelt. Ohne jeden Anlaß durch politische Ereignisse, verdoppelte Bush das Kontingent am 30. Oktober nochmals. Mit der Veröffentlichung dieser Entscheidung über die Stationierung von 400 000 Soldaten ließ er sich allerdings bis kurz nach den Wahlen zum Kongreß Zeit.[115]

Am 29. Dezember wies Präsident Bush General Schwarzkopf an, mit dem Angriff auf den Irak am 16. Januar um 19.00 Uhr Washingtoner Zeit zu beginnen, einen Tag also nach Ablauf des UN-Ultimatums für den Rückzug. Und immer noch gaukelte Washington der Öffentlichkeit vor, daß ein Friede möglich sei.[116]

Der Truppenaufmarsch dauerte bis Mitte Januar, als die Vereinigten Staaten 540 000 Soldaten am Golf unter Waffen hatten, unterstützt von Luft- und Bodentruppen unter anderem der Briten, Franzosen, Kuwaitis, Saudis und Ägypter. Deutsche Truppen mischten mit Minensuchbooten erstmals am Rande eines heißen Kriegs mit. Erst am 9. Januar debattierte der Kongreß die Resolution 678 und eventuelle Militäreinsätze. Präsident Bush bestand darauf, er könne über einen Angriff auch ohne die Zustimmung der UN oder des Kongresses entscheiden.

Als am 15. Januar Mitternacht bei den UN in New York verstrichen war, dämmerte im Irak bereits der Morgen des 16. Januar. Viele Stunden zuvor waren B-52-Bomber vom Luftwaffenstützpunkt Barksdale in Louisiana und anderen Orten zu Nonstop-Flügen gestartet und Cruise Missiles von den Kriegsschiffen im Indischen Ozean und im Mittelmeer nur wenige Stunden vorher abgeschossen worden. Der Zeitpunkt des Angriffs war so gewählt, daß ihn die Menschen an der Ostküste der Vereinigten Staaten zur besten Sendezeit in den Abendnachrichten des 16. Januar verfolgen konnten. Neunzehn Stunden nach Ablauf des Ultimatums regneten Bomben und Raketen auf den Irak nieder. Innerhalb einer Stunde wurden 85 Prozent der Stromkraftwerke des Landes zerstört. Etliche tausend Bombenangriffe vernichteten binnen 48 Stunden lebenswichtige Versorgungseinrichtungen und zerschnitten damit die Hauptschlagadern Iraks.

Die Beweise dafür, daß dieser Angriff schon Jahre vor der irakischen Invasion Kuwaits geplant wurde, sind stichhaltig. Ganz zweifellos und eindeutig sollte der Irak so provoziert werden, daß eine seiner Handlungen einen glaubwürdigen Anlaß für die Durchführung dieser Pläne ergab. Die Leichtigkeit, mit der die Bush-Administration alle Bemühungen um eine Verhandlungslösung des von ihr geschaffenen Konfliktes zunichte machte, wirft ein grelles Licht auf das tragische Versagen internationaler Mechanismen, auf das Versagen von UN und amerikanischer Verfassung, auf die sich dem Zensurdiktat beugenden Medien und schließlich auf uns Bürger selbst, die wir über fast sechs Monate dem näherrückenden Krieg entgegensahen, ohne eine Hand zu heben, um das Gemetzel abzuwenden.

2. Der »Waffenspaziergang« und die Festigung der Vorherrschaft

Das irakische Militär war der hochtechnisierten US-amerikanischen Kriegführung im Grunde hilflos ausgeliefert und leistete keinen nennenswerten Widerstand. Allein die Zahl der Gefallenen beweist dies: Der Irak verlor zwischen 125 000 und 150 000 Soldaten. Nach eigenen Angaben fielen auf amerikanischer Seite 148 Soldaten in der Schlacht, davon 37 durch »friendly fire« – durch eigene Geschosse.

Das irakische Militär war sechs Wochen lang ununterbrochener Bombardierung aus der Luft, durch Raketen und Artillerie ausgesetzt. US-Kampfflugzeuge legten Bombenteppiche über die irakischen Truppen in Kuwait und im Südirak, bombardierten sie mit FAE-Benzinbomben, die in der Luft Feuer fangen – und anderen verbotenen Geschossen. Der Irak brachte nicht eine bedeutsame Offensive und keine wirksame Abwehr zustande. Als der Angriff der Bodentruppen begann, war jeder Widerstand längst zusammengebrochen.

In einer Pressekonferenz am 23. Februar, dem Vorabend des Bodenkriegs, sagte General Thomas Kelly, er sei überzeugt, daß die meisten irakischen Soldaten gefallen seien oder sich zurückgezogen hätten. Als die US-Tanks und andere gepanzerte Fahrzeuge schließlich anrollten, konnten die Soldaten berichten, daß sie über Meilen nicht auf einen einzigen lebenden irakischen Soldaten getroffen waren.

Das Waffenarsenal

Das Abschlachten der irakischen Soldaten zeichnete sich vor allem dadurch aus, daß in erster Linie Flugzeuge und Raketen daran beteiligt waren. Für die US-Truppen hatte es praktisch nie ein ernsthaftes Risiko gegeben, ein Bodenkrieg im eigentlichen Sinne des Wortes fand nicht statt. Die US-Truppen waren gar nicht gezwungen, irakischen Boden zu betreten.

Möglich gemacht wurde dies durch jahrelange Vorbereitungen. Die US-Streitkräfte operierten auf einem Netz von Stützpunkten in Saudi-

Arabien, das die Saudis in den achtziger Jahren mit Milliardenaufwand für die Vereinigten Staaten errichtet hatten. Dazu gehörten hochentwickelte Verfolgungs- und Überwachungsanlagen und Militärflughäfen, die über die ganze Wüste verteilt waren – komplett ausgestattet mit Hangars, Reparaturwerkstätten und Bunkern. Generalleutnant Jimmie Adams, stellvertretender Luftwaffen-Stabschef, bezeichnete die saudischen Einrichtungen als das »Beste, was ich je zu Gesicht bekommen habe«[1].

Mitte September 1990 war die US-Luftwaffe bereits in Stellung. Die US-Flugzeugträger konnten die Luftwaffe vom Persischen Golf, dem Indischen Ozean und dem Mittelmeer aus in entsprechend kurzer Zeit unterstützen. Was noch fehlte waren ein paar Monate für die logistische Vorbereitung der Besetzung Kuwaits. Hier hatte die angeblich dem Frieden dienende Diplomatie ausgeholfen.

Obwohl das Pentagon die irakischen Streitkräfte als enorme Bedrohung darstellte, konnte der Irak den US-Truppen nicht wirklich gefährlich werden. Er konnte sich nicht einmal selbst verteidigen. Der israelische Generalmajor (a. D.) Matti Peled schrieb dazu:

> »Die irakische Armee war keine unbekannte Größe. Nach dem achtjährigen Krieg mit Iran war offensichtlich, daß sie keine Gefahr darstellte, keine erstklassige Streitmacht war. Das hinderte die USA nicht, die Legende von der Unbesiegbarkeit der irakischen Armee zu verbreiten, wohl wissend, daß es nicht die Wahrheit war. Es lieferte aber die Rechtfertigung für die sogenannte ›strategische Bombardierung‹ des ganzen Irak, mit der die gesamte zivile Infrastruktur zerstört wurde.«[2]

Die Vereinigten Staaten übertrieben sowohl die Zahl der irakischen Soldaten in Kuwait und im Südirak als auch die Qualität ihrer Ausrüstung und militärischen Kenntnisse. Es war weithin anerkannt – noch bevor die US-Truppen nach Norden vorrückten –, daß wohl weniger als 250 000 irakische Soldaten in diesem Gebiet blieben, und nicht die von den USA behaupteten 400 000. Die am besten ausgerüsteten Truppenteile blieben im Irak, so gut wie möglich gegen US-Angriffe abgeschirmt.

Von Anbeginn war dem irakischen Oberkommando klar, daß man den US-Waffensystemen nichts entgegenzusetzen hatte. Während der fünf Monate vor Beginn des Luftkriegs und während weiterer fünfeinhalb Wochen der Bombardierungen konnte der Irak keinen einzigen Angriff vortragen, abgesehen von dem vielzitierten kleineren Gefecht bei Khafji. Hätte es der Irak wirklich auf eine Aggression abgesehen gehabt und dafür den Krieg mit den Vereinigten Staaten in Kauf genommen, dann hätte er Saudi-Arabien noch im August besetzt, bevor die Amerikaner ihre Basen besetzten.

General Dugan urteilte vor seiner Entlassung über die irakische Luftwaffe richtig, daß »ihre Luftwaffe ein sehr beschränktes militärisches Vermögen besitzt«[3]. Irakische Flugzeuge stiegen nicht einmal zur Verteidigung der Städte auf, in denen die Familien der Piloten lebten. Mehr als 100 der besten Maschinen – 20 Prozent der gesamten irakischen Luftwaffe – flogen in geringer Höhe in den Iran, zum früheren Feind, und kehrten nicht mehr zurück. Es wurde keine Luftabwehr für das hilflose Land befohlen, weil die irakischen Militärs wußten, daß ein Einsatzbefehl für ihre Flugzeuge einem Selbstmord gleichgekommen wäre.

Die von CNN regelmäßig gebrachten Bilder des irakischen Luftabwehrfeuers erweckten den Eindruck, daß Bagdad durch die Boden-Luft-Abwehr geschützt wurde. Das Abwehrfeuer stellte sich allerdings als völlig nutzlos heraus: Tarnkappen-Bomber oder niedrig fliegende Kampfflugzeuge wurden von der irakischen Abwehr überhaupt nicht erfaßt; auch die in 13 000 Meter Höhe operierenden B-52-Bomber waren nicht zu erreichen. Selbst die aus der Sowjetunion stammenden mobilen SA-6 Boden-Luft-Raketen (SAM), schon früh Ziel der US-Luftwaffe, erwiesen sich als wirkungslos. Ganz anders als im Vietnamkrieg, in dem SAM-Raketen die B-52-Bomber reihenweise vom Himmel holten, wurde nicht eines der großen Flugzeuge abgeschossen.[4] Und tatsächlich verloren die USA nach Pentagon-Berichten bei den 109 876 Angriffen nur 38 Flugzeuge – weniger als die übliche Unfallrate bei Manövern.[5]

Die Bombardierungen

Zwischen dem 17. Januar und dem 24. Februar töteten die US-Piloten irakische Soldaten, wo immer sie auszumachen waren. Außer den Luftangriffen der Kampfflugzeuge waren sie den zu Lande, zu Wasser und in der Luft abgeschossenen Lenkwaffen ausgesetzt, ferner weitreichender Artillerie und sogar den 16-Zoll-Geschützen der alten Schlachtschiffe USS-Missouri und -Wisconsin. Von der Türkei aus schlugen F-111- und F-117-Bomber einmal pro Stunde zu. Ohne Vorwarnung belegten die B-52-Bomber die Schlachtfelder mit bis zu 40 000 Pfund schweren Bombenteppichen pro Angriff. Hunderte von Angriffen wurden vom US-Flugzeugträger Midway aus geflogen, der vom Heimatstützpunkt im japanischen Osaka in den Persischen Golf abgezogen worden war, um »bei der Party dabei zu sein«, wie sich General Powell im amerikanischen Fernsehen über das Kriegsgeschehen ausließ. Und von der USS Pittsburgh und anderen Kriegsschiffen im östlichen Mittelmeer wurden Cruise Missiles vom Typ Tomahawk abgefeuert, solche, wie sie auch in Deutschland stationiert waren.

42 Tage lang war das Dröhnen der Flugzeuge durchschnittlich alle 30 Sekunden zu hören – fast ununterbrochen. Mehr als 800 000 Pfund Bomben regneten auf Iraks Militäreinrichtungen. In den ersten Tagen zerstörten die Streitkräfte der Alliierten die logistisch wichtigen Nachschubwege der irakischen Truppen in Kuwait und im Südirak. Der militärische Nachschub, die Verstärkung, Lebensmittel, Wasser, Medikamente, all dies wurde abgeschnitten. Die Nachrichtenverbindungen wurden nachhaltig gestört, so daß die unter schwerem Beschuß liegenden Truppen über das Schicksal der eigenen Mannschaften im ungewissen blieben. Die Aufklärung war zerstört. Die Irakis konnten kaum die US-Luftmanöver und -Truppenbewegungen nachvollziehen, während sie sich vor dem ununterbrochenen Beschuß eines Feindes zu schützen suchten, den sie nicht einmal sehen konnten.

Am 20. Februar berichtete William Branigin in der »Washington Post«, daß die irakischen Truppen »›horrende‹ Verluste durch die Luftangriffe und das Artillerie-Sperrfeuer der alliierten Streitkräfte erlitten«. Die rasche, systematische Zerstörung der Panzereinheiten, anderer gepanzerter Fahrzeuge, Artilleriegeschütze und anderer technischer Ausrüstung machten den irakischen Soldaten schmerzlich klar, daß ihnen zur eigenen Verteidigung nichts mehr blieb. Nach Pentagon-Berichten zerstörten allein die F-111-Bomber 1 500 Panzer. Jeder Angriff wurde mit Video dokumentiert. Die irakischen Streitkräfte waren während der nächtlichen Angriffe buchstäblich blind, durch die zerstörten Nachrichtenverbindungen taub, durch Schlaflosigkeit orientierungslos und von Hunger und Kälte, Durst und Anspannung geschwächt. Angehörige irakischer Militäreinheiten, die eilends angeworben und an die Front geworfen worden waren, darunter viele Kurden und Schiiten, begannen zu desertieren. General Schwarzkopf schätzte Mitte Februar die Desertierten bei einigen irakischen Einheiten auf bis zu 30 Prozent.

Die »Los Angeles Times« vom 5. Februar berichtete, daß ein britischer Militärberater in Dhahran »die bisher abgeworfene Menge von

Bomben hoher Sprengkraft auf mehr als die von den Alliierten im Zweiten Weltkrieg eingesetzte Menge« schätzte.

Die Luftangriffe wurden fortgesetzt, bis keine Ziele mehr blieben, die die Munition noch wert gewesen wären. Piloten berichteten, sie hätten tagelang keine Ziele gefunden. Die Zahl der nach Pentagon-Aussagen bis zum 24. Februar zerstörten Panzerfahrzeuge überstieg teilweise sogar die für den gesamten Irak geschätzten Zahlen. Aber die Bombardierung wurde nicht eher eingestellt, bis klar war, daß der Irak vollends verkrüppelt war und die Bodentruppen gefahrlos vorrücken konnten. Der Irak war hilflos.

General Schwarzkopf machte klar, daß er es mit der Besetzung nicht eilig hatte. Er betonte, wie die »New York Times« bereits am 4. Februar berichtete, daß »er entschlossen sei, sich Zeit zu nehmen«, bevor er den Befehl zum Angriff der Bodentruppen gebe. »Es ist mir noch keiner auf den Fersen«, meinte er und fügte hinzu: »Aber ich leide Todesqualen. Ich wache 15-, 20mal in der Nacht auf. Mein Alptraum: daß meine Soldaten in Massen fallen könnten. Ich will nicht, daß sie sterben. Ich will nicht, daß sie zu Krüppeln werden.«[6]

Aber: Von Anfang an muß den Generälen klar gewesen sein, daß es keine schweren Gefechte geben würde. Schwarzkopf hätte gar nicht unter schlaflosen Nächten leiden müssen. In mehr als fünfwöchigen Bombardierungen wurden 14 irakische Divisionen an der Front auf die Hälfte ihrer ursprünglichen Stärke dezimiert.[7] Die US-Kampfbomber ließen unter anderem Napalmbomben, FAE-Druckbomben, Streubomben und die GBU-28-»Superbombe« regnen. Nach einem von der »Los Angeles Times« zitierten Geheimdienstexperten kostete allein der Luftkrieg 100 000 Tote:

> »Wahrscheinlich haben wir mehr als 100 000 Menschen getötet, ohne ihr Gebiet besetzt zu haben. Wir haben ihre Stellungen nicht gewonnen noch sind wir vorgerückt. Wir sind Tag für Tag über ihre Stellungen hinweg, und historisch gesehen hat es einen solchen Krieg noch nie gegeben.«[8]

Verwundete irakische Soldaten mußten ihrem Schicksal überlassen werden: Der Irak, anders als die USA, verfügte über keine gut ausgestatteten Feldlazarette. Die Nachrichten- und Transportverbindungen waren indiskutabel, und die Sanitäter konnten Gräben und Bunker nur unter großer Gefahr erreichen. Deshalb blieben die verwundeten Irakis dort, wo sie getroffen wurden, ohne medizinische Hilfe. Die »Washington

Post« stellte am 18. Februar 1991 fest, daß »die verwundeten irakischen Soldaten wegen fehlender Behandlung sterben, unter Bedingungen, die an den Amerikanischen Bürgerkrieg erinnern«. Konnten die Verwundeten dennoch hinter die Front gebracht werden, dann war auch dort die Behandlung beeinträchtigt, weil – wie ich bei meinem Besuch des Irak im Februar 1992 herausfand – die US-Militärmaschinen mindestens fünf irakische Militärhospitäler bombardiert hatten.

Es nimmt nicht Wunder, daß die überlebenden irakischen Soldaten, überrollt von hochgezüchteter Kriegsmaschinerie, weder kämpfen konnten noch wollten, als der Bodenkrieg begann. Bis 24. Februar gab es wahrscheinlich nicht einmal mehr 150 000 irakische Soldaten in Kuwait und dem Grenzgebiet. Zehntausende waren desertiert. Die bei ihren Einheiten gebliebenen Soldaten waren geschwächt durch pausenloses Bombardement, durch Lebensmittel- und Wassermangel und durch die Zerstörung ihrer Panzer, Artillerie, Geschütze und Nachrichtenverbindungen. Unfähig, sich selbst zu verteidigen, stürzten sie in heilloser Flucht davon, wenn sie angegriffen wurden.

Gefallene zählen nicht

Nach seiner Schätzung der Zahl der getöteten irakischen Soldaten und Zivilisten gefragt, antwortete General Colin Powell: »Eigentlich ist das keine Zahl, die mich brennend interessieren würde.«[9] General Schwarzkopf verfolgte konsequent seine Linie, irakische Gefallene nicht zu zählen. Obwohl sich das Pentagon anscheinend nicht um die Zahl der Toten scherte, gab es dennoch ein großes Interesse an der Zahl der Opfer. Am 22. Mai 1991 setzte der militärische Nachrichtendienst (Defense Intelligence Agency, DIA] die Zahl der getöteten irakischen Soldaten auf 100 000 an. Das deckt sich mit den Äußerungen Schwarzkopfs von Anfang März. Kurz nach dem Ende des Bodenkriegs sagte der General: »Wir müssen mehr als 100 000 getötet haben... Bei diesen Einheiten gibt es eine sehr große Zahl Gefallener. Eine sehr, sehr große Zahl.«[10]

Am 20. März 1991 berichtete das »Wall Street Journal«, daß Schwarzkopf diese Angaben auch vor dem Kongreß gemacht habe. In einem CNN-Interview bestätigte ein saudischer Militär diese Schätzung.

Europäische Schätzungen lagen stets höher, was, im Vergleich zu den US-Medien, die fehlende offizielle Zensur widerspiegelt. Am 3. März 1991 gab James Adams in der Londoner »Times« Schätzungen aus alliierten Geheimdienstkreisen wieder: 200 000 irakische Gefallene. »Wohl Tausende von Soldaten«, berichtete Adams, »verwesen in Bunkern und Gräben.«

Während das Schweigen des Pentagon es unmöglich macht, genaue Zahlen zu nennen, erscheint es durchaus vertretbar, von mindestens 125 000, eher 150 000 getöteten irakischen Soldaten auszugehen. Natürlich: Anfang 1992 gab es Versuche, die Gesamtzahl der Opfer unter den Irakis mit 10 000 bis 30 000 schönzuschreiben. Aber diese Berichte waren politisch motiviert. Sie wurden lanciert, als öffentliche Kritik am amerikanischen Vorgehen im Golfkrieg laut wurde. Unter den Obdachlosen tauchten Golfkriegsveteranen in erschreckend hoher Zahl auf[11], die Wirtschaft ging in die Knie, und viele fragten sich, ob sich der Krieg gelohnt hatte.

Zur gleichen Zeit sprach Präsident Bush von erneuten Schlägen gegen den Irak. Von daher war es notwendig, die Zahl der irakischen Gefallenen herunterzuspielen – den Amerikanern sollte wieder ein militärisch starker Irak vorgegaukelt werden. Trotz revidierter Schätzungen kam das entscheidende Urteil von Verteidigungsminister Richard Cheney. In der »Los Angeles Times« vom 8. März prahlte er geradezu:

> »Wer wirklich wissen will, was geschehen ist: Wir glauben, daß viele Irakis getötet wurden. Unser militärischer Einsatz zielte insbesondere auf die Zerstörung jener Truppenteile, die Kuwait besetzten, auf die Vernichtung [Saddam Husseins] Angriffspotentials, auf die Zerstörung der Divisionen, die er über die Jahre benutzte, um seine Nachbarn zu terrorisieren. Und das haben wir auch erreicht.«

Massenvernichtungswaffen

Zum Arsenal, das die amerikanischen Militärs im Golfkrieg einsetzten, gehörten auch Waffen mit entsetzlicher Wirkung. Zwar wurde behauptet, man halte sich an geltendes Recht. Die US-Generäle aber befahlen den Einsatz von FAE-Druckbomben, Napalmbomben, Streubomben und der GBU-28-»Superbombe« und verletzten damit internationales Recht. Tatsächlich wurden jene Bomben mit hoher Zerstörungswirkung, die laut Pentagon zum Räumen von Minenfeldern eingesetzt wurden, auch auf Menschen abgeworfen.

FAE-Bomben haben eine Atombomben vergleichbare Sprengkraft. Beim Aufschlagen entweicht eine Wolke hochflüchtiger Dämpfe, die sich mit der Luft vermischen und detonieren. Der Überdruck, den eine bestimmte Art FAE-Bomben auf einer Fläche von 300 mal 300 Metern schlagartig entstehen läßt, beträgt 200 psi (zirka 15 kg/cm^2). Ein Mensch kann höchstens bis zu 40 psi aushalten.[12] In einem CIA-Bericht über FAE-Bomben heißt es:

»Die Druckwirkung der FAE-Bomben grenzt bei kurzer Distanz an die von Atombomben geringer Sprengkraft. Bezogen auf eine bestimmte umrissene Fläche sind die Auswirkungen enorm. Jegliches Leben in unmittelbarer Nähe der Explosion wird ausgelöscht. Weiter entfernte Personen erleiden zahlreiche innere Verletzungen. Oft sind zum Beispiel geplatzte Trommelfelle und zerstörte Innenohr-Organe die Folge, häufig kommt es zur schweren Gehirnerschütterung, die Lungen und andere innere Organe platzen; wahrscheinlich erblinden die Opfer auch.«[13]

Zynischerweise wurden FAE-Bomben in der Presse als entsetzliche und exotische irakische Waffe beschrieben. Die »Los Angeles Times« warnte am 5. Oktober 1990: »Im Gegensatz zu Iraks chemischen und biologischen Waffen gibt es gegen [die FAE] kein Mittel« – die FAE-Bomben, so die »Times«, gehörten nicht zum US-amerikanischen Waffenarsenal. Reine Propaganda, denn es ist kein Geheimnis, daß die US-Militärs seit dem Vietnamkrieg FAE-Bomben in ihren Arsenalen horten.

Als die Fadenscheinigkeit der Behauptungen offenbar wurde, änderten sich die Schreckensnachrichten. US-Offiziere erklärten, sie benutzten FAE-Bomben zum Räumen von Minenfeldern in Kuwait. Michael Kinsley, Kolumnist der »Washington Post«, beschrieb die FAE-Bomben am 28. Februar 1991 als Waffe, »die wir zuerst gar nicht besaßen, dann nie einsetzen würden außer zur Abwehr eines Chemiewaffen-Angriffs, und schließlich, um Minenfelder zu räumen und Sandmassen zu bewegen«.

In Wahrheit setzten die US-Streitkräfte FAE-Bomben doch gegen irakische Soldaten ein. Kinsleys Kollege Jeffrey Smith hatte bereits fünf Tage zuvor festgestellt: »Sämtliche irakischen Frontverbände sind massiven Bombardierungen ausgesetzt worden – auch mit 10 000-Pfund-BLU-82-Bomben, die ein Benzin-Luft-Sprengstoffgemisch enthalten.«

Tatsächlich ist die BLU-82 eine 15 000 Pfund schwere FAE-Bombe mit einem Explosionsdruck von 1 000 psi. Nach dem Einsatz in Vietnam, wo sie im Dschungel Landeplätze für Helikopter freisprengen sollte, wird sie im Militärjargon »daisy-cutter« (»Gänseblümchen-Mäher«) genannt. Das Söldnerblatt »Soldiers of Fortune« benannte im Juli 1992 mindestens 11 BLU-82-Einsätze, drei davon an einem einzigen Tag auf die Faylakah-Insel nahe Kuwait-City.

Napalmbomben sind Brandbomben mit einer Mischung aus Benzin, Benzol (einer krebserregenden Substanz), Aluminiumsalzen der Naphthensäuren und Fettsäuren als Verdickungsmittel. Die Stoffe entzünden sich beim Aufschlagen der Bombe. Die bei der Explosion entstehenden extrem hohen Temperaturen von mehr als 2 000 Grad Celsius setzen auf größerer Fläche alles in Brand. Sprecher des Pentagon dementierten den Einsatz von Napalmbomben gegen irakische Soldaten und behaupteten, mit diesen Brandbomben nur das als Abwehr gedachte Öl in den Gräben abgebrannt zu haben. Dennoch liegt uns der Bericht eines Marineoffiziers vor, der eingestand, daß »Napalm gegen irakische Truppen wie damals gegen den Feind in Vietnam eingesetzt wurde«[14]. Und laut »Washington Post« vom 23. Februar wurde Napalm verwendet, um »verschanzte gegnerische Soldaten« zu erreichen.

Auch Streubomben wurden im Golfkrieg häufig eingesetzt. Stephen Sackur schrieb dazu in seinem Buch »On the Basra Road«:

> »Es war offensichtlich, daß alliierte Flugzeuge den ›Highway of Death‹ mit Streubomben angegriffen hatten – die leeren Metallhülsen lagen überall herum. Splitterbomben sind so konstruiert, daß sie in hunderte kleinere Bomben zerplatzen, mit denen das Zielgebiet abgedeckt wird, und besonders zusammengesetzte Granatsplitter speien, um den Schaden für Mensch und Gerät zu vergrößern. Im Aufschlaggebiet hinterlassen sie Einschüsse wie Pockennarben. Die Straße nach Basra war übersät davon.«[15]

Amerikaner und Briten setzten Streubomben nicht nur gegen Soldaten, sondern auch gegen Zivilisten ein. Ein typisches Fabrikat war die Rockeye II Mk 20, eine 222 Kilogramm schwere Waffe, bestehend aus 247 Einzelbomben, die sich auf eine Fläche von rund einem Morgen verteilen und dabei 500 000 Granatsplitter mit hoher Geschwindigkeit versprühen. Die Fachzeitschrift »Aviation Week and Space Technology« berichtete im Februar 1991, daß F-16A-Kampfflugzeuge pro Angriff vier Rockeye-Splitterbomben mit sich führten. Andere Typen von Streubomben werden im Jargon »gut-rippers« oder »bouncing Bettys«

genannt (gut: Eingeweide, to rip: zerreißen, to bounce: hüpfen): Sie schlagen auf, springen hoch und explodieren in Magenhöhe.

Auch auf ihrer sogenannten Suche nach mobilen Abschußrampen für Scud-Raketen setzten die USA Streubomben ein. Ein jeder dieser Angriffe wurde mit zwei F-15E Strike Eagles ausgeführt – eine mit lasergesteuerten Bomben, die andere oft mit CBU-87 Streubomben. Wenn die »smarten« Bomben ihr Ziel verfehlten, warf die zweite ihre Streubomben ab: Mehr als einmal auf Zivilfahrzeuge.[16] Tatsächlich hatten diese in der Mehrzahl der Fälle zivile Fahrzeuge zum Ziel – Taxis, Busse, Lastwagen, Pkws. Nach dem Krieg wurde berichtet, daß keine der mobilen Abschußrampen getroffen wurde.[17]

Washington befahl auch einen Attentatsversuch auf Saddam Hussein, nämlich mit dem Abwurf zweier je 5000 Pfund schwerer GBU-28-»Superbomben«, nacheinander, direkt auf den Bunker des Al-Taji-Luftwaffenstützpunktes. Der US-Geheimdienst ging davon aus, daß Hussein sich in diesem Bunker befand, der bereits dreimal mit 2000-Pfündern bombardiert worden war. Das Pentagon hatte die Entwicklung der GBU-28 vorangetrieben, mit dem Bau wurde am 19. Januar begonnen. Etwas Vergleichbares hatte die Welt noch nie gesehen, und nur zwei dieser Bomben wurden gebaut. Obwohl Washington wiederholt dementierte, Hussein persönlich sei das Ziel, berichtete die »Minneapolis Star-Tribune« am 11. Januar 1991:

> »Die US-Streitkräfte werden den irakischen Staatspräsidenten Saddam Hussein noch in der Anfangsphase des Krieges gegen den Irak zu töten versuchen ... Nach Mitteilungen aus dem Pentagon hat Bush dem Leiter der Vereinigten Stabschefs, Colin Powell, befohlen, Hussein kurz nach der irakischen Besetzung Kuwaits am 2. August anzugreifen.«[18]

Zur GBU-28 sagte ein ranghoher CENTCOM-Offizier dem »U.S. News & World Report« drei Tage nach dem Beginn der Bombardierungen: »Ich müßte lügen, wenn ich Ihnen sagte, daß sie nicht für Saddam gedacht sind.«

Nur wenige Stunden vor dem Waffenstillstand, am 27. Februar um 19.19 Uhr, landeten US-Piloten auf einem Stützpunkt in Saudi-Arabien, um die beiden Spezialbomben an Bord zu nehmen.

Der dreckige Rest

Die Vereinigten Staaten begannen den Bodenkrieg, nachdem sie sich standhaft geweigert hatten, einen Waffenstillstand auch nur in Erwägung zu ziehen, geschweige denn ein irakisches Angebot zum Rückzug zu diskutieren. Präsident Bush nannte einen Vorschlag Saddams vom 14. Februar, der der amerikanischen Öffentlichkeit nie bekannt gemacht wurde, einen »grausamen Schabernack«, während die US Air Force ihr Gemetzel unter irakischen Soldaten und Zivilisten fortsetzte. Den letzten verzweifelten Bemühungen internationaler Unterhändler begegnete Washington kalt und gleichgültig. Am 23. Februar verkündete der sowjetische Sonderbotschafter Jewgeni Primakow im amerikanischen Fernsehen, daß Saddam Hussein einem Rückzug am 22. Februar zugestimmt und erklärt habe, daß die Situation in einem oder zwei Tagen zu bereinigen sei. Dem entgegnete Präsident Bush, daß sein Ultimatum vom 22. Februar für Saddam die letzte Chance zum Rückzug sei, der irakische Führer aber »seine Anstrengungen, Kuwait und die Kuwaitis völlig zu vernichten, verdoppelte«[19]. Bush, offensichtlich einen irakischen Rückzug fürchtend, befahl sofort den Bodenangriff.

Der britische Premierminister John Major erklärte vor dem Unterhaus, er glaube nicht, daß »unsere Soldaten oder die Weltöffentlichkeit uns verzeihen würden, wenn wir den Irakis jetzt die Möglichkeit einräumten, sich mit ihren Waffen zurückzuziehen«. Wenn die Wahrheit allgemein bekannt ist, wird die Weltöffentlichkeit Bush und Major das von ihnen angeordnete Abschlachten nicht verzeihen. Welches Gemetzel angerichtet wurde, davon legt folgende Aussage Mike Erlichs, Mitglied des Military Counseling Network, bei den Anhörungen des Europaparlaments zum Golfkrieg im März/April 1991 Zeugnis ab:

> »... Hunderte, möglicherweise Tausende irakischer Soldaten setzten sich zu Fuß in Bewegung, in Richtung auf die amerikanische Stellung, unbewaffnet, mit erhobenen Händen, um sich zu ergeben. Die US-Einheit hatte allerdings nicht den Befehl, Gefangene zu machen...
>
> Der Kommandant der Einheit eröffnete das Feuer, indem er einen der irakischen Soldaten mit einem panzerbrechenden Geschoß zerfetzte. Ein solches Geschoß ist dafür gedacht, Panzer zu zerstören, aber es wurde gegen einen Soldaten eingesetzt. Da

begannen alle in der Einheit zu schießen. Kurz, es war ein Massaker.«

Über ihre militärischen Pläne konnten die US-Generäle frank und frei reden, denn der Irak konnte ihnen nichts entgegensetzen. Wochen vor dem Angriff der amerikanischen Bodentruppen wurde die Flankenbewegung westlich der irakischen Streitkräfte, die Operation »Left Hook«, als brillantes Manöver dargestellt, dessen Genialität den hirnlosen irakischen Strategen immer verschlossen bleiben würde. General Schwarzkopf verbreitete sich öffentlich darüber, wie Hannibal die Umfassungsschlacht bei Cannae im Jahre 216 v. Chr. perfektionierte. Dabei war es keine besondere Manöverleistung, die überlebenden irakischen Soldaten zu töten – sie wurden einfach von FAE-Bomben verbrannt oder von Bulldozern verschüttet.

Widerstand gab es bereits nicht mehr, als die Operation »Left Hook« begann. Die irakischen Truppen in diesem Gebiet waren eher ein Hindernis als eine Gefahr. Die Geschwindigkeit, mit der die US-Soldaten mit Panzerfahrzeugen und Reservetruppen vorrückten, wurde lediglich vom unwegsamen Gelände diktiert. John MacArthur zitiert in seinem Buch »Second Front« den Pentagon-Sprecher Pete Williams, der in einem Interview zugab, daß »es in diesem Krieg keinen Nahkampf gab«[20].

Ein saudischer Geheimdienstmann wurde vom Kolumnisten Jim Hoagland am 3. März in der »Washington Post« mit der Feststellung über Iraks militärische Verteidigungsmöglichkeiten zitiert:

»Sie [die irakischen Soldaten] hatten keine Ahnung, von wo der Angriff kommen würde. Auf dem Schlachtfeld waren sie blind; eher hätten sie ihre eigenen Leute als die unseren getroffen. Das war schon daran zu sehen, wie sie ihre Panzerverbände verlegten, nach Westen, wenn es nach Osten sein sollte, oder nach Norden oder Süden. Sie hatten keine Erkundungsflugzeuge, keine Nachrichtenverbindungen, keinen Plan. Und sie wurden pausenlos von amerikanischen Flugzeugen bombardiert.«

Am zweiten Tag des Bodenangriffs zeigten die Radarbilder, daß die irakischen Soldaten in Massen die Straßen nordwärts aus Kuwait heraus verstopften: heillose Flucht. Eintausend Soldaten der 101. Luftlandedivision wurden mit 66 Blackhawk-Helikoptern weit in das Innere des Irak verlegt und in der Nähe der Fernstraße 8, der Verbindung Basra-Bagdad, abgesetzt. Als die irakischen Konvois nordwärts vorüberzogen – auf dem Rückweg aus dem Kriegsgebiet –, griffen die US-Truppen sie mit Panzerabwehrraketen und Mörsern an. Die Amerikaner waren verblüfft von den durch die Luftangriffe verursachten Verwüstungen; sie waren überrascht ob der fehlenden irakischen Kampfkraft. Die Irakis feuerten nicht auf die US-Soldaten. Diese aber schossen auf die Fahrzeuge auf der Fernstraße wie auf Zielscheiben in der Schießbude.

Im Südosten des Irak stießen die Panzer der Ersten Heeresdivision auf eine Einheit der Republikanischen Garde. Der US-Befehlshaber funkte seinem Stellvertreter: »Wir stehen also im Gefecht mit der Medina-Division?« Die Antwort: »Falsch, Sir, wir vernichten die Medina Division!«[21] Das galt für jede irakische Einheit, auf die man traf. Es war, wie ein Soldat bemerkte, als würde man Vieh im Gatter abschlachten.

Die »Toronto Globe and Mail« brachte am 25. Februar eine Meldung der Nachrichtenagentur Reuters über den Bodenangriff unter der Überschrift: »Zerfetzt im Dunkeln«:

> »Die ersten High-Tech-Videobilder von den Bodenkämpfen am Golf zeigen entsetzte irakische Infanteristen, die in der Nacht von angreifenden US-Helikoptern in Stücke geschossen werden. Einer nach dem anderen, überrascht von einem unsichtbaren Feind, wurde niedergemäht.
>
> Manche wurden von Granaten zerfetzt, andere, aus dem Schlaf geschreckt, flohen im Feuersturm aus den Bunkern.
>
> Das Video wurde über das Nachtsichtgerät des Apache Ah-64 Kampfhubschraubers aufgenommen, das tiefste Dunkelheit gespenstisch erhellt.
>
> Die Reporter und selbst abgebrühte Soldaten hielten die Luft an, als das erste Video im Pressezelt der 18. Luftlandetruppe gezeigt wurde, deren Hubschraubermannschaften den Irakis den Krieg brachten.
>
> Kriegsberichterstatter, die zur Vorführung zugelassen waren, sagten nicht, wo oder wann der Angriff stattfand. Angaben über die Zahl der Gefallenen wurden nicht gemacht. Berichte von der Front unterliegen der US-Militärzensur.
>
> Die mit Kanonen, lasergesteuerten Raketen und Infrarot-Optik ausgerüsteten Apache-Helikopter führten in den vergangenen Tagen mehrere Blitzangriffe hinter den irakischen Linien, zerstörten Bunker und nahmen Gefangene.

Die Piloten der 6. Staffel jubeln über ihr militärisches Können.

›Ich konnte mir einfach nicht richtig vorstellen, nachts hinzugehen und auf Teufel komm' raus auf alles zu schießen, und keiner von ihnen wußte, woher der Angriff kam‹, sagte ein Pilot namens Balak aus Beemer in Nebraska.

›Zur Rechten fliegt ein Laster in die Luft, links wird die Erde aufgerissen. Sie hatten keine Ahnung, wo wir waren oder womit sie beschossen wurden‹, erklärte er.

›Wieder zurück, habe ich dagesessen und gelacht. Nicht über die Irakis, aber ich dachte an die Ausbildung, was wir uns dabei so vorgestellt haben... Wahrscheinlich habe ich über mich selbst gelacht... Anschleichen und hier und da was in die Luft jagen. Ein Kumpel kam, und wir klopften uns auf die Schulter und all das, was man dann so macht. ›Mein Gott‹, sagte er, ›ich hatte das Gefühl, wir greifen 'ne Farm an. Es sah aus, als hätte jemand die Schafe aus dem Stall gelassen.‹«[22]

Damit hat Reuters nicht nur bestätigt, daß die irakischen Soldaten weder den Feind sehen noch sich verteidigen konnten, sondern auch, daß dies von den US-Truppen rasch erkannt wurde. Das ist nichts anderes als Abschlachten.

Ein Bericht William Branigins in der »Washington Post« vom 3. März beschreibt den Anblick, der sich der in den Irak vorrückenden 1. Luftlandedivision bot:

»Neben einer unbefestigten Staße in der Wüste im Südosten Iraks lag ein Lastwagen der Republikanischen Garde, der Eliteeinheit Saddam Husseins. Darin und um ihn herum die Leichen von acht irakischen Soldaten. Der Ort war mit weißen Bändern abgesperrt, wie der Schauplatz eines Verbrechens.

Nur wenig von dem Lastwagen entfernt lag die kopflose Leiche eines Soldaten. Eine weitere war in das Führerhaus eingekeilt. Zwei andere lagen mit dem Gesicht nach oben auf der Pritsche, die Beine grotesk über den Rand gestreckt.

Es war die grauenhafte Fratze des Golfkriegs, eine Facette des Konflikts, die vielen der jungen US-Soldaten, die in dieser Woche am Bodenkrieg gegen den Irak teilnahmen, noch unbekannt war. Nach Wochen eines High-Tech-Krieges, der vor allem aus der Luft geführt wurde, waren viele Soldaten vom Schrecken des Bodenkriegs völlig überrumpelt.

... Schon wurden Soldaten der 1. Heeresdivision, die noch keine Gefallenen auf ihrem ungehinderten Vormarsch in den Südirak zu beklagen hatte, damit konfrontiert, daß manche aus ihren Reihen von Bomben oder Minen in dem von ihnen besetzten Gebiet verwundet oder getötet wurden...

Ein paar Meilen von der Straße entfernt war eine große Wüstenfläche – die offensichtlich von der Republikanischen Garde als Übungsgelände genutzt worden war – von Luftangriffen verwüstet worden, noch bevor die US-Panzereinheiten durchrauschten...

Das ganze Gebiet war übersät von Geschoßsplittern und Hunderten nicht explodierter gelber Streubombenteile, die im Sand steckten.«[23]

Selbst irakische Verbände mit einsatzfähigen Panzern und dem Willen zum Widerstand waren hilflos. Am 8. April 1991 berichtete die »New York Times« über ein Gemetzel:

»Die Schlacht, die am 27. Februar tobte, einen Tag vor Inkrafttreten des Waffenstillstands, war eine bilderbuchmäßige Demonstration der Überlegenheit amerikanischer Waffensysteme. Aber sie brachte einen Sieg, der bei manchem erstmalig eingesetzten US-Soldaten einen bitteren Geschmack und den Vorsatz hinterließ, zu Hause nicht darüber zu reden.

Der Himmel war wolkenverhangen, und es regnete, als die Amerikaner gegen Mittag den Höhenrücken erreichten.

Als das Gefecht begann, feuerten die amerikanischen Panzer in der Regel aus einer sicheren Distanz von rund 2300 Metern. Bei dem bedeckten Himmel konnten die Irakis mit ihren Zielvorrichtungen die US-Truppen nicht ausmachen und richteten ihre Geschütze auf das Mündungsfeuer der Panzer – ihre Salven erreichten nicht das Ziel.

Andere US-Soldaten erklärten, daß ihre größte Furcht nicht die Irakis gewesen seien, sondern daß ihre Panzer von anderen an der Schlacht beteiligten alliierten Einheiten beschossen werden könnten.«[24]

Es wird von Bedeutung sein, die seelischen Auswirkungen zu beobachten, die dieses Massaker auf die wenigen amerikanischen Soldaten hatte, die es wirklich verfolgen konnten. Viele werden vom Entsetzen gezeichnet bleiben – psychologische Opfer der gesamten Feuerkraft.

Berichte in der US-Presse, obwohl vom Pentagon zensiert und erst dann vom Militär genehmigt, lassen dennoch keinen anderen Schluß zu, als daß gegen die irakischen Streitkräfte Kriegsverbrechen begangen wurden. »New York Newsday« veröffentlichte am 31. März eine plastische, umfangreiche Zusammenfassung des »Bodenkriegs« – eigentlich nur ein Aufreiben des Gegners nach den Bombardierungen. Beschrieben wurde ein Angriff auf ein Heer ohne Willen zum Kampf, ein »einseitiges Blutvergießen«, Fahrzeuge mit weißen Fahnen, die sich ergeben wollten und zerstört wurden, und »benommene und hungernde irakische Einberufene von der Front zu Tausenden, die froh waren zu kapitulieren«. Es heißt darin, daß US-Piloten den Angriff als »Waffenspaziergang« bezeichneten und daß die Flugzeugträgerbesatzungen wie außer sich die Kampfflugzeuge immer wieder neu mit Waffen bestückten, damit das »Kesseltreiben« weiter gehen konnte.[25]

»New York Newsday« berichtete von einem weiteren Massaker an irakischen Soldaten, das von General Schwarzkopf noch zwei Tage nach dem Waffenstillstand gebilligt wurde. Nach Angaben aus US-Militärkreisen war es der schwerste Zusammenstoß während des gesamten Bodenkriegs – kein einziger Amerikaner fiel dabei.

> »Die Schlacht fand statt am 2. März, nachdem Soldaten der 7000 Mann starken irakischen Einheit eine Patrouille der 24. motorisierten US-Infanteriedivision beschossen hatte ...
>
> ›Wir haben es ihnen wirklich gezeigt‹, sagte ein US-Befehlshaber der Aktion Wüstensturm, der nicht genannt sein möchte ...
>
> Wenngleich die Zahl der getöteten irakischen Soldaten noch nicht bekannt ist, liegt dem ›New York Newsday‹ militärisches Filmmaterial über die Kämpfe vor; zu sehen sind Elitesoldaten der Republikanischen Garde Saddam Husseins, Division Hammurabi, die von den Apache-Helikoptern mit lasergesteuerten Hellfire-Raketen bestrichen und verwundet und getötet werden.
>
> ›Grüß mir Allah‹, so sagte ein Amerikaner wenige Augenblicke, bevor eine Hellfire eines der 102 von den Apache-Helikoptern zerschossenen Fahrzeuge auslöschte ... Obwohl die Hubschrauber von McCaffreys Division mit Lautsprechern bestückt waren, war der Waffenstillstand nie über sie verkündet worden. ›Dafür war keine Zeit‹, meinte Lamar.
>
> Statt dessen stellte McCaffrey, nach dem Beschuß durch die Irakis um 6.30 Uhr, Kampfhubschrauber, Panzer, Gefechtsfahr-

zeuge und Artillerie für den Angriff zusammen, der um 8.15 Uhr begann. Nach Lamar endete der Angriff nach Mittag – entlang der Route 8, der wichtigsten Straße nach Bagdad im Euphrat-Tal, erstreckten sich die Trümmer über Meilen.

Ein Befehlshaber der Aktion Wüstensturm erklärte, Einzelheiten über diesen Angriff nach dem Waffenstillstand seien zu diesem Zeitpunkt verschwiegen worden, auch wenn den Regierungen in Riad und Washington das Ausmaß der Zerstörungen bereits kurz nach dem Ende der Schlacht bekannt war. ... ›Den [entstandenen Schaden] kannten wir genau, aber nach dem Waffenstillstand machte das keinen so guten Eindruck‹, sagte der Offizier...

Die Filmaufzeichnungen der Militärs mit dem Angriff vom 2. März zeigen die Apache-Hubschrauber, wie sie Fahrzeuge zerstören, um den Highway zu blockieren, der, etwas höher gelegt, am nahen Haw-Al-Hammer-Sumpf vorbeiführt: Der Division Hammurabi war der Fluchtweg abgeschnitten. ›Yee-HAH‹, war eine Stimme zu hören. An einer Stelle rennt ein irakischer Soldat in dem Moment vor einem Panzer über die Straße, als die Hellfire explodiert und den Soldaten und Metallteile durch die Luft wirbelt.«

Das Pentagon verfügt über dokumentarische Beweise (darunter stundenlange Videoaufzeichnungen) für diesen tödlichen Angriff auf eine wehrlose Armee-Einheit.[26]

Monate später, am 12. September 1991, brachte »Newsday« die vielleicht schrecklichste Meldung. Tausende irakischer Soldaten waren in den ersten beiden Tagen der Bodenoffensive lebendig begraben worden.

»Die US-Division, die Saddam Husseins Abwehrlinie durchbrach, setzte auf Panzern montierte Pflüge und für den Kampfeinsatz konstruierte Erdbewegungsfahrzeuge ein, um Tausende irakische Soldaten – manche noch lebend und aus ihren Waffen feuernd – in ihren mehr als 70 Meilen langen Gräben zu verschütten, so die US-Militärs.

In den ersten beiden Tagen der Bodenkämpfe in der Operation Wüstensturm verwendeten drei Brigaden der 1. motorisierten Infanteriedivision – ›The Big Red One‹ – die grausige Erfindung, um Gräben und Bunker zu zerstören, die nach Schätzungen aus Armeekreisen von mehr als 8 000 irakischen Soldaten verteidigt wurden. Während sich 2000 ergaben, wurden die toten und verwundeten Irakis wie auch die letzten aufsässigen, die noch aus ihren Waffen feuerten, unter Tonnen von Sand begraben. Das erklärten Teilnehmer der sorgfältig geplanten und vorbereiteten Aktion.

›Nach dem Durchbruch war außer denen, die sich ergaben, keiner mehr übrig‹, sagte Captain Bennie Williams, der für seine Rolle in diesem grausamen Schauspiel mit dem Silver Star ausgezeichnet wurde.

Dieses beispiellose Vorgehen wurde vor der Öffentlichkeit verborgen...

›Soweit ich weiß, haben wir Tausende erledigt‹, erklärte Colonel Anthony Moreno, Kommandant der 2. Brigade, die den Angriff auf die stärksten Abwehrstellungen anführte.«[27]

In dem Artikel heißt es weiter, daß nach der ersten Bulldozerwelle, die die Irakis außer Gefecht setzte, eine zweite die Gräben mit Sand zuschüttete, um sicherzugehen, daß von den Verwundeten niemand überlebte.

Der Highway des Todes

Viele der auf der Flucht aus Kuwait Massakrierten waren nicht einmal irakische Soldaten. Es waren ausländische Arbeiter aus Sudan, Ägypten und anderen Ländern sowie Palästinenser, die alle ihr Leben zu retten suchten. »Newsday« berichtete dazu:

»Die allermeisten der fotografierten Fahrzeuge waren Autos, Busse und militärische und zivile Lastwagen, offensichtlich mit irakischen Soldaten und einigen Zivilisten, ferner mit Gewehren und großen Mengen von in Kuwait bei Plünderungen gestohlenen Gütern. Reporter beschrieben einen Abschnitt der Straße als buchstäbliche Mauer aus zerstörten und rußgeschwärzten Fahrzeugen, übereinandergetürmt in einem Gewirr aus verkohlten, verbogenen Metallteilen, aus zerquetschten Lastwagen-Führerhäusern, unter Bussen zerdrückten Pkws, anderen umgestürzten Autos und grotesk himmelwärts zeigenden Panzerkanonen, die Kettenfahrzeuge selbst auf der Seite liegend.

Weniger als zehn Prozent der Fahrzeuge in diesem mit Fotos dokumentierten Abschnitt waren Panzer, Truppentransporter oder Artilleriegeschütze... «[28]

Ein Augenzeuge, der GI Mike Ange aus North Carolina:

»Ich bin wirklich nahe herangegangen und habe die beiden Autos untersucht, die eigentlich wie Fahrzeuge aussahen, die man zur Flucht aus dem Gebiet benutzt hatte. Man kennt so etwas, eine Art Pritschenwagen, wie von Toyota, überladen mit Möbeln, Koffern, Teppichen, der Hauskatze und ähnlichem. Aber auch die waren genauso ausgebrannt wie die Militärfahrzeuge.«[29]

»Greueltaten«, meinte ein Experte aus Air-Force-Kreisen dazu, aber das Weiße Haus hielt beharrlich an den Rechtfertigungen für das Gemetzel fest. »Es waren die Folterer, die Plünderer, die Vergewaltiger«, so beschrieb es die Toten entlang des Highways.[30] Am 11. März 1991 berichtete die »Washington Post« gar von Versuchen des Pentagon, das Massaker auf dem »Highway of Death« militärisch zu rechtfertigen.

»Im Laufe des Tages begannen sich ranghohe Offiziere beim CENTCOM in Riad zu sorgen, daß das, was sie da gesehen hatten, in der Öffentlichkeit zunehmend den Eindruck erwecken könnte, daß die irakischen Streitkräfte Kuwait freiwillig verlassen und die US-Piloten sie gnadenlos bombardiert hatten, wie aus US-Militärkreisen verlautete. Bei der Vorbereitung der für Dienstag angesetzten Presseerklärung für das Fernsehen teilten die genannten Offiziere ihre Bedenken dem Pentagon mit, wobei sie sich einig waren, daß die US-Sprecher eine klare Sprachregelung haben müßten, um den von Irak behaupteten ›Rückzug‹ als Zurückweichen im Gefecht darzustellen, das durch nachhaltigen militärischen Druck der Alliierten erzwungen worden sei.

Die Absicht wurde offenbar am Dienstag um 16.45 Uhr in Saudi-Arabien (um 8.45 Uhr in Washington), als Präsident Bush in den Rosengarten trat und vor laufenden Kameras eine kurze, hastig improvisierte Erklärung abgab, des Inhalts, daß der Krieg trotz Bagdads Rückzugsankündigung weiter andauere, daß man dem Irak nicht trauen könne, daß sich die irakischen Truppen nur auf Druck hin zurückzögen und nicht freiwillig, und daß Saddam Hussein versuche, aus einer militärischen Niederlage einen politischen Sieg zu machen. Bush schwor, daß er dem irakischen Staatschef keine Möglichkeit für einen derartigen Propagandaerfolg einräumen werde...

Tatsache aber ist: Zehntausende irakischer Soldaten aus Kuwait-City und Umgebung hatten bereits mit dem Rückzug begonnen – mehr als 36 Stunden bevor die alliierten Streitkräfte die Hauptstadt erreichten.

Während sich die irakischen Soldaten wahrscheinlich zurückzogen, weil sie von der pausenlosen alliierten Bombardierung zermürbt waren und eine Bodenoffensive fürchteten, traten sie den Rückzug nicht unter unmittelbarem Druck alliierter Panzer und Infanterie an – die waren immer noch meilenweit von Kuwait-City entfernt.«[31]

Das Pentagon beabsichtigte also, die Berichterstattung über den »Highway of Death« zu unterdrücken, und lieferte daraufhin eine verzerrte Darstellung. Schließlich verkündete Präsident Bush einfach, es gebe keinen irakischen Rückzug, obwohl er wußte, daß der Rückzug angeordnet und auch angetreten war.

Bob Drogin, Reporter der »Los Angeles Times«, beschrieb ein weiteres Gemetzel, das die alliierten Flugzeuge unter den Irakis anrichteten – offensichtlich alle Soldaten auf dem Rückzug. Es wurde zehn Tage nach dem Waffenstillstand auf der Straße nach Umir Quaar in Kuwait entdeckt.

»Über 60 Meilen: Hunderte irakischer Tanks und gepanzerter Fahrzeuge, Haubitzen und Luftabwehrkanonen, Munitionslastwagen und Sanitätsfahrzeuge – alle unglaublich zugerichtet, beharkt, zertrümmert, ausgebrannt. Zahllose Soldaten liegen zwischen den Fahrzeugen im Treibsand, verstümmelt, aufgedunsen.

Die meisten hatten am 25. Februar vor Mitternacht auf dieser zweispurigen Straße den Rückzug angetreten, eine von zwei riesigen irakischen Karawanen auf der Flucht aus Kuwait-City, während ihre Armee unter dem alliierten Blitzkrieg zusammenbrach.

Beide Konvois konnten den alliierten Kampfflugzeugen nicht entkommen. Die Überreste des zweiten, über den in der vergangenen Woche allgemein berichtet wurde, liegen weiter westlich, auf der wichtigsten Ausfallstraße nach Safwan. Viele der Fahrzeuge prallten aufeinander oder wurden in Panik einfach liegengelassen, die Beute der Plünderer Kuwait-Citys lag überall verstreut. Mindestens 450 Menschen überlebten und ergaben sich.

Nicht so bei diesem Konvoi. Von den Medien bis dahin weitgehend unbeachtet, erstreckt sich der Schauplatz des Grauens über Meilen. Jedes Fahrzeug durchlöchert oder zerbombt. Kein Fenster mehr ganz. Alle Panzer ausgebrannt. Alle Lastwagen von Granatsplittern durchlöchert. Keine Anzeichen dafür, daß die Soldaten geplündert hatten. Keine Anzeichen für Überlebende.

... An einer Stelle haben knurrende Wildhunde zwei Leichen bis auf die Knochen abgefressen. Große Aasvögel streiten sich um den makabren Fraß; zu erkennen sind nur noch ein beschuhter Fuß und ein augenloser Schädel.

Auf einem Pritschenwagen neun Leichen. Die Männer umklammern sich. Haare und Kleidung sind verbrannt, die Haut von einer Hitze verkohlt, die Windschutzscheiben auf die Armaturenbretter tropfen ließ.«[32]

Dieses Kriegsverbrechen wurde erst entdeckt, lange nachdem es verübt wurde. Das Pentagon, das sich nun nicht mehr in Anschuldigungen flüchten konnte, die Soldaten seien Diebe und Plünderer gewesen, versuchte sich gar nicht erst in Rechtfertigungen. Dieses Massaker wurde einfach ignoriert. Die Medien haben versagt: Das Gebiet wurde nicht auf weitere Beweise hin untersucht. Man muß sich fragen, wie viele Kriegsverbrechen durch den Wüstensand verborgen bleiben. Und wie viele Leichen dort begraben sind.

Operationen gegen den Irak nach Kriegsende

Während der Golfkrise hat Präsident Bush, vielbeachtet in den Medien, immer wieder an das irakische Volk appelliert, sich zu erheben. In einer Rede am 15. Februar 1991, sagte er: »Noch etwas kann dem Blutvergießen ein Ende bereiten: Das irakische Militär und das irakische Volk muß sein Schicksal in die eigenen Hände nehmen, und Saddam Hussein, den Diktator, zwingen abzutreten.«[33]

Washington hat sich sehr publikumswirksam für die Sache der Kurden eingesetzt. Die Beweise zeigen aber den Zynismus dahinter: Die USA haben die Kurden zu dem Aufstand nach Kriegsende für ihre eigenen Zwecke angestachelt, ähnlich wie in den siebziger Jahren. Das Ergebnis dieser Appelle und der verdeckten Hilfe für die kurdischen Aufständischen: Tod, Hunger und Verzweiflung für Tausende, Vertreibung für Hunderttausende. Bush wollte gar keinen Erfolg der Kurdenaufstände im Irak, denn der revolutionäre Funke hätte auf die mehr als zehn Millionen von der türkischen Regierung unterdrückten Kurden überspringen können. Die Türkei, ein treuer Verbündeter der Vereinigten Staaten: Dort gibt es 16 US-Stützpunkte, das Land ist drittgrößter Empfänger amerikanischer Militärhilfe.

Auch der große schiitische Bevölkerungsanteil, vor allem konzentriert im Süden des Landes, wurde zur Rebellion aufgehetzt – mit verheerenden Folgen. Eine noch größere Bedrohung für die US-Strategie als ein Sieg der Kurden wären erfolgreiche Schiiten-Aufstände gewesen, denn eine Intervention des Iran, selbst überwiegend schiitisch, hätte Kuwait und Saudi-Arabien bedroht, beide überwiegend sunnitisch. Die beiden Königshäuser fürchteten eine starke, vom Iran unterstützte schiitische fundamentalistische Bewegung im Südirak. Nach dem Krieg schickten die Vereinigten Staaten einen Exil-Iraki mit CIA-Kontakten zu den Treffen der schiitischen Oppositionsführer, um die Unterstützung Washingtons anzubieten. Damit verbunden wurde die Warnung, daß Washington keine fundamentalistische Moslemregierung dulden werde, sollte eine schiitische Erhebung den Sturz Saddams zu Wege bringen.[34] Obwohl weniger publik gemacht als die Kurdenaufstände, waren die Opfer nach der Schiiten-Erhebung bei Mensch und Eigentum enorm und wurden vor allem von den Schiiten selbst erbracht.

Nach der Niederschlagung der Aufstände behauptete die Bush-Administration, sie sei von Kurden und Schiiten »mißverstanden« worden. Aber die US-Aktionen und -Erklärungen waren eindeutig: Washington hatte den Kurden vor dem Krieg Waffen geliefert, wie Oberst Jim McDonald im PBS-Bericht von der Front am 29. Oktober 1991 (Titel: The War We Left Behind) zugab. Britische Spezialeinheiten operierten während des Krieges tief im Inneren des Iraks und knüpften Kontakte zu kurdischen und anderen Widerstandsgruppen.

Neben Bushs wiederholtem Ruf nach Revolution forderten die Vereinigten Staaten die Kurden direkt über einen »Voice of Free Irak« (VOFI) genannten Radiosender zur Rebellion auf, in irakischer und kurdischer Sprache. Meist wurden die Sendungen von kurdischen Exilanten gemacht.[35] Dieser verdeckt operierende Sender wurde von der CIA gemeinsam mit dem saudischen Geheimdienst finanziert und betrieben. Zahlreiche Sendungen kurz nach dem Krieg waren direkt an das kurdische Volk gerichtet und ließen deutlich werden, daß die Rebellen mit militärischer Hilfe rechnen konnten. Hazir Temourian, Journalist der Londoner »Times«, übersetzte für Bill Moyers im PBS-Sonderbericht »After the War« im Frühjahr 1991 folgende Meldungen aus dem Kurdischen und Arabischen: »Erhebt euch! Jetzt ist der entscheidende Moment gekommen! Die Alliierten werden euch nicht im Stich lassen!« Nach einer Niederschrift des Foreign Broadcast Information Service der US-Regierung erklärte eine durch die VOFI bereits bekannte Persönlichkeit: »Wir sind immer bei euch, bei jedem Herzschlag, bei all euren Gefühlen, bei jedem eurer Schritte ... Wir stehen euch zur Seite, was immer ihr tut, was immer ihr unternehmen werdet.«[36]

Am 16. April 1991 berichtete die »New York Times«, daß eine VOFI-Sendung vom 6. April versuchte, die Basis für die Aufstände auszuweiten – über die Erhebungen der Schiiten im Süden und der Kurden im Norden hinaus. Sie ermahnte die »irakischen Brüder«, Bagdad zu befreien. Eine Sendung vom 20. März pries das Märtyrertum: »Nie haben die Irakis einen solchen Enthusiasmus, eine solche Freude, ein solches Verlangen empfunden, an der Revolution teilzunehmen oder zum Märtyrer zu werden.«[37]

Die Sendungen – die immer noch ausgestrahlt werden – sind Teil einer verdeckten antiirakischen Aktion, die bereits im August 1990 begann, als Präsident Bush die erste von mindestens drei Vollmachten unterzeichnete, die Maßnahmen zum Sturz Saddam Husseins billigten – eine davon war, Tausende kleiner Transistorradios für den Empfang der VOFI-Sendungen in den Irak zu schleusen. Zum Handwerkszeug gehörten auch die breitangelegte, von der CIA geförderte Propaganda und Desinformation, ferner die Zusammenarbeit mit Armee-Spezialeinheiten zur Belieferung und Unterstützung von Guerillakämpfern in Kuwait, die Destabilisierung der von der Baath-Partei getragenen Regierung sowie die CIA-Unterstützung für aufständische Splittergruppen im Irak.[38] Associated Press berichtete, daß mit einem im Januar 1991 unterzeichneten Befehl »großzügige und umfassende Vollmachten« für geheime Aktionen gewährt wurden, die zur Untergrabung der Hussein-Regierung führen sollten und die oppositionellen Kräfte unterstützten.[39]

Damit ist klar: Die Vereinigten Staaten haben wissentlich die Rebellion im Irak geschürt. Die Gleichgültigkeit, mit der sie Menschenleben aufs Spiel setzten, ist erschreckend. Daß Washington niemals beabsichtigte, den Kurden und Schiiten wirklich zum Erfolg zu verhelfen, zeigt den Zynismus, mit dem diese ethnischen Minderheiten für eigene Zwecke mißbraucht wurden. Die beschriebenen Aktivitäten trugen unmittelbar zu den schrecklichen Flüchtlingsproblemen nach Kriegsende bei.

Die US-Streitkräfte blieben bis zum 9. Mai 1991 im Irak. Nach den Schiitenaufständen boten Kontrollpunkte im Süden des Landes den

Flüchtlingen Lebensmittel, Wasser und Medikamente. Und nicht nur das: Man ermunterte sie auch zum Durchhalten. Aber selbst wenn die Flüchtlinge sich an den Aufständen beteiligt hätten, wäre ihnen eine Rückkehr in den Irak verwehrt worden. Wären sie nach Kuwait geflohen, wäre man ihnen nur feindlich begegnet.

Im »Manchester Guardian Weekly« vom 31. März 1991 berichtete Simon Tisdall über die verzweifelte Lage im südlichen Irak:

> »Entlang der Straßen nach Al-Nasiriyah, Suq Ash Shuyukh, Basra und anderen südirakischen Städten flehen Frauen und Kinder, zusammengepfercht auf Pritschenwagen und eingehüllt in Tücher und Plastikplanen, die US-Soldaten um Schutz an. Keiner will sie. Es gibt keine Hilfe, und sie wagen sich nicht nach Hause.
>
> ›Lassen Sie mich erklären‹, sagt Captain Anthony Phillips zu Sa'ad, einem Flüchtling aus Al-Nasiriyah, dessen Frau und Kinder zusammen mit allem Hab und Gut in einem zerbeulten Toyota-Taxi warten ... ›Ich kann Ihnen etwas zu essen geben‹, sagt er. ›Ich kann Ihnen etwas zu trinken geben, ich kann Ihnen Medikamente geben. Aber ich kann hier keine Sammelstelle für Flüchtlinge aufmachen. Es ist gefährlich hier. Heute morgen kam ein Kind mit abgerissenem Bein hierher.‹ Aber, und das weiß Sa'ad, gefährlich ist es überall.
>
> ›Wir sind zum Lager des Roten Halbmonds in Kuwait gegangen [jenseits der Grenze von Safwan]‹, entgegnet Sa'ad. ›Sie haben uns sehr schlecht behandelt. Sie sagen, sie können keine Irakis aufnehmen. Wir sind jetzt seit 15 Tagen unterwegs. Ich weiß nicht mehr, was ich machen soll.‹«[40]

Bis Mitte April 1991 war der Flüchtlingsstrom in die Wüste auf 30 000 Menschen angeschwollen. Erst am 24. April erklärte sich Saudi-Arabien zum Schutz der Flüchtlinge bereit. Die Vereinigten Staaten flogen 8 400 von ihnen nach Saudi-Arabien, 2 000 in den Iran. Die anderen erhielten fünf Gallonen Benzin und soviel zu essen und zu trinken, wie sie tragen konnten.

Die USA führten im Norden, nachdem die Lage der kurdischen Flüchtlinge nicht mehr schlimmer werden konnte, ein verspätetes Hilfsprogramm durch. Am 9. April schätzte das US-Büro des UN-Hochkommissars für das Flüchtlingswesen die Zahl der in den Iran geflohenen Kurden auf 750 000. 280 000 waren nach diesen Schätzungen in die Türkei gegangen.[41] Mitte April schaffte eine Luftbrücke Paletten mit Lebensmitteln ins türkische Cukurca, um sie über den kurdischen Flüchtlingslagern abzuwerfen. Einige Kurden wurden davon erschlagen.

Am 21. April 1991 berichtete David Hearst im »Manchester Guardian« und »Le Monde Weekly«, daß ein hoher türkischer Militär »vor Wut kochte«, als er erklärte: »Ich habe den Amerikanern gesagt: ›Ihr habt Bomben auf die Menschen im Irak geworfen und sie getötet. Jetzt werft ihr Hilfspakete ab und tötet sie damit.‹«

Vorgeblich um dieser Lage Herr zu werden, übernahmen US-Marines am 20. April die Kontrolle über die irakische Stadt Zakho. Am 23. April hatten 2 000 Marines und mehrere hundert französische und britische Soldaten ein Gebiet besetzt, das sich 24 Meilen weit in den Irak und 35 Meilen entlang der irakisch-türkischen Grenze erstreckte. Am 2. Mai weiteten die Alliierten ihre Präsenz auf Amadiya 45 Meilen östlich von Zakho aus. Bis 8. Mai waren sie südlich bis Dohuk vorgerückt. Ihr größtes Ausmaß erreichte die Besetzung Mitte Mai, als 21700 alliierte Soldaten im Norden Iraks standen. Schließlich errichteten die Vereinigten Staaten eine besetzte Zone, die immer noch unter UN-Kontrolle steht: Der Norden Iraks ist besetzt bis zum 36. Breitengrad, einer Linie 30 Meilen südlich von Mosul und, an einigen Stellen, 100 Meilen von der türkischen Grenze.

Washingtons Sorge um die Menschen im Irak entpuppt sich als Propagandalüge: Das Land sollte geschwächt, die Probleme für die Türkei und Saudi-Arabien sollten verringert werden. Die Kurden wurden als Opfer der Brutalität des irakischen Führers dargestellt, aber die Vereinigten Staaten haben durch den Aufruf zur Rebellion das Elend erst geschaffen. Dabei versprachen sie militärische Hilfe und ließen die Aufständischen anschließend im Stich. Im Sommer flog die Türkei militärische Angriffe gegen Kurdendörfer im Irak. Die türkische Regierung hatte die Kurden im eigenen Land seit langem unterdrückt, mit noch größerer Brutalität und Gewalt als jener, der die Kurden im Irak ausgesetzt waren. Nun wurden auch die Kurden im Irak und Irakis und Exilanten aus der Türkei dem Terror ausgesetzt. Bei der seit langem währenden Unterdrückung der kurdischen Opposition hat Washington der Türkei zur Seite gestanden. Unterstützt wurden auch Saudi-Arabien und Kuwait, die sich an ihren Grenzen von iranischen und irakischen Schiiten bedroht fühlen. Da diese Regierungen für die amerikanische Vormachtstellung am Golf wichtig sind, wurden sie von Washington gestützt, indem es die gescheiterten Schiiten- und Kurdenaufstände für eigene Zwecke mißbrauchte und den Irak destabilisierte.

3. Kriegsverbrechen gegen die irakische Bevölkerung

Am Morgen des 17. Januar 1991 begannen die Vereinigten Staaten den Irak in einer Weise zu bombardieren, die in der Geschichte ohne Beispiel ist. Aus den anfänglich 2 000 Luftangriffen täglich waren bei Ende des 42tägigen Krieges insgesamt 109 000 geworden, bei denen mehr als 88 500 Tonnen Bomben herabregneten.[1]

Die massiven Einsätze waren in erster Linie gegen die Zivilbevölkerung gerichtet. Entgegen den Versicherungen des Pentagon, daß alles mögliche unternommen werde, um Opfer in der Bevölkerung zu vermeiden, sollten mit den Bombardierungen unzweifelhaft die Menschen insgesamt getroffen werden. Die zynische Legende vom »chirurgisch präzisen« Schlag sollte die Wahrheit verschleiern. Die Bombardierungen waren eine tödliche, kalt kalkulierte und zutiefst unmoralische Strategie, die den Irak durch die Zerstörung lebenswichtiger Anlagen und Versorgungseinrichtungen in allen gesellschaftlichen Bereichen in die Knie zwingen sollte.

Die Zerstörung der Versorgungseinrichtungen

Die Bombardierung irakischer Städte und lebenswichtiger Infrastruktur hatte nichts mit der Vertreibung irakischer Truppen aus Kuwait zu tun. Sie sollte ein Schwellenland, eine politisch unabhängige Militärmacht in dieser Region, die über reiche Ölvorkommen verfügte und der eigenen wirtschaftlichen Entwicklung verpflichtet war, völlig lähmen. Vor der Golfkrise hatte der Irak beträchtliche ökonomische Fortschritte zu verzeichnen gehabt, trotz der verheerenden Wirkungen des Krieges mit dem Iran. Zwei Mitglieder unserer Untersuchungskommission, Adeeb Abed und Gavrielle Gemma, die den Irak vom 3. bis zum 14. April 1991 bereisten, konnten folgendes berichten:

> »Die Menschen erklärten uns immer wieder, daß das ganze Land, wenn auch nach Landstrichen verschieden, elektrifiziert gewesen sei (selbst die Höfe in ländlichen Gegenden waren ans

Stromnetz angeschlossen)... Seit 1982 waren 18 große Krankenhäuser errichtet worden, manche genossen im Nahen Osten hohes Ansehen. Die medizinische Versorgung war kostenlos: Es mußte nur eine symbolische Zahlung von einem halben Dinar bei der Aufnahme und von einem Dinar pro Tag – unabhängig von den ärztlichen Maßnahmen – geleistet werden. Seit mehr als zehn Jahren hatten Bagdads Ärzte keine Fälle von Unterernährung zu behandeln gehabt. Die Zahl der Analphabeten war stark zurückgegangen, die Bildungseinrichtungen bis zu den Hochschulen waren für jedermann zugänglich und kostenlos. Alle Landesteile konnten mit Trinkwasser versorgt werden. Schwangerschaftsfürsorge und nachgeburtliche Versorgung sowie Schutzimpfungen für Kinder waren im ganzen Land gewährleistet, auch in ländlichen Gebieten. Die soziale Stellung der Frau verbesserte sich. Lebensmittel waren reichlich vorhanden und preiswert... Der Staat gewährte Darlehen zu niedrigen Zinssätzen und führte eine Landreform durch: Grund und Boden wurden zu günstigen Konditionen gegen das Versprechen abgegeben, darauf binnen fünf Jahren zu produzieren.«[2]

Die im Ausbau befindliche Infrastruktur war in materieller Hinsicht modern: ein Fernstraßennetz von Tausenden Kilometern Länge, große Wasserkraftwerke, Hochwasserschutz und Bewässerungssysteme, ein leistungsfähiges Telefon- und Stromnetz und andere Einrichtungen zeugten von einer raschen Entwicklung.

Die soziale Stellung der Frau bildete einen krassen Gegensatz zur in Kuwait und anderen Golfstaaten üblichen Unterdrückung. Die irakische Regierung hatte 1969 den Allgemeinen Irakischen Frauenverband (General Federation of Iraqi Women, GFIW) gegründet, der Konferenzen, Ausbildungskurse und Alphabetisierungsprogramme organisierte. 1983 wurde ein Vierjahresplan vorgelegt, der Frauen außerhäusliche Berufstätigkeit erleichterte – allein in Bagdad wurden vier Arbeitsämter für Frauen eröffnet.

Ähnlich wie die gegen das irakische Militär gerichteten Maßnahmen lassen sich auch die Pläne zur Bombardierung ziviler Einrichtungen bis in die Zeit vor der irakischen Invasion Kuwaits zurückverfolgen. Die Planspiele auf der Shaw Air Force Base in South Carolina vom Juli 1990 identifizierten 27 strategische Ziele im Irak, basierend auf einem »Eventualfall Südwestasien« mit dem Irak als Aggressor. Am 7. August wurde die Liste auf 57 (und wiederum etwas später auf 87) strategische Ziele erweitert. Die irakischen Streitkräfte in Kuwait hatten damit nichts zu tun.[3]

Das Pentagon gab zu den Plänen, zivile Einrichtungen zu bombardieren, im August und September 1990 Erklärungen ab. Es wurden Luftangriffe auf Industrieanlagen, Kraftwerke, Wasseraufbereitungsanlagen und ähnliche Einrichtungen umrissen. Die »Los Angeles Times« vom 5. August 1990 beschrieb ein weiteres, an der Marine-Kriegsakademie im Juli durchgeführtes Planspiel, bei dem die Teilnehmer nach ihrer Einschätzung der wirksamsten US-amerikanischen Reaktion auf eine irakische Invasion Kuwaits gefragt wurden. Die »realistischen Optionen« fielen in drei Kategorien: (1) ein Attentatsversuch auf Saddam Hussein; (2) »Racheangriffe gegen wirtschaftlich wichtige Ziele wie Raffinerien, Pipelines und Kraftwerke«; und (3) Entsendung von Bodentruppen auf die Arabische Halbinsel mit Unterstützung der Luftwaffe. Letztendlich wurden alle drei Optionen realisiert.

Im September erklärte Michael Dugan, der Stabschef der Luftwaffe, vor der Presse, daß der »Angelpunkt wohl Bagdad ist. Wenn ich Ihnen den entscheidenden Schlag versetzen will, dann muß es bei Ihnen zu Hause sein, nicht irgendwo im Wald«. Mit Bezug auf eine Liste rein militärischer Ziele sagte Dugan: »Ganz nett, diese Liste... aber das reicht längst nicht.« Bereits am 16. September 1990 zitierte Rick Atkinson den Luftwaffenchef in der »Washington Post« mit dem Vorschlag, eine weitere Liste zu erstellen – mit irakischen Kraftwerken, Straßen, Eisenbahnlinien und »vielleicht« Ölförderanlagen.

Wenige Tage nach dieser Erklärung wurde Dugan gefeuert. US-Verteidigungsminister Richard Cheney nannte die Äußerungen »unpassend«, doch war der eigentliche Grund für die Entlassung der, daß Dugan nicht nur die ausländische Unterstützung für Militäraktionen gegen den Irak gefährdete, sondern auch die im Inland. Präsident Bush hatte immer wieder bekräftigt, daß der US-Truppenaufmarsch in Saudi-Arabien rein defensiver Natur sei, aber Dugans entlarvende Feststellung machte nun klar, daß Washington nicht nur eine Offensive plante, sondern auch die Bevölkerung angreifen wollte. Am 29. Januar 1991 stellte die Londoner »Times« fest, daß die Bombardierungen ziemlich genau der Beschreibung Dugans folgten, »wobei sich die Befreiung Kuwaits nur als Teil einer umfassenden Strategie erweist«.

Diese Gesamtstrategie wurde schon im Juni beschrieben. Nach Interviews mit mehreren der für die Kriegsplanungen Verantwortlichen und nach eingehender Untersuchung, wie die Angriffsziele ausgewählt wurden, schrieb der bereits erwähnte Barton Gellman:

»Als Beitrag zum militärischen Sieg über [den Irak] waren viele Ziele nur von sekundärer Bedeutung ... Die Militärplaner hofften, daß die Bombardierungen die wirtschaftlichen und psychologischen Wirkungen der internationalen Sanktionen verstärken würden ... Gemessen daran erreichte die Beschädigung und Zerstörung ziviler Strukturen, in Presseerklärungen immer wieder als kollateral (unbeabsichtigter und unvermeidbarer Nebenschaden) bezeichnet, zuweilen keines der beiden Ziele ... Aber: sie schädigten gezielt Iraks Fähigkeit, sich als Industriegesellschaft zu erhalten.«[4]

Und Oberst John A. Warden III., von Gellman zitiert, fügte noch hinzu, daß der Angriff auf lebenswichtige Versorgungseinrichtungen den Irak von westlicher Unterstützung abhängig machen würde:

»Die Stromversorgung kann Saddam Hussein nicht allein wiederherstellen. Er braucht Hilfe. Wenn die UN-Koalition schon politische Ziele verfolgt, dann kann sie sagen: ›Saddam, wenn ihr all dem zustimmt, werden wir zulassen, daß unsere Fachleute eure Stromversorgung wieder in Ordnung bringen.‹ Auf lange Sicht ist das ein gutes Druckmittel.«

Ein anderer Pentagon-Stratege wurde im selben Artikel mit seiner Sicht der Beziehung zwischen Bombardierungen und Sanktionen zitiert:

»Man hört: ›Ihr habt nicht erkannt, daß sich das auf das Wasser und die Kanalisation auswirken wird.‹ Nun, was haben wir denn mit den Sanktionen erreichen wollen – den Irakis aus der Patsche helfen? Nein. Was wir mit den Angriffen auf die Infrastruktur erreichten war, die Wirkung der Sanktionen zu beschleunigen.«

Was zeigt, daß das Pentagon mit den Bombardierungen beabsichtigte, die Wirtschaft Iraks lahmzulegen und das Land von ausländischer Hilfe abhängig zu machen. Sie waren keineswegs Nebensache, wie der Begriff kollateral nahelegt, sie waren ein zentrales strategisches Ziel.

Es wurden Cruise Missiles und lasergesteuerte Bomben eingesetzt, um das Herz der irakischen Infrastruktur zu treffen: Nachrichtenverbindungen, Ölraffinerien, Kraftwerke, Wasseraufbereitungsanlagen, Staudämme und Verkehrsknotenpunkte. Die irakische Bevölkerung sollte die größtmöglichen Härten zu spüren bekommen. Die Art und Weise der Bombardierung industrieller und anderer wichtiger Einrichtungen zeigt überlegtes Vorgehen. Ein Beispiel: Mitglieder unserer Untersuchungskommission inspizierten eine bombardierte Textilfabrik in Babylon. Unmittelbar daneben ein neues Gebäude, das nach dem Umzug der Produktionsanlagen das alte ersetzen sollte. Am 19. Januar 1991 schlugen Raketen im alten Fabrikgebäude ein – in jenes, das noch Anlagen und Arbeiter beherbergte. Das neue, leere Gebäude blieb unversehrt.

Die US-Militärs wußten, welche Waffen welche Ziele zerstörten. Am 25. März 1991 wurde in einer Fernsehdokumentation der Sendereihe BBC-Panorama mit dem Titel »America's Secret War« berichtet, daß die Briten Original-Baupläne zur Verfügung gestellt hatten, mit deren Hilfe die Alliierten ein »strategisch wichtiges« Gebäude in Bagdad zerstörten. Die meisten der bedeutenden Bauvorhaben im Irak waren von europäischen Architekten, Ingenieurbüros und Baufirmen geplant und ausgeführt worden; viele überließen dem Pentagon die Pläne, die den US-Bombern detaillierte Informationen über ihre Ziele lieferten.

Der Einsatz von Präzisionswaffen gibt Aufschluß über die Prioritäten des Pentagon. Als Air-Force-General Merrill McPeak berichtete, daß nur 6 520 Tonnen der insgesamt 88 500 Tonnen abgeworfener Bomben (nur sieben Prozent) »smarte« Waffen waren, sprach er von gegen wichtige Ziele eingesetzten Bomben.[5] Ein großer Teil der ersten Einsätze war elektronisch gesteuert, viele davon von F-117-Tarnkappenbombern aus lasergesteuert. Die meisten strategisch zentralen Ziele der irakischen Infrastruktur, insbesondere in Bagdad, wurden in der ersten Kriegswoche getroffen. Später kamen weniger genaue freifallende Bomben zum Einsatz, da elektronisch gesteuerte Bomben für die verbliebenen Ziele niedrigerer Priorität zu teuer waren. Basra und andere »weniger wichtige« Regionen wurden deshalb mit Bombenteppichen belegt.

Zu Beginn der Bombardierungen hatten US-amerikanische und britische Agenten Zielanfluggeräte in der Nähe der Angriffsziele plaziert, um die Treffergenauigkeit zu verbessern. Über diese Kommandos ist nur wenig bekannt. Die »New York Times« vom 1. März 1991 berichtete:

> »Von den Einsätzen amerikanischer Spezialeinheiten war während des sechswöchigen Golfkriegs kaum die Rede … Reporter, die von ihren Aktivitäten im Irak erfuhren, wurden unter Druck gesetzt, bis Kriegsende darüber kein Wort verlauten zu lassen.

Anfragen zu Interviews wurden von den Befehlshabern der Spezialeinheiten abgelehnt.«[6]

Bei einem Essen Anfang Mai 1991 prahlte der britische Premierminister John Major mit Englands SAS-Truppen (Special Air Service), die beim Anbringen der Zielanfluggeräte eine wichtige Rolle gespielt hätten. Für die Londoner »Times« waren die Äußerungen Majors »ohne Beispiel«: Gewöhnlich wird über die höchst geheime SAS öffentlich nicht geredet.[7] Kurz vor Beginn der Bodenoffensive erklärte ein britischer Geheimdienstoffizier US-Reportern, natürlich anonym, wie die SAS vorging:

> »Die SAS-Leute schießen mit ihren Laserpistolen auf das Ziel und ›wärmen‹ es lange genug an, damit die ›smarten‹ Bomben gesteuert werden können ... Wir haben zahllose SAS-Leute im Irak ... Sie sind gekleidet wie Araber, sie reden wie Araber, sie sehen aus wie Araber.«[8]

Hunderte von Angriffen wurden gegen die Stromkraftwerke des Landes gerichtet – mit Tomahawk Cruise Missiles, lasergesteuerten GBU-10-Paveway-II-Bomben und freifallenden Bomben. Am 23. Juni 1991 schrieb Patrick Tyler in der »New York Times«, daß die Vereinigten Staaten eine speziell für den Beschuß irakischer Kraftwerke geeignete Bombe konstruiert hatten. Tyler bezog seine Informationen aus Interviews mit Personen aus Regierungskreisen, denen ein vertraulicher Bericht über die Auswirkungen des Krieges gegen den Irak vorlag. Tyler schrieb, daß die Alliierten eine »noch geheime Waffe entwickelt« hätten, die am ersten Kriegstag »Tausende Metallfäden auf die Hochspannungsleitungen wichtiger Orte legte, um Kurzschlüsse und Stromausfälle herbeizuführen«. Um Reparaturen gefährlich zu machen, wurden die betreffenden Gebiete mit Splitterminen belegt.

In den ersten Stunden des Krieges fiel die irakische Stromversorgung zu mehr als 90 Prozent aus. Nach einigen Tagen war der Schaden so groß, daß der Irak die geringen Restkapazitäten abschaltete. Dazu ein US-Militär: »Da fließt kein einziges Elektron mehr.«

Die US-Luftangriffe zerstörten die elf wichtigsten Stromkraftwerke sowie 119 kleinere Kraftwerke. Das Turbinenkraftwerk Al-Taji wurde mit Raketen und Streubomben angegriffen, mindestens ein Mensch wurde getötet, zahlreiche andere verletzt. Das Kraftwerk Al-Hartha wurde dreizehnmal von Raketen getroffen, auch noch am letzten Tag des Krieges.

Dennoch behauptete das Pentagon in seinem im April 1992 vorgelegten dreibändigen Bericht, daß die Langzeitschäden an Iraks Stromversorgung zufällig verursacht worden seien – die Alliierten hätten nur einen kurzfristigen Ausfall beabsichtigt.[9] Hätten die USA wirklich eine Wiederherstellung der irakischen Stromversorgung gewollt, wären die Sanktionen nach dem Krieg aufgehoben worden, um dem Irak die Beschaffung von Ersatzteilen zu ermöglichen. Aber bei den Angriffen auf die irakische Infrastruktur wurde nichts ausgelassen – die Stromversorgung war nur ein Ziel unter vielen.

Der Katalog der Bombenziele

Gemma und Abed, die beiden bereits erwähnten Mitglieder der Untersuchungskommission, berichteten nach ihrer Recherche im Irak:

> »In allen von uns besuchten Städten konnten wir schwere Schäden an Häusern und Wohnungen, Kraftwerken, Tanklagern, Fabriken, Krankenhäusern, Kirchen, Flughäfen, Fahrzeugen, öffentlichen Verkehrsmitteln, Lebensmittel-Vorratslagern und Labors für die Lebensmittelprüfung, an Getreidesilos, tiermedizinischen Einrichtungen, Schulen, Funktürmen, Regierungs- und Verwaltungsgebäuden sowie an Geschäften und Läden belegen. Nahezu alle Einrichtungen waren zwei- oder dreimal bombardiert worden, um sicherzustellen, daß sie nicht mehr repariert werden konnten. Die meisten zerstörten Brücken waren von beiden Seiten her bombardiert worden.«[10]

Dr. David Levinson, der mit den Internationalen Ärzten zur Verhinderung des Atomkriegs (IPPNW) im Irak war, erklärte: »Es gab in der Bevölkerung zahlreiche Opfer der Bombardierungen, doch spiegeln diese Zahlen nicht die wirklichen Schrecken dieses Krieges wider.«[11]

Durch die Zerstörung lebenswichtiger Einrichtungen starben nach dem Krieg mehr Menschen als während des Krieges. Die Sanktionen verschlimmerten das Elend. Dazu sagte Levinson bei den Anhörungen der Kommission in San Francisco und Los Angeles aus: »Es war offensichtlich, daß sich der Bombenkrieg unmittelbar gegen die Bevölkerung richtete, denn die Infrastruktur des Landes wurde schwer getroffen.«[12]

Iraks acht wichtigste Staudämme wurden wiederholt unter Beschuß genommen und schwer beschädigt. Damit wurden gleichzeitig der

Hochwasserschutz, kommunale und industrielle Wasserspeicher, Bewässerungssysteme und Wasserkraftwerke lahmgelegt. Vier der sieben wichtigsten Pumpstationen wurden zerstört. Bomben und Raketen schlugen in 31 städtische Trinkwasseraufbereitungs- und Kläranlagen ein – allein in Bagdad waren es 20. Die Abwässer ergossen sich in den Tigris, überschwemmten die Straßen der Hauptstadt und trugen so zur Verbreitung von Seuchen bei. In Basra brach die Abwasserbeseitigung völlig zusammen. Im ganzen Land fiel die Trinkwasseraufbereitung aus. Was nicht beschädigt oder zerstört wurde, fiel aus, weil es ohne Elektrizität nicht funktionierte. Die Bewohner Bagdads – ohne Fernsehen, Radio oder Zeitungen, die vor Angriffen hätten warnen können – holten wochenlang ihr Trinkwasser in Eimern aus dem Tigris. Die irakische Nachrichtenagentur und der Rundfunk Bagdad verloren sechs Sendestationen, zwölf Fernsehsender und fünf Rundfunksender. Ohne Elektrizität waren auch die unbeschädigten Radiosender und -empfänger unbrauchbar.

Auch das irakische Telefonnetz wurde in den ersten Kriegstagen funktionsuntüchtig gebombt. Die Recherche von Mitgliedern des Internationalen Fernmeldevereins (ITU) im Juni/Juli 1991 erbrachte, daß 400 000 der 900 000 Leitungen zerstört wurden. 14 Fernmeldeämter wurden irreparabel beschädigt, 13 weitere fielen auf unbestimmte Zeit aus. Laut ITU gab es im Juli 1991 noch immer »keine verläßliche Telekommunikation im Irak«[13].

Beschädigte oder zerstörte Kommunikationsmittel vereitelten jeden Versuch der Abwehr und Hilfe, so auch die Pflege der Kranken und Verletzten. Das Problem wurde verschärft durch die Zerstörung von Verkehrswegen. In dem von zwei großen Strömen zerteilten Land wurden 139 Brücken entweder beschädigt oder zerstört, allein in der Provinz Basra waren es 26. Auch wichtige Autobahnen und andere Straßen wurden angegriffen – Reisen als Alptraum. Um Reparaturen zu verhindern, wurden die Straßenbaumeistereien bombardiert. Auf den Fernstraßen wurden zivile Fahrzeuge aller Art beschossen: Lastwagen, Busse und sogar Taxis.

Direkten und systematischen Angriffen war die irakische Landwirtschaft, war die Lebensmittelproduktion, -lagerung und -verteilung ausgesetzt. Die Hälfte aller Agrarprodukte wurde auf bewässerten Flächen erzeugt; angegriffen wurden alle dafür genutzten Wasserwirtschaftssysteme, darunter Talsperren, Staustufen, Pumpstationen und Entwässerungsanlagen. Bauern konnten ihr Land nicht mehr be- oder entwässern, was zum Beispiel zur Folge hatte, daß die Nahrungsmittelproduktion auf die Hälfte reduziert wurde und Salzwasser auf die Anbauflächen der Provinz Basra gelangte. Mindestens drei Lagerhäuser in der Provinz Bagdad wurden getroffen, sieben weitere in der Provinz Basra. In der Provinz Al-Qadissiya wurden sämtliche Lagerhäuser der General Company of Foodstuff zerstört. Große Pestizidlager wurden ebenfalls zerstört, drei Anlagen zur Dattelverarbeitung wurden beschädigt. Eine Fabrik für Baby-Milchpulver in Abu Ghraib, die einzige ihrer Art in der Region, wurde am 20., 21. und 22. Januar angegriffen. Das Pentagon behauptete zwar, es handele sich um eine chemische Fabrik, doch dienten die Angriffe schlicht dem Ziel, die irakische Nahrungsmittelproduktion lahmzulegen. Getroffen wurden auch eine Pflanzenölfabrik und die Zuckerfabrik in der Provinz Meisan. In Al-Taji, einer Kleinstadt bei Bagdad, wurde die landesweit größte Tiefkühl- und Lagerhalle für Fleisch zerstört. An einem einzigen Tag wurde sie dreimal bombardiert, um 8.00 Uhr, um 15.00 Uhr, um 20.00 Uhr. Die Viehbestände wurden dezimiert: von 10 Millionen Schafen blieben 3,5 Millionen übrig, die Lebensmittelknappheit führte zu vermehrten Schlachtungen. 90 Prozent der Geflügelproduktion des Landes wurden vernichtet.

Getreidesilos im ganzen Land wurden methodisch unter Beschuß genommen, Hunderte von Bauernhöfen angegriffen. Das einzige Traktorenwerk des Landes und die größte Düngemittelfabrik wurden durch Bombenangriffe zerstört, die 16 Menschenleben kosteten.

Im Juni 1992, mehr als ein Jahr nach der Vertreibung der irakischen Truppen aus Kuwait (die Sanktionen waren immer noch in Kraft), bombardierten US-Flugzeuge Getreidefelder in der Nähe von Mosul im Nordirak mit Brandbomben. Diese offene und durch nichts provozierte Aggression gegen die irakische Nahrungsmittelproduktion wurde durch keine UN-Resolution verurteilt.

28 zivile Krankenhäuser und 52 Gesundheitszentren wurden von Bomben getroffen. Im Zubair-Hospital in der Provinz Basra brach der Betrieb völlig zusammen. In der Al-Rashad-Nervenklinik südwestlich von Bagdad fielen die Zimmerdecken auf die Patientenbetten. In der Ulwiyya-Frauenklinik wurden Mütter und Säuglinge von Granat- und Glassplittern getroffen. Auch das Ausbildungskrankenhaus in Hilla wurde bombardiert, fünf irakische Militärkrankenhäuser wurden ebenfalls beschädigt.

Die alliierten Kampfflugzeuge beschossen 676 Unterrichtsstätten, 38 wurden völlig zerstört. Acht davon waren Universitätsinstitute.

Selbst Moscheen und historische Stätten waren nicht vor den US-Angriffen sicher, obwohl das Pentagon behauptete, daß sie nicht zu den Zielen gehörten. Die Wahrheit: Im ganzen Land wurden sie bombardiert. Nach irakischen Angaben wurden allein in Bagdad 25 Moscheen getroffen, 31 weitere im ganzen Land. In der ersten Februarwoche habe ich selbst sechs schwer beschädigte Moscheen gesehen, zwei weitere in Basra waren nur noch Ruinen. Auch drei christliche Gotteshäuser waren beschossen worden. Angegriffen wurde die 900 Jahre alte St.-Thomas-Kirche in Mosul – mehr als 1000 Meilen von Kuwait entfernt –, ebenso die Mutansiriya-Schule, eine der ältesten Koranschulen im Irak.

Ziele der Bomber waren die Regierungs- und Verwaltungsgebäude in Bagdad, darunter die Zentrale der Baath-Partei, das Rathaus, der Oberste Gerichtshof, das Justizministerium, das Arbeitsministerium, das Verteidigungsministerium, der Nationalpalast und das Hauptpostamt. Bagdads neues beeindruckendes Konferenz- und Kongreßzentrum, erbaut für die jährliche Versammlung der blockfreien Staaten, wurde schwer beschädigt.

Zahlreiche Produktionsanlagen wurden bombardiert: Sieben Textilfabriken wurden beschädigt, ebenso fünf Maschinenbau-Werke, fünf Bauunternehmen, vier Fahrzeug-Montagewerke, drei Chlorchemie-Anlagen, drei bedeutende Einrichtungen für den Ammoniakexport sowie 16 chemische und petrochemische Fabriken und Anlagen der Phosphatchemie. Lasergesteuerte Raketen zerstörten ein wichtiges Fertigungslabor für Injektionsspritzen in Hilla. Sämtliche Zementwerke wurden beschossen. Die Gebäude von zwölf Industrieunternehmen wurden stark beschädigt. In Bagdad wurden die Werke der Firma Al-Sa'ad, eine Kosmetikfabrik, ein Rasierklingenwerk, eine Textilfabrik sowie das Werk Muwaffak J. Janna völlig zerstört.

Angriffsziel mit hoher Priorität war auch die irakische Ölindustrie. US-Flugzeuge beschossen elf Ölraffinerien, fünf Pipelines und Produktionsanlagen sowie zahlreiche Öltanker. Drei Tanker wurden versenkt, drei weitere in Brand geschossen. Bomben wurden abgeworfen auf große Lagertanks, auf die Gas-/Ölabscheider, durch die Rohöl an die Raffinerien weitergeleitet wird, auf die für moderne Raffinerien entscheidenden Destillationskolonnen und katalytischen Konverter sowie auf den wichtigen K2-Pipeline-Knotenpunkt bei Beiji, der den Anschluß zu den nördlichen Ölfeldern herstellt, auf eine Exportpipeline in die Türkei und auf eine Nord/Süd-Umkehrpipeline im Landesinneren.

Angegriffen wurde der Internationale Flughafen Saddam und der Flughafen Al-Muthana; selbst geparkte Passagier- und Frachtflugzeuge wurden nicht verschont. Bahnhöfe und Rangierbahnhöfe, wichtige Verkehrsknotenpunkte, Busbahnhöfe und Parkplätze im ganzen Land wurden systematisch unter Beschuß genommen.

Durch die Bombardierung der Infrastruktur und lebenswichtiger Versorgungseinrichtungen wurden irakische Zivilisten zu Tausenden getötet. Die Angriffe auf die Versorgung sorgten dafür, daß viele weitere tausend Menschen umkamen – auch ohne direkten Beschuß.

Dr. Q. M. Ismail, Chefarzt der zentralen Kinderklinik in Bagdad, hatte Dienst, als die US-Bomben einschlugen. 40 Säuglinge lagen in den Brutkästen, ihre Mütter waren bei ihnen. Als der Strom ausfiel, versagten auch die Brutkästen den Dienst. Die verzweifelten Mütter rissen die Kinder an sich und flüchteten in den Keller.

Sechs Stunden später waren 20 der Kinder tot. »Die Mütter wurden fast wahnsinnig«, erinnerte sich Dr. Ismail. »Ihren Anblick werde ich nie vergessen.«[14]

Die Bombardierung der Städte

72 Prozent der irakischen Bevölkerung leben in Städten. Die Behauptungen der US-Regierung, durch gezielte Einsätze seien Zivilisten verschont worden, sind nicht wahr: Es ist einfach unmöglich, dicht besiedelte Städte tagtäglich zu bombardieren und dabei keine Zivilisten zu töten.

Ganz Basra wurde unbarmherzig bombardiert. Paul Walker, Direktor des Instituts für Frieden und internationale Sicherheit am Massachusetts Institute of Technology, sagte bei den Anhörungen der Untersuchungskommission in New York und Boston aus, daß »keine Rede von präzisen Angriffen in dieser Stadt«[15]sein könne. Er zitierte Mark Finemans Artikel in der »Los Angeles Times« vom 5. Februar 1991 – an diesem Tag war ich zufällig selbst in Basra –, in dem es heißt:

> »... eine alptraumhafte Hölle von Feuer und Rauch, so dicht, daß die Sonne nach Zeugenaussagen tagelang nicht mehr richtig zu sehen war... [Die Bombardierungen] haben ganze Häuserblocks dem Erdboden gleichgemacht... [Es gibt] Bombenkrater von der Größe eines Fußballfeldes und zahllose Opfer unter der Bevölkerung.«

In der vierten Kriegswoche erklärten US-Militärs, daß Basra für sie nicht mehr von den Flächenbombardierungen ausgenommen war. Da Flächenbombardierungen – also jede Bombardierung, die eine Reihe von klar unterscheidbaren militärischen Zielen innerhalb einer Stadt wie ein einziges Angriffsziel behandelt – den Artikel 51 des Zusatzprotokolls zur Genfer Konvention verletzten, mußte das Pentagon ein derartiges Vorgehen rechtfertigen. Am 11. Februar erklärte US-General Richard Neal gegenüber Rick Atkinson und Ann DeVroy von der »New York Times«: »Basra ist im eigentlichen Sinne des Wortes eine Stadt des Militärs ... Die Infrastruktur, die militärische Infrastruktur, ist in die Stadt selbst förmlich eingewoben.« Ferner behauptete Neal, daß sich in Basra keine Zivilisten mehr aufhielten; somit blieben nur noch militärische Ziele.

Tatsächlich hatte Basra 800 000 Einwohner und war damit Iraks zweitgrößte Stadt. Bei meinem Aufenthalt dort während und nach den Bombardierungen sah ich ganze Viertel zerstört – Schulen, Wohnhäuser, ein Postamt. Um einen Vergleich anzustellen: Im texanischen San Antonio gibt es mehr militärische Einrichtungen als in Basra. Eine schreckliche Vorstellung, wollte jemand behaupten, ganz San Antonio sei legitimerweise ein militärisches Ziel. Besucher nach dem Krieg waren entsetzt.

Bagdad, das weit weniger Schäden als Basra und andere im Süden gelegene Städte davongetragen hatte, wurde dennoch an 39 aufeinanderfolgenden Tagen bombardiert. In der »Washington Post« gab Atkinson dazu eine Äußerung von Generalleutnant Thomas Kelly einen Tag später wieder: »In Bagdad suchen wir ganz bestimmte verbunkerte Ziele ... Deshalb braucht man mehr Bomben für jedes Ziel, wenn man Erfolg haben will.«

Am 12. Februar zählten die Journalisten mehr als 25 Explosionen im Zentrum Bagdads. Sechs Tage später setzten die Alliierten die Hauptstadt einem gnadenlosen zweistündigen Bombardement aus, das um 23.00 Uhr begann. Für den »Guardian« schrieb Alfonso Rojo dazu:

> »Dicht vor den Fenstern des Al-Rashid-Hotels rasten Raketen vorbei. Gegen das ständige Dröhnen hochfliegender Kampfbomber hob sich alle zehn Minuten das Brummen der Cruise Missiles ab, gefolgt von einer fürchterlichen Explosion, die das ganze Hotel erschütterte.«

Am 27. Februar um 1.35 Uhr, zwei Nächte vor dem Waffenstillstand, gab Radio Bagdad den irakischen Rückzug aus Kuwait bekannt. Offensichtlich als Reaktion darauf wurde Bagdad erneut heftigen Angriffen ausgesetzt. Einwohner sprachen von einer Nacht des Grauens.

Mitte Februar verloren mindestens 200 Einwohner der Stadt Falluja durch alliierte Raketen ihr Leben, 500 weitere wurden verletzt. Tatsächlich dürfte die Zahl der Opfer noch höher liegen. Vorgeblich waren Brücken das Angriffsziel gewesen. Zeugen haben die Zerstörungen bestätigt; in einem Fall behauptete die britische Royal Air Force, eine präzisionsgesteuerte Bombe habe ihr Ziel verfehlt.

Das sahen Augenzeugen anders. Sie beschrieben die Abwürfe als gezielt. Hamid Mehsan, ein Kaufmann aus Falluja, der seinen Sohn, seinen Bruder und einen Neffen bei einem der Angriffe verlor, hatte gesehen, wie die Bomben auf einen Markt niedergingen:

> »Der Pilot hatte im Fernsehen gesagt, er habe die Brücke treffen wollen. Das kann aber nicht sein. Die Brücke ist 1,5 Kilometer von uns entfernt. Wir sind überzeugt, daß der Angriff dem Markt galt – wir sollten getötet werden.«[16]

Palästinensische Fernfahrer konnten später bestätigen, daß ein in der Nähe gelegenes ägyptisches Hotel bei dem Angriff ebenfalls zerstört worden war. 200 Menschen starben.

Der andere Angriff zerstörte sowohl einen Block moderner, fünf- und sechsstöckiger Apartmenthäuser aus Beton als auch mehrere andere Häuser in der Nähe einer Brücke. »Middle East Watch« schrieb: »Alle Häuser im Umkreis von 400 Metern zu beiden Seiten der Straße und auch der Markt lagen in Schutt und Asche.«[17] Es genügte, an einer Brücke zu wohnen, um sein Leben aufs Spiel zu setzen. Hunderte Bürger Bagdads starben, weil sie in der Nähe von Brücken lebten – die Brükken selbst waren keine legitimen militärischen Ziele.

Die Art der US-Bombenangriffe auf die irakische Infrastruktur läßt das Gerede von ›nebensächlichen Schäden‹ – Kollateralschäden – zum Hohn werden. Das Pentagon gab zu, daß der Beschuß ziviler Einrichtungen sowohl der Demoralisierung der Massen als auch der Steigerung der Wirkungen von Sanktionen diente. Zahlreiche Angriffe wurden tagsüber vorgetragen, dann also, wenn die Menschen auf den Straßen waren. Eine Textilfabrik in Babylon beispielsweise wurde am 19. Januar 1991 dreimal bombardiert. Zwei Arbeiterinnen starben. 16 Menschen wurden am 18. Februar 1991 getötet, als ein Fernmeldeamt zweimal beschossen wurde; die umliegenden Läden und Wohnungen wurden zerstört. Zahllose Opfer gab es bei den Angriffen auf Brücken. Keines der genannten Ziele war militärischer Art.

Tausende von Zivilisten im ganzen Land wurden Opfer wahlloser Bombardierungen durch B-52-Bomber und andere Kampfflugzeuge – was unausweichlich war, denn Tausende Bombenangriffe waren gegen dicht besiedelte Gebiete gerichtet. Die meisten Nachrichtenmeldungen rückten die F-117-Tarnkappenbomber ins Blickfeld, die mit genauer operierenden Bomben bestückt waren. Die meisten Angriffe aber flogen B-52-Bomber, die freifallende, nicht gelenkte Bomben abwarfen.

Der bereits zitierte Paul Walker, Direktor des Instituts für Frieden und internationale Sicherheit, sagte bei den Anhörungen der Untersuchungskommission in New York aus, daß die B-52 vom ersten bis zum letzten Kriegstag eingesetzt wurden. Bei einer Flughöhe von mindestens 12 000 Metern und mit Abwürfen von 40 bis 60 Bomben zu je 500 bis 750 Pfund besteht ihre einzige Aufgabe darin, ganze Gebiete mit Bombenteppichen zu belegen. Nach den ersten Einsatztagen flogen die B-52 auch in niedrigen Höhen. Die Piloten wußten also, daß die Luftabwehr zusammengebrochen war.

Bei der Anhörung der Kommission am 15. November 1991 in Montreal sagte auch der Journalist Paul William Roberts aus, der während der Bombenangriffe mit Beduinenstämmen durch den Irak gezogen war. Er erklärte, daß die Luftangriffe nicht einmal mit dem zu vergleichen seien, was er als Kriegsberichterstatter in Vietnam erlebt habe. Er erinnerte sich:

> »Die Bombenangriffe kamen nachts in drei Wellen. In Kambodscha habe ich schon manches erlebt, aber das war nichts gegen das hier... Nach 20 Minuten Bombenregen war es still, man hörte nur das Schreien von Kindern, Männern und Frauen. Dann wurden die Verletzten angeschleppt. Wir versuchten die Verletzten zu behandeln, alle standen unter Schock. Wie Zombies stolperten sie umher, ich auch, denn die Explosionen waren auch eine Art psychologischer Kriegführung... Und wenn man seit zehn Tagen wegen der Angriffe nicht mehr geschlafen hat, dann verliert man den Bezug zur Wirklichkeit.«

Die Bombardierung des Bunkers von Amariyah

Bagdad war auch der Schauplatz einer der schrecklichsten Luftangriffe. Wahrscheinlich sind dabei 1500 Menschen, meist Frauen und Kinder, getötet worden: In den frühen Morgenstunden des 13. Februar 1991 schlugen zwei Bomben in den Schutzbunker Amariyah ein. Die erste riß ein Loch in das Dach, die zweite, viel schwerer und mit größerer Sprengkraft, durchschlug die Zwischendecke und explodierte. In der ganzen Nachbarschaft barsten Türen und Fenster.

Die erste Bombe schlug um 4.30 Uhr ein. Nicht alle wurden dadurch getötet. Anwohner hörten die Schreie derer, die aus dem Bunker zu entkommen suchten. Die Schreie hielten vier Minuten an. Dann schlug die zweite Bombe ein und tötete nahezu alle. Die Schreie verstummten. Nur 17 Menschen überlebten.

Was der amerikanischen Öffentlichkeit dazu an »Information« geboten wurde, war entschärftes, stark zensiertes Filmmaterial. Aber: Die »Columbia Journalism Review« berichtete in ihrer Ausgabe von Mai/Juni 1991, daß die Nachrichtensendungen in Jordanien und Bagdad eindeutige Bilder gezeigt hatten, Bilder, so erschütternd, daß Hunderte aufgebrachter Jordanier die ägyptische und US-amerikanische Botschaft belagerten und proirakische Slogans skandierten, Steine warfen und westliche Journalisten angriffen. Die »Review« bekam das unredigierte Material über CNN und Bagdads WTN; sie beschrieb es wie folgt:

> »Der betreffende Reporter prüfte das unredigierte Material aus Bagdad. Es waren Bilder eines unglaublichen Blutvergießens. Nahezu alle Opfer waren verkohlt; in manchen Fällen war die Hitze so groß, daß ihnen die Gliedmaßen fehlten. Unter den Leichen auch sechs Säuglinge und zehn Kinder, die meisten so verbrannt, daß man das Geschlecht nicht mehr erkennen konnte. Mitglieder der Rettungsmannschaften brachen zusammen und ließen die verkohlten Körper fallen; der scharfe Geruch der noch glühenden Leichen ließ manche erbrechen.«[18]

In den Medien und auch seitens der irakischen Regierung wurde die Zahl der Opfer mit 300 bis 400 Menschen angegeben. Besuche von Mitgliedern der Untersuchungskommission, durch die Direktorin des Palästinensischen Menschenrechts-Informationszentrums, Louise Cainkar und das Gulf Peace Team (GPT) ergaben jedoch, daß die Zahl der

Getöteten eher bei 1500 anzusiedeln ist. Anwohner erklärten der Kommission, daß der Bunker für 2500 Menschen ausgelegt gewesen und nachts gewöhnlich von 1500 bis 1800 Menschen genutzt worden sei.

Es gibt noch andere Aussagen, die den offiziellen Angaben widersprechen. Dr. Beladune Mouloud, Präsident des algerischen Roten Halbmonds, sagte bei den Anhörungen des Europäischen Parlaments zu den Kriegsverbrechen am Golf im März/April 1991 aus, daß er selbst in Amariyah 415 getötete Kinder gezählt habe.[19] Mitglieder des Golf-Friedensteams (GPT) befragten eine Frau, die als Bunkerärztin bis zwei Wochen vor dem Angriff Dienst versehen hatte. Die Liste, in die sich alle Insassen eintragen mußten, habe, so erklärte sie, in der Nacht des Angriffs rund 1000 Namen umfaßt. Beim Alarm seien die Eintragungen eingestellt worden, die Gesamtzahl muß also höher gewesen sein.

Der Bunker beherbergte 500 Dreietagenbetten. Bei den Gesprächen des GPT mit Anwohnern zeigte sich, daß der Bunker in der betreffenden Nacht fast überfüllt gewesen war. An jenem 13. Februar, einem islamischen Feiertag, hatten Insassen ein Fest gefeiert. Einige der 17 Überlebenden hatten wegen Überfüllung in den Gängen übernachtet.

Die US-Regierungssprecher behaupteten, der Bunker sei als militärische Einrichtung genutzt worden. Tatsache ist, daß der Bunker, der erst zwei Wochen vor Kriegsende in die Luft gejagt wurde, seit Wochen schon von Zivilisten genutzt wurde. Die Anwohner hielten es für unglaublich, daß die Vereinigten Staaten nichts davon gewußt haben sollten, daß Frauen und Kinder dort Zuflucht suchten. Hunderte von Menschen strömten jeden Nachmittag hinein und anderntags wieder heraus. Das ganze Viertel wurde in dieser Zeit häufig aus der Luft überwacht.

Abu Sabah Hameed, der seine 42jährige Frau und sechs weitere Angehörige in diesem Bunker verlor, erklärte gegenüber dem GPT:

> »Ja, sieben Menschen verließen dieses Haus – niemand von ihnen kam zurück. Bei Sonnenuntergang, etwa um 16.30 Uhr, gingen sie los. Als ich erfuhr, was passierte, wissen Sie, es war so hart, das hören zu müssen. Es war so hart.«

Abu Kulud, dessen Frau und zwei Töchter im Bunker umkamen, sagte:

> »Unmöglich, daß sie nicht wußten, daß der Bunker nur von Zivilisten aufgesucht wurde. Ihre Luftaufklärung war doch allgegenwärtig.«

Sura verlor bei dem Angriff ihre Mutter und zwei Geschwister:

»Es ist nicht möglich, daß sie mit ihren Satelliten nicht gesehen haben, wie die Frauen und Kinder in den Bunker gingen... Das kann doch nicht sein. Sie mußten das gewußt haben. 24 Stunden am Tag stand der Satellit genau über uns, und Flugzeuge haben ebenfalls Fotos gemacht.«[20]

Prof. Mohammed Khader, ein Palästinenser, wohnte ebenfalls in unmittelbarer Nachbarschaft des Bunkers von Amariyah; seine Frau und vier Töchter ließen dort ihr Leben. Laut seiner Aussage vom 29. Februar 1992 vor dem Kriegsverbrechens-Tribunal in New York starben durch die Bombardierung des Bunkers 1 500 Menschen. Wenige Tage vorher hatte Khader versucht, den Irak Richtung Jordanien zu verlassen. Die Grenzen waren geschlossen. Auf der Fahrt dorthin erlebte er Schreckliches:

»Überall fielen Bomben. Dennoch erreichten wir gegen 23.00 Uhr die Stadt Rutba, etwa 100 Kilometer von der Grenze entfernt. Im Hotel versuchten wir, etwas Schlaf zu finden. Dann hörte ich eine gewaltige Explosion. Es war eine Rakete, ganz in der Nähe von einem amerikanischen Flugzeug abgeschossen. Die Kinder schrien, sie hatten Angst. Ich versuchte, sie zu beruhigen. Dann waren die Flugzeuge wieder da.

Sie kamen nach ungefähr einer Stunde, etwa um 3.00 Uhr, und warfen Bomben ab. Die Kinder schrien wieder... Bei der Rückkehr [nach Amariyah] habe ich zahlreiche Bombenkrater gesehen, der Fahrer mußte immer wieder ausweichen... Dann fuhren wir über eine Brücke – kurze Zeit später gab es sie nicht mehr.«[21]

In Amariyah sorgte Khader dafür, daß Frau und Töchter im Bunker unterkamen, während er mit seinem Sohn zu Hause blieb. Am 13. Februar versuchte er einen Wagen zu bekommen und erneut das Land zu verlassen. Es gelang ihm nicht, und seine Familie suchte im Bunker Zuflucht. Um 4.30 Uhr morgens wurde Khader von einer Explosion aufgeschreckt. Wie so vielen Anwohnern kam es auch ihm nicht in den Sinn, daß der Bunker wirklich getroffen worden sein könnte. Bei der Anhörung in New York erklärte er:

»Eine Stunde später kam ein Nachbar zu mir: Der Bunker sei bombardiert worden... Was ich sah, als ich dort ankam, war einfach nur schrecklich... Aus dem Bunker stiegen Rauchwolken. Keine Tür war mehr zu öffnen, durch den Druck der Explosion.

Nach ungefähr zwei Stunden gelang es ihnen, eine der Türen zu öffnen. Sie versuchten die Leichen herauszuholen, die Leichen der Menschen, die dort Zuflucht gesucht hatten. Sie waren nicht mehr zu unterscheiden, die einen waren verkohlt, die anderen zerfetzt.

Meine Frau konnte ich nicht finden. Die Leichen meiner Töchter, meiner Frau, ich konnte sie nicht finden. Fast allen Leuten aus der Gegend ging es so, sie konnten ihre Angehörigen nicht mehr finden.«

Die Bombardierung der Straßen

Weniger beachtet als die Bombardierung des Bunkers von Amariyah wurden andere direkte Angriffe auf die Bevölkerung. Was die größte Aufmerksamkeit erregte, waren die regelmäßigen Such- und Angriffseinsätze gegen den zivilen Fahrzeugverkehr. Die meisten fanden auf der Fernstraße Bagdad-Amman statt. Hier wurden zivile Fahrzeuge gezielt unter Beschuß genommen. Ich selbst befuhr diese Straße bei meinem Aufenthalt im Irak während der Bombardierungen. Entlang der ganzen Strecke: ausgebombte Busse, Lastwagen, Lieferwagen, Taxis und sonstige zivile Fahrzeuge. Unter den Opfern waren auch Lastwagenfahrer, die mit humanitären Hilfslieferungen unterwegs waren. Schiffe und Lastwagen mit Medikamenten und Lebensmitteln – angeblich vom US- und UN-Embargo ausgenommen – wurden bombardiert, geentert oder auf andere Weise daran gehindert, in den Irak zu gelangen. Es handelte sich also um Angriffe auf das Verkehrssystem, um das Land zu lähmen und zu terrorisieren, den zivilen Flugverkehr auszuschalten und Importe zu verhindern.

In einem Brief vom 7. Februar 1991 unterrichtete der jordanische UN-Botschafter UN-Generalsekretär Perez de Cuellar darüber, daß vom 29. Januar bis zum 5. Februar 14 jordanische Zivilisten getötet und weitere 26 verletzt wurden, eben auf der Fernstraße Bagdad-Amman. Die Opfer seien, so hieß es in diesem Brief, durch die »Bombardierung von Lastwagen und Tanklastzügen jordanischer Unternehmer seitens der alliierten und US-Flugzeuge« zu beklagen gewesen. Danach wurden in der genannten Achttagesfrist 52 Fahrzeuge beschädigt oder zerstört. Der Botschafter beantragte, den Brief als offizielles Rundschreiben des UN-Sicherheitsrats zirkulieren zu lassen.[22]

Mitglieder der Untersuchungskommission trafen sich mit der Witwe und den sieben Kindern eines jordanischen Fernfahrers, der, von der UN genehmigt, tiefgefrorenes Fleisch in den Irak gebracht hatte. Sein Lastwagen war bombardiert worden, sein Beifahrer stürzte als lebendige Fackel aus dem Führerhaus. Als er davonrannte, wurde er erschossen.

Najib Toubasi, ein Palästinenser, steuerte am 1. Februar 1991 einen Bus mit 57 zivilen Fahrgästen, als das Heck des Fahrzeugs von einer Bombe getroffen wurde. Nach dem zweiten Treffer, so Najib vor der Kommission, flohen die Reisenden:

> »Die Leute stürzten davon, die Flugzeuge schwenkten ein und nahmen sie unter Maschinengewehrfeuer... Mein rechtes Bein war verletzt worden. Dennoch rannte ich, eine Frau zu meiner Linken, ein Kind zu meiner Rechten, in die offene Wüste. Die Frau wurde getroffen, das Kind schrie: ›Ich will nicht sterben! Ich will nicht sterben!‹«

Viele starben hier. Alan Cowell berichtete am selben Tag an die »New York Times«, daß ein Funktionär des jordanischen Roten Halbmonds Zeuge wurde, wie die beiden Kinder einer jordanischen Familie bei einem Angriff auf eine Fernstraße erschossen wurden.

In einem Interview mit »Middle East Watch« äußerte sich Dr. Samir A. Qwawasmi, der vom Arabischen Komitee für medizinische Notfälle nach Bagdad entsandt worden war. Um 5.10 Uhr, nach kurzer Rast auf einem Parkplatz für das Morgengebet, stieg Dr. Qwawasmi wieder ins Auto. Plötzlich griffen alliierte Flugzeuge an. Qwawasmi ist überzeugt, daß sein Fahrzeug von den Teilen einer Streubombe getroffen wurde, die nach internationalem Recht nicht einmal gegen Soldaten eingesetzt werden dürfe. Als er, im Schlepp eines Wagens mit Allradantrieb, den Schauplatz verließ, blieben zahlreiche ausgebrannte Pkws und Kleinbusse zurück. Eine halbe Stunde später wurde er auf offener Straße erneut angegriffen; dabei sah er, wie ein Kühllastzug von einer Rakete getroffen wurde.[23]

Fahrzeuge aller Art, Größe und Farbe wurden auf der Fernstraße Bagdad-Amman beschossen: Nach Augenzeugen gehörten sowohl orangefarbene Busse als auch rote Pkws dazu. Viele wurden tagsüber angegriffen – obwohl sie am Tage kaum mit Militärfahrzeugen zu verwechseln waren. Zwar behaupteten die Vereinigten Staaten, mobile Startrampen für Scud-Raketen seien Ziel der Aktionen. Aber die meisten Fahrzeuge auf dieser Fernstraße wurden zerstört und ihre Insassen getötet, obwohl keine militärischen Ziele in der Nähe waren. Für die Nachrichtenagentur Reuters berichtete Bernd Debusmann:

> »Von dem mindestens halben Dutzend ausgebrannter oder schwer beschädigter Fahrzeuge hier diente nur ein einziges wirklich militärischen Zwecken... Anwohner erklärten, daß die Straße häufig bombardiert werde und daß die Ziele fast immer zivile Lastwagen oder Pkw seien.«[24]

Sanktionen: Fortsetzung der Verbrechen gegen die Menschlichkeit

Sanktionen waren eine weitere Waffe im totalen Krieg gegen die irakische Bevölkerung. Sie wurden verhängt, bevor auch nur eine Bombe fiel, und auch lange noch fortgesetzt, nachdem der Krieg zu Ende war. Bombardierungen und Sanktionen brachten dem ganzen Land unvorstellbare Not. Das Leiden ist unvermindert.

Die irakischen Bürger hatten einen relativ hohen Lebensstandard genossen, der sich stetig verbesserte. Das Land entwickelte sich rasch, Ölvorkommen und industrielle Basis verhießen eine große Zukunft. Heute ist der Irak mit der Geißel der Armut geschlagen, vergleichbar den ärmsten Ländern der Welt.

Die Bombardierungen beraubten die Bevölkerung der meisten lebenswichtigen Einrichtungen modernen Lebens. Nicht nur die Stromversorgung und die Nachrichtenverbindungen wurden zerstört, auch die Versorgung mit Lebensmitteln, Trinkwasser und Medikamenten brach zusammen. Sich um die betroffenen Menschen zu kümmern, sie zu pflegen und zu schützen, wurde durch die Bombardierungen unmöglich gemacht. Die Sanktionen verhinderten, daß eine Grundversorgung wiederhergestellt, die Grundbedürfnisse befriedigt und ein wirksameres Wiederaufbauprogramm begonnen werden konnte. Bombardierungen und Sanktionen haben den Irak auf eine vorindustrielle Stufe zurückgeworfen. Als ich im Februar 1992 den Irak erneut besuchte, wurde zum Beispiel in Basra das Trinkwasser in Tanklastern geliefert. Kläranlagen und Kanalisation waren zerstört, zahlreiche Kommunikationseinrichtungen immer noch außer Betrieb, der Verkehr stark beeinträchtigt und die Flughäfen geschlossen. Das Gesundheitssystem funktionierte nicht – Krankenhäuser vermochten nur ein Viertel ihrer Kapazität auszulasten. Hunger und Seuchen forderten täglich Hunderte von Menschenleben.

Die Sanktionen sollten nie etwas anderes als ein Teil der Kriegsstrategie sein. Noch bevor die Vereinigten Staaten den Sicherheitsrat dazu brachten, weltweite Sanktionen gegen den Irak zu fordern, hatten westliche Länder gezielte Sanktionen bereits durchgesetzt. Nach dem Ende des iranisch-irakischen Krieges verkauften US-Firmen immer noch an den Irak, übten aber auch wirtschaftlichen Druck aus. 1990 kündigten westliche Firmen Hunderte von Verträgen über Lebensmittellieferungen, und wissenschaftliche und technische Zusammenarbeit auf.[25] Die von den UN gestützten, Anfang August verhängten Sanktionen machten den Irak verwundbar, bevor die Bombardierung begann. Die medizinische Versorgung wurde beeinträchtigt, Lebensmittelvorräte schrumpften, große Teile der Wirtschaft lagen danieder.

Erdöl hatte einen Anteil von 90 Prozent an den irakischen Exporten; sie machten den größten Teil der Staatseinnahmen aus. Als irakische Schiffe an ausländischen Häfen abgewiesen wurden und ausländische Tanker kein irakisches Öl mehr aufnahmen, versiegte diese Einnahmequelle. Da sie zuvor für die Finanzierung von Lebensmittelimporten genutzt wurde, litt die Versorgung mit Nahrungsmitteln. Vor dem August 1990 hatte der Irak annähernd 70 Prozent seiner Lebensmittel eingeführt. Lebensmittel einzukaufen, wurde bei eingefrorenen Auslandsguthaben und fehlenden Öleinnahmen zusehends schwieriger.

Das wußte Washington. Einen Monat vor der Invasion Kuwaits hatte die US-Botschaft in Bagdad einen vertraulichen Bericht ausgearbeitet, der die Abhängigkeit Iraks von Lebensmittelimporten detailliert beschrieb. Laut »Los Angeles Times«, der im August 1990 eine Kopie des Berichts vorlag, wurde darin geschätzt, daß die Vorräte an Weizen noch zwei Monate, an Mais noch neun Tage und an Gerste noch 38 Tage reichen würden.[26] Mais und Gerste waren als Futter in der Landwirtschaft unverzichtbar.

Der Irak wandte sich um Notlieferungen an Säuglingsnahrung an die Türkei, einst der wichtigste Lieferant für Nahrungsmittel. Der türkische Nachbar lehnte ab. Nicht nur das: Auch die Genehmigung, irakisches Öl durch türkische Pipelines fließen zu lassen, wurde zurückgezogen. Ende August standen die Irakis für Brot Schlange, und der irakische Handelsminister war gezwungen, die Lebensmittelausgabe zu rationieren. Im September wurde die Zuteilung von Grundnahrungsmitteln für die Bevölkerung von 343 000 auf 182 000 Tonnen gekürzt, ein weiteres Mal im Januar 1991 auf 135 000 Tonnen – 60 Prozent in nur vier Monaten.[27]

Bereits am 7. Oktober 1990 berichtete die »Washington Post«, daß im Irak Milchkühe und Legehennen geschlachtet würden. Bei rationierten Grundnahrungsmitteln waren die Familien gezwungen, mehr Lebensmittel auf dem Markt zu kaufen – zum doppelten, dreifachen, oft vierfachen Preis.

Die UN-Resolution, die Sanktionen über den Irak verhängte, ließ Lebensmittellieferungen »zu humanitären Zwecken« zu. Nach Paragraph 6 wurde der Sanktionsausschuß des Sicherheitsrates eingerichtet, der am 13. September mit der Verabschiedung der UN-Resolution 666 bevollmächtigt wurde, darüber zu befinden, was humanitäre Zwecke seien. Der Ausschuß, von den USA beherrscht, verhielt sich fortgesetzt feindlich gegen den Irak. Die Einfuhr von Lebensmitteln und Medikamenten wurde drastisch beschnitten.

Zwischen dem 6. August 1990 und dem 22. März 1991 wurden Versuche, Lebensmittel durch den Persischen Golf in den Irak zu schaffen, mit militärischen Mitteln verhindert. Der Unterstaatssekretär für die Marine, Dan Howard, verteidigte die gewaltsame Beschlagnahmung der Ibn Khaldoun, eines Schiffes mit Hilfsgütern für humanitäre Zwecke, in einem Brief an US-Senator Slade Gorton. Howard schrieb:

> »Das Embargo betrifft nach Resolution 661 auch Lebensmittel, außer ›für humanitäre Zwecke‹. Nach den Resolutionen 661 und 666 wurde der Sanktionsausschuß des Sicherheitsrates eingerichtet, um festzulegen, wann ein dringendes humanitäres Bedürfnis besteht, das Lebensmittellieferungen an den Irak erlauben würde. Bis zur Resolution 687 des Sicherheitsrates (angenommen am 3. April 1991), die Lebensmittel insgesamt von dem Embargo ausnahm, wurden alle Schiffe mit Lebensmitteln für den Irak umgelenkt, wenn ihre Ladung vom Sanktionsausschuß nicht genehmigt war. Die Ibn Khaldoun hat nie die Zustimmung des Sanktionsausschusses für Lebensmittellieferungen an den Irak erhalten.«[28]

Der freie Verkehr für Medikamente und humanitären Zwecken dienende Lebensmittel in kriegführende Länder ist nach internationalem Recht unzweideutig geregelt – er muß ungeachtet aller Sanktionen oder Blockaden aufrechterhalten bleiben. James Fine vom Büro für internationale Programme der Universität Pennsylvania schrieb in seiner Studie »Ausnahmen vom UN-Handelsembargo gegen den Irak«, daß die im Sicherheitsrat vertretenen Staaten nach internationalem Recht verpflichtet waren, »Vorkehrungen für den freien Verkehr von Lebensmitteln [zuzustimmen], um die Versorgung der Bevölkerung sicherzustellen«[29].

Auch die Versorgung mit Medikamenten, angeblich von Sanktionen ausgenommen, wurde verhindert. Im Dezember 1990 fehlten in den irakischen Krankenhäusern die meisten Medikamente. Eine Delegation der Internationalen Ärzte gegen den Atomkrieg (IPPNW) besuchte den Irak vom 14. bis 22. Dezember und berichtete anschließend, daß sich die Säuglingssterblichkeit in der zentralen Kinderklinik in Bagdad bereits verdoppelt hatte. In den beiden von den Ärzten besuchten Krankenhäusern waren wichtige Vorräte bereits aufgebraucht – zum Beispiel Penizillinampullen, Spritzen für die Kinderabteilung, Gammaglobulin, Insulin und Kaliumchlorid-Ampullen. Bei älteren Patienten sei die Blutwäsche unterbrochen worden, berichtete die IPPNW, ein Akt, »der einem Todesurteil gleichkommt«[30]. Am 8. Februar teilte mir der irakische Rote Halbmond mit, daß er seit November 1990 nur 17 Tonnen Säuglingsflaschennahrung einführen konnte, obwohl im Irak 2 500 Tonnen pro Monat gebraucht wurden. Milchpulver für die Produktion von Flaschennahrung war nicht mehr verfügbar.

Sanktionen gegen den Irak waren nie die gnädige Alternative zum Krieg. Ann Montgomery vom Gulf Peace Team besuchte Bagdad am 7. Januar 1991. Sie sagte bei der Anhörung der Untersuchungskommission am 11. Mai 1991 in New York aus, daß die Lage der Krankenhäuser damals schon kritisch war, noch bevor die Bombardierungen einsetzten.

> »Die Ärzte erklärten, daß pro Tag 40 Säuglinge starben – nicht an Verletzungen, nicht an außergewöhnlichen Krankheiten. Es gab keine Milch, nicht einmal die einfachsten Medikamente. Keine Spezialmittel, nein, einfache Medikamente fehlten, insbesondere Mittel gegen Durchfall. Man weiß, wie leicht man einen Durchfall wieder los wird – wenn man das richtige Mittel hat ... Der Arzt, mehr als aufgebracht, forderte: ›Sagen Sie ihnen, sie sollen den Krieg gegen die Kinder beenden.‹ Denn nichts anderes war es.
>
> Wenn ich höre, daß wir uns hätten Zeit lassen sollen, bis das Embargo greift, dann muß ich genau daran denken. Das Embargo bedeutete Krieg, und es heißt immer noch Krieg, wenn ich höre, daß die Schiffe mit Hilfslieferungen gestoppt werden.«

Nach der Katastrophe

Selbst unter optimalen Bedingungen, das heißt durch wesentliche Erleichterungen seitens des Auslands und äußerste Anstrengungen für einen Wiederaufbau, bräuchte der Irak Jahre, bis wichtige Einrichtungen und Dienstleistungen wieder funktionieren. Bei fortdauernden Sanktionen ist dies unmöglich. Nicht einmal das Notwendigste könnte beschafft werden – Medikamente, Grundnahrungsmittel, Ersatzteile, Elektromotoren für Wasserpumpen, Traktoren.

Die Bomben zerstörten 9 000 Häuser, 72 000 Menschen wurden obdachlos. Der Zusammenbruch der Stromversorgung, der Bewässerungs- und Wasseraufbereitungsanlagen sowie der Kanalisation und der Kläranlagen schuf einen regelrechten Ausnahmezustand. Die Abfälle türmten sich in den Straßen auf und ergossen sich in die Flüsse, die den Menschen das Wasser liefern.

Manche Viertel Bagdads und zahlreiche ländliche Gebiete mußten über Monate ohne Wasser auskommen. Immer noch werden die Bewohner Basras durch Tanklaster mit Wasser versorgt. Aufgrund der Sanktionen kann der Chlorbedarf für die Wasserreinigung nicht mehr gedeckt werden.

Um den Mangel zu überbrücken, wären dem Irak ja noch wirksame Maßnahmen geblieben, wäre die Stromversorgung nicht zusammengebrochen. Vor dem Krieg verbrauchte Bagdad rund 9 000 MW täglich an elektrischer Energie. Nach dem Krieg blieben der Stadt über drei Monate nur noch 700 MW pro Tag. Den Pumpwerken und Wasserreinigungsanlagen der Stadt stand die nötige Energie ebensowenig zur Verfügung wie den Haushalten. Die Sanktionen verhinderten, daß der Irak neue Ausrüstungen und Ersatzteile kaufen konnte, um die Stromversorgung wiederaufzubauen.

Landesweit herrschte Mangel an Energie und Treibstoffen; keine Nische im Alltag, auf die er sich nicht auswirkte. Der völlige Zusammenbruch der Nachrichtenverbindungen verschlimmerte die Krise. Eine von Martti Ahtisaari geleitete UN-Delegation, die vom 10. bis 17. März den Irak bereiste, berichtete: »Man kann hier die eingeführten Lebensmittel nicht verteilen, das Wasser nicht mehr reinigen, die Abwässer nicht abpumpen und klären, die Getreidefelder nicht bewässern und Medikamente nicht dorthin schaffen, wo sie gebraucht werden. Man weiß nicht einmal, wo welche Not gelindert werden muß.«[31]

Sanktionen – das bedeutete auch, daß der Irak seine Produktionskapazitäten nicht wiederherstellen konnte. Die übriggebliebenen Fabriken waren nutzlos, denn der Binnenmarkt war zusammengebrochen, und Exporte wurden nicht genehmigt. Die Ahtisaari-Delegation berichtete, daß Iraks Beschäftigte in der Industrie »zur Untätigkeit verurteilt sind und die Rücklagen aus ihrem Einkommen bis Ende März aufgezehrt haben werden«[32]. Überall Arbeitslose. Wer noch irgendwo in Brot und Arbeit stand, mußte mit Löhnen von weniger als sieben Prozent des Vorkriegsniveaus auskommen.

Irak konnte die eigene Bevölkerung nicht mehr ernähren. Die Kinder traf es am härtesten. Im Laufe des Jahres 1991 verdreifachte sich die Kindersterblichkeit, in manchen Gegenden stieg sie auf das Vierfache. Eine internationale Harvard-Studiengruppe war im August/September 1991 im Irak und kam zu dem Schluß, daß eine Million irakischer Kinder unterernährt waren und 120 000 unter den schweren und akuten gesundheitlichen Folgen litten.

Am 7. August beschrieb Larry Everest im »San Francisco Chronicle« den Fall einer irakischen Frau, deren Sohn unterernährt war:

> »Satanya Naser sitzt hilflos neben ihrem abgemagerten Sohn Hamid, der bei der leisesten Berührung zu weinen beginnt. Seit Januar hat sie ihm nur Reiswasser einflößen können. Nun eineinhalb Jahre alt, wiegt er nur noch 15 Pfund, hat fleckige Haut und einen aufgeblähten Bauch. Symptome, die für eine Kwashiorkor genannte Eiweißmangelerkrankung typisch sind – nach Aussagen der Ärzte wurden sie im Irak das letzte Mal Ende der fünfziger Jahre beobachtet.«

Satanyas Sohn war ein Opfer akuter Unterernährung. Nahrungsmittel waren knapp und für die Armen der Bevölkerung unerschwinglich. Die galoppierende Inflation bei den Lebensmittelpreisen hatte die 200-Prozent-Marke erreicht. Im »Chronicle« hieß es weiter:

> »Satanyas Mann, ein Tagelöhner, verdient im Monat 120 Dinar; eine Dose Milchpulver, vor dem Krieg noch für drei Dinar zu haben, kostet heute 35 Dinar – nach derzeitigem Devisenkurs über 100 US-Dollar. Mehl ist 48mal so teuer wie vor einem Jahr, Reis 22mal und Pflanzenöl 20mal. Manche Waren – zum Beispiel Hühner oder Milchpulver – gibt es oft einfach nicht.«

Die monatlichen Lebensmittelzuweisungen durch die Regierung deckten nach dem Krieg nur noch ein Drittel des Durchschnittsverbrauchs und waren meist nach zehn Tagen verzehrt. Man hatte gehofft, daß die Bauern den Mangel wieder wettmachen könnten, und brachte im Herbst 1990 ein ehrgeiziges Programm zur Steigerung der Inlandsproduktion auf den Weg. Im Sommer 1991 gab es jedoch Mißernten, weil man die Felder nicht mehr richtig bewässern konnte und die Sanktionen den Nachschub an Ersatzteilen für landwirtschaftliche Maschinen, an Saaten und Setzlingen, an Düngemitteln und Pestiziden blockierten.

Die einzige tiermedizinische Einrichtung des Landes war bombardiert worden – das Nutzvieh war nun anfällig für Krankheiten. Das Getreidefutter fehlte: Der Nutzviehbestand ging um 50 Prozent zurück. Die Geflügelproduktion war zusammengebrochen.

Die Unterernährung beschränkte sich nicht auf die Kinder der ärmeren Schichten, denn die Sanktionen ließen im ganzen Land den Mangel an lebenswichtigen Gütern wachsen. Der bereits erwähnte Larry Everest berichtete auch von dem einjährigen Sohn eines reichen Bauern, der stark unterernährt und sechs Monate lang an Durchfall erkrankt war. Obwohl seine Eltern es sich hätten leisten können, konnten sie die spezielle für eine Behandlung nötige Kindernahrung nicht kaufen, weil sie nirgendwo zu bekommen war.

Aber selbst dann, wenn es die Lebensmittel gab, wurde ihr Nutzen durch Krankheiten wie Durchfall wieder zunichte gemacht. Die Bombardierungen hatten ideale Bedingungen für die Ausbreitung von Seuchen geschaffen: schlechte Kanalisation und Abfallbeseitigung, fehlende Nachrichtenverbindungen, Mangel an Medikamenten und Lebensmittelknappheit, unterbrochene Verkehrswege und verseuchtes Trinkwasser. All dies trug unmittelbar zur raschen Verbreitung von Cholera, Typhus, Ruhr und Durchfall bei. Fälle von Entkräftung und Kwashiorkor gingen in die Tausende. Den Krankenhäusern fehlte die nötige technische Ausstattung. Ohne Elektrizität, Medikamente, ohne Nachschub und Ersatzteile konnten sie ihre Patienten nicht mehr behandeln, Diagnose und Therapie wurden unmöglich.

Obwohl die UN-Resolutionen zu den Sanktionen medizinische Lieferungen zuließen, hatten zahlreiche noch vor dem 2. August 1990 bestellte Lieferungen den Irak auch im Mai 1991 noch nicht erreicht. Bei eingefrorenen Auslandsguthaben und fehlenden Öleinnahmen war es für den Irak schwierig, auch Medikamente zu bezahlen, die verfügbar waren.

Den Diabetikern fehlte Insulin, Medikamente gegen Bluthochdruck gab es nicht mehr, Anästhetika waren eine Seltenheit. Antibiotika, Sedativa und selbst Bagatellmittel waren knapp geworden. Hunderte von Patienten mit Herzschrittmacher wußten, daß sie leere Batterien im Irak nicht mehr austauschen lassen konnten.

Katastrophal wirkte sich der Zusammenbruch der Stromversorgung auf den Einsatz medizinischer Geräte aus. Die Apparatemedizin vermochte Labordienste nicht mehr zu leisten, Dialysen für Nierenkranke konnten nicht mehr durchgeführt, Kulturböden nicht mehr gezüchtet werden. Instrumente konnten nicht mehr sterilisiert, Medikamente nicht mehr gelagert, Strahlenbehandlungen nicht mehr verabreicht werden. Im Kindi-Hospital verdarben 3 000 bis 4 000 Blutkonserven, weil sie nicht gekühlt werden konnten. Auch nach Kriegsende kamen Brandopfer in die überlasteten Krankenhäuser – sie hatten, da es keine Elektrizität mehr gab, ihre Wohnungen mit Petroleum beleuchten wollen.

Als ich mich im Februar 1991 im Irak aufhielt, berichtete Dr. Abrahim Al-Nouri, Direktor des irakischen Roten Halbmonds, daß seit dem 1. November 1990 3 000 Säuglinge gestorben waren. Er führte sämtliche Todesfälle auf fehlende Säuglingsflaschennahrung und Medikamente zurück.

Die medizinischen Hilfslieferungen unmittelbar nach dem Krieg kamen ausschließlich von UN-Hilfsorganisationen sowie von nichtstaatlichen Einrichtungen wie dem Roten Kreuz oder dem Roten Halbmond. Der Bedarf an medizinischen Gütern wurde davon jedoch nur zu 2,5 Prozent gedeckt. Selbst ein Jahr nach dem Krieg waren es nur zehn Prozent. Nach Presseberichten, die sich damals auf die Hauptstadt Bagdad konzentrierten, war das Leben im Irak zur Normalität zurückgekehrt. In Wahrheit war das ganze Land gelähmt. Ahtisaari berichtete:

> »Mit den Berichten über die Lage im Irak und selbstverständlich auch mit dem jüngsten WHO/UNICEF-Bericht über die hygienische Situation, über die Wasser- und Gesundheitsversorgung waren wir natürlich vertraut ... Man muß ... dazu sagen, daß nichts von dem, was wir gesehen oder gelesen hatten, uns in irgendeiner Weise auf derartige Verwüstungen vorbereitet hätte.«[33]

Mehrmals während des Krieges hat die US-Regierung versucht, die Verantwortung für die durch die Bombardierungen angerichteten Verwüstungen den Zusammenstößen zwischen Einheiten der Aufständischen und der Republikanischen Garde im März 1991 nach dem Waffenstillstand zuzuschieben. Allerdings sehen unabhängige Beobachter das anders. Bei ihrer Recherche im Irak im April 1991 stellten die Kommissionsmitglieder Adeeb Abed und Gavrielle Gemma fest, daß die Aufstände zwar Schäden verursacht hatten, die Dezimierung durch Bomben und Sanktionen aber weitaus größer waren und auf lange Sicht eine größere Bedrohung darstellten. Weite Gebiete des Landes waren von den Aufständen überhaupt nicht betroffen, von den US-Bomben aber war nicht ein Landstrich verschont geblieben. Die eher marginalen Schäden, die von den leichten Waffen der Rebellen herrührten, konnten kaum mit dem verglichen werden, was die Bombardierungen angerichtet hatten. Laut Abed war auch die Möglichkeit ausgeschlossen, daß er von »irakischen Führern in die Irre geleitet« wurde. Diese hatten auf die von Aufständischen verursachten Schäden hingewiesen und von »Plünderern« gesprochen. Aber die Kanalisation beispielsweise und alle anderen wichtigen Einrichtungen hatten selbst die Verwüstung Basras durch die iranische Artillerie unbeschädigt überstanden. Die US-Bomben haben aus Basra eine Wüstenei gemacht – der Müll türmt sich zu Bergen auf, Trinkwasser muß auf Jahre hinaus mit Lastwagen zu den Bewohnern gebracht werden.

Schließlich bestimmte der Sanktionsausschuß am 22. März 1991, daß humanitäre Erwägungen die Einfuhr von Lebensmitteln und Medikamenten erlaubten. Aber nichts geschah. Die Bombardierungen hatten das Land gelähmt, Krankheiten und Unterernährung steigerten die verheerende Wirkung. Der Irak war nicht mehr in der Lage, Lebensmittel und Medikamente zu erwerben und so seine Lage zu verbessern, weil Schiffe abgefangen, die Auslandsguthaben eingefroren und Ölverkäufe verboten wurden.

Daß der Irak über die zweitgrößten Ölreserven der Welt verfügt und eine zu großen Anstrengungen entschlossene Regierung und Bevölkerung hat, mag es scheinen lassen, als sei ein Wiederaufbau leicht zu bewerkstelligen. Aber: Noch lange nach dem Krieg hat das Land mit Armut, mit Unterernährung, mit vom Wasser übertragenen Seuchen, mit hoher Arbeitslosigkeit, Not und allgegenwärtigem Tod zu ringen. Gelähmt durch die Sanktionen, vermag der Irak sich nicht mehr aus den von US-Bomben geschaffenen Ruinen zu erheben.

Und die Lage wird noch ernster. Nach Berichten von Ärzten und Hilfsorganisationen steigt die Zahl der Todesopfer täglich. Ende Januar 1992 trug eine Trauergemeinde in Bagdad zehn Kinder zu Grabe, die alle im selben Krankenhaus binnen zehn Stunden gestorben waren.

Obwohl die Stromversorgung größtenteils wiederhergestellt ist, verhindert der Geldmangel, daß Medikamente, Lebensmittel und andere Güter zur Deckung des täglichen Bedarfs beschafft werden können.

Sie wurden der Öffentlichkeit verkauft als gewaltlosen Weg, den Irak dazu zu bewegen, den UN-Forderungen nachzukommen: die Sanktionen. Aber im April 1992 starben pro Tag immer noch 300 unter fünf Jahre alte Kinder an den Folgen dieser Sanktionen.[34] Noch immer ist das Embargo in Kraft, auch wenn es vorgeblich dazu gedient hatte, einen irakischen Rückzug aus Kuwait durchzusetzen. Die Forderungen, die mit einer Aufhebung der Sanktionen verknüpft waren, ändern sich ständig, aber stets hätten sie Reparationszahlungen in Milliardenhöhe zur Folge, die zu leisten dem Irak selbst dann unmöglich wäre, wenn die Auswirkungen der Sanktionen rückgängig gemacht würden.

Saduddrin Aga Khan, der den Irak vom 29. Juni bis zum 13. Juli im Auftrag der UN ein zweites Mal bereiste, erklärte:

> »Niemandem von uns blieb eines verborgen: das Paradoxon, daß wir in einer Zeit, da die internationale Staatengemeinschaft von Katastrophen erschreckenden Ausmaßes heimgesucht wird, bei Hilfsprogrammen für den Irak immer noch an dieselben Spender appellieren, obwohl das Land selbst die Kosten tragen könnte. Mit seinen beträchtlichen Ölvorkommen bräuchte es nicht mit dem von Hungersnöten geplagten Horn von Afrika oder dem von Orkanen heimgesuchten Bangladesh zu konkurrieren.«[35]

Es wirkten verschiedene Faktoren zusammen: das Handelsembargo, die eingefrorenen Auslandsguthaben in Milliardenhöhe, die unterbundenen Ölverkäufe und Iraks Schulden aus dem Krieg mit dem Iran in Höhe von 80 Milliarden US-Dollar – all dies hinderte das Land daran, mehr als nur kleine Mengen dringend benötigter Lebensmittel und Medikamente einzuführen. Es haben sich Staaten geweigert, dem Irak Grundnahrungsmittel wie Weizen und Reis zu verkaufen, weil sie wissen, daß die nötigen Mittel zur Bezahlung fehlen. Im Mai 1991 schlug der Verband der thailändischen Reisexporteure die irakische Bitte um eine 200 000-Tonnen-Reislieferung aus, weil Irak dem asiatischen Land noch 67,5 Millionen US-Dollar schuldete. Noch im Juli 1991 hielt Australien eine Million Tonnen vom Irak im Mai bestellter Lebensmittel zurück, bis der Irak nachweisen konnte, sowohl die Lieferung bezahlen als auch seine Schulden in Höhe von 470 Millionen US-Dollar begleichen zu können.

Tote in der Zivilbevölkerung

Den verheerenden sechswöchigen Bombardierungen und den langfristig wirkenden Sanktionen fielen Zehntausende irakischer Zivilisten zum Opfer. Nach Untersuchungen unserer Kommission starben durch den US-Angriff mehr als 150 000 Zivilisten. Darunter auch mindestens 100 000 Tote nach dem Krieg, eine Zahl, die von vielen Kennern des Landes genannt wird, so zum Beispiel vom irakischen Gesundheitsminister, Dr. Umaid Midhat Mubarak, und von katholischen Hilfsorganisationen. Viele andere Schätzungen liegen höher. Gestützt auf die Säuglingssterblichkeitsraten, schätzte UNICEF im Dezember 1991, daß bis zum ersten Jahrestag des Kriegsbeginns allein 87 000 Kinder sterben würden.

Als ich während der Bombardierungen im Irak war, schätzte ich selbst, daß es bis zu diesem Zeitpunkt 15 000 Tote unter der Zivilbevölkerung gegeben hatte – was ich sah und vor Ort direkt bestätigt finden konnte, war, daß sie von Bomben getötet wurden. Die schwersten Angriffe gab es in den letzten drei Wochen; dazu gehörten auch die Tragödien von Falluja und Amariyah. Nach dem gesamten der Untersuchungskommission vorliegenden Beweismaterial kann man von mindestens 25 000 direkt von Bomben getöteten irakischen Zivilisten ausgehen. Andere Schätzungen liegen in derselben Größenordnung oder darüber, wenngleich die irakische Regierung, Greenpeace und Middle East Watch zu kleineren Zahlen kommen, die aber nicht bestätigt werden können.

Am 2. Februar 1991 führte ich Gespräche mit dem irakischen Gesundheitsminister und dem Roten Halbmond. Nach ihren Angaben waren bis zum angegebenen Zeitpunkt insgesamt 7 000 Zivilisten allein an verseuchtem Wasser gestorben oder Opfer des Mangels an Säuglingsnahrung und Medikamenten geworden. Berücksichtigt man die mittelbaren Todesursachen, dann sind es 12 000. In der ersten Februarwoche stieg die Sterblichkeitsrate dramatisch. Nach allen verfügbaren Unterlagen geht die Kommission von 25 000 Menschen aus, die bis zum 1. März 1991 Opfer der indirekten Folgen der Bombardierungen, des Embargos, der zerstörten Infrastruktur und der in Mitleidenschaft gezogenen Schutzeinrichtungen und Gesundheitsversorgung wurden. Mit den 25 000 mittelbaren Todesopfern, den 25 000 Bombentoten und den mindestens 100 000 Opfern von Spätfolgen verloren dann insgesamt mehr als 150 000 Zivilisten ihr Leben.

Noch immer steigt die Zahl der Todesopfer. Die Erkrankungen durch die Verwüstungen des Krieges, durch Unterernährung, verseuchtes Wasser, schlechte medizinische Versorgung, falsche Medikamente und die allgemeine Schwächung der Menschen haben in ihrem tragischen Zusammenwirken dazu geführt, daß es täglich Hunderte von Opfern gibt, die hätten vermieden werden können. Die Sanktionen berauben die Menschen im Irak immer noch wichtiger Lebensgrundlagen. Sie sind ein fortwährendes Verbrechen gegen die Menschlichkeit.

4. Washingtons Griff nach der Macht am Golf

Die USA betreiben eine Politik, die ihnen die unangefochtene Kontrolle über die Ölreserven des Nahen Ostens verschafft. Als Mittel dienen Sanktionen, Reparationsforderungen und die bleibende Militärpräsenz.

Über den Weltsicherheitsrat haben die Vereinigten Staaten durchgesetzt, daß die UN-Sanktionen so lange in Kraft bleiben, bis der Irak die Waffenstillstandsresolutionen befolgt. Das ist keine politische Verhandlungsposition, mit der man dem Irak Zugeständnisse abhandeln will. Die Sanktionen sind vielmehr das Kernstück des fortgesetzten Krieges der USA gegen den Irak. Sie haben zu der stark angestiegenen Sterblichkeit beigetragen, die im Irak jeden Monat Tausende von Menschenleben fordert, und sollen dazu dienen, das Land weiter zu schwächen und seinen Widerstand gegen die amerikanische Vorherrschaft zu brechen.

Welche Strategie Bush bis zuletzt gegen den Irak verfolgte, zeigt sich im Vergleich mit den brutalen Sanktionen, die man 1951 gegen den demokratischen Iran verhängte und die in der von der CIA unterstützten Einsetzung des Schahs Reza Pahlewi gipfelten.

Im Januar 1992 waren die amerikanischen Medien voller Spekulationen darüber, wie und wann die USA neue Militäraktionen unternehmen würden, um Hussein im Laufe des Frühjahrs zu stürzen. Am 19. Januar leitartikelte Patrick Tyler in der »New York Times«: »Saudis drängen die USA zu Hilfe bei der Absetzung von Iraks Führer«, »Plan zur Unterstützung von Aufständen« und »Weißes Haus erwägt Schritte zum Sturz von Hussein vor der US-Präsidentschaftswahl« vom Herbst des Jahres.

Der Plan, Hussein zu stürzen, war nicht nur eine Wahlkampfmasche. Regierungsstellen hatten ihn seit 1988 vorbereitet, und seit dem ersten Tag der Sanktionen wurde er offen diskutiert. Kurz nach dem Waffenstillstand beobachtete die »New York Times«:

> »Seit das Handelsembargo verhängt wurde ... haben die USA sich immer gegen eine vorzeitige Lockerung gewandt, weil sie hoff-

ten, wenn man dem irakischen Volk das Leben schwermachte, würde das die dortigen Bestrebungen zur Entmachtung Saddam Husseins verstärken.«[1]

Die US-Politiker stritten zwar häufig öffentlich ab, es sei ihr Kriegsziel, Saddam Hussein zu stürzen, aber diese Dementi unterhöhlten sie selbst mit Äußerungen, aus denen klar hervorging, daß sie auf seine Entmachtung hofften. Der Aufruf von Präsident Bush an das irakische Volk vom 15. Februar 1991, sich gegen Saddam Hussein zu erheben, war weder die erste noch die letzte derartige Botschaft.

Da Hussein im Irak immer noch starke Unterstützung genießt, sind die Versuche zu seiner Beseitigung fehlgeschlagen, aber das hatte für die Bush-Regierung auch Vorteile. Daß es ihn gibt, dient als Rechtfertigung für Sanktionen und Reparationsforderungen, und es verhindert jede breitere Welle der Sympathie für das irakische Volk. Viele Beobachter halten Husseins Sturz im wesentlichen für eine Frage der Zeit.

In den Monaten nach dem Krieg wollten die USA Saddam Husseins Sturz unmittelbar erreichen. Zum großen Teil wurde die Planung vom sogenannten Deputies Committee vorgenommen, einem Gremium hochrangiger Politiker aus dem Pentagon, dem State Department, der CIA und dem Nationalen Sicherheitsrat. Eine Arbeitsgruppe wurde ausdrücklich zu dem Zweck gegründet, verdeckte Operationen vorzubereiten. Eine seiner ersten Aktionen bestand darin, große Mengen Falschgeld in die irakische Wirtschaft einzuschleusen, und lange nachdem die erste Welle der Nachkriegsaufstände im Irak niedergeschlagen worden war, forderte diese Gruppe militärische Pläne von den Stabschefs, um die Rebellionen im Irak zu unterstützen. Die Bush-Regierung blieb bei dieser anti-irakischen Politik, obwohl sie, wie die Erfahrungen der USA im Iran und in Lateinamerika gezeigt haben, letztlich zum Scheitern verurteilt ist und ein Vermächtnis von Leiden und Haß hinterläßt.

Reparationen

Die Frage der Reparationen hat weniger Beachtung gefunden als andere Gesichtspunkte des Überfalls auf den Irak. Insgesamt belaufen sich die Reparationsforderungen an den Irak jedoch auf bis zu 100 Milliarden Dollar.

Reparationen sind das übliche Siegerrecht. Das erscheint im Fall des Irak besonders pervers. Der Schaden, der dort angerichtet wurde, übersteigt bei weitem alle Zerstörungen, Verluste und Kosten aller anderen am Krieg beteiligten Nationen. Informierten Quellen zufolge gehen die Kosten für den Wiederaufbau des Iraks nach den umfangreichen Bombenangriffen in die Hunderte von Milliarden Dollar; der irakische Handelsminister, Mohammed Mohdi Saleh, spricht von 200 Milliarden. Unter solchen Umständen bedeuten Reparationsforderungen, daß man Zahlungen von einem schlimm verstümmelten Opfer verlangt.

In der Geschichte haben Kriegsverlierer die Reparationen nicht immer gezahlt, und nur selten wurden sie in vollem Umfang beglichen. Aber sie dienen neben der Entschädigung der geschädigten Parteien noch einem anderen Zweck. Indem die Sieger Reparationsforderungen stellen, gewinnen sie die Kontrolle über die Unterlegenen. Wenn die USA also versuchen, solche Zahlungen zu erzwingen, können sie den Irak damit weiterhin im Würgegriff halten. Mit dieser Einflußmöglichkeit kann Washington den Ölreichtum des Irak ausbeuten, das Land arm halten, seine Abhängigkeit von westlichen Ländern verstärken und der Instabilität Vorschub leisten, die vielleicht zur Bildung einer willfährigen Regierung führt.

Das Mittel, mit dem Washington diesen Gesichtspunkt des anhaltenden Krieges mit dem Irak betreibt, ist die UN-Resolution 687, das Waffenstillstandsabkommen, das am 3. April 1991 vom Irak und den Vereinigten Staaten unterzeichnet wurde. Nach den Vereinbarungen der Resolution ist der Irak haftbar für »alle unmittelbaren Verluste und Schäden, einschließlich der Umweltschäden und der Erschöpfung natürlicher Ressourcen sowie für Schäden gegenüber ausländischen Regierungen, Staatsangehörigen und Firmen«, und der Irak muß all das als Reparationen zahlen. Die Vereinbarung verschafft den USA neben den Reparationen die Kontrolle über den Irak vor allem durch die erzwungene Vernichtung von Waffen, Inspektionsteams und eine UN-Kommission, die über die Neufestsetzung der Grenzen entscheiden soll. Washington verlangt auch, daß der Irak für die Schäden in Kuwait aufkommt, die vorwiegend von der US-Armee angerichtet wurden, und der Irak soll sogar für das amerikanische Eindringen in den Nordirak zahlen, das seine Souveränität verletzte.

Kuwait fordert vom Irak 60 Milliarden Dollar; das sind fast 3 000 Dollar für jeden Angehörigen seiner Vorkriegsbevölkerung; das Pro-Kopf-Einkommen der Kuwaitis lag achtmal höher als im Irak. Saudi-Arabien verlangte Entschädigung für die Aufräumarbeiten am Golf. Eingewanderte Arbeitskräfte, die ihre Arbeitsplätze und Wohnungen verlassen mußten, verlangten Entschädigung – die sie eigentlich von der Regierung bekommen sollten, die für ihre Verluste verantwortlich ist. Die USA forderten zudem Zahlungen für ihre Hilfsleistungen an Kurden. Zählt man alle diese Forderungen zusammen, so ergibt sich für die gesamten Reparationsforderungen an den Irak ein Betrag von schätzungsweise 70 bis 100 Milliarden Dollar.

Die Gesamtkosten für Wiederaufbau und Reparationen von 300 Milliarden Dollar – die 80 Milliarden Dollar Vorkriegsschulden noch nicht einmal mitgerechnet – sind fast siebenmal so hoch wie das Bruttosozialprodukt des Irak vor dem Krieg, das bei 45 Milliarden Dollar lag. Diese Belastung ist in ihrer Größenordnung ohne Beispiel und kann von keiner Gesellschaft getragen werden. Es besteht keine Aussicht, daß sie je gezahlt wird. Ihr einziges Ergebnis ist die Verarmung der Irakis, während andere Ressourcen ausbeuten.

Der Vorschlag der UN, dem Irak begrenzte Ölverkäufe zu gestatten, ist eine Fortsetzung dieser Politik. Das Kontingent war so bemessen, daß der Irak damit einen Teil seines Bedarfs an Nahrung und medizinischer Versorgung decken konnte. Mittel zum Wiederaufbau waren nicht vorgesehen. Angesichts des allgegenwärtigen Hungers sollte der Irak sogar die Gefährdung seiner Souveränität durch die UN-Grenzkommission auch noch selbst finanzieren.

Kuba und Jemen, die 1990 mutig gegen die Ermächtigung zum Angriff gegen den Irak gestimmt hatten, widersetzten sich dem Vorschlag über die Ölverkäufe; der Irak wies die Bedingungen als Verletzung seiner Souveränität zurück. Der Beschluß sah vor, Verkäufe für 1,6 Milliarden Dollar in sechs Monaten zu gestatten. Der Erlös sollte auf ein von den UN verwaltetes Treuhänderkonto fließen; 30 Prozent davon galten als Reparationen, und weitere fünf Prozent sollten zur Zerstörung von Waffen und für Grenzentscheidungen verwendet werden. Für Nahrungsmittel und Medikamente hätten dem Irak dann in sechs Monaten 1,04 Milliarden Dollar zur Verfügung gestanden.

Das war für den Bedarf des Landes an Nahrung und medizinischer Versorgung bei weitem zu wenig. Sogar der UN-Generalsekretär Perez de Cuellar, der die Obergrenze von 30 Prozent für Reparationen empfohlen hatte, erklärte dem Sicherheitsrat – vergeblich –, allein zur Dekkung der humanitären Bedürfnisse seien weitere 800 Millionen Dollar erforderlich.[2] Die »New York Times« schätzte in ihrer Ausgabe vom 3. Juni 1991 die erforderliche »größere Geldspritze« allein für die zerstörte Elektrizitätsversorgung des Irak auf 1,5 Milliarden Dollar.

Nicht genug damit, zitierte die »Washington Post« Margaret Tutwiler, die Sprecherin des Außenministeriums, am 4. Juni 1991 sogar mit einer noch höheren Forderung: 50 Prozent der irakischen Öleinnahmen sollten in Reparationen fließen. Parallel dazu versuchte Washington, den dringenden Wiederaufbaubedarf des Irak herunterzuspielen. Die CIA bezifferte die Kosten auf 30 bis 50 Milliarden Dollar. Im Vergleich dazu: Kuwait, das viel kleiner ist als der Irak und über eine intakte Infrastruktur verfügte, forderte 60 Milliarden Dollar für seine Schäden. Tom Furlong schrieb im 8. März 1991 in der »Los Angeles Times«: »Auch wenn die Kosten zum Wiederaufbau Kuwaits schwindelerregend sind, so verblassen sie doch gegenüber dem voraussichtlichen Preis für die Reparatur des Irak.«

Auch die Forderung nach Vernichtung der Waffen war Teil einer größeren Politik, und nicht nur »humanitär«. Ein Angehöriger der Bush-Regierung, der am 7. Februar 1992 in der »New York Times« anonym zitiert wurde, legte die wahren Beweggründe hierfür offen: Die USA und ihre Verbündeten versuchten mit umfangreicheren UN-Inspektionen und Forderungen nach mehr Information, Saddam Hussein in die Ecke zu drängen. »Das ganze Inspektionsprogramm zielt darauf ab, ihm immer wieder Knüppel zwischen die Beine zu werfen.«

Viele solcher Knüppel wurden im April 1992 geworfen, als das UN-Komitee, das die irakisch-kuwaitische Grenze festlegen sollte, Kuwait einen größeren Teil des umstrittenen Rumailah-Ölfeldes zusprach sowie auch einen Teil des Hafens von Umm Quasr, Iraks wichtigstem Zugang zum Persischen Golf. Über die UN beraubten die USA den Irak seiner Ölvorräte und schnitten ihn praktisch vom Meer ab. Diese Entscheidung erinnert an das Vorgehen der Briten, die die ursprünglichen Grenzen zwischen dem Irak, Kuwait und Saudi-Arabien festgelegt hatten, und sie zeigt, daß westliche Staaten auch heute noch willkürlich Macht über die geographischen Verhältnisse des Nahen Ostens ausüben.

Die Reparationsforderungen sind schlicht ein Mittel unter anderem in Washingtons Nachkriegsstrategie, den Irak zu einem gefügigen Satelliten zu machen. Diese Strategie beinhaltet auch den Sturz von Saddam Hussein. Ganz bezeichnend ließ Außenminister Baker »Business Week« am 18. März 1991 wissen, man werde die Reparationsforderungen an den Irak fallenlassen, wenn das irakische Volk Saddam Hussein absetze.

Ständige Stützpunkte am Golf

Die Golfkrise bot den Vereinigten Staaten eine hervorragende Gelegenheit, ihre militärische Präsenz in der Region zu verstärken. Vor und während der Krise tat Washington alles, um sich als Machtfaktor im Nahen Osten zu etablieren. Es war der Höhepunkt jahrelanger Planung und Politik in diesem Bereich. Das Kernstück war und ist die geopolitische Kontrolle und Verteilung der Ölvorräte durch die USA, nunmehr abgesichert durch die ständige militärische Präsenz der USA.

Im Mittleren Osten liegen 50 Prozent der weltweit bekannten Ölvorräte. Die USA importieren etwa 15 Prozent ihres Ölbedarfs aus dieser Region, Westeuropa dagegen bezieht 50 Prozent von dort und Japan 70 Prozent. Zu den »Sieben Schwestern«, den größten Ölgesellschaften der Welt, gehören einige der reichsten Firmen in den USA. Die Profite der USA aus der Dritten Welt stammen zu 25 Prozent aus dem Ölgeschäft, vor allem aus Raffination und Verkauf. Die Ölquellen am Golf sind weitaus ergiebiger als die in den USA, und die asiatischen und afrikanischen Arbeitskräfte in den Scheichtümern verdienen noch nicht einmal 100 Dollar im Monat.

Das billige Öl wird in die westliche Industrie gepumpt, und hier werden auch die astronomischen Gewinne investiert. Jede Regierung oder Volksbewegung, die damit droht, die Ölvorräte zum Nutzen der Völker des Nahen Ostens einzusetzen und beispielsweise Wohnungen, Schulen, Krankenhäuser, örtliche Industrie, Verkehr und ähnliches zu finanzieren, wird damit zum Ziel der Feindseligkeit der USA – das hat auch das irakische Volk erfahren. Aus diesem Grund waren die USA seit 1949 selbst immer in einem gewissen Umfang im Persischen Golf und in seiner Umgebung zu Wasser präsent und unterstützten auch genehme Militärregierungen.

Schon sechs Monate vor der irakischen Invasion in Kuwait, erklärte General Schwarzkopf dem Kongreß, jeder lokale Konflikt könne zu einer Bedrohung amerikanischer Interessen werden und rechtfertige das Engagement der US-Streitkräfte: »Der Irak ist heute die vorherrschende Militärmacht am Golf... [Er] ist in der Lage, seine Nachbarstaaten militärisch zu erpressen, falls diplomatische Bemühungen nicht den gewünschten Erfolg haben.«[3] Schwarzkopf forderte damit die Aufgabe der älteren Carter-Doktrin, die besagte, daß jeder Bedrohung der »vitalen Interessen« der USA im Nahen Osten mit allen nötigen Mitteln begegnet würde, gegebenenfalls auch mit militärischer Gewalt. Hierfür wurde 1981 die schnelle Eingreiftruppe aufgestellt, die zu raschen militärischen Aktionen im Mittleren Osten in der Lage war.

Die Carter-Doktrin hatte ihrerseits die Nixon-Doktrin abgelöst, die, wie Schwarzkopf dem Senat erklärte, »festlegte, daß die USA jeder Nation militärische und wirtschaftliche Unterstützung gewähren, in der die Freiheit bedroht ist, aber von dieser Nation wurde erwartet, daß sie die Hauptverantwortung für ihre Verteidigung selbst übernahm«. Damit war kurz und bündig die Unterstützung der USA für Ersatz- und Stellvertreterregierungen zusammengefaßt, beispielsweise im Iran des Schahs oder in Israel, wo nationalistische und andere Unruhen unter Kontrolle gehalten werden mußten. Als der Schah 1979 durch die iranische Revolution gestürzt wurde, machten sich die USA die Carter-Doktrin zu eigen, die unmittelbarere Aktionen in Aussicht stellte. Im Jahr 1990, als der Iran geschwächt war und die Sowjetunion kein Abschreckungsmittel gegen Aktionen der USA im Mittleren Osten mehr darstellte, plädierte Schwarzkopf vor dem Senat für eine dauernde militärische Präsenz der USA in der Golfregion. Er nannte drei »Grundpfeiler« der neuen Strategie: »Sicherheitsunterstützung, Präsenz der USA und gemeinsame Manöver«. Schwarzkopf verlangte mehr als nur die bloße Bereitschaft zur Intervention aufrechtzuerhalten, wie man es mit der schnellen Eingreiftruppe getan hatte.

Sechs Monate später leitete Schwarzkopf den Truppenaufmarsch in Saudi-Arabien, mit dem die USA den Fuß in die Tür bekamen. Die Diplomatie setzte nach. Im Mai 1991 einigte sich Verteidigungsminister Richard Cheney mit den Führern mehrerer Golfstaaten, die Präsenz der USA in der Region leise, aber wirksam zu festigen. Bei dem saudi-arabischen Verteidigungsminister Prinz Sultan bemühte er sich um die Genehmigung zur ständigen Truppenstationierung in dem saudischen Superstützpunkt. Mit Rücksicht auf arabischen Unwillen über Ungläubige im Heiligen Land ließ Cheney durchblicken, das Königreich brauche die Anwesenheit der USA nicht einzugestehen: Sie könne verdeckt bleiben. Scott Armstrong berichtet in der November/Dezember-Ausgabe von »Mother Jones«:

> »Bei dem Treffen gab Cheney Sultan das Versprechen, die Sondereinheiten würden für die Einwohner kaum zu bemerken sein, und auch nicht für andere Mächte der Region wie der Iran und Syrien. Wenn die verstärkte Präsenz auffiele, so sein Vorschlag weiter, könne man sie als »routinemäßigen Wechsel« erklären. Es

würde keine Genehmigung für einen US-Stützpunkt und kein öffentlich bekanntes Abkommen geben. Man werde überhaupt nichts bekanntgeben. Alles würde wie gewöhnlich geheim bleiben.«

Am 7. Mai 1991 erklärte die »New York Times«:

»Manche Golfstaaten, die fürchten, wegen ihrer engen Verbindungen zu den Amerikanern von islamischen Führern und anderen kritisiert zu werden, würden es öffentlich auch bevorzugen, wenn manche Aspekte ihrer militärischen Zusammenarbeit mit Washington geheim bleiben... Mr. Cheney rechnet offenbar damit, daß der Plan der Regierung für manche Golfstaaten eher annehmbar ist, wenn mit den einzelnen Staaten unterschiedliche Abmachungen getroffen werden und wenn kein einzelner Golfanrainer isoliert mit Washington zusammenarbeitet.«

Der Golfkrieg bot der US-Armee die Gelegenheit, eine umfangreiche Präsenz im Nahen Osten zu etablieren. Unter anderem stationierten die Vereinigten Staaten in der Golfregion 542 000 Soldaten, 108 Kriegsschiffe – darunter sechs Flugzeugträger – und 1800 Festflügel-Kampfflugzeuge. Das ist die Hälfte aller weltweit verfügbaren militärischen Ressourcen der USA. Während des Krieges und danach schlossen oder erweiterten die USA Abkommen über Truppenstützpunkte in Saudi-Arabien, Ägypten, der Türkei, Bahrain, den Vereinigten Arabischen Emiraten, Kuwait, Pakistan und Oman. Manöver am Golf gab es zwar schon seit über zehn Jahren, aber die Größe der amerikanischen Marineeinheiten hat dabei seit dem Krieg von 1991 erheblich zugenommen. Die Flugzeugträgergruppe »Eisenhower« blieb bis zum Frühjahr 1992 im Golf.

Vor der Invasion Kuwaits gaben die USA etwa 15 Prozent ihres gesamten Militärhaushalts dafür aus, Truppen und Kampfkraft für eine Intervention im Nahen Osten zu unterhalten. Während des Krieges benutzten sie Stützpunkte in Saudi Arabien, Ägypten, der Türkei, Bahrain, den Vereinigten Arabischen Emiraten, Kuwait, Oman und anderen Ländern. Der »Superstützpunkt« des Pentagons in Saudi-Arabien, der im Verlauf von zehn Jahren errichtet worden war, erwies sich für den Erfolg der Alliierten gegen den Irak als entscheidend.

Verläßliche Informationen über die derzeitige Zahl an Soldaten und Stützpunkten der USA im Nahen Osten sind nur schwer zu beschaffen.

Ende 1992 standen über 100 000 amerikanische Soldaten in der Region, davon 15 000 in Saudi-Arabien, 30 000 in den übrigen Staaten des Golf-Kooperationsrates, 20 000 in Ägypten und 30 000 in der Türkei. Nicht enthalten sind in diesen Zahlen die US-Militäreinrichtungen in Marokko, Tunesien, dem Sudan, Somalia, Kenia und anderen nord- und ostafrikanischen Staaten sowie die 5 000 Soldaten in Guadar (Pakistan).

Die Waffenverkäufe der USA in den Nahen Osten, die seit jeher gewaltig waren, haben zugenommen und werden voraussichtlich weiter in die Höhe schießen. Vor dem Golfkrieg erhielten Israel, Ägypten, die Türkei und Pakistan zusammen jährlich zehn Milliarden Dollar an Militär- und Wirtschaftshilfen. In den letzten zehn Jahren verkauften die USA für über 40 Milliarden Dollar Waffen in die Golfstaaten, mehr als in alle anderen Dritte-Welt-Staaten zusammen.

Ein Verkauf von 72 Flugzeugen des Typs F-15 steht kurz bevor. Wenn der Handel zustande kommt, haben die Saudis versprochen, ihr gesamtes Militärmaterial in den USA zu kaufen. In den kommenden zehn Jahren könnten dann die Waffenlieferungen der USA allein an Saudi-Arabien einen Umfang von über 50 Milliarden Dollar erreichen.

Der Golfkrieg hat aber nicht nur die Waffenlieferungen in die Region ansteigen lassen, sondern er hat auch die Anteile an den Verkäufen drastisch verschoben. Bis 1990 war die frühere Sowjetunion der Hauptwaffenlieferant der Region. Nach einer Aussage des Abgeordneten Lee Hamilton vor einem Unterkomitee des außenpolitischen Ausschusses waren im Mai 1992 die fünf ständigen Mitglieder des Weltsicherheitsrates – die USA, Rußland, Großbritannien, Frankreich und China – für 90 Prozent des Waffenhandels im Nahen Osten verantwortlich, und zwei Drittel dieser Menge entfielen auf die USA.

Der Überfall auf den Irak schädigte alle menschlichen Interessen und die Zukunft der Vereinigten Staaten wie auch der Golfregion, aber er erreichte alle strategischen Ziele, die Schwarzkopf in seiner Aussage vor dem Senat umrissen hatte.

5. Der Krieg gegen die Umwelt

Die hochtechnisierte Kriegführung schädigt die Umwelt und bedroht das Leben in nicht meßbarer Weise. Eines ist aber klar: Die moderne Kriegführung ist für die Bewohnbarkeit der Erde die rücksichtsloseste und gefährlichste Bedrohung, die aus dem Mißbrauch der Technik durch den Menschen erwächst. Der Golfkrieg ist ein Musterbeispiel für die ökologischen Gefahren des Krieges.

Wenn man aufzählen will, auf welche vielfältige Weise Waffen in unserer technisch hochentwickelten Zeit töten, muß man weit über die Verluste auf dem Schlachtfeld hinausblicken. Aus bombardierten Kernkraftwerken wird tödliche Strahlung freigesetzt, und aus chemischen und biologischen Fabriken entweichen Giftstoffe. Radioaktive Splitter uranhaltiger Raketen und Granaten machen ganze Regionen unbewohnbar. Der Aufmarsch Tausender von Panzern und anderer schwerer Fahrzeuge sowie die Erschütterungen durch Tausende von Tonnen hochexplosiver Sprengstoffe zermalmen zerbrechliche Ökosysteme. Und die gewaltigen Brände, die nach der Bombardierung von Ölraffinerien und Lagertanks sowie durch brennendes Rohöl an den Bohrlöchern entstehen, vergiften die Atmosphäre überall auf der Welt. Ganze Wasserversorgungsysteme werden zerstört und vergiftet, und durch die Zerstörung unterirdischer Abwassernetze versickert schmutzige Brühe in Dörfern und Städten. In vollem Umfang eingesetzt, greift die heutige Kriegführung die ganze Erde an.

Der unmittelbare Verlust an Menschenleben durch den Überfall auf den Irak ist klar: Zehntausende starben im Krieg, und viele tausend weitere Menschen wurden in der Folgezeit Opfer von Hunger und Vertreibung. Weniger offensichtlich ist, wie umfassend die durch den Krieg hervorgerufenen Umweltschäden das Leben der Menschen überall auf der Erde schädigen und verkürzen werden. In vielen Fällen werden diese Auswirkungen erst auf längere Sicht deutlich werden, und zwar durch Krankheiten und geringere Lebenserwartung ganzer Generationen.

Vorsätzliches Handeln

Schon lange vor Ausbruch des Krieges waren sich Regierungsmitglieder in den USA der Umweltgefahren bewußt. Schon im August vereinbarten das Pentagon und das Weiße Haus, daß das amerikanische Umweltrecht nicht für Militäreinsätze am Golf gelte. Nach dem National Environmental Protection Act muß die Regierung jedes Vorhaben in vollem Umfang auf seine Auswirkungen auf die Umwelt untersuchen und die Ergebnisse öffentlich zur Diskussion stellen.

Durch das Abkommen konnte das Pentagon die Umwelteffekte der umfangreichen Mobilisierungs- und Angriffstätigkeit ignorieren. Außerdem war der Verzicht auf die Anwendung des Gesetzes auch ein Präzedenzfall, der andere Umweltgesetze in Frage stellte. Nach einer Meldung der »New York Times« vom 30. Januar 1991 gestand ein Sprecher des Pentagon, das Abkommen könne »das erste in einem größeren Programm sein, mit dem auch andere Umweltvorschriften der Regierung außer Kraft gesetzt werden«.

Am 6. November 1990 warnte König Hussein von Jordanien auf der Zweiten Weltklimakonferenz in Genf:

> »Ein Krieg am Golf würde nicht nur zur verheerenden Verwundung und Tötung von Menschen, zu gewaltigen wirtschaftlichen Verlusten und zu längerer politischer Konfrontation zwischen Orient und Okzident führen, sondern auch zu einer schnellen, schwerwiegenden und vernichtenden Umweltkatastrophe.«

In seinem Bericht über die Befunde jordanischer Wissenschaftler sagte Hussein weiter:

> »Wenn die 50 Millionen Barrel Öl, die Kuwait produziert, durch einen Krieg in Brand gesetzt würden, könnte das zu einem Anstieg der Kohlendioxidkonzentration in der Atmosphäre führen, mit der Folge globaler Erwärmung und geringerer Nahrungsmittelproduktion.«

Seine Voraussagen erwiesen sich als richtig. In der Ausgabe des »Earth Island Journal« vom Sommer 1991 erschien (anonym, aus Angst vor dem Verlust staatlicher Forschungsfinanzierung) eine Studie aus der Zeit nach dem Krieg, in der gezeigt wurde, daß das aus den kriegsbedingten Ölbränden freigesetzte Kohlendioxid mehr als zehn Prozent des jährlichen CO_2-Anstiegs von 2,5 Milliarden Tonnen ausmachte.[1] Das allein war ein schwerer Rückschlag für die internationalen Pläne, die Kohlendioxidemissionen bis zum Jahr 2005 um 20 Prozent zu reduzieren.

Bestärkt wurden solche Voraussagen durch eine Konferenz von Umweltschutzorganisationen in London am 2. Januar 1991, zwei Wochen vor Beginn des Krieges. In Gegenwart von Vertretern der Ölgesellschaften, britischen Parlamentsabgeordneten, des irakischen Botschafters und geladenen Vertretern anderer Nahoststaaten prophezeite Dr. John Cox von der englischen Friedensbewegung, Campaign for Nuclear Disarmament: »Der Brand von drei Millionen Barrel Öl würde 15 000 Tonnen schwarzen Rauch pro Tag in die Atmosphäre freisetzen.«[2] Die Zahlen für die Rauchentwicklung, die nach dem Krieg von der meteorologischen Weltorganisation genannt wurden, lagen sogar eher bei 100 000 Tonnen pro Tag.[3]

Neun Tage später, am 11. Januar, trafen sich Umweltschützer in New York. Auf einer Pressekonferenz des Arms Control Research Center diskutierten sie die mögliche Umweltkatastrophe im Zusammenhang mit dem bevorstehenden Krieg. Dr. Abdullah Toukan aus Jordanien sagte voraus, es werde durch den Rauch aus brennenden Ölquellen gewaltige Umweltschäden geben. Richard Golob, Redakteur von »Golob's Oil Pollution Bulletin«, warnte vor der »größten Ölpest der Geschichte« und meinte, »die Exxon-Valdez-Katastrophe würde dagegen schnell verblassen«[4].

Die Bush-Regierung wußte, welche Umweltschäden der Krieg mit sich bringen würde. Zwei im Januar 1991 veröffentlichte amtliche Studien zeigten, daß die Regierung einige Zeit lang die Auswirkungen des Krieges auf die Umwelt bewertet hatte. Die beiden Berichte sagten Rauch aus Ölbränden voraus, aber alle größeren weltweiten Umwelteffekte wurden darin heruntergespielt. Nach dem Krieg, am 16. Oktober 1991, berichtete das Gulf Environmental Emergency Response Team, die Giftstoffe aus den Ölbränden hätten die Erde bereits dreimal umrundet.

Die erste Studie wurde im Auftrag des Energieministeriums von Sandia Labs geleitet; beteiligt waren die Nationalen Laboratorien von Livermore und Los Alamos. Der Bericht mit dem Titel »Mögliche Auswirkungen bei einem Einsatz des Öls als Defensivwaffe durch den Irak« gelangte zu dem Schluß:

> »Nach den vorliegenden Informationen ist es möglich, daß in der Nähe der kuwaitischen Küste 20 Millionen Barrel Öl in den Per-

sischen Golf fließen. Zehn Millionen Barrel könnten in den ersten 24 Stunden freigesetzt werden, gefolgt von weiteren zehn Millionen Barrel in den nächsten 36 Stunden. Mögliche Ausgangspunkte sind Tanker und an Land gelegene Lagertanks in der Nähe der kuwaitischen Küste. Die Größenordnung dieser Ölpest übersteigt die aller bisher bekannten derartigen Ereignisse um das Fünffache. Eine solche Ölpest könnte die wichtige Fischereiindustrie am Persischen Golf zerstören, die Wasserentsalzungsanlagen in Kuwait, Saudi-Arabien, Bahrain und Quatar lahmlegen, die einen großen Teil des Trinkwassers in der Region liefern, und die Ökologie am Golf langfristig schädigen.«[5]

Der zweite Bericht mit dem Titel »Auswirkungen der Schäden an kuwaitischen Ölanlagen auf die Umwelt« wurde am 11. Januar 1991 von Pacific Sierra Research für die Defense Nuclear Agency veröffentlicht. Er stellte fest:

»Dies wäre ein umfangreicher, beispielloser Verschmutzungsvorgang. Er würde die Ökologie des Persischen Golfes betreffen sowie durch den Fallout einen breiten Streifen im Südiran, in Pakistan und in Nordindien. Wie sich ein solcher längerer Rußniederschlag auf die menschliche Bevölkerung und auf die Ökosysteme der Wüsten auswirkt, ist unbekannt... Die Zerstörung der kuwaitischen Ölfelder ist vorauszusehen.«[6]

Die Bush-Regierung wußte um die Schäden durch den Krieg: Wie aus einem Bericht der Nachrichtenagentur Associated Press hervorging, waren amerikanische Firmen darauf eingerichtet, Material für die Aufräumungsarbeiten zu bestellen, und zwar zwei Monate bevor die USA mit den Bombenangriffen begannen. Nach dem AP-Bericht wartete T. B. O'Brien, Präsident der am Golf tätigen Säuberungsfirma OGE Drilling, am 8. Juni 1991 »immer noch auf schwere Bulldozer, Bagger, Kräne, über 300 Lastwagen und ein ganzes Sortiment kleinerer Werkzeuge, die im November 1990 bestellt worden waren«. In Washington war man sich also der Gefahren bewußt; dennoch wurde eine friedliche Verhandlungslösung verhindert, und man begann mit Luftangriffen auf den Irak, ohne Vorbeugungs- und Steuerungsmaßnahmen zu ergreifen. Das führte zu einer Umweltkatastrophe für den Persischen Golf, Indien, das übrige Asien und darüber hinaus.

Nuklearer und chemischer Fallout

Alle Formen der Umweltzerstörung, die während des Golfkrieges stattfanden, hatte man vorhergesehen; am stärksten gilt das vielleicht für die Auswirkungen der Bombardierung nuklearer, chemischer und anderer von sich aus gefährlicher Anlagen. Solche Aktionen waren schon seit Jahren durch internationale Gesetze verboten, aber davon ließ sich das Pentagon nicht abschrecken. In Erwartung der Probleme am Golf verabschiedeten die Vereinten Nationen am 4. Dezember 1990 eine Resolution, in der Angriffe auf Nuklearanlagen ausdrücklich verboten wurden. Als aber einen Monat später der Krieg begann, sagte General Schwarzkopf, die Fabriken für nukleare, biologische und chemische Waffen seien die wichtigsten Ziele für Bombenangriffe. Am 23. Januar 1991 bemerkte General Powell: »Die beiden [im Irak] arbeitenden Reaktoren sind weg. Sie sind kaputt. Sie sind am Ende.«[7]

Am 30. Januar lieferte Schwarzkopf Zahlen: Die alliierten Streitkräfte hätten 18 chemische, zehn biologische und drei nukleare Anlagen angegriffen.[8]

Die Auswirkungen dieser Angriffe wurden innerhalb weniger Tage deutlich. Schon am 22. Januar 1991 fand eine tschechische Chemiebekämpfungseinheit Spuren chemischer Kampfstoffe, die durch die Bombenangriffe freigeworden waren. Am 4. Februar sagte ein französischer Militärsprecher, der chemische Fallout sei im gesamten Irak nachzuweisen.[9] Nach Berichten der »Frankfurter Rundschau« und des »Handelsblatts« hatten die alliierten Angriffe zur Freisetzung giftiger Dämpfe geführt, die zahlreiche Zivilisten getötet hatten. Michael Sailer vom Ökologischen Institut in Darmstadt erklärte, Teile des Irak würden verseucht bleiben und noch lange nach dem Krieg unnütze Wüste sein.

Auch aus anderen bombardierten Fabriken wurden Giftstoffe frei. So fand das International Study Team chemischen Fallout aus bombardierten Asbestfabriken, einer Schwamm- und Gummifabrik und aus vielen Textilfabriken. Diese Anlagen setzten nach den Angriffen mindestens 30 Tage lang Schwefel, Kohlendioxid und Stickoxid in die Atmosphäre frei. In dem betreffenden Bereich starben zahlreiche Wildtiere, insbesondere Vögel.[10]

Die radioaktive Bedrohung

Die bei weitem gefährlichsten Substanzen, die während des Angriffs auf den Irak niedergingen, waren radioaktive Trümmer von Granaten, die aus verschiedenen hochentwickelten Waffen der USA abgeschossen wurden. Die Menschen der Golfregion werden sich in den kommenden Jahren also nicht nur einer Wolke giftigen, krebserregenden Rauchs gegenübersehen, sondern auch den Wirkungen der Strahlenverseuchung.

Die britische Atomenergiebehörde (United Kingdom Atomic Energy Authority, UKAEA) bereitete im April 1991 einen Geheimbericht vor, der aber in die Hände der Zeitung »Independent« gelangte. Darin wurde bestätigt, daß die Landstreitkräfte der USA zwischen 5 000 und 6 000 panzerbrechende Geschosse abgefeuert hatten, die mit abgereichertem Uran ummantelt und gehärtet waren – eine neue Art der Atommüllentsorgung. Außerdem schossen Flugzeuge der USA und Großbritanniens etwa 50 000 solcher uranhaltiger Raketen und Flugkörper ab. Das Ergebnis sind Tonnen an radioaktivem und giftigem Schrott in Kuwait und im Irak.[11]

Unzählige irakische Soldaten wurden entweder unmittelbar von diesen Granaten getötet oder ihrer Strahlung ausgesetzt. In der Zeitung »Village Voice« vom 15. Januar 1991 beschrieb James Ridgeway die Wirkung gehärteter Uranmantelgeschosse, die auf ein Panzerfahrzeug treffen:

> »Nach dem Abfeuern geht das Uran in Flammen auf; es schmilzt fast und brennt sich durch die Panzerung wie eine weiße Phosphorflamme. Die Hitze der Granate läßt die Dieseldämpfe im gegnerischen Panzer explodieren, und die Besatzung verbrennt bei lebendigem Leibe.«[12]

Aber die Wirkung der Uranmantelgeschosse erschöpft sich nicht darin, daß Menschen verbrennen. Durch den Brand entsteht Uranoxid, das sich verteilt und Körper, Ausrüstung und Erde vergiftet. Der erwähnte Bericht der UKAEA bemerkt:

> »Das Uran aus dem Geschoß verteilt sich auf dem Schlachtfeld und den gegnerischen Fahrzeugen in unterschiedlicher Größe und Menge, von Staubkörnern bis zu durchschlagenden Gebilden und Schrotkörnern. Es wäre unklug, wenn Menschen sich in

der Nähe größerer Mengen des Urans aufhielten, und das wäre offensichtlich von Bedeutung für die lokale Bevölkerung, wenn sie das schwere Metall einsammelt und aufbewahrt. Es wird bestimmte Bereiche geben, wo viele Salven abgefeuert wurden; dort kann die örtliche Kontamination von Fahrzeugen und Boden die zulässigen Grenzwerte übersteigen, und diese Bereiche könnten für Aufräumtrupps und die lokale Bevölkerung gefährlich sein. Außerdem können möglicherweise Gesundheitsprobleme auftreten, wenn das abgereicherte Uran in die Nahrungskette oder ins Wasser gelangt.«

Das Uran-238, das zur Herstellung der Waffen diente, kann Krebs und Erbschäden hervorrufen, wenn es eingeatmet wird. Außerdem führt das Einatmen zu einer Schwermetallvergiftung und zu Nieren- oder Lungenschäden. Deshalb wurden die irakischen Soldaten, die während des Angriffs in ihren Bunkern festsaßen, höchstwahrscheinlich durch radioaktive Staubwolken vergiftet. Eigentlich war sogar jeder betroffen, der mit den Uranmantelgeschossen in Berührung kam. Nach einer Schätzung der Food and Drug Administration entsprach die Strahlenbelastung der Mannschaften in den mit Uranmantelgeschossen beladenen Fahrzeugen alle 20 bis 30 Stunden einer Röntgenaufnahme des Brustkorbs.[13] Dieser Wert liegt zwar durchaus innerhalb der Grenzwerte der Atomenergiekommission, aber er ist dennoch nicht erwünscht. Nach übereinstimmender Ansicht der meisten Nuklearexperten stellt jegliche Strahlenbelastung ein Gesundheitsrisiko dar. Die Auswirkungen werden sich aber frühestens in fünf bis zehn Jahren zeigen.

Nach den eigenen Untersuchungsberichten der Armee wurden die meisten Panzerfahrzeuge, die von eigenem Feuer »friendly fire« getroffen wurden, Opfer von Salven mit Uranmantelgeschossen. Unter den Getöteten war auch der 21jährige Anthony Wayne Kidd aus Lima (Ohio). In der Zeitung »New York Newsday« vom 10. November 1991 berichtete Patrick Sloyan:

> »In der Nacht des 26. Februar wurde [Kidds] Kompanie im Südirak von ›Freundfeuer‹ einer in der Nähe stehenden US-Panzereinheit bestrichen. Der Bradley wurde von einer Granatsalve getroffen, und zwar von einem 60 Zentimeter langen Stahlspieß mit einer Spitze aus abgereichertem Uran. Er fliegt mit fast einer Meile in der Sekunde ... Die Besatzungen der M1A1-Abrams-Panzer nennen ihn ›Silberkugel‹.

Als Skaggs versuchte, Kidd aufzurichten, fing der verletzte Soldat an zu schreien. Erst nach einer ganzen Weile wurde Skaggs klar, daß die Silberkugel, die durch seinen Bradley gedrungen war, Kidd beide Füße von den Beinen abgetrennt hatte. Skaggs, der auch ein geübter Lebensretter in Schlachten war, wurde plötzlich zu einem überlasteten Arzt, denn er behandelte auch noch die Verwundeten aus zwei weiteren Bradleys, die von Freundfeuer getroffen worden waren.«

Skaggs entging dem sofortigen Tod, aber wegen der Nähe zur Explosionsstelle des Uranmantelgeschosses und zum fein verteilten Uranstaub hat er mit einer Strahlenverseuchung zu rechnen. Die Wirkungen der Uranmantelgranaten waren durchaus bekannt. Testgelände für solche Waffen in Minnesota und New Mexico blieben ständig radioaktiv. Der Strahlenfachmann Geoffrey Sea erklärte dem Umweltexperten John Miller: »Uranmantelmunition hat in allen Gegenden, wo sie erprobt wurde, zu ernsten Kontaminationsproblemen geführt.«[14]

Wissenschaftler aus Saudi-Arabien berichteten über einen Anstieg der Radioaktivität entlang der Nordgrenze ihres Landes. Dem UKAEA-Bericht zufolge verursachen 40 Tonnen radioaktiver Trümmer in der Wüste möglicherweise bis zu 500 000 Todesfälle. Uran-238 behält seine Radioaktivität über Jahrmillionen. Demnach dürften ganze Regionen im Irak und in Kuwait für immer tödlich und unbewohnbar bleiben.

Die Ölpest

Am 25. Januar 1991 berichtete das Pentagon über einen Ölteppich, der sich im Golf alarmierend ausbreitete. Washington beschuldigte Saddam Hussein und gab bekannt, der Irak habe den vorgeblich neuentdeckten – in Wirklichkeit am 19. Januar zum erstenmal gesichteten – Ölteppich verursacht, und zwar durch Öffnen der Ventile am Terminal von Sea Island und an den Tankern im nahegelegenen Mina al-Ahmadi. Angehörige der US-Regierung gaben sich empört. Bush nannte es »irgendwie krank«.

Bei näherem Hinsehen erkennt man, was wirklich geschah. Am 24. Januar, einen Tag bevor Präsident Bush Saddam Hussein beschuldigte, er habe absichtlich Öl in den Golf fließen lassen, meldete Radio Bagdad, amerikanische Flugzeuge hätten zwei irakische Öltanker im

Persischen Golf bombardiert. Am 25. Januar berichteten irakische Diplomaten den Vereinten Nationen über alliierte Bombenangriffe auf irakische Tanker und richteten einen internationalen Appell an Umweltschutzgruppen, diese »kriminelle Handlung« anzuprangern.

Die Bombenangriffe der USA richteten sich gezielt gegen Öltanker und Lagereinrichtungen am Golf. Nach Schätzungen saudischer Wissenschaftler war die Ölpest zu 30 Prozent auf diese Angriffe zurückzuführen.[15] Auch die kuwaitischen Ölanlagen an der Golfküste gerieten in schwere Angriffe. Die am Golf ansässige regionale Organisation für den Schutz der marinen Umwelt legte eine Analyse vor, in der die Ölpest folgendermaßen aufgeschlüsselt wurde:

- Beschädigte Öltanker an den Ladeterminals in Kuwait: 4,5 Millionen Barrel.
- Der kuwaitische Ladeterminal in al-Ahmadi (einschließlich des Sea Island Terminal): zwei bis drei Millionen Barrel.
- Der irakische Hafen Mina-al-Bakr: 0,7 Millionen Barrel.
- Beschädigte saudische Lagertanks in Khafji: 0,1 Millionen Barrel.
- Nicht identifizierte Entladungen und Lecks: Menge unbekannt.[16]

Nach diesem Bericht hatte die Ölpest von zwei bis drei Millionen Barrel aus dem Sea-Island-Terminal – wo nach den Anschuldigungen der USA der Irak die Hähne aufgedreht hatte – einen geringeren Umfang als die Ölteppiche aus beschädigten Tankern an anderen kuwaitischen Ladestationen.

Die USA haben ihre Verantwortung eingestanden: Am 30. Januar gab General Schwarzkopf zu, die von den USA angeführte Allianz habe Mina-al-Bakr zu einem früheren Zeitpunkt in dem Krieg angegriffen.[17] Dennoch widersprach niemand, als der Pentagon-Sprecher Pete Williams den Irak des »Umweltterrorismus« beschuldigte.

Die »New York Times« brachte am 26. Januar auf der Titelseite ein Foto aus ausgelaufenem Öl an der Nordküste Saudi-Arabiens. Der Artikel, in dem der Irak beschuldigt wurde, enthielt auch ein Bild von einem Kormoran, der sich im ölbedeckten Wasser vor der Golfküste quälte. In Wirklichkeit zeigten diese Bilder eine frühere Ölpest, die durch die alliierten Bombenangriffe entstanden war.[18] Sowohl das Pentagon als auch saudische Ölexperten gaben das später bei einer Besprechung zu. Dennoch zitierte die »New York Times« an herausgehobener Stelle Präsident Bush mit den Worten: »Saddam Hussein hält die Welt weiterhin in Atem ... Jetzt flüchtet er sich in die Umweltzerstörung.«[19]

Am nächsten Tag erwähnte das Blatt die Behauptung des Irak, die Ölpest habe ihre Ursache zum größten Teil in den alliierten Bombenangriffen auf die beiden Tanker. Das Schwergewicht legte der Bericht jedoch auf amerikanische Anschuldigungen, Kommentare und Spekulationen darüber, warum Saddam Hussein solche Handlungen unternehme. Dagegen berichtete das britische Fernsehprogramm »Channel Four« am 28. Januar, die Ölverschmutzung an der Nordostküste Saudi-Arabiens sei das Ergebnis von US-Militäraktionen.[20]

Was die Schäden an den kuwaitischen Anlagen wirklich verursachte, ist nicht bekannt, aber die USA könnten diese Frage durch eine Offenlegung ihrer Aktionen leicht aufklären. Statt dessen hat Washington seit den ersten Anschuldigungen gegen den Irak in dieser Frage das Schweigen gewahrt. Und die Regierung hat auch alle anderen zum Schweigen gebracht, die möglicherweise in der Lage wären, dem Pentagon eine Schuld nachzuweisen. Als beispielsweise im Januar 1991 eine Forschergruppe der National Oceanic and Atmospheric Administration (NOAA) in die Golfregion reiste, um die Ölpest zu untersuchen, wurde den Beteiligten sofort aus Washington befohlen, ihre Befunde nicht öffentlich zu diskutieren.[21]

Am 4. März 1991 beschuldigte Greenpeace die USA, ihre Geheimnistuerei behindere die Aufräumungsarbeiten. Die Militärs weigerten sich jedoch weiterhin, Informationen ihrer Aufklärung über die Ölpest weiterzugeben. Der Ölexperte Derek Brown aus Bahrain kommentierte: »Wir haben die Ölpest mit verbundenen Augen bekämpft.«

Die Organisation »Friends of the Earth International« berichtete folgendes:

> »Die Ölmenge, die in den Golf floß, war mindestens zwanzigmal so groß wie die aus der Exxon Valdez. Zwar wurde etwa ein Sechstel des Öls abgesaugt, aber der Rest hat Mangroven- und Feuchtgebiete auf einer Küstenlinie von mindestens 300 Kilometern verschmutzt. Die ausgelaufene Menge wird auf 6,8 Millionen Barrel geschätzt, das ist die größte Ölpest der Geschichte.«[22]

Nach neueren, immer noch steigenden Schätzungen betrug die Menge 7,5 Millionen Barrel.

Der Ölschlick tötete 20 000 bis 30 000 Vögel. Die Delphine haben das Gebiet verlassen. Man fand ölverschmierte Flamingos. Der saudiarabische Krabbenfang kam praktisch zum Erliegen. Die Nahrungskette im Meer, die Seegraswiesen, die Algenteppiche mit photosynthetisch aktiven Bakterien – all das wurde geschädigt. Teerschichten, die unter dem Sand der Golfküste lagen, sind auf den Meeresboden gesunken und bilden dort einen asphaltähnlichen Belag, der zahlreiche Lebensformen zerstört. Im März 1991 berichteten japanische Wissenschaftler über »viele, viele kleine Teerkugeln«, die an die Ostküste von Bahrain geschwemmt wurden.[23]

Die Ölbrände

Der Rauch der Ölbrände trug erheblich zu den Schäden in der Golfregion und darüber hinaus bei. Schwefel aus den Bränden erzeugte sauren Regen, der seinerseits die Ölschicht im Golf größer werden ließ. Anfang Februar 1991 gab es im Irak kaum eine Stelle am Horizont ohne schwarze Rauchwolken von brennenden Raffinerien, Öllagern und sogar Tankstellen. Viele der schließlich 800 Ölbrände entstanden, weil die USA und ihre Alliierten Ölraffinerien bombardierten.

Am 22. Februar 1991 beschuldigte Präsident Bush den Irak, er habe bei Beginn des Rückzugs aus Kuwait 140 Ölquellen in Brand gesteckt. Aber schon lange zuvor wußte man in Washington, daß viele Brände, die dem Irak öligen schwarzen Regen brachten, durch die alliierten Bombenangriffe entstanden waren. Tatsächlich erhoben sich überall im Irak Rauchwolken, als der Luftangriff noch keine 24 Stunden alt war.

Eine Abordnung des International Study Teams, die den Irak vom 23. August bis zum 5. September 1991 besuchte, befragte den stellvertretenden Direktor der Raffinerie von Basra. Er erklärte, die Anlage sei vom 17. Januar an durch alliierte Luftangriffe in Brand gesetzt worden. Der Bericht des Study Teams über die Befragung stellt fest: »Einige Angehörige von Angestellten kamen bei den Angriffen ums Leben, und einige erstickten durch die umfangreichen Brände.«[24]

Nach einem Bericht der Nuclear Defense Agency erlebte der Irak mehrfach schwarzen Regen, und zwar vom 22. Januar an, also einen Monat bevor Bush den Irak beschuldigte, die Quellen in Brand gesetzt zu haben und nur fünf Tage nachdem die Bombenangriffe auf Basra begonnen hatten.[25]

Am 13. Februar druckte die »San Jose Mercury News« einen Bericht des Pentagon nach, dem zufolge bereits 50 Ölquellen brannten und

Kuwait mit einem Leichentuch aus Rauch bedeckten. Konteradmiral Mike Cornell wollte sich nicht festlegen:

> »Aus ihrer Sicht ist es von Vorteil, einen Brand zu legen. Er... macht es uns schwerer, Ziele zu finden... Und dann ist da noch die Möglichkeit, daß manche unserer Schläge nebenbei die Wirkung hatten, ein Feuer auszulösen.«[26]

Am 23. Februar leugnete die irakische Regierung die Verantwortung für die Brände. Wie bei der Ölpest, so gab es auch hier keine hinreichenden Bemühungen, die Verantwortlichkeit zu klären, obwohl das Pentagon mit Sicherheit über Indizien verfügte. Die irakischen UN-Gesandten forderten den Weltsicherheitsrat auf, das Ausmaß der zivilen und wirtschaftlichen Schäden in Kuwait zu untersuchen, aber der Sicherheitsrat weigerte sich. Am gleichen Tag brachen nach einem heftigen Bombenangriff der USA auf dem Rumailah-Ölfeld im Irak Brände aus.

Die Vereinigten Staaten wurden schon frühzeitig tätig, um Informationen über die Umweltschäden zu unterdrücken. Am 25. Januar gab das Energieministerium für seine Wissenschaftler einen Maulkorberlaß heraus. Die Zeitschrift »Scientific American« erhielt von Wissenschaftlern des Livermore National Laboratory ein Memorandum, das sie in der Maiausgabe 1991 veröffentlichte. Es lautete:

> »Die Zentrale für Öffentlichkeitsarbeit des Energieministeriums hat verlangt, daß alle Einrichtungen und Vertragsfirmen des Ministeriums ab sofort jede weitere Diskussion über kriegswichtige Forschung und alle Medienkontakte bis auf weiteres einstellen. Was wir über die Umweltwirkungen der Brände und der Ölpest im Mittleren Osten sagen dürfen, hat folgenden Umfang: ›Nach den meisten unabhängigen Studien und nach den Aussagen von Fachleuten sind die katastrophalen Voraussagen einiger neuerer Nachrichtensendungen übertrieben. Wir untersuchen die Frage, aber die Voraussagen bleiben Spekulationen und rechtfertigen derzeit keinen weiteren Kommentar.‹«[27]

Daß »Brände« zusammen mit »Ölpest« genannt werden, ist aufschlußreich, denn das Memorandum entstand einen Monat bevor Bush den Irak beschuldigte, die Brände gelegt zu haben. Nach der gleichen Quelle befahl das Weiße Haus den Wissenschaftlern ausdrücklich, Satellitenbilder und andere Informationen über den Golf nach Kriegsende zurückzuhalten. Nach den Worten von John Cox ging aus den Satellitenbildern hervor, daß die alliierten Bombenangriffe auf irakische Raffinerien und Öllager »eine entsetzliche Rauchwolke erzeugt hatten«. Und im Juli bestätigte »Scientific American«, schon Mitte Februar hätten Fotos der Satelliten Landsat-5- und NOAA-11 Rauchwolken von mehreren hundert Kilometern Länge gezeigt, die von verschiedenen Gegenden des Irak ausgingen – das war noch bevor man die ersten Wolken in Kuwait entdeckte. Die Brände waren durch die alliierten Bombenangriffe auf irakische Raffinerien und Tanklager entstanden.[28]

Die Unterdrückung von Informationen setzte sich nach dem Krieg fort. Besonders empfindlich waren offizielle Stellen im Zusammenhang mit Hinweisen, daß man schon vor Bushs Anschuldigung vom 22. Februar Brände entdeckt hatte. Nach dem Maulkorberlaß vom 25. Januar würgten Regierungsstellen zwei Studien der NOAA über die Ölbrände ab.[29] Im Mai erhielt Joyce E. Penner von ihren Vorgesetzten in Livermore die Anweisung, sie solle eine Computersimulation der kuwaitischen Ölbrände bei einer wissenschaftlichen Tagung in Wien nicht präsentieren.

Der australische Autor und Ölexperte O. J. Vialls, der mit den Brandbekämpfungsmannschaften der USA in der Golfregion in Kontakt stand, schrieb im März 1992 im »Australian Guardian«, bei »mindestens 66 bekannten Fällen in Kuwait« hätten die alliierten Angriffe die Ventile der Ölquellen zerstört.[30] Die Zeitschrift »Life« hatte im Juni 1991 derartige Hinweise geliefert: Den Berichten zufolge hatten die Brandbekämpfer »überall« alliierte Blindgänger gefunden. »Wir haben Hunderte davon gesehen«, sagte der Brandexperte Mike Miller, »und da sie mit Öl bedeckt sind, kann man leicht über einen stolpern. In unserer Gegend trat ein Kamel auf einen; es wurde in Stücke gerissen.«[31]

Nach Vialls Argumentation wäre der Irak unter den gegebenen Umständen gar nicht in der Lage gewesen, die Quellen anzuzünden. Eine Explosion des Förderventils allein setzt die Ölquelle nur selten in Brand; oft löscht man das Feuer sogar auf diese Weise. Die hohe Entzündungstemperatur läßt sich mit Flammenwerfern oder Napalm erreichen. Mit Flammenwerfern muß man gefährlich nahe heran, und Napalm muß aus Flugzeugen abgeworfen werden. In einem Brief an die Kommission schrieb Vialls am 29. Oktober 1991, das Napalm-Feuer sei mit seinen über 3 000 Grad so heiß, daß es die kleinen Ölleitungen, die das Förderventil verlassen, zur Weißglut bringen könne. Dann werde das weiche Metall unter dem Druck des vom Napalm entzündeten Öls bersten.[32]

Zu der Zeit, als irakische Soldaten angeblich die Ölquellen anzündeten, nämlich zwischen dem 16. und 22. Februar, lagen sie seit vier Wochen unter dem Bombardement der USA. Die meisten Überlebenden saßen in ihren Bunkern fest. Die Nachrichtenverbindungen waren zerstört. Sie verfügten seit Kriegsbeginn über keine Luftabwehr. Unter diesen Umständen war es für den Irak unmöglich, Napalm aus Flugzeugen abzuwerfen. Die US-Steitkräfte dagegen besaßen Napalm und setzten es auch ein. Sie bombardierten damit sogar irakische Soldaten in Schützengräben. Seit dem 16. Februar 1991 flogen AV88 Harrier-Bodenkampfflugzeuge der US-Marine Einsätze mit Napalm. Vialls schrieb:

> »Diese Tatsache wurde von einem [US-]Piloten bestätigt, als er von Medienvertretern am 23. Februar in Saudi-Arabien interviewt wurde; gleichzeitig filmte man die Flugzeuge mit den Napalm-Ladungen, die an den vier Befestigungspunkten an den Tragflächen der AV88 montiert waren. Die Marine flog ungefähr eine Woche lang Einsätze mit Napalm.«[33]

Die Auswirkung der Ölbrände und -lachen

Monatelang vergifteten Hunderte brennender Ölquellen in Kuwait und im Irak die Landschaft. Schwarzer Ruß regnete auf die Wüste. Rußwolken verdunkelten die Sonne. Öl, das weiterhin aus Bohrlöchern und bombardierten Tankern floß, bedeckte in Lachen den Boden. Die Feuchtigkeit, die durch die dauernden Brände entstand, ließ Metall schneller rosten. Metzger fanden bei geschlachteten Schafen schwarze Lungen.

Der Rauch der Brände – er war mehr als doppelt so schlimm, wie Abdullah Toukan vorhergesagt hatte – bedeckte Teile von Kuwait, des Irak, der Türkei und des Iran. Die Luftverschmutzung in Teheran lag um das 17fache über dem Normalwert. Rußpartikel und freigesetzte Gase aus den Bränden verursachten sauren Regen in einem weiten Bereich von Südbulgarien und Rumänien bis Pakistan und Afghanistan. Der schwarze Regen fiel sogar in der Sowjetunion, in Osteuropa, Ostafrika und China.

Skiläufer berichteten, im Himalaya sei der Schnee mit einer fünf Zentimeter dicken schmierigen Schicht bedeckt. Wissenschaftler fanden Spuren des Rußes noch in Hawaii, Japan und Deutschland.

Forscher der University of Wyoming entdeckten ungewöhnlich hohe Partikelkonzentrationen auch über den USA. Sie stiegen über Wyoming zwischen Anfang Februar und Ende März 1991 um das Zehnfache. Und in der oberen Troposphäre, in Höhe zwischen 6 000 und 10 000 Metern, war die Partikelkonzentration sogar um das Hundertfache erhöht.[34]

Im August 1991 entdeckten US-Astronauten einen Dunstschleier, der in der Stratosphäre über der Erde schwebte.

Das Gulf Environmental Emergency Response Team (GEERT) berichtete Ende 1991, der schwarze Regen habe die Hälfte des irakischen Getreides vernichtet. Die Ölbrände, so GEERT weiter, setzten jeden Tag 100 000 Tonnen Ruß, 50 000 Tonnen Schwefel und 850 000 Tonnen Kohlendioxid frei:

> »Mitte März zeigten Satellitenbilder, daß sich die schwere Verschmutzung, die von Kuwaits brennenden Ölquellen ausging, über Hunderte von Meilen erstreckte; der Rauch bedeckte 50 000 Quadratkilometer..., er reichte von Kuwait bis Karachi in Pakistan und über den Indischen Ozean. Die Tagestemperaturen sanken in der Golfregion um 20 bis 30 Grad unter den Normalwert, weil die Rußpartikel die Sonneneinstrahlung blockierten.«[35]

Die amerikanische Umweltbehörde EPA hatte dagegen nur geringe Bedenken. Bill Hunt von der EPA-Eingreiftruppe sagte gegenüber Journalisten: »Ich glaube nicht, daß wir irgend etwas derart Besorgniserregendes gefunden haben.«[36]

Dem GEERT-Bericht zufolge fanden sich bei einer Gesundheitsumfrage unter 1400 Bewohnern von acht Kreisen in der Nähe der Burgan-Ölfelder zahlreiche Babys mit »Ölausschlägen vom Körperinneren bis nach außen«. Die Hälfte der Befragten litt unter Atembeschwerden. Über 80 Prozent wollten evakuiert werden.

Auch Soldaten der USA waren den giftigen Dämpfen ausgesetzt. Der Reservist Don Mentele war zwei Wochen lang in der Nähe der Brände stationiert. Eine Woche nach Veröffentlichung der EPA-Studie erklärte er dem Journalisten William Booth: »Sie sagen uns, mit der Luft sei alles in Ordnung. Unsinn, Mann, du kannst es auf der Zunge schmecken!« Der gleichen Ansicht war Sergeant John Brandon, Jr. von der dritten Panzerdivision: »Wir sind doch nicht blöd. Sie sagen, die Luftverschmutzung sei nicht schlimmer als in New York. Das ist ein

Haufen Mist. Ich bin in New York gewesen, aber da sieht es absolut nicht so aus wie hier.«

Bei einer internationalen Tagung über die kuwaitischen Ölbrände in Cambridge schätzte der Physiker Richard Wilson von der Harvard-Universität, das Leben von etwa 50 000 Menschen in der Region zwischen Basra und Bahrain werde durch den Rauch »auf irgendeine Weise verkürzt werden«[37]. Und während die EPA weiterhin dabei blieb, der Rauch sei nicht schädlich, reisten Vertreter der National Toxics Campaign nach Saudi-Arabien; sie fanden dort Dichlorbenzol, eine Verbindung, die Leber, Nieren und Atmungsorgane angreift, in Konzentrationen, die um das 200fache über den Grenzwerten für die USA lagen.[38]

Nach vorsichtigen kuwaitischen Schätzungen standen 35 Millionen Barrel Öl in Kuwait in Lachen auf der Erdoberfläche. Das US-Corps of Engineers Technicians und Dr. John Robinson, der leitende Wissenschaftler der NOAA, rückten diese Zahl eher in den Bereich von 150 bis 175 Millionen Barrel.[39] Ein Barrel sind 159 Liter, die Rede ist also von fast 24 Milliarden Litern Öl. Bis heute haben sich in Kuwait viele kleinere Öllachen zu einem Netz vereinigt, das sich über viele Kilometer erstreckt. Aus diesen Lachen verdunsten weiterhin Kohlenwasserstoffe in die Atmosphäre, und sie werden auch das Grundwasser auf Jahrzehnte hinaus vergiften.

Außerdem wirken die Öllachen auch unmittelbar tödlich. Drei Fahrzeuge, die am 26. April 1991 in Kuwait ein Ölbecken durchquerten, gerieten in Brand, als Funken aus den Autos das Gas unter ihnen entzündeten. Fünf Menschen kamen dabei ums Leben.

Das Ökosystem Wüste und die Gift-Zeitbombe

Die Wüste stellt man sich vielfach als Ödland ohne Leben vor. In Wirklichkeit beherbergt sie aber ein gewaltiges, empfindliches Ökosystem mit vielen Lebewesen – von Spinnen, Schlangen und Skorpionen bis zu Kamelen, Schafen und Gazellen.

Die Erdoberfläche in der Wüste wird von Mikroorganismen zusammengehalten. Diese zerbrechliche Schutzschicht wurde im Irak und in Kuwait durch die Bewegung von 800 000 alliierten Soldaten und Tausenden von Panzern zerstört. Ohne sie können die Samen der Wüstengehölze keine Wurzeln schlagen. Und ohne Pflanzenbewuchs wird die oberste Sandschicht weggeweht – das beschleunigt die Erosion und führt zu Sandstürmen.

Tragischerweise war auch das, wie so vieles am Krieg, vorauszusehen; es gab viele Beispiele, an denen sich gezeigt hatte, wie Truppenbewegungen in der Wüste zur Erosion führen. In Libyen trägt die Wüste noch heute tiefe Narben von den motorisierten Divisionen Rommels und Montgomerys aus dem Zweiten Weltkrieg. Die Geological Survey der USA hat die kalifornische Mojave-Wüste untersucht, wo General George Patton während des Zweiten Weltkriegs eine Million Soldaten ausbildete. Nach Aussage der Geologen hat sich die Vegetation dort bis heute nicht erholt. Bis die Kette ökologischer Vorgänge, die allein durch die Bewegungen alliierter Truppen ausgelöst wurde, rückgängig gemacht ist, werden Jahrhunderte vergehen.

Im Golfkrieg hinterließen die alliierten Truppen menschlichen Abfall – nach einer Schätzung des San Francisco Arms Control Research Center waren darunter allein 40 bis 50 Millionen Liter Abwasser pro Tag – und andere Überreste. Am 5. März 1991 berichtete die »Los Angeles Times« darüber, wie der Leiter des in Nairobi ansässigen UN-Umweltüberwachungsprogramms reagierte, als er während des Krieges kurz den Luftwaffenstützpunkt der Alliierten in Dharan in Saudi-Arabien besuchte:

> »Ich habe nie in meinem Leben so viel Müll herumliegen sehen. Kisten und anderes Verpackungsmaterial, Reinigungsflüssigkeiten und Lösungsmittel aller Arten, Farben für die Tarnbemalung, von denen manche bekanntermaßen giftig sind. Alles war in Behältern verschlossen, aber letztlich geht es ja doch irgendwohin.«

Mit der Umwelt befindet sich das Militär selbst in Friedenszeiten im Krieg. Wissenschaftler des Instituts Science for Peace an der Universität Toronto haben ermittelt, daß bis zu 30 Prozent »der weltweiten Umweltzerstörung militärischen Aktivitäten zugeschrieben werden können«[40]. US-Kernwaffenfabriken, die Waffen selbst und die nuklearen Sprengköpfe sind weltweit die größte Quelle und der größte Risikofaktor für radioaktive Strahlung. Das Pentagon produziert mehr als fünfmal soviel Giftmüll wie die fünf größten US-Chemiekonzerne zusammen. Die deutsche Luftwaffe ist für 58 Prozent der von Flugzeugen hervorgerufenen Luftverschmutzung im deutschen Luftraum verantwortlich. Ein Kampfflugzeug des Typs F-16 verbraucht in einer Stunde etwa doppelt soviel Treibstoff wie ein durchschnittliches amerikanisches Auto in einem Jahr. Das Pentagon, der größte Ölverbraucher der USA, kauft in jedem Jahr soviel Treibstoff, daß man damit alle öffentlichen Verkehrsmittel der Vereinigten Staaten 22 Jahre lang betreiben könnte. Fast zwei Drittel des ozonzerstörenden FCKW-113, das in die Atmosphäre gelangt, stammen von den Streitkräften.

Im Krieg ist die militärische Bedrohung der Umwelt noch wesentlich gefährlicher, und die gewaltige Gleichgültigkeit gegenüber den Umweltfolgen ist nicht steuerbar. Den Golfkrieg, bei dem in gewaltigem Umfang technisch hochentwickelte Waffen für einen Angriff von beispielloser Heftigkeit eingesetzt wurden, müssen wir als Warnung an die Welt betrachten, welche Bedrohung der Militarismus für das Leben auf der Erde darstellt.

6. Der Krieg und die Menschenrechte

Krieg und Kriegsdrohungen waren immer die größten und machtvollsten Gegner der Menschenrechte. So furchtbar die Regierungen der Region mit den Menschenrechten auch umgingen, durch den Krieg wurde es noch schlimmer. Der Angriff der USA auf den Irak führte zu noch schwereren Verletzungen der Menschen- und Bürgerrechte nicht nur in der Golfregion, sondern weit darüber hinaus.

Öl und Demokratie vertragen sich nicht. Öl hat dort, wo es gefunden wurde, nie die demokratischen Institutionen oder die wirtschaftliche Gerechtigkeit gestärkt. Der unstillbare Durst der Industrieländer nach dem Öl des Nahen Ostens war überall in der arabischen Welt immer eine Gegenkraft zu Demokratie und Menschenrechten.

Den politisch Verantwortlichen in den USA war klar, daß Demokratie in den ölproduzierenden Staaten das Ende der amerikanischen Vorherrschaft in der Region bedeutet hätte. Und Gerechtigkeit würde auch bedeuten, daß die Ölgewinne in den arabischen Ländern investiert würden. Zusammengenommen würde das zu höheren Ölpreisen führen, und es hätte den Verlust gewaltiger Profite und Kapitalmittel für die westliche Volkswirtschaft zur Folge.

In dieser Region, wo 50 Prozent der Weltölreserven liegen, gibt es schwindelerregende wirtschaftliche Unterschiede. Die Monarchien in Saudi-Arabien, Kuwait und den Vereinigten Arabischen Emiraten, die durch europäischen Kolonialismus entstanden sind und von der Macht der USA gestützt werden, besitzen den Löwenanteil der Ölvorräte in der Region und haben relativ wenig Einwohner. Das Pro-Kopf-Einkommen dieser Länder gehört zu den höchsten der Welt. Irak und Iran dagegen haben zwar ebenfalls große Ölreserven, aber auch eine größere Bevölkerung. Ägypten, Jordanien, Syrien und Jemen besitzen sehr wenig Öl, und dort ist das Pro-Kopf-Einkommen entsprechend niedrig.

In allen moslemischen Ländern der Erde zusammen leben über eine Milliarde Menschen, und viele davon gehören zu den Ärmsten der Welt. Die Unterschiede zwischen den Lebensumständen dieser hungrigen Millionen und dem gewaltigen Reichtum der Hüter von Mekka sind mit dem gemeinsamen Glauben nicht zu vereinbaren.

Die von den USA gestützten Königreiche sichern nicht nur den Strom billigen Öls in den Westen, sondern sie lenken auch ihre Ölgewinne in die Schatullen amerikanischer und europäischer Firmen. Seit Mitte der achtziger Jahre übersteigen beispielsweise die Gewinne Kuwaits aus Investitionen in Westeuropa und Nordamerika die Öleinnahmen. Der »Middle East Report« bezifferte im Dezember 1990 die Ölgewinne Kuwaits 1988 auf insgesamt sechs Milliarden Dollar, die Gewinne aus Investitionen dagegen auf annähernd 7,8 Milliarden.

Hierher rührt das Interesse der ölreichen Monarchien am Wohlergehen der Wirtschaft in den Industrieländern. Und dies bedeutet paradoxerweise ein Interesse der Ölerzeuger an niedrigen Preisen. Damit der billige Ölfluß und die gewaltigen Investitionen in der westlichen Wirtschaft sichergestellt sind, müssen die bestehenden Ungleichheiten erhalten bleiben, und das erfordert repressive Regierungen in den Ölerzeugerstaaten; hier liegt der Grund, warum die USA am Golf einige der weltweit autoritärsten Regime unterstützen.

Die USA demonstrierte dies im Golfkrieg durch ihr Verhalten gegenüber allen, die es wagten, die amerikanische Politik gegenüber dem Irak in Frage zu stellen. Amerikaner arabischer Abstammung wurden bedrängt und belästigt, fast eine Million Jemeniten wurden aus Saudi-Arabien vertrieben, Millionen arme Arbeiter mußten die Golfregion verlassen, und die Palästinenser in Kuwait wurden kollektiver Bestrafung unterworfen. Die Botschaft war eindeutig: Die USA wollten ihre Vorherrschaft in der Region verstärken und ihre Ressourcen mit allen erforderlichen Mitteln sichern.

Repression in Kuwait

Vor dem Krieg verweigerte Kuwait seinen Bürgern und Gastarbeitern elementare Menschenrechte gleichermaßen. Von den etwa zwei Millionen Einwohnern waren nur ungefähr 750 000 kuwaitische Staatsbürger. Politische Parteien waren verboten. Bei den seltenen »Wahlen«, die in dem Land abgehalten wurden, waren nur diejenigen kuwaitischen Männer stimmberechtigt, deren Vorfahren schon vor 1920 in Kuwait gelebt hatten. Hausdurchsuchungen, Verhaftungen ohne gesetzliche Grundlage, Ausweisungen im Schnellverfahren, Folter, Haft und Todesstrafe ohne Gerichtsverfahren waren im Kuwait der Vorkriegszeit der Normalfall.

Arbeitern aus anderen Ländern wurde die kuwaitische Staatsbürgerschaft selbst dann verweigert, wenn sie im Land geboren und aufgewachsen waren. Nicht-kuwaitische Kinder verloren mit dem 18. Geburtstag das Recht, in Kuwait zu leben, selbst wenn ihre Eltern im Land arbeiteten. Gastarbeiter durften Ehepartner und Kinder in den meisten Fällen nicht ins Land holen.

Vor dem Krieg lebten über 300 000 Palästinenser in Kuwait, und die Wirtschaft des Landes hing zu einem beträchtlichen Teil von ihrer Arbeitskraft und Fachkenntnis ab. Diese Palästinenser waren die Hauptернährer für ihre Familien, die häufig noch in den israelisch besetzten Gebieten in Westjordanien und im Gaza-Streifen lebten oder nach der Besetzung in den Libanon, nach Jordanien oder in andere Länder vertrieben worden waren. Während des Krieges verließen etwa 150 000 Palästinenser Kuwait. Die meisten gingen nach Jordanien, denn die israelische Regierung gestattete ihnen nicht, in die besetzten Gebiete zu ziehen. Zehntausende von Palästinensern aus Kuwait wurden zu Flüchtlingen, die in Jordanien in Zeltlagern lebten oder innerhalb Kuwaits praktisch in Konzentrationslagern, umgeben von verminten Wüstenstreifen, eingesperrt waren.

Nach dem Krieg wurde Kuwait für die restlichen Palästinenser, Irakis, Beduinen, Jordanier und andere zur Hölle auf Erden, obwohl viele von ihnen ihr ganzes Leben lang oder einen großen Teil davon für das Land gearbeitet hatten. Die Regierung erklärte alle Arbeits- und Aufenthaltsgenehmigungen für Nicht-Kuwaitis für ungültig – sie mußten völlig neu beantragt werden. Damit ein Palästinenser für eine Aufenthaltsgenehmigung in Betracht kommt, muß er die Unterschriften von fünf kuwaitischen Staatsbürgern vorweisen, die für ihn bürgen.

Tragischerweise waren die Palästinenser in jedem Fall die Verlierer, ob sie nun in Kuwait blieben oder nicht. Allen, die das Land verlassen hatten, wurde die Wiedereinreise verweigert. Ihr Eigentum wurde in vielen Fällen von kuwaitischen Grundbesitzern vereinnahmt. Die 150 000 Palästinenser, die zumindest für einige Zeit in Kuwait blieben, wurden summarisch als »Kollaborateure« beschuldigt. Nach den Berichten von Zeitungen, Menschenrechtsorganisationen und Untersuchungsteams sowie nach der Anhörung von Zeugen schätzt die Kommission, daß bis zu 200 von ihnen im Schnellverfahren hingerichtet wurden. Andere wurden von der kuwaitischen Polizei, der Armee und von durch die Regierung gestützten paramilitärischen Kommandos gefoltert. Heute sind nach Schätzungen nur etwa 30 000 Palästinenser in Kuwait geblieben. Den Palästinensern fehlen somit schätzungsweise 100 Millionen Dollar an Heimüberweisungen der ehemaligen Gastarbeiter in Kuwait. Diese Tatsache, die durch andere, unmittelbar durch den Krieg bedingte Verluste noch verschlimmert wird, ist verheerend für die Familien und für die Wirtschaft in den besetzten Gebieten.

Die Lage in Kuwait schilderte Kate Muir von der Londoner »Times« am 26. März 1991. Die Straßen nach Hawalli, das vor allem von Palästinensern bewohnte Gebiet Kuwaits, waren bei Kriegsende blockiert. Bewaffnete kuwaitische Jugendliche überprüften die Ausweispapiere von allen, die das Gebiet betraten oder verließen:

> »Was könnte man besseres tun, um die Auslöschung eines Volkes einzuleiten, als die Wegweiser zu beseitigen, die zu seinem Wohngebiet leiten? Hawalli, das Palästinenserviertel von Kuwait City, ist mit jedem Tag schwieriger zu finden. Und wenn man den Weg nach Hawalli weiß, ist man noch nicht dort, denn die Zufahrtsstraßen sind mit Betonklötzen und Autowracks blokkiert... Es gibt anscheinend nur eine Einfahrt, durch Straßensperren und vorbei an den Gewehren jugendlicher Kuwaitis, die vielleicht Soldaten sind oder auch nicht.«

Mein Antrag auf ein Einreisevisum für Kuwait vom März 1991 wurde, wie schon 1987, abgelehnt. Beim erstenmal war der Grund für die Ablehnung offensichtlich die Kritik, die ich am Irak wegen seines Krieges mit dem Iran geäußert hatte; beim zweitenmal war es meine Reise in den Irak während der Bombenangriffe. Von über 100 Ländern, die ich besuchen wollte, haben mir nur zwei andere, nämlich Taiwan und Südafrika, die Einreise verweigert.

Der Organisation »Middle East Watch« wurde nach dem Krieg erlaubt, zwei Untersuchungskommissionen nach Kuwait zu schicken. Nach ihrem Bericht hatte man nach der Befreiung Hunderte von Palästinensern, staatenlosen Beduinen, Irakis, Sudanesen, Ägyptern, Tunesiern und andere gefoltert, ermordet oder deportiert, enteignet oder in Lagern unter grausamen Bedingungen interniert. Spitzenvertreter der kuwaitischen Regierung wie Emir Sheikh Jaber Al Ahmed Al Sabah entschuldigten solche Menschenrechtsverletzungen nicht nur, sie unterstützten sie sogar.[2]

Kuwait übte tödliche und uneingeschränkte Vergeltung an Palästinensern und anderen unterdrückten Gruppen. Über 1200 Beduinen flüchteten aus Furcht vor der Rache der kuwaitischen Streitkräfte in den Irak, statt an ihre Wohnorte in Kuwait zurückzukehren.[3] Man entdeckte Massengräber mit nicht identifizierten Opfern, die von kuwaitischen Streitkräften und Polizeieinheiten getötet worden waren. Nach den Beschuldigungen in dem MEW-Bericht »wurden die meisten von offiziellen Sicherheitskräften getötet oder aber von den irregulären bewaffneten Gruppen, die eng mit den offiziellen Einheiten zusammenarbeiteten«.

Die »New York Newsday« beschuldigte am 29. März 1991 sogar Mitglieder der kuwaitischen Herrscherfamilie der Beteiligung an der Tötung von Palästinensern und anderen, die im Verdacht standen, mit der irakischen Besatzungsmacht kollaboriert zu haben.[4]

Menschenrechtsorganisationen, Untersuchungsdelegationen und Journalisten berichteten über umfangreiche Folterungen. Nach Aussage von amnesty international gehörten zu den Folterungsmethoden unter anderem Schläge mit Rohrstöcken, Knüppeln, Elektrokabeln und Gewehrkolben, Elektroschocks und das Ausdrücken brennender Zigaretten auf der Haut. Solche Greueltaten und die »Prozesse« gegen Kollaborationsverdächtige verstießen unter anderem gegen die Vierte Genfer Konvention und ihr Protokoll I.

Die Rolle der USA

Die kuwaitischen Handlungen gingen Hand in Hand mit der Politik der USA in der Region. Die amerikanische Presse berichtete, daß Übergriffe kuwaitischer Gruppen unter den Augen oder sogar unter dem Schutz von amerikanischen Soldaten stattgefunden hatten. Pressevertreter, die eingreifen wollten, wurden selbst bedroht. Nach einem Bericht der »New York Times« vom 3. April 1991 arbeiteten das Civil Affairs Command und Spezialeinheiten der US-Armee eng mit der kuwaitischen Polizei zusammen; sie hatten demnach »einen großen Teil der alltäglichen Aufgaben in Kuwait« übernommen. Spezialeinheiten berieten kuwaitische Soldaten in Polizeistationen und an Straßensperren. Angehörige des 10. Transportbataillons waren als Hafenarbeiter tätig. Diese Tätigkeiten wurden von einer US-Behörde für Wiederaufbau betrieben, deren Leiter unmittelbar dem Verteidigungsminister Cheney unterstellt war. Auch die US-Regierung ist somit nach der Dritten und Vierten Genfer Konvention und nach internationalem Besatzungsrecht für Menschenrechtsverletzungen in Kuwait verantwortlich.

Präsident Bush hatte die »Befreiung« Kuwaits mit der Pflicht begründet, das Völkerrecht zu schützen und zu stärken. Regierungsangehörige betonten, der Präsident zögere, die kuwaitische Regierung zu mehr Demokratie zu zwingen, weil er Kuwaits Souveränität nicht verletzen wolle. Ein Regierungsvertreter sagte:

> »In der Liste aller Länder, in denen wir nicht herumpfuschen wollen, steht Kuwait ganz obenan. Immerhin ging es in dem Krieg genau um diese Frage: Ein anderes Land wollte Kuwait seinen Willen aufzwingen.«[5]

Die US-Regierung war nicht nur passiver Beobachter; sie setzte die demokratiefeindliche Regierung wieder ein, entschuldigte deren Völkerrechtsverletzungen und unterstützte das gesetzlose Vorgehen.

In medienwirksamen Prozessen gab es sogar Todesurteile wegen des Tragens von T-Shirts mit Hussein-Porträts. Der »Orange County Register« vom 17. Juni 1991 zitierte Bushs Kommentar zum kuwaitischen Botschafter:

> »Wir haben diesen Krieg nicht für die Demokratie oder für diese Prozesse geführt. Lassen Sie sich durch das, was jetzt geschieht, nicht einschüchtern.«

Auf einer Pressekonferenz am 1. Juli 1991 verglich Bush die Situation in Kuwait mit den Verhältnissen in Europa nach dem Zweiten Weltkrieg:

> »Die Menschen, die befreit wurden, fühlten sich nicht gerade zu denen hingezogen, die zuvor andere an die Nazis verraten hatten... Ich glaube, wir erwarten ein bißchen viel, wenn wir die Leute in Kuwait bitten, freundlich zu denen zu sein, die ihre Landsleute ausspioniert haben, die brutal zu ihren Familien waren und dergleichen mehr.«[6]

In Kuwait machten Bushs Äußerungen, mit denen er die Todesschwadronen in Schutz nahm, Schlagzeilen in den Zeitungen, und sie ermutigten das wahllose Töten und Foltern. Am Tag nach der Pressekonferenz des Präsidenten lautete die Schlagzeile in der Sawt Al Kuwait, einer regierungstreuen kuwaitischen Zeitung: »Bush erklärt Verständnis für die Haltung der Kuwaitis gegenüber den Kollaborateuren: Wir würden viel verlangen, wenn wir sie bitten, Gnade zu zeigen, sagt er.«

Die Vereinigten Staaten unterstützten in vollem Umfang die Haltung der kuwaitischen Regierung, die alle Palästinenser als Kollaborateure und Terroristen behandelte. Am 25. Februar 1991 berichtete die »Pacific News Service«, nach einem vom Pentagon freigegebenen 200-Seiten-Papier sei geplant gewesen, daß die USA nach dem Krieg den Wiederaufbau und die Verwaltung in Kuwait übernehmen. Unter der Überschrift »Annahmen« behauptet das Papier: »Terroristische Handlungen sind von den zurückgebliebenen Palästinensern oder von irakischen Personen zu erwarten.«[7]

Wie das Pentagon-Papier zeigt, hatten die USA vor Kriegsende geplant, nach der Vertreibung der Iraker aus Kuwait die völlige Kontrolle über das Land zu übernehmen und das Kriegsrecht ein Jahr lang in Kraft zu lassen. Das Dokument skizzierte auch die Logistik der US-Streitkräfte beim Wiederaufbau Kuwaits; die Themen reichten dabei von der Trinkwasserversorgung und der Notversorgung mit Lebensmitteln bis zur Reparatur des Flughafens und der Wiederaufnahme der Ölförderung, zur Bewachung der Regierung und der Verhaftung von Umstürzlern. Während also die kuwaitischen Todesschwadronen die Runde machten und in Verletzung des Völkerrechts Palästinenser und andere »unerwünschte Personen« umbrachten, waren die US-Truppen damit beschäftigt, den Palast des Emirs neu zu möblieren.

Robert Fisk vom Londoner »Independent« war dabei, als drei kuwaitische Soldaten einen Palästinenserjungen, der auf einem Fahrrad vorbeikam, überfallen wollten. Ein ebenfalls anwesender US-Offizier, den er fragte, warum er nicht eingreife, erklärte ihm, er solle verschwinden: »Wir brauchen hier keine Leute wie dich mit großem Maul und dreckigem Gerede. Das hier ist Kriegsrecht, mein Junge.«

Gastarbeiter

Vor dem Krieg gab es in der Golfregion etwa vier Millionen Gastarbeiter. Viele von ihnen waren in Kuwait, Saudi-Arabien und den anderen Monarchien geboren und aufgewachsen, aber sie hatten kein Anrecht auf die Staatsbürgerschaft dieser Länder. In ihrer großen Mehrheit stammten diese Arbeiter aus Südasien, Nord- und Ostafrika und anderen Ländern des Nahen Ostens. In Kuwait lebten allein 350 000 Ägypter und 145 000 andere Nordafrikaner.

Dr. Samad-Matias, Professor für Afrikanische und Karibische Studien an der New Yorker City University, berichtete, während und nach dem Krieg seien etwa 95 Prozent dieser Arbeiter aus Kuwait vertrieben worden.[8] Das war eine Katastrophe für ihre Familien und für die Wirtschaft ihrer Heimatstaaten. Den Vertriebenen wurde ausnahmslos verboten, ihre Ersparnisse und sonstiges Eigentum mitzunehmen. Sie waren von heute auf morgen arm, nachdem sie jahrzehntelang für geringen Lohn in den Monarchien geschuftet hatten. Schädliche Auswirkungen hatte die Vertreibung der Gastarbeiter aus der Region auch auf die Staaten Nordafrikas. Dr. Samad-Matias erklärte:

> »Viele sind verschwunden und werden bis heute vermißt. Viele verloren ihre Gesundheit oder sind arbeitsunfähig. Andere ließen Ersparnisse und alles, was sie besaßen, in Kuwait, Saudi-Arabien oder dem Irak zurück. In den meisten Fällen wurden sie zum Gehen gezwungen, ohne mehr mitzunehmen, als sie auf dem Rücken tragen konnten.«

Er zitierte Zahlen des Internationalen Währungsfonds in der Aussage beim Hearing der Untersuchungskommission:

> »65 Staaten der Welt waren von der Krise negativ betroffen. Und am schlimmsten waren die Auswirkungen unter anderem in den afrikanischen Staaten südlich der Sahara, die ohnehin schon zu den ärmsten Ländern gehören. Ihre Verluste aufgrund dieses Krieges und als sein unmittelbares Ergebnis betrugen etwa vier Milliarden Dollar.«

Nach den Worten von Samad-Matias entstanden Verluste von 2,7 Milliarden Dollar, durch die während des Krieges gestiegenen Ölpreise. Weitere Faktoren waren unter anderem der Verlust von Ex- und Importen, das Ausbleiben internationaler Verträge, Transporte und Touristen und die fehlenden Überweisungen, die diese vertriebenen Gastarbeiter früher in ihre Heimat geschickt hatten.

Nach dem Krieg litten die Gastarbeiter in Kuwait weiterhin unter schweren Mißhandlungen durch ihre kuwaitischen Arbeitgeber. Nach Aussagen amerikanischer Soldaten in Kuwait bezahlte die Regierung Arbeitern aus Bangladesh kleine Geldbeträge für das Räumen von Minen. Diese »Minensucher« wurden gezwungen, durch vermintes Gelände zu gehen und die Tretminen mit Bambusstöcken zur Explosion zu bringen. Und am 3. Januar 1992 stellte die »New York Times« fest:

> »Viele Kuwaitis, welche die Knute der Mißhandlung durch ihre irakischen Besetzer spüren mußten, haben diese Erfahrung nicht

in Mitleid für die 500 000 niedrigen Arbeiter umgesetzt, die meisten davon aus Asien, die alles tun, vom Straßenfegen bis zum Essenkochen.«[9]

Der kleine Staat Jemen hatte die Vereinigten Staaten durch Enthaltung oder Gegenstimmen gegen die von den USA eingebrachten Resolutionen des Sicherheitsrates gegen sich aufgebracht, und bezahlte dafür teuer. Nachdem das Land im Oktober 1990 gegen die Resolution 678 gestimmt hatte, strich Washington alle amerikanischen Hilfen für den Jemen, und Saudi-Arabien warf praktisch alle jemenitischen Arbeiter – mehr als eine Million – aus dem Land.

Zurückkehrende jemenitische Arbeiter beklagten sich, selbst Lebensmittel – Reis, Zucker, Getreide – seien an der saudisch-jemenitischen Grenze beschlagnahmt worden. Jemenitischen Firmeninhabern in Saudi-Arabien erklärte man, wenn sie bleiben wollten, sollten sie sich saudische Mitinhaber und Arbeitgeber suchen, die für sie bürgten, oder sie sollten ihre Firmen an Saudis verkaufen. Die »New York Times« zitierte einen Mann, der seit zwölf Jahren in Saudi-Arabien eine Reifenhandlung besaß und sich beschwerte, er könne keinen Käufer finden: »Warum sollten sie es kaufen, wo sie es doch umsonst haben können, wenn ich weg bin?« Die Zeitung kommentiert dazu:

> »Viele von denen, die in den Jemen zurückkehren, haben Jahre oder manchmal ihr ganzes Leben in Saudi-Arabien verbracht, und deshalb ist der Bruch, den diese Wanderung verursacht, in vielerlei Hinsicht noch tiefgreifender als der Exodus nach Jordanien. Die Heimkehrer sind für diese zerbrechliche Wirtschaft eine solche Belastung, daß sie in ihrer ganzen Stabilität bedroht ist.«[10]

Heute sind nur ein paar tausend Jemeniten in Saudi-Arabien übriggeblieben. Der Einkommensverlust der Familienangehörigen, die dort gearbeitet hatten, war ein schwerer Schlag für die Wirtschaft des Jemen. Vorher flossen Überweisungen von insgesamt etwa zwei Milliarden Dollar im Jahr in den Jemen, und damit waren sie die größte einzelne Einnahmequelle des Landes. Und da es für die zurückkehrenden Arbeiter keine Wohnungen gab, lebten sie längere Zeit in Sanaa und Haradh in Zeltlagern. Auch andere Länder, beispielsweise Bangladesh, Sri Lanka, Indien, Pakistan, die Philippinen und der Iran, litten unter schädlichen wirtschaftlichen Auswirkungen, als ihre Arbeiter die Golfregion verlassen mußten.

Behandlung der Frauen

Die kuwaitischen Frauen selbst haben keine Bürgerrechte, und der Umgang mit eingewanderten Frauen ist verabscheuungswürdig.

Krankenschwestern, Kinderfrauen, Dienstmädchen und andere Hausangestellte werden von den Philippinen, aus Sri Lanka, Pakistan, Bangladesh, Indien und anderen armen Ländern nach Kuwait geholt. Man ködert sie mit dem Versprechen auf ein anständiges Leben und einer Garantie auf relativ gute Bezahlung und Unterkunft sowie mit der Aussicht, Geld ansparen zu können.[11]

Was sie dann in Kuwait erleben, ist ein Alptraum. Das gilt besonders für Hausangestellte. Wenn sie im Haus ihres Arbeitgebers angekommen sind, stellen sie fest, daß der Lohn nur ein Bruchteil dessen ist, was ihnen versprochen wurde. Häufig weigern sich kuwaitische Arbeitgeber überhaupt, ihren Dienstmädchen und anderen dienstbaren Geistern ein Gehalt zu zahlen.

Es ist in Kuwait an der Tagesordnung, daß Hausangestellte geschlagen, sexuell mißbraucht und anderweitig erniedrigt werden, und das praktisch ohne gesetzliche Gegenmaßnahmen. Der Flugpreis und die Vermittlungsgebühr, die der kuwaitische Arbeitgeber zu Beginn bezahlt, werden zu einem Schuldenberg, den sie zurückzahlen müssen, bevor sie versuchen können, den Arbeitsvertrag zu lösen. Die Arbeitgeber können Pässe einbehalten, und ohne ihre Erlaubnis gestattet die kuwaitische Regierung nicht, daß ein Angestellter das Land verläßt. »Eine Stelle als Diener oder Hausmädchen in Kuwait ist fast wie Sklaverei«, urteilte Mir Abdel Hassan, Erster Sekretär der Botschaft von Bangladesh in Kuwait.

Als ich auf den Philippinen Frauen befragte, die sich auf Anzeigen für gute Stellen als Kindermädchen in Kuwait beworben hatten, bestätigte sich, daß sie oft sehr schnell auf Dienstmädchenstellen verschwinden, und dann arbeiten sie unter entsetzlichen Bedingungen:

> »Als Mrs. Castro sich im Haus ihres Arbeitgebers befand, erlaubte man ihr nicht einmal, sich für ein paar Minuten zu entfernen. Sie durfte weder Briefe noch Telefonanrufe von ihrer Familie entgegennehmen. Ihre Arbeit begann vor dem Hellwerden und endete oft erst lange nach Mitternacht. Wenn sie nicht schnell genug reagierte, wurde sie geschlagen. Ihren Lohn von 130 Dollar im Monat erhielt sie nie. Und dann, so berichtet sie, wurde sie von ihrem Dienstherrn vergewaltigt.«

Die Botschaften der Philippinen, Indiens, Bangladeshs und Sri Lankas sind ständig mit Frauen überfüllt, die ihren Arbeitgebern weggelaufen sind und Zuflucht suchen. Ein philippinisches Hausmädchen, das zusammen mit 130 anderen Frauen in die Botschaft der Philippinen geflüchtet war, wollte lieber Selbstmord begehen als zu ihrem Arbeitgeber, einem Militärbeamten, zurückzukehren. Die »New York Times« berichtete:

> »Das Dienstmädchen, das angab, häufig geschlagen worden zu sein, erklärte, der Oberst sei ihr mit dem Auto gefolgt und habe sie angefahren, als sie versuchte, aus dem Haus zu fliehen. Er behauptet, sie habe bei dem Fluchtversuch einen Unfall gehabt.«

Seit dem Krieg wurden Hunderte von Frauen aus Dritte-Welt-Ländern von Angehörigen der kuwaitischen Armee und von Zivilisten vergewaltigt. Allein mehr als 100 philippinische Frauen gaben an, sie seien seit dem Krieg von Kuwaitis mißbraucht worden. Ähnliches gilt für Palästinenserinnen und für Frauen aus Sri Lanka, Indien, Pakistan, dem Libanon und dem Irak.[12] Naimat Farhat, eine in Kuwait lebende Palästinenserin, wurde von kuwaitischen Soldaten vergewaltigt und umgebracht, nachdem diese zuvor ihren Vater und ihren Bruder getötet hatten. Naim, ihr überlebender Bruder, nahm später mit mir Kontakt auf, um die Angelegenheit weiter zu verfolgen; er hatte eine Beschwerde eingereicht und sich an Edward W. Gnehm gewandt, den Botschafter der USA in Kuwait. Gnehm antwortete, nach Auskunft der kuwaitischen Behörden liege keinerlei Beschwerde der Farhats vor.

Antiarabischer Rassismus in den USA

Die US-Regierung unterschied während der Golfkrise in internationalen Gremien zwischen den »guten Arabern« aus Kuwait, Saudi-Arabien, Ägypten und Syrien und den »bösen Arabern« – Irakis, Palästinensern und Jemeniten. Innerhalb der USA jedoch waren für die Regierung und den Großteil der Medien alle Araber schlecht.

Jedesmal, wenn die USA ein Land des Nahen Ostens angreifen oder wenn die US-Regierung auch nur ihre rassistischen Töne gegen Araber oder Iraner verstärkt, nimmt der antiarabische Rassismus in den USA dramatisch zu. Während der Golfkrise setzten Präsident Bush und andere Staatschefs Saddam Hussein in ihren Äußerungen mit Hitler gleich. Die seit langem andauernde, rassistisch-stereotype Darstellung der Araber in den amerikanischen Medien und in Hollywoodfilmen verstärkte sich. Das FBI hielt die arabischen Amerikaner in einer großangelegten Aktion ständig in Unruhe. Zusammengenommen verursachten diese Faktoren in den USA zahlreiche Angriffe gegen arabische Amerikaner.

Die arabischen Amerikaner waren das Ziel für handgreifliche und verbale Angriffe, Morddrohungen, Diskriminierung am Arbeitsplatz und Spott in Radio- und Fernsehtalkshow. Die Fluggesellschaft Pan American verweigerte Personen mit »arabisch klingenden« Namen den Verkauf von Flugtickets. Andere Fluggesellschaften unterwarfen arabische Passagiere langwierigen Befragungen und Sicherheitsüberprüfungen, bevor sie ihnen gestatteten, ein Flugzeug zu besteigen.

Die massive Belästigungskampagne des FBI umfaßte das ganze Land. Öffentlich äußerte das FBI manchmal, man befrage Führer der arabischen Gemeinschaft und arabische Politiker nach Informationen über antiarabische Gewalttaten. In Wirklichkeit verhörten Agenten Hunderte arabischer Amerikaner über ihre politische Orientierung – ob sie beispielsweise der PLO angehörten –, und nach Kenntnissen oder Beteiligung an »terroristischen Aktivitäten«. Die meisten Befragten waren keine leitenden Mitglieder der arabischen Gemeinschaft.

Die Kampagne des FBI hatte das Ziel, die arabische Gemeinschaft einzuschüchtern, die arabischen Amerikaner von der Mitwirkung in der Bewegung der Kriegsgegner abzuschrecken und Informationen über diese Bewegung zu beschaffen. Die FBI-Agenten beschuldigten viele arabische Amerikaner wegen geringfügiger Verstöße gegen die Visagesetze. Manche Agenten brachten Beamte der Einwanderungs- und Einbürgerungsbehörden zu den Befragungen mit; unausgesprochen war das eine Drohung, bei mangelnder Mitarbeit die Verstöße gegen das Aufenthaltsrecht zu bestrafen.[13]

Das Zentrum für die Verfassungsrechte schrieb am 31. Januar 1991 in einem Brief an die Organisationen der arabischen Amerikaner:

> »Das FBI handelt nach der unbegründeten, illegalen Annahme, die arabischen Amerikaner wüßten etwas über den Terrorismus, einfach weil sie Araber sind oder weil sie die Politik der US-Regierung ablehnen... Unsere früheren Erfahrungen mit der Taktik des FBI führen uns zu dem Schluß, daß die Behörde die Angst vor dem Terrorismus als Vorwand benutzt, um Informatio-

nen über verfassungsmäßig geschützte politische Aktivitäten zu sammeln und um Versuche, Proteste gegen die Politik der USA zu organisieren, zu erschweren und zu vereiteln.«[14]

Die FBI-Kampagne hatte teilweise Erfolg. Beunruhigt durch die Drohungen und die Überwachung sowie durch rassistische Übergriffe blieben viele arabische Amerikaner, die sonst an Friedensdemonstrationen teilgenommen hätten, diesen Veranstaltungen fern.

Auch die Organisationen der Kriegsgegner wurden zum Ziel ständiger Überwachung und Beunruhigung durch das FBI und andere Polizeibehörden. Bei vielen Gruppen und ihren Mitgliedern wurden die Telefone abgehört, Büros wurden verwüstet, aktive Kriegsgegner verhört. Manche von ihnen erhielten Morddrohungen. Es gibt stichhaltige Indizien, daß diese Vorfälle vom FBI gesteuert wurden.

Kriegsdienstverweigerung

Die Entwicklung, welche die US-Regierung im eigenen Land vielleicht am meisten fürchtete, war die wachsende Zahl von Kriegsdienstverweigerern in den Streitkräften – Verweigerer aus Gewissensgründen und andere, die es ablehnten, am Golf zu kämpfen. In der Regierung machte man sich offensichtlich Sorgen, daß dieser Widerstand wachsen und die Kriegspläne vereiteln könnte.

Zu Beginn der Krise war das Militär vorsichtig, denn man war entschlossen, schlechtes öffentliches Ansehen, wie man es im Vietnamkrieg erlebt hatte, zu vermeiden. Nach dem Angriff auf den Irak jedoch wurden Hunderte, die sich widersetzt oder einen Antrag auf Kriegsdienstverweigerung gestellt hatten, heftig beschimpft.

Die amerikanischen Streitkräfte am Golf bestanden zu 60 Prozent aus Farbigen. Die anderen waren meist arme Weiße. Viele von ihnen waren mit 17 Jahren in die Armee eingetreten, weil sie versuchen wollten, auf diese Weise aus ihrem von Armut gezeichneten Leben auszubrechen. Sie waren beeinflußt von raffinierten Fernseh-Werbespots, in denen sie gedrängt wurden: »Sei alles, was du sein kannst; komm' zur Armee«, und in denen man ihnen eine Collegeausbildung versprach. Andere wollten finanzielle Unterstützung für ihr Studium.

Viele von ihnen entschlossen sich entweder während der Militärausbildung, daß sie überhaupt nicht töten wollten, oder ihnen wurde klar, daß der Golfkrieg nichts mit der nationalen Sicherheit der USA zu tun hatte. Der Widerstand gegen einen Kampfeinsatz am Golf wuchs nicht nur bei den Soldaten in den Vereinigten Staaten, sondern auch bei den US-Truppen, die in Deutschland und anderen Ländern stationiert waren.

Als erstes reagierten die Streitkräfte, indem sie versuchten, die Verweigerer mit Drohungen zur Rücknahme ihrer Entlassungsgesuche zu bewegen. Als das nicht fruchtete und die Zahl der Verweigerer wuchs, erklärten einige Einheiten, die Betreffenden könnten erst nach ihrer Ankunft in Saudi-Arabien ein Entlassungsgesuch stellen. Einige US-Soldaten in Deutschland, die einen Antrag auf Kriegsdienstverweigerung gestellt hatten, wurden von Bremerhaven aus tatsächlich in Handschellen und Fußfesseln nach Saudi-Arabien transportiert.[15]

Einer der bekanntesten Verweigerer war Eric Larsen, ein junger Marinesoldat. Er engagierte sich stark in der Friedensbewegung und hielt Reden bei zahlreichen Demonstrationen überall auf der Welt. Nachdem deutsche Freunde ihn einen Monat lang versteckt hatten, stellte er sich selbst den Militärbehörden, und später verbüßte er eine kurze Haftstrafe. Robert S. Rivkin, Larsens Anwalt, erklärte:

> »Normalerweise würde man ein solches Vergehen mit einer außergerichtlichen Strafe ahnden. Im schlimmsten Fall käme es zu einem besonderen Kriegsgericht und einer Haftstrafe von 30 Tagen, und vielleicht würde er wegen schlechter Führung entlassen... Es ist fast unglaublich, aber das Marinekorps hat Larsen der Desertion im Krieg angeklagt, ein Vergehen, bei dem die Todesstrafe verhängt werden kann.«[16]

Der erste afrikanische Amerikaner, der während des Krieges einen Verweigerungsantrag stellte, war Tahan Jones. Als er das Entlassungsgesuch einreichte, drohte ihm sein Feldwebel mit körperlicher Gewalt, falls er seinen Fall in die Medien brächte. Am 9. Januar 1991 sagte Jones dem »San Francisco Bay Guardian«:

> »Weil ich afrikanischer Amerikaner bin, sah er mich als gefährliches Beispiel, dem andere Minderheiten in der Armee folgen könnten... Es ist moralisch falsch, Tausende von Arabern zu töten, um Amerikas Interessen zu schützen. Und Minderheiten sollten dafür nicht sterben. Als ich mich verpflichtete, war ich zu naiv – ich verstand noch nicht, daß es die Minderheiten sind, die ein Krieg zugrunde richtet.«

Dr. Yolanda Huet-Vaughn, eine Allgemeinärztin und Armeereservistin, weigerte sich, nach Saudi-Arabien zu gehen und dort militärische Pflichten zu erfüllen, die den Kriegsanstrengungen dienten. Sie wurde nach dem Krieg in einem von den Medien stark beachteten Kriegsgerichtsverfahren in Ft. Leonard Wood für schuldig befunden und mußte weitab von ihren Patienten, ihrem Mann und ihren drei kleinen Kindern eine Gefängnisstrafe verbüßen. Sie gehört zu den Hunderten von Verweigerern, die von der US-Regierung bestraft wurden, weil sie sich an deren Gewalttaten nicht beteiligen wollten. Vielleicht war ihr und anderen das gleiche klargeworden wie Martin Luther King: »Der größte Gewalttäter der Erde ist meine eigene Regierung.« Unser Nationalcharakter wird daran gemessen werden, wie das amerikanische Volk mit diesen Helden umgeht.

7. Die Rolle der amerikanischen Medien in der Golfkrise

Der erste Zusatzartikel zur amerikanischen Verfassung war ursprünglich zum Schutz der Pressefreiheit geschaffen worden; aber 1991, im Jahr seines 200. Geburtstages, hatte er dem amerikanischen Volk nichts zu bieten, einem Volk, das Tatsachen und Meinungsvielfalt verzweifelt brauchte. Die US-Regierung und die amerikanischen Medien waren entschlossen, am Persischen Golf gemeinsame Sache zu machen. Die wirksamste Propagandamaschine und die höchstentwickelte Todestechnik der Geschichte wirkten zusammen, um eine Armee abzuschlachten, eine Nation zugrunde zu richten, das ganze Freiheit zu nennen und zu feiern.

Die ersten zehn Zusatzartikel zur amerikanischen Verfassung, die »Bill of rights«, die 1791 verabschiedet wurde, enthielten auch die Bestimmung, der Kongreß dürfe kein Gesetz beschließen, das die Pressefreiheit einschränkte; der Zweck war nach den Worten von Zechariah Chafee, »in den Vereinigten Staaten die weitere Verfolgung von Kritik an der Regierung... von Amerika für alle Zeiten unmöglich zu machen«[1]. Die Presse sollte als Anwalt des Volkes die Regierung rigoros unter die Lupe nehmen und kritisieren, ohne Verfolgung fürchten zu müssen. Es war ein wichtiger Meilenstein auf dem langen Weg zur Freiheit. Vorher war die Regierung erhaben, der damalige britische König unfehlbar, und die Behörden herabzusetzen oder Beamte zu beschuldigen, war fast Gotteslästerung. Eine lange Reihe heldenhafter Redakteure und Schriftsteller zahlte einen schrecklichen Tribut dafür, daß sie unerwünschte Tatsachenberichte über die Regierung druckten oder entgegengesetzte Meinungen vertraten.

Pressefreiheit sollte bedeuten, wie Alexander Meicklejohn schrieb, daß »die Bürger der Vereinigten Staaten nur dann fähig sein werden, sich selbst unter ihren eigenen Institutionen zu regieren, wenn sie ehrlich und furchtlos alles betrachtet haben, was man zugunsten dieser Institutionen sagen kann, und auch alles, was man gegen sie sagen kann«[2].

Die Spannungen zwischen Regierung und Presse waren sehr begründet. Die Presse war das wichtigste Regulativ gegenüber einer willkürlichen und despotischen Obrigkeit. William Penn, Peter Zenger, John Wilkes und der Unbekannte mit dem Pseudonym Junius wurden im Volk als Vorkämpfer der Freiheit betrachtet, weil sie es wagten, das Königshaus zu kritisieren. Die Regierung wiederum betrachtete die Presse als gefährlichste Säerin des Aufruhrs, denn sie befruchtete die unartikulierten Keime der öffentlichen Meinung.

Ob die Regierung nun beliebt war oder nicht – immer war die Presse ein Stachel in ihrem Fleisch. Wie Leonard Levy in »Legacy of Suppression«, seiner großen Studie über die Rede- und Pressefreiheit in der frühen amerikanischen Geschichte, gezeigt hat, übertrafen die Umstürzler während der Revolution die Konservativen darin, die Presse zu zerstören. Benjamin Franklin bezeichnete freche Presseangriffe auf die Regierung in seiner Autobiographie als »niederträchtige Schande«. Besorgt um die Verabschiedung der neuen Verfassung, sagte Franklin 1789 über Autoren, welche den Ruf der Regierung in Frage stellten: »Wir sollten mäßig sein und uns damit zufriedengeben, sie zu teeren, zu federn und zu verprügeln.«[3]

Präsident George Washington murrte drohend über »diesen Halunken Freneau«, dessen Zeitung seine Regierung ständig kritisierte. Der standhafte John Adams unterzeichnete die berüchtigten Ausländer- und Aufrührergesetze und genehmigte auf ihrer Grundlage die Verfolgung von Journalisten, die seine Regierung kritisierten. Thomas Jefferson, der jeder Tyrannei über den menschlichen Geist ewige Feindschaft geschworen hatte, schrieb 1803: »Ich habe ... lange geglaubt, die Verfolgung weniger besonders hervorstechender Übeltäter würde die heilsame Wirkung haben, die Anständigkeit der Presse wiederherzustellen.«[4]

Heute besteht die Medienlandschaft nicht mehr aus Verlegern, die selbst ihre Buchstaben setzen, die Bögen mit der Hand bedrucken und dann ihre eigenen Zeitungen feilbieten; große Monopolkonzerne waren 1991 entschlossen, zusammen mit der Regierung die offizielle Linie zu vertreten, den Feind zu dämonisieren und alle Stimmen zu ersticken, die sich gegen den Überfall der USA auf den Irak aussprachen. Hochbezahlte Medienstars arbeiteten in Nachrichtenpools, Entertainer, die in der arabischen Wüste dramatische Posen einnahmen, lasen Zeilen vor, die zum größten Teil vom Pentagon für das Fernsehpublikum des ganzen Landes geschrieben wurden. Sie traten an die Stelle der Tom Paines, Mathew Bradys und Ernie Pyles vergangener Jahre, die selbst den Krieg beobachteten und den Menschen zu berichten versuchten, was sie sahen und dachten.

Es bestand keine Hoffnung, daß Aufrührer in den amerikanischen Medien wegen der Berichterstattung über die Golfkrise verfolgt würden, denn es gab in den Medien keine Kritik am Verhalten der Regierung. Der Wächter war zum Nachtwächter des Pentagon geworden, ein Einpeitscher für den Krieg. Es gab keinen Krieg zwischen einer heldenhaften Presse, die entschlossen gewesen wäre, den Krieg anzuprangern, und einer übermächtigen Regierung, die ihren Willen durchsetzen wollte. Die Presse selbst verurteilte den ersten Zusatzartikel zur Bedeutungslosigkeit, denn ihre wohlhabenden Eigentümer unterstützten unkritisch die Regierung. Über abweichende Meinungen wurde kaum berichtet, und wenn es geschah, dann wurden diejenigen, die die Intervention der USA am Golf kritisierten, lächerlich gemacht, falsch dargestellt oder als Randgruppe bezeichnet. Die Fernsehberichte über die Golfkrise vom August 1990 bis zum März 1991 waren kaum Nachrichten, sondern eher eine lange Reklamesendung für Krieg, Waffensysteme und Militarismus.

Die amerikanischen Medien und der Krieg

Was die Unterstützung von Krieg angeht, haben die amerikanischen Medien eine lange Geschichte. Randolph Hearst brüstete sich, er habe den spanisch-amerikanischen Krieg verursacht. Hearst, so die Legende, engagierte den berühmten Künstler Frederic Remington, der nach Kuba gehen und Bilder von Schlachten malen sollte. Als Remington kabelte, es gebe dort keinen Krieg, soll Hearst zurücktelegrafiert haben: »Sie liefern die Bilder, ich liefere den Krieg.« Immerhin sprachen sich damals zahlreiche unabhängige Zeitungen überall im Land gegen den Krieg aus. Es gab eine hitzige Debatte und vielfältige Meinungen – die Menschen hatten eine Wahl.

In der jüngeren Vergangenheit, im Vietnamkrieg, leisteten die Medien nicht einmal das, auch wenn sie letztlich entscheidend dazu beitrugen, daß die USA den Rückzug antraten. In den Jahren Kennedys und Johnsons war die Presse den Bürgerrechten und gesellschaftlichen Reformprogrammen gegenüber weitgehend feindselig eingestellt, aber sie befürwortete in ihrer großen Mehrheit die Militärausgaben und den Rüstungswettlauf, die Unterstützung der NATO, die Stationierung von US-Truppen überall auf der Welt und die Intervention in Vietnam. Die Unterstützung für die Resolution über den Golf von Tonkin war in den

Medien ebenso stark wie im Kongreß, wo kein einziger Abgeordneter und nur zwei Senatoren es wagten, mit Nein zu stimmen. Kein Journalist wurde beauftragt zu recherchieren, ob denn nordvietnamesische Schiffe nun tatsächlich Schiffe der USA angegriffen hatten. Erst nachdem die Opposition in der Öffentlichkeit immer mehr zunahm, stellten auch die Medien den Krieg ernsthaft in Frage.

Fernsehberichte und Bildreportagen aus Vietnam trugen dazu bei, größere Teile der Öffentlichkeit davon zu überzeugen, daß die Gewaltanwendung der USA in Vietnam falsch war. Jeden Abend waren die Nachrichten voll von Gewaltmeldungen, neuen Berichten über Verluste der USA und Gefallenenzahlen des Pentagon. An den vietnamesischen Verlusten dagegen zeigte die Presse wenig Interesse. Der »rollende Donner«, die B-52 mit ihren Bombenteppichen über den Dörfern, das Phoenix-Vernichtungsprogramm, der Chemiekampfstoff »Agent Orange« und der umfangreiche Einsatz von Napalm führten nicht zu kritischen Berichten oder Kommentaren. Das Massaker von My Lai blieb monatelang unbeachtet und vermutlich sogar unentdeckt. Schließlich wurde es in die Medien gedrückt, aber nicht von ihnen aufgedeckt.

Aus Nordvietnam berichteten die US-Medien nicht. Sie wollten es tun, aber bis 1972 wurden sie nicht ins Land gelassen. Eine Ausnahme waren 1966 mehrere Artikel des mutigen Harrison Salisbury aus Hanoi, die ihrem Autor mehrere Jahre lang bösartige persönliche Angriffe einbrachten. Infolgedessen war die Berichterstattung über die Verluste der nordvietnamesischen Zivilbevölkerung äußerst schwierig.

Als ich im August 1972 nach Nordvietnam reiste, wurde das Vorhaben von der Fernsehgesellschaft ABC und der Zeitschrift »Time-Life« unterstützt. Ich hatte eine Videokamera und einen Kassettenrecorder dabei. Der Film, den ich drehte, war nicht gut, aber nach meiner Rückkehr liefen kurze Ausschnitte daraus in den landesweiten Fernsehnachrichten. Tonbandaufnahmen von mehreren Stunden wurden von ABC und den angeschlossenen Stationen gesendet, und eine 30-Minuten-Kassette lief viele Male. Fotos, die ich mit einer Kamera von »Time-Life« aufgenommen hatte, wurden von dem Magazin »Time« veröffentlicht und erschienen zusammen mit einem Essay, den ich für die Zeitschrift »Life« schrieb.

Während meines Aufenthaltes in Hanoi überzeugte ich Pham Van Dong, ein amerikanisches Kamerateam zuzulassen. Das professionell gedrehte Material des CBS-Teams, die Rundfunkberichte von ABC und mein Artikel in »Life« waren die ersten handfesten Medienberichte über den Krieg aus dem Inneren Nordvietnams, die von größeren US-Medien verwendet wurden. Wäre die Berichterstattung schon früher so umfangreich gewesen, wären vielleicht viele Menschenleben gerettet worden.

Die amerikanischen Medien bedienten sich zwar meiner Berichte, aber in ihrer überwältigenden Mehrheit verurteilten sie meine Reise. Die Nixon-Regierung drohte mir einen Prozeß wegen Feindkontakten an.

Ich hatte auch andere Erlebnisse, die zeigen, wie begrenzt die Medienberichterstattung über internationale Vorgänge, die den außenpolitischen Interessen der USA entgegenstehen, ist. Im Jahr 1971 unternahm ich als Gast verschiedener schwarzer und weißer nationaler Studentenorganisationen eine Reise nach Südafrika, in deren Verlauf ich die Apartheid und die sie unterstützende Politik der USA scharf kritisierte; das Ereignis wurde in der Presse Südafrikas und anderer afrikanischer Staaten umfassend dargestellt, aber die US-Presse nahm es trotz meiner langen Beschäftigung mit den Bürgerrechten nicht zur Kenntnis. Über meine Reise nach Chile nach dem Umsturz von 1973 und meine Teilnahme an den dortigen Schauprozessen berichtete die amerikanische Presse praktisch nicht. Mehrere Reisen in den Iran zur Unterstützung der Menschenrechte im Jahr 1978 und davor blieben unbeachtet, solange der Schah an der Macht war. Es gibt kaum Zweifel, daß die US-Medien über diese Reisen berichtet hätten, wenn ich ähnlich wie die meisten bekannten Amerikaner, die sich in diese Länder begaben, den Schah, Pinochet, die Apartheid und andere Interessen der US-Außenpolitik unterstützt hätte.

Als Präsident Carter mich im November 1978 unmittelbar nach der Geiselnahme in der US-Botschaft bat, nach Teheran zu fliegen, drängte sich die Presse vor meiner Abreise um Interviews. Die Interviewwünsche hörten bis zu meiner Rückkehr aus der Türkei nicht auf, wo ich mich über eine Woche lang um eine Einreisegenehmigung für den Iran bemüht hatte. Ein paar Monate später jedoch reiste ich auf dringende Bitten der iranischen Regierung nach Teheran, um mich für die Freilassung der Geiseln einzusetzen, und gleichzeitig verurteilte ich die amerikanische Einmischung in die iranische Außenpolitik; diesmal berichteten die wichtigen Medien nicht über meine Reise, abgesehen von einer offiziellen Verlautbarung der Carter-Regierung, man ermittle gegen mich wegen einer mutmaßlichen Verletzung des Gesetzes von 1920, das den Handel mit dem Feind verbietet.

Neben vielen solchen Erlebnissen war es vor allem die Invasion in Grenada im Jahr 1983, die mir drastisch vor Augen führte, daß zwischen der US-Regierung und den amerikanischen Massenmedien in den Handlungen fast völlige Übereinstimmung besteht. Das Pentagon verbannte die Medien nach der Invasion eine Woche lang von der Insel, aber die Betroffenen beklagten sich kaum. Die Presse übernahm unwidersprochen Geschichten des Pentagon, nach denen die verbliebene Führung der »New Jewel«-Bewegung die Hinrichtung des Pemierministers Maurice Bishop angeordnet hatte und Bishops Tod angeblich mit dem Spottlied »Zentralkomitee hat angeordnet, Anordnung ausgeführt« gefeiert hätten. Sie übernahm die Darstellung der Armee-Einheit für psychologische Kriegführung, wonach Hudson Austin, der überlebende Verteidigungsminister, ein »karibischer Idi Amin« und der stellvertretende Premierminister Bernard Coard eine »stalinistisch-leninistische Moskauer Marionette« sei. Sie beharrte auf dem Mythos, der Flughafen, den eine britische Firma in Point Salines gebaut hatte, sei ein sowjetischer Bomberstützpunkt, und amerikanische Medizinstudenten seien in Gefahr.

Dagegen erwähnten die amerikanischen Medien kaum, welche Opfer die Aggression der USA in Grenada gefordert hatte. Sie berichteten so gut wie nicht über die Nervenklinik, die von einem Marineflugzeug zerstört wurde, mit mehr als 20 Todesopfern. Nie wurde ein einziger überlebender Führer der »New Jewel« interviewt, die nach Auslieferung an die neue grenadinische Regierung von Gnaden der USA zum Tode verurteilt wurden. Die Invasion in Grenada war 1983 eines der größten Nachrichtenthemen. Aber schon bald danach geriet Grenada, durch die US-Invasion zu einer weiteren Generation der Armut verurteilt, aus dem Blickfeld der Medien. Als im August 1991 die ungerechten Todesurteile für 14 führende Mitglieder der Bishop-Regierung umgewandelt wurden, berichteten die US-Medien, die auch den Prozeß und die Berufungsverfahren acht Jahre lang ignoriert hatten, darüber nicht. Die amerikanische Öffentlichkeit hatte keine Ahnung, daß die US-Streitkräfte mehrere tausend Bewohner Grenadas gefangengenommen hatten, die Verfolgung der überlebenden führenden Politiker durchsetzten und Millionen Dollar für deren Gefangennahme sowie für Staatsanwälte und Sondergerichte bezahlten. Ein halbes Dutzend Pressekonferenzen, die man angesetzt hatte, um über wichtige Entwicklungen im Fortgang der Verhandlungen zu berichten, wurden von der Presse nicht wahrgenommen. Eine längere Petition der interamerikanischen Menschenrechtskommission mit eidesstattlichen Aussagen von Augenzeugen, in denen die Unschuld der 14 zum Tode Verurteilten versichert wurde und ein Telegramm der Kommission, in dem sie eine Verschiebung der Hinrichtungen verlangte, nahmen die großen Medien der USA nicht zur Kenntnis. Sogar über die dramatische Umwandlung der Urteile wurde nicht berichtet, weil die US-Regierung zu den Hauptbeteiligten gehörte und ihre Rolle auf jeden Fall vertuschen wollte.

Nachdem die USA im April 1986 Tripoli und Bengasi bombardiert hatten, baten mich libysche Familien, Überlebende in Krankenhäusern in Wien, Zürich und Rom zu besuchen und Todesfälle und Verletzungen in Libyen zu untersuchen, um für die Familien der Getöteten und Schwerverletzten auf Schadenersatz zu klagen. Über den Angriff berichteten die US-Medien live aus Hotels der Innenstadt von Tripoli. Sie wußten, daß Zivilisten getötet wurden. Und dennoch gab es keinen Widerspruch, als der Verteidigungsminister Caspar Weinberger sagte, es sei »unmöglich«, daß Zivilpersonen ums Leben gekommen seien. Die Medien berichteten zwar über den Tod eines Kleinkindes und andere Verletzte im Haus des Oberst Gaddhafi, nachdem die libysche Regierung auf einer Pressekonferenz die Zerstörungen im Haus, Büro und Zelt ihres Führers gezeigt hatte. Aber selbst dabei demonstrierten die Medien mehr Skepsis, ob Gaddhafi das Kind rechtmäßig adoptiert hatte, als Betroffenheit über seinen Tod. Und als ich einige Monate später vor dem US-Bundesgericht im Namen von 340 bei den Angriffen Verwundeten oder Getöteten Klage erhob und dabei vorbrachte, man habe absichtlich zivile Gebiete bombardiert und versucht, das Staatsoberhaupt zu ermorden – beide Tatsachen unbestritten und leicht zu belegen –, war kein größeres Medienorgan dabei.

Ganz im Gegensatz dazu berichteten die Medien in großem Umfang über die Forderung der USA und Großbritanniens, Libyen solle zwei seiner Staatsbürger ausliefern, die in den USA wegen der Zerstörung des Pan-Am-Jumbos über dem schottischen Lockerbie angeklagt waren – ein weiterer Hinweis, wie die Medien der Politik der USA Vorschub leisteten. Die Presse verlangte von den USA nie eine Erklärung dafür, warum man zuvor Palästinenser, Syrer und Iraner des Verbrechens bezichtigt hatte, und sie forderte auch nie, man solle die Beweise gegen die Libyer vorlegen. Außerdem wurde gegen meine Anwaltskanzlei eine Buße von 20 000 Dollar verhängt, weil man andere Anwälte abschrecken wollte, solche Klagen zu erheben.

Ich flog nach Panama am ersten Tag, als nach der US-Invasion vom Dezember 1990 wieder Verkehrsflüge in das Land gestattet waren. Bei der Besichtigung stieß ich auf verwüstete Wohngebiete; ich fand ein Massengrab von 40 mal 6 Metern; ich sprach mit Angestellten des Roten Kreuzes, der Krankenhäuser und der Leichenhallen sowie mit führenden Vertretern von Religionsgemeinschaften, Menschenrechtsorganisationen, Gewerkschaften, Studentengruppen und anderen, und dabei zählte ich leicht mehrere hundert getötete Zivilisten. Die Presse dagegen fragte zunächst nicht nach Opfern unter der Zivilbevölkerung. Als Anfang Januar schließlich nachgefragt wurde, behauptete General Stiner mehrfach, es seien 83 Zivilisten ums Leben gekommen, und die Presse wiederholte gutgläubig diese Zahl.

Pressekonferenzen einer privaten Kommission zur Untersuchung und Berichterstattung über Panama wurden von den Massenmedien praktisch nicht zur Kenntnis genommen. Nach Schätzungen dieser Kommission und vieler anderer Religionsgemeinschaften, Menschenrechts- und Hilfsorganisationen lag die Zahl der Todesopfer zwischen 1 000 und 7 000. Bis 1992 pendelten sich die Schätzungen auf 4 000 getötete Einwohner Panamas ein. Die Medien hingegen blieben bei der letzten Zahl des Pentagon von 345 Toten.

Die geschilderten Vorfälle sind nur einige der vielen Gelegenheiten, bei denen ich Zeuge wurde, wie die US-Medien sich weigerten, über Tatsachen und Meinungen zu berichten, welche die Außenpolitik der USA in einem kritischen Licht erscheinen ließen. Oft war ich der einzige oder gehörte zu der einzigen Gruppe, die in solchen Fällen ermittelte und berichtete. Viele Male haben amerikanische Auslandskorrespondenten und Journalisten in den USA ihre Kameras abgeschaltet oder die Kugelschreiber aus der Hand gelegt und ganz klar erklärt, ihr Sender oder ihre Zeitung werde die Geschichte nicht verwerten. Und noch öfter haben sie zugegeben, sie seien nicht zu Interviews oder Pressekonferenzen von Leuten gegangen, welche die Handlungen und Politik der USA kritisieren. Manche Journalisten sagten sogar, man werde sie entlassen, wenn sie auf der Grundlage solch kritischer Berichte einen Artikel einreichten.

Dem amerikanischen Volk werden also Informationen und Meinungen vorenthalten, die notwendig sind, wenn demokratische Institutionen eine Bedeutung haben sollen. Dieses Versagen der Medien wirkt sich auf das Leben der Menschen in anderen Ländern und auf die Chancen für eine auf Frieden ausgerichtete Politik der USA gewaltig aus. Seit die USA 1954 in Guatemala die Arbenz-Regierung stürzten, haben die dortigen, vom Pentagon eingesetzten und unterstützten Militärregierungen systematisch die indianische Bevölkerungsmehrheit und andere Dissidenten dezimiert. In Thailand schlachtete das Militär des Landes 1976 in der Thammasat-Universität Hunderte von Studenten ab, und die US-Medien ignorierten das Ereignis: Die USA unterstützten die thailändische Militärregierung. Als dagegen chinesische Soldaten auf dem Platz des Himmlischen Friedens Studenten töteten, wurde das zu einem bestimmenden Faktor für die Außenpolitik der USA, und China wurde in der Völkergemeinschaft isoliert.

Der indonesischen Regierung nannten die Vereinigten Staaten 1966 mehrere tausend Namen mutmaßlicher Kommunisten, und als in Indonesien kurz danach Hunderttausende umgebracht wurden, dienten dabei unter anderem auch die US-Listen als Grundlage. Indonesien intensivierte 1983 seine Angriffe auf Osttimor, ermordete Tausende und setzte das Töten bis 1991 fort, praktisch ohne Medienberichte in den USA. In allen Fällen dienten die Medien der Politik der USA, sie verdammten ihre Feinde, die in vielen Fällen auch verteufelt wurden, während sie die Unterstützung der USA für Diktatoren vertuschten. Als Salman Rushdie, der vom Iran wegen seines Buches »Die Satanischen Verse« mit dem Tode bedroht wurde, 1992 in Washington Unterstützung suchte, wurde er zurückgewiesen – man wollte sich den Iran nicht zum Gegner machen. Kaum eine Frage beschäftigt alle Schreiber und Medienvertreter so wie die nach der Meinungsfreiheit ohne Angst vor Repressalien, aber in den großen Medien gab es keinen Aufschrei.

Die US-Medien ignorierten in der südöstlichen Türkei auch Kämpfe, die einem Bürgerkrieg gleichkamen. Dort töteten türkische Streitkräfte Tausende von Kurden in der Türkei und im Irak, und Millionen werden unter Kriegsrecht gehalten. Dennoch entflammt in den Medien regelmäßig die Leidenschaft gegen den Irak wegen seiner Behandlung der Kurden.

Im Laufe der Jahre richtete sich mein Interesse immer mehr auf die Todesfälle und Verletzungen, die durch Kriege, Militäraktionen, Außenpolitik und Naturkatastrophen entstehen, denn sie sind die wichtigsten Einzeltatsachen, die für die Weltmeinung von Bedeutung sind. Wie viele Menschen wurden durch die Militärintervention in Vietnam, Afghanistan, Tibet und Osttimor getötet? Wie viele von Wirbelstürmen in Bangladesh, von Erdbeben im Iran, von der Hungersnot in Äthiopien und von AIDS in ganz Afrika? Wir sollten sorgfältig untersuchen, was die amerikanischen Präsidenten und die Medien über so unvorstellbare Tragödien wie den Holocaust in den dunklen Jahren des Zweiten Weltkriegs oder über die mindestens 20 Millionen Hungertoten in China zwischen 1959 und 1962 wußten. Vor allem muß die Öffentlichkeit sich bewußt werden, daß sie nicht ausreichend informiert ist; sie muß Zugang zur Wahrheit und eine hitzige Debatte über politische Ziele fordern. Wenn das nicht geschieht, wird es demokratische Planung und demokratischen Umgang mit solchen menschlichen Katastrophen weiterhin nicht geben.

Im Jahr 1991 nahmen die wichtigen Medien, allen voran die Fernsehprogramme, im Leben der Menschen täglich mehrere Stunden ein. Sie verschafften sich das Monopol über den Zugang der Öffentlichkeit zu den Ereignissen, welche die Nachrichten ausmachen. Ihre engen finanziellen Beziehungen zu Militär und Waffenindustrie, ihre Abhängigkeit von den Werbeetats großer Konzerne, ihre Mitwirkung in Wahlkämpfen, ihre engen Verbindungen zu politischen Parteien und ihren Führern, die Berühmtheit und die gewaltigen Honorare der wichtigen Nachrichtenmoderatoren – all das macht die amerikanischen Medien und die Regierung praktisch zu einer Einheit. Mit Hilfe ihrer Macht überzeugten die Medien die Öffentlichkeit, den Krieg zu unterstützen; gleichzeitig verteufelten sie Saddam Hussein und stellten George Bush als mutigen Führer dar, der entschlossen war, das unschuldige Kuwait zu befreien. Dennoch gab es überall im Land starke Anwandlungen von Zweifel, Ausbrüche leidenschaftlicher Opposition gegen die Kriegsvorbereitungen und eine verspätete Debatte und Abstimmung im Kongreß; nach alledem, so kann man vermuten, hätte eine einigermaßen offene, zugängliche und faire Mediendarstellung abweichender Tatsachen und Meinungen den Widerstand so angeregt, daß die Ausübung imperialer Macht, die den Irak verwüstete, verhindert worden wäre.

Die Massenmedien verfügen über gewaltige Möglichkeiten der Tatsachendarstellung. Ihre Macht, Informationen zu steuern und zu begrenzen, ist gefährlich. Sie könnten den Menschen helfen, die Welt so zu sehen, wie sie ist, sich selbst besser kennenzulernen, demokratische Entscheidungen zu analysieren, sich Meinungen zu bilden und sich den weltweiten Problemen zu stellen. Etwas anderes zu tun, ist der größte Bärendienst für ein Land und seine eigenen Interessen. Die Wahrheit zu verbergen und das falsche Verhalten eines Landes, das man liebt, zu entschuldigen, ist eine Form von Hochverrat.

Hätte das amerikanische Volk gewußt, daß seine Kriege Anfang unseres Jahrhunderts Hunderttausenden von Filipinos und 1991 einer Viertelmillion Iraker das Leben kosten würden, hätte es vielleicht damals und auch später den Frieden verlangt.

Das Verhalten der Medien während des Golfkriegs

Nichts, was ich bis dahin erlebt hatte, ließ mich damit rechnen, wie die Medien sich während der Golfkrise verhalten würden. Militärzensur, Selbstzensur, unkritische Übernahme von Pentagon-Geschichten, Unterdrückung abweichender Stimmen, Verbreitung falscher Meldungen – jedes davon schon allein unentschuldbar – waren noch die geringeren Verstöße. Was sich abspielte, war nicht nur die Darstellung eines falschen Bildes oder die Unfähigkeit, die Öffentlichkeit richtig zu informieren. Die Öffentlichkeit sollte vielmehr mit einer umfangreichen Medienkampagne davon überzeugt werden, daß die USA in Anlaß und Verhalten im Recht waren, und dazu gehörte auch intensive Unterstützung der US-Militäraktionen. Um die Gewalt zu rechtfertigen, mußte man Abscheu erwecken und den Irak entmenschlichen, und alles, was diesem Zweck zuwiderlief, mußte vertuscht oder falsch dargestellt werden.

Das klingt extrem, aber es ist nachweislich wahr. Was sonst könnte ein Volk veranlassen, ein Gemetzel an Zehntausenden wehrloser Menschen zu feiern, die fortgesetzten Verbrechen gegen die Menschlichkeit zu ignorieren, die jeden Monat Tausende von Opfern fordern, und dann die Sterbenden auch noch für ihre Not verantwortlich zu machen?

Die Medien fütterten die amerikanische Öffentlichkeit mit guten Meldungen über die US-Militäraktionen und mit schlechten Meldungen über den Irak. Man sagte uns, die Vereinigten Staaten bombardierten mit chirurgischer Genauigkeit. Am ersten Tag der Bombenangriffe bezeichnete Charles Osgood es als »Wunder«.[5] Am nächsten Tag erzählte Jim Stewart von CBS den Amerikanern, es habe »zwei Tage bilderbuchreifer Bombenangriffe« gegeben. In einem typischen Kommentar versicherte Ted Koppel Millionen Zuschauern von ABC, man unternehme »große Anstrengungen, manchmal unter großem persönlichen Einsatz der amerikanischen Piloten, keine zivilen Ziele zu treffen«. Diese Nachrichtenmoderatoren waren nicht im Irak, die einzige Quelle für ihre Behauptungen konnten also nur die Aussagen des Pentagon sein, und auf diese Weise verliehen sie durch ihre Stellung als Nachrichtensprecher den Pentagon-Berichten Glaubwürdigkeit.

Wie wir heute wissen, gingen 38 amerikanische Flugzeuge verloren, keines davon bei einem Luftkampf. Militärexperten haben gezeigt, daß nur sieben Prozent der eingesetzten Bomben und Flugkörper zielgerichtete Steuerungssysteme besaßen. Zehntausende irakischer Zivilisten kamen bei den Bombenangriffen ums Leben. Man wählte und zerstörte systematisch zivile Ziele, um das Land zugrunde zu richten. Flugzeuge suchten nach zivilen Autos, Taxis, Omnibussen und Lastwagen, die allein auf der Straße zwischen Amman und Bagdad sowie an anderen Stellen unterwegs waren, um sie im Tiefflug anzugreifen. Trotz dieser massenhaften Zerstörung stellte Howard Stringer, der Präsident des Fernsehkonzerns CBS, nach dem Krieg fest:

> »Jeden Abend werden im normalen amerikanischen Fernsehprogramm mehr Menschen umgebracht als in irgendeinem Bericht über diesen Krieg.«[6]

Den in Israel aufgenommenen Filmberichten über die Scud-Raketenangriffe wurde mehr Zeit eingeräumt als allen im Irak aufgenommenen Angriffen zusammen. Auf Israel wurden weniger als 40 Scud-Raketen abgefeuert, und zwei Israelis kamen dabei ums Leben. Gegen den Irak wurden fast 110 000 US-Geschosse gerichtet, und bei den Bombenangriffen starben über 50 000 Irakis.

Am Abend vor dem Angriff der US-Bodentruppen erklärte Walter Cronkite den Zuschauern von CBS: »Wir haben eine von ihren Scud-Raketen abgeschossen.« Diese Formulierung »wir–sie« ist ein Weg, Partei zu ergreifen. Nach den Berichten des Senders war das einzige Ereignis des Tages eine auf Tel Aviv abgefeuerte Scud-Rakete. In Wirklichkeit fielen am gleichen Tag über 2 000 Geschosse auf den Irak, und dabei kamen zweifellos Hunderte von Menschen ums Leben.

Robert Fisk, ein Korrespondent des Londoner »Independent«, berichtete über einen Vorfall, bei dem ein Oberst der Air Force die Journalisten »ehren« wollte; er gab jedem eine kleine amerikanische Flagge und sagte: »Auch ihr seid Krieger.« In demselben Artikel zitierte Fisk auch eine Meldung des »Philadelphia Inquirer«-Journalistenpools, der die Bomber der U.S.S. Kennedy prosaisch verklärte: Sie »ebneten den Weg für ein neues Heraufdämmern der Hoffnung«.

Fisk resümierte zu Recht:

»Die Journalisten bezeichnen den Irak jetzt als »den Feind«, als ob sie selbst in den Krieg zögen, was sie ja in einem gewissen Sinne auch tun.«[7]

Über die Presse bezeichnete die Bush-Regierung den Irak, der noch bis vor kurzem ihr Schützling gewesen war, als bösen, gesetzlosen Staat. Die Invasion in Kuwait wurde so dargestellt, als sei sie in keiner Weise provoziert worden. Nie beschäftigten sich die Medien mit den umfangreichen Hinweisen, wonach die USA schon vor dem 2. August 1990 die Zerstörung des Irak geplant hatten. Sie stellten nie Vermutungen über die vielen Indizien an, denen zufolge die USA mit Hilfe Kuwaits versuchten, Saddam Hussein zu einem Angriff zu provozieren. Als ein Bundesgericht es im April 1992 auf Drängen der Regierung ablehnte, die Veröffentlichung des Memorandums von Botschafterin April Glaspie über ihr Treffen mit Saddam Hussein am Vorabend der irakischen Invasion in Kuwait zu erzwingen, schrien die Medien nicht »Vertuschung«, und sie forderten keineswegs die Veröffentlichung des Papiers. Sie nahmen das Ganze einfach nicht zur Kenntnis, sondern beschuldigten den Irak fälschlicherweise, er plane eine Invasion in Saudi-Arabien, um die Weltölreserven zu kontrollieren; plötzlich wurde eine große Meldung aus der seit langem bekannten Tatsache, daß der Irak im Krieg gegen den Iran chemische Waffen eingesetzt hatte, daß er einen großen Vorrat an chemischen Kampfstoffen besaß und daß es dort ein Programm zur Entwicklung von Atomwaffen gab. Der Irak wurde ständig als mächtige Militärdiktatur mit der viertgrößten Armee der Welt beschrieben, obwohl seine Bevölkerung nur sechs Prozent der US-Einwohnerzahl beträgt. Man warf ihm Greueltaten gegen das kuwaitische Volk vor, die niemals stattgefunden hatten.

Die Verteufelung Saddam Husseins wurde von Regierung und Medien von Anfang August 1990 an ununterbrochen fortgesetzt. Am 9. August schrieb Marjorie Williams in der »Washington Post« einen Artikel, in dem sie die Schmähung Husseins durch die Presse beschrieb. Er trug die Überschrift »Saddam Hussein: ein Monstrum wird gemacht«. Der treffende Untertitel lautete: »Vom Unbekannten zum Erzbösewicht in wenigen Tagen.«

Zwei Wochen später erschien in mehreren Zeitungen gleichzeitig eine Kolumne mit dem Titel »Die Verteufelung von Saddam Hussein«. Darin beschrieben Jack Anderson und Dale Van Atta die Bemühungen von CIA und DIA, »mal zu sehen, wer mit der abscheulichsten Saddam-

Story auftrumpfen kann«. In der Konkurrenz waren die Behauptungen, Saddam Hussein sei schon mit zehn Jahren ein Mörder gewesen, er erschieße seine Opfer mit Vorliebe von hinten und besitze einen Bottich mit Säure, um die Leichen zu vernichten. Präsident Bush legte die Tonart fest, indem er Hussein mit Hitler verglich. Der »New Republic« nahm den Hinweis am 3. September 1990 auf und veröffentlichte ein montiertes Titelfoto, das den irakischen Staatschef mit einem Hitler-Schnauzbart zeigte. Am 7. August bezeichnete die liberale Kolumnistin Mary McGrory ihn als »Bestie«. Der Kolumnist George Will wollte den »babylonischen Wolf« historisch vergleichen:

> »Es ist verführerisch, aber irreführend, den großtuerischen Saddam Hussein mit Mussolini zu vergleichen... Hussein strahlt mehr gefährliche und persönliche Bösartigkeit aus als Mussolini... Saddam Hussein ist nicht Hitler, aber die Triebkraft seiner Regierung ist die gleiche.«[8]

Während des Krieges, am 24. Januar, bezeichnete der CBS-Korrespondent Allen Pizzey Hussein als »psychologisch gestört«. Die Medien überschwemmten das Land mit solchen Darstellungen. Nur wenige bekannte Persönlichkeiten wagten die Vermutung, Saddam Hussein oder sogar das irakische Volk könnten Menschen sein.

Mit derartiger Propaganda wurden immer Feinde entmenschlicht, so daß ihr Tod wünschenswert erscheint. Wenn Soldaten töten sollen, ist es unabdingbar, daß sie emotional aufgeladen werden. Daß die Besatzung eines US-Kampfhubschraubers »Grüß mir Allah!« rief, als sie hilflose irakische Truppen unter Feuer nahm, kann man deshalb als den moralischen Preis des Krieges betrachten. Aber was soll man sagen, wenn Spitzenpersönlichkeiten aus den Medien wie Tom Brokaw bei NBC die Frage stellen: »Können die Vereinigten Staaten Saddam Hussein erlauben, weiter zu leben?«[9]

Das Pool-System: Kontrolle über Nachrichten

Bei den Medien war man sich durchaus bewußt, daß das Pentagon die Journalisten fast vollständig unter Kontrolle hatte. Der Reporter Carl Nolte vom »San Francisco Chronicle«, einer der wenigen Journalisten, die außerhalb des Pool-Systems arbeiteten, berichtete am 23. Januar:

»Dem Kritiker zu Hause fällt langsam auf, daß der erste Krieg, den man weltweit live im Fernsehen verfolgen kann, bisher eine Illusion ist, sorgfältig in Szene gesetzt von den Militärs.

Von hier aus gesehen, ist es ein Spiegelkabinett. Niemand kann sagen, was echt ist und was nicht.

Wer je in der Armee war, kann es fast nicht glauben. Aber die Berichte der Pools, geschrieben von einigen der weltbesten Journalisten, sind banal und unterhaltsam, wie die Aufsätze ..., die man in den Anfängerkursen an der Journalistenschule in die Hand bekommt. Natürlich sind die Berichte von Militärzensoren bereinigt, und die Reporter, die sich wochenlang mit kugelsicheren Westen und Stahlhelmen im Kampfgebiet aufhalten, feuern die Heimatfront an.

Niemand aus den hinteren Reihen kann an die Front gehen. Es ist verboten. Die Welt sieht und liest das, was übrigbleibt. Und was übrigbleibt, so geben die meisten Journalisten zu, ist genau das, von dem das amerikanische Militär und die Regierung Saudi-Arabiens wollen, daß die Welt – und der Irak – es sehen und lesen.«[10]

Zwei Tage später nannte Liz Trotta es im »Chronicle« die »Hollywood-Version des Krieges«.

Das unzureichende Berichterstattungssystem des Pentagon und die Kontrolle, die es damit über die Nachrichten ausüben konnte, waren bei den Medien bestens bekannt. Der »Christian Science Monitor« veröffentlichte einen detaillierten Bericht von Peter Ford mit dem Titel »Pool-System nach Aussagen westlicher Journalisten unzureichend«. Er beschrieb die Unzufriedenheit der Pressevertreter und zitierte Philip Shenon von der »New York Times« mit den Worten: »Das System funktioniert sehr schlecht... meine Zeitung hatte nur fünf oder sechs Tage lang einen Reporter im Kampfgebiet« – und das während der ersten vier Wochen der Bombenangriffe. Eine stärker verbreitete Erfahrung beschrieb Jean-Michel Thenaid von der Pariser Tageszeitung »Liberation«; er sagte, bei der derzeitigen Rotationsgeschwindigkeit werde es »zehn Monate dauern, bis ich in einem Pool arbeiten kann«.[12]

Christopher Hanson berichtete im »Columbia Journalism Review« über seinen Dienst als Kriegsberichterstatter in einem Pool. Unter anderem beschreibt er seine große Chance im Pool am 23. Februar:

»Man sagt, der zweite Panzerverband wolle bei der Bodenoffensive keine Reporter dabeihaben. Aber der Regimentssprecher, Captain Bob Dodson, erklärte, diese Einschränkung gelte nur für Fernsehteams. Er kann einen ›Schreiber‹ mitnehmen, und er stimmt zu, daß ich das sein soll, aber nur, wenn ich mich auf seine Bedingungen einlasse – ich darf nur dahin gehen, wo Dodson hingeht, und ich darf mich nie allein hinauswagen. Anderen Begleitschutz gibt es nicht... Widerwillig stimme ich seinen Bedingungen zu. Die Alternative wäre, den Krieg in der hinteren Reihe auszusitzen. Captain Dodson ist jetzt mein zuständiger Redakteur.«[13]

Die Zensur war vollständig. Als der Bodenkrieg begann, wurde für 48 Stunden eine allgemeine Nachrichtensperre verhängt. Aber zahlreiche Journalisten hatten ihre eigene Sperre. Fred Bayles von der Agentur AP wurde sechs Stunden lang von den US-Streitkräften festgehalten. Der Fotograf Wesley Bocxe von der Zeitschrift »Time« wurde festgenommen, durchsucht, über Nacht eingesperrt und dann mit verbundenen Augen 100 Kilometer weit gefahren; dort »belehrte« ihn ein Presseoffizier, weil er in Saudi-Arabien Panzer fotografiert hatte. Militärpolizisten verdeckten Kameraobjektive, um zu verhindern, daß amerikanische Gefallene gefilmt wurden, die in Saudi-Arabien aus einer von einer Scud- oder Patriot-Rakete getroffenen Kaserne abtransportiert wurden.[14] Tom Brokaw stellte in einer Sendung die Frage, ob die Medien über den Rücktransport der Gefallenen berichten sollten, wenn in Dover (Delaware) die ersten Särge ankämen, denn solche schmerzlichen Bilder könnten Opposition gegen den Krieg provozieren. Als US-Soldaten tote Irakis verbrannten, wurden die Kameras ferngehalten – so verhinderte man, daß Verletzungen der Genfer Konvention gefilmt wurden.

Einige wenige Presseorgane in den Vereinigten Staaten entschlossen sich, die vom Pentagon aufgestellten Regeln zu bekämpfen. »The Nation«, die »Village Voice«, »Harper's Magazine« und andere reichten Klage ein, um die Verfassungsmäßigkeit der Regeln überprüfen zu lassen, aber an der Aktion beteiligte sich keine größere Medienorganisation. Und da der Krieg nur kurz war, mußte jedes Ergebnis des Rechtsstreits rein theoretisch bleiben.

Durch die völlige Steuerung der Informationen aus der Golfregion konnte das Pentagon auch mehr als einer Familie berichten, ihr Angehöriger habe heldenhaft die Freiheit verteidigt und sei im feindlichen Feuer gestorben, obwohl er in Wirklichkeit durch einen Fehler der eigenen Seite ums Leben gekommen war. Manche Familien erfuhren später die Wahrheit, meist von anderen Soldaten der gleichen Einheit, die gesehen hatten, was wirklich geschehen war; so wurde die tiefe Trauer über den Verlust noch mit Verbitterung gegenüber einer Regierung belastet, die solche Lügen über kostbare Menschenleben verbreitete.

Ein prinzipientreuer Journalist hätte die Zuweisung zu einem Pool von vornherein ablehnen müssen. Sie bot keine Möglichkeit, die Kämpfe unvoreingenommen zu beobachten oder Soldaten oder Zivilisten zu interviewen, und alle Berichte und Filmaufnahmen mußten vor der Veröffentlichung von der Militärzensur freigegeben werden. Aber die meisten Korrespondenten in der Region standen nie vor diesem ethischen Dilemma, weil sie nie die Gelegenheit bekamen, in einem Pool zu arbeiten.

Wenn der Bericht eines Reporters die Militärzensur durchlaufen hatte, war er der nächsten Zensur durch die Medienfunktionäre unterworfen. Das war bei weitem die stärkere Nachrichtenbeschränkung. Die Journalisten verloren zum größten Teil den Wunsch, Filmaufnahmen zu machen oder Berichte zu schreiben, die das Pentagon kritisch betrachteten, schwere Verluste zeigten oder falsches militärisches Verhalten darstellten, weil sie wußten, daß ihre Auftraggeber solches Material nicht verwenden würden. Viele Reporter hätten – manchmal sogar gerne – das Risiko auf sich genommen, wegen negativer Berichte von den Nachrichtenquellen des Pentagon abgeschnitten und aus den Pools ausgeschlossen zu werden, aber da sie wußten, daß ihre Arbeitgeber solche Berichte ablehnen würden, hatten sie keine andere Wahl, als sich zu fügen.

Pressefreiheit in der Praxis

Wie die amerikanische Presse über die Krise berichtete, zeigt sich am besten an einem Augenblick einen Tag bevor die Bombenangriffe auf den Irak begannen. Das Ultimatum für den irakischen Rückzug aus Kuwait sollte in wenigen Stunden ablaufen; an der Kasse des Al-Rashid-Hotels in Bagdad stand man Schlange, und unter den Wartenden waren einige der bekanntesten und bestbezahlten Medienvertreter aus den USA. Ein wichtiges Ereignis stand bevor, und es würde zum größten

Teil in Bagdad und im übrigen Irak stattfinden. In früheren Jahren, als diese Reporter von ihrer Zukunft träumten, mußte es Zeiten gegeben haben, wo sie sich nach einem solchen Augenblick gesehnt hatten: wie Murrow in London, Shirer in Berlin, Hemingway in Barcelona. Aber sie reisten ab. Die Medien würden nicht berichten, was im Irak geschah.[16]

Warum verließ die Presse das Land? Bei vielen waren es vermutlich die Vorgesetzten, die wegen der Gefahr diese Anordnung trafen. Niemand wollte Angehörigen und Freunden erklären müssen, warum jemand ums Leben gekommen war. Manche Reporter entschlossen sich selbst, das Land zu verlassen. Andererseits wollten aber Hunderte von freien Journalisten von Saudi-Arabien und Jordanien aus in den Irak reisen, um über die Ereignisse zu berichten.

Wie sah es mit den Berichten aus? Durfte die Welt erst hinterher erfahren, was geschehen war? Sicher hat jeder das Recht, sich einer Gefahr zu entziehen, aber man sollte sich nicht für einen gefährlichen Beruf entscheiden, wenn man das Risiko nicht auf sich nehmen will. Jeder weiß, was geschehen wird, wenn die Feuerwehr abreist, während ein Haus in Flammen steht.

Wenn die Medienvertreter wirklich aus Angst abreisten, dann müssen sie geglaubt haben, daß die USA Bombenangriffe auf zivile Ziele in Bagdad planten. Und wenn sie das glaubten, hatten sie recht. Aber sie hätten wissen können, daß das Al-Rashid-Hotel der sicherste Ort der ganzen Stadt war. Und wenn sie nicht der Ansicht waren, daß das Bleiben zu gefährlich war, dann reisten sie ab, weil sie wußten, daß sie nicht über das berichten würden, was sie dort sahen.

Peter Arnett von der Fernsehgesellschaft CNN entschloß sich, in Bagdad zu bleiben, und er berichtete, was er sah. Das war zwar nicht viel, weil er allein war und weil die irakischen Behörden seine Bewegungsfreiheit beschränkten, aber er lieferte wichtige Informationen und Meinungen, und er erfüllte seine Pflicht gegenüber dem amerikanischen Volk und dem ersten Zusatzartikel der Verfassung.

Was Arnett durch sein Bleiben in Bagdad über die Medien und die US-Regierung offenbarte, war mehr wert als seine Berichte. Fast sofort stand er im Mittelpunkt von Meinungsverschiedenheiten darüber, ob Saddam Hussein ihn zu Propagandazwecken benutzte. Obwohl sich praktisch alle Medien der USA als unbezahlte Werbefirmen für das Pentagon hergaben, erhob sich die Frage, ob Peter Arnett den Feind unterstützte und begünstigte. Die Organisation, die sich fälschlicherweise »Accuracy in Media« (Genauigkeit in den Medien) nennt, verschickte über 100 000 Postkarten und forderte darin ihre Anhänger auf, sie sollten Arnetts Abberufung aus dem Irak verlangen; seine Berichte wurden darin als »Verrat an den [amerikanischen] Truppen« bezeichnet. In Wirklichkeit konnte er im Fernsehen nichts sagen oder zeigen, was dem Irak geholfen hätte, aber seine Bilder logen nicht, und seine Urteile waren überwältigend gut begründet. Er vermittelte einen kleinen Eindruck davon, was im Irak geschah, besonders in der Gegend von Bagdad: das nächtliche Flugabwehrfeuer, das wichtige Interview mit Saddam Hussein, die Bombenangriffe auf eine Fabrik für Babynahrung, der Schrekken im Bunker von Amariyah. Es war der unvoreingenommene Blick, den die Menschen in Amerika brauchten, um ihre Pflicht als Bürger in einer demokratischen Gesellschaft zu tun. Aber ihre eigene Regierung und der allergrößte Teil der Massenmedien enthielt ihnen diesen vor.

Auch heute weiß das Pentagon genau, was es im Irak angerichtet hat. Es verfügt über Filme von einem großen Teil der Angriffe. Bei den Medien ist das bekannt, aber man verlangt diese entscheidenden Informationen nicht. Die Fragen über die Rolle von Peter Arnett dagegen schwelen in den Medien weiter, und den Meinungsumfragen zufolge bevorzugt die Öffentlichkeit in solchen Fällen eine Zensur.

Als mir durch die Berichte über die Bombenangriffe klar wurde, daß es im Irak schwere zivile Verluste gegeben haben mußte, bat ich den irakischen UN-Botschafter, dem ich noch nie persönlich begegnet war, um eine Einreisegenehmigung in den Irak für das US-Fernsehen oder, wenn das abgelehnt würde, um eine Genehmigung für mich, mit einem Kamerateam in den Irak zu reisen. Was die Teams der Fernsehsender anging, bekam ich nie eine Antwort, aber ich selbst erhielt schnell die Erlaubnis, meinen Plan wahrzumachen. Am 2. Februar 1991, zu Beginn der dritten Woche der Luftangriffe, reiste ich in den Irak; in meiner Begleitung waren John Alpert, Maryann DeLeo und Mohammed al Kaysi. John hatte für Dokumentarfilme aus Afghanistan, Angola, El Salvador, Vietnam und anderen Ländern bereits sieben Emmy-Preise gewonnen und arbeitete seit zwölf Jahren eng mit der Fernsehgesellschaft NBC zusammen.

Ich hatte vor allem die Absicht, zivile Opfer und Schäden zu sehen und darüber zu berichten. Ich hoffte, das könne die US-Luftwaffe veranlassen, vorsichtiger zu sein und Bombenangriffe auf zivile Ziele zu vermeiden. John und Maryann sollten zivile Schäden und das Leben der Zivilbevölkerung filmen und fotografieren. Kaduri, wie al Kaysi genannt wird, sollte seine guten Kenntnisse über den Irak, seine Kontakte und sein fließendes Arabisch einsetzen, um Stellen zu finden, wo die Schäden und die Zahl der Opfer am größten waren, und er sollte unser Dolmetscher sein. Zusammen und getrennt reisten wir über 3 000 Kilometer durch den Irak und kamen dabei im Süden bis Basra. John war der erste ausländische Kameramann, der die Bombenschäden im schwer getroffenen Basra und an anderen Stellen im Süden des Landes filmte. Im Laufe einer Woche nahm er Videomaterial von mehr als sechs Stunden auf, das meiste davon, ohne daß irakische Behördenvertreter anwesend waren. Es stand ihm immer frei, alle zivilen Schäden zu filmen und beliebige Personen zu interviewen. Niemand sah sich im Irak seine Aufnahmen an. Die irakische Regierung bekam sie nicht zu Gesicht und verlangte keine Kopie. Das Material war nicht zensiert, und es waren die ersten Aufnahmen von zivilen Schäden, welche die Bombenangriffe der USA im Süden des Irak angerichtet hatten. Es war ein sensationelles Dokument.

In den Massenmedien der USA wurde der Film nie gezeigt. Die NBC wollte ihn für die Nachtnachrichten benutzen. Der Zeitschrift »Variety« zufolge hatte der Moderator Tom Brokaw Angst, Ausschnitte daraus in seiner Sendung zu zeigen. Nach einer entscheidenden zweitägigen Verzögerung lehnte Michael Gartner, der Nachrichtenchef der NBC, den Film ab, obwohl er ihn nicht gesehen hatte. Als Sprachrohr diente ihm Don Brown, der zweite Mann bei den NBC-Nachrichten, und der redete sich mit der »Clark-Mission« heraus. Er äußerte keine Vermutung, was seiner Meinung nach meine Mission war, selbst wenn ich eine gehabt hatte, oder warum es sich nicht um Nachrichten handelte. Er wußte, daß ich vor der Reise nie mit Alpert zusammengetroffen war und daß John in den Medien für seine Unparteilichkeit bekannt war. Als ich ihn fragte, warum der Film nicht gezeigt werde, antwortete er: »Wir geben uns für so etwas nicht her.« Leider hatten sich die Medien schon lange zuvor für das Pentagon hergegeben.

Auf unserem Rückflug von Amman nach Amsterdam war ein leitender Korrespondent der CBS mit an Bord. Er bekundete den starken Wunsch, die Rechte an dem Film zu kaufen. Aber dann lehnten CBS und alle anderen großen US-Fernsehgesellschaften einschließlich der PBS das Material ab.

Später brachte die Nachrichtensendung »McNeil-Lehrer News Hour« einen kurzen Ausschnitt aus dem Film. John stellte davon eine Videokassette her, die den Titel »Nowhere to Hide« trug und in mehreren tausend Kopien verkauft wurde. Die Kassette wurde vielfach vor

Zuschauern vorgeführt, sie lief auf mehreren Kabelkanälen und bei vielen Fernsehsendern in Übersee. In den USA war die gesamte Verbreitung des Films aber unbedeutend, verglichen mit nur 60 Sekunden in einer landesweiten Nachrichtensendung.

Vor dem Krieg stand den begrenzten Möglichkeiten oppositioneller Stimmen, sich in den wichtigen Medien Gehör zu verschaffen, eine Flut feindseliger Zusammenhänge gegenüber. Als ich im Spätherbst 1990 in der Sendung »Today« auftrat, berichtete ich über mein Treffen mit Saddam Hussein im November, und ich äußerte meine Überzeugung, daß der Irak bereit sei, über »alles« zu verhandeln. Ohne daß man mich vorher in Kenntnis gesetzt hätte, wurde in der gleichen Sendung ein Kongreßabgeordneter interviewt, der zum erstenmal die Beschuldigung vorbrachte, irakische Soldaten hätten in Kuwait 300 Säuglinge aus den Brutkästen genommen und ermordet. Ohne die Quelle oder die Glaubwürdigkeit dieser Beschuldigung zu kennen, mußte ich in den wenigen verbleibenden Augenblicken auf die schlimmste Greuelgeschichte des Krieges reagieren, die, wie wir heute wissen, falsch war.[17]

Menschenrechtsorganisationen wie amnesty international, die diese Meldung anfangs teilweise bestätigt hatten, trugen später dazu bei, ihre Unwahrheit zu belegen. Aber Präsident Bush verkündete die Geschichte stolz vor den Fernsehkameras. Der Haß gegen den Irak, der auf diese Weise geschürt wurde, steckte auch jene an, die den Frieden suchten und sich von solchen Schauergeschichten scheinbar nicht beeinflussen ließen.

Eine andere Methode, mit der die Medien die Behandlung kritischer Fragen umgingen, war eine strenge Beschränkung der Themen von Interviews. Vor dem Krieg trat ich bei Leslie Stahl in der Sendung »Issues and Answers« und in dem Magazin von Connie Chung auf; beide begrenzten das Themenspektrum und vermieden so eine Diskussion der Frage, ob die Vereinigten Staaten den Krieg mit dem Irak suchten, ob der Präsident sich Kompetenzen des Kongresses angemaßt hatte und ob es stimmte, daß UN-Mitglieder für ihr Abstimmungsverhalten bestochen worden waren. Sie stellten statt dessen Fragen wie die nach der geistigen Gesundheit von Saddam Hussein. So gaben sich die Medien den Anschein, als ob sie Oppositionsmeinungen berücksichtigten, aber in Wirklichkeit verhinderten sie die Darstellung von Tatsachen und Meinungen, die unbedingt an die Öffentlichkeit gebracht werden mußten.

Als ich am Morgen nach meiner Ankunft im Al-Rashid-Hotel während der Bombenangriffe zum erstenmal mit Peter Arnett zusammentraf, bat er mich sofort um ein Interview. Da ich bei Dunkelheit eingetroffen war, hatte ich außer Bränden noch nichts gesehen. Wir kamen überein, daß er mich später während meiner Reise befragen würde. Als ich ein paar Tage später aus Basra zurückkam, fing er mich in der Hotelhalle ab und erklärte, er habe zwischen 16 und 19 Uhr einen Live-Sendeplatz. Wir verabredeten uns für 15.45 Uhr vor dem Hotel, wo ABC einen Generator stehen hatte, der Strom für die Übertragungen lieferte. Als ich die Treppe herunterkam, erwartete Arnett mich bereits. Er sah niedergeschlagen aus. »Sie geben uns nur eine Minute«, sagte er. Er wußte, daß ich als erster amerikanischer Augenzeuge die Zerstörungen in Basra gesehen hatte, und erklärte, er werde mir eine kurze Frage stellen: »Sie sind gerade aus Basra zurückgekehrt, Mr. Clark. Was haben Sie gesehen?« Arnett drängte mich, ich solle so schnell wie möglich sprechen, um möglichst viel sagen zu können. Ich beschrieb die Schäden, die wir gesehen und gefilmt hatten; plötzlich hörte ich in meinem Ohrhörer: »Das ist eine Einzelmeinung.« Ich nahm an, wir seien nicht mehr auf Sendung, und antwortete verärgert, es sei keine Meinung, sondern ein Augenzeugenbericht. Es war die Stimme von Reed Collins gewesen, eines Journalisten in den Vereinigten Staaten. Er stellte anschließend meine Behauptung in Frage, wir hätten umfangreiche Schäden gesehen, und alle im zivilen Bereich.

Wie ich später erfuhr, hatte CNN unmittelbar vor meinem kurzen Interview den irakischen Außenminister Tariq Aziz zitiert, der die Zahl der zivilen Opfer im Irak mit mehreren hundert angegeben hatte. Bei CNN versuchte man, meine Beschreibung umfangreicher ziviler Schäden unglaubwürdig zu machen, indem man sie dem Interview mit Aziz gegenüberstellte und mich mit Collins' Bemerkungen unterbrach.

Der Irak hatte seine eigenen Gründe, die Zahl der bei den Bombenangriffen getöteten Zivilisten immer zu niedrig anzugeben. Wann immer irakische Behauptungen den Vereinigten Staaten halfen, die Bombenangriffe so darzustellen, als hätten sie nur wenige Zivilisten getötet, bezeichnete man die Schätzungen als glaubwürdig.

Am nächsten Tag sprach ich auf einer Pressekonferenz in Bagdad von mehreren tausend Opfern und schätzte die Zahl der getöteten Zivilisten auf 15 000. Wie sich herausstellte, war auch diese Zahl, die sich auf Schätzungen des Roten Halbmondes, des irakischen Gesundheitsministeriums, der Zivilverteidigung und meine eigenen ausgedehnten Reisen gründete, noch zu niedrig.

Nach meinem kurzen Interview schaltete CNN live zu dem General der US-Luftwaffe in Saudi-Arabien; man bat ihn um einen Kommentar zu meiner Behauptung, wir hätten auf den Landstraßen nur beschädigte und zerstörte Zivilfahrzeuge gesehen. Überraschenderweise gab der General zu, daß irakische Militärfahrzeuge die Landstraßen mieden, weil sie wußten, daß sie dort angegriffen würden. Aber niemand fragte, warum die zivilen Autos, Taxis, Busse und Lastwagen zerstört worden waren.

Da im Irak kein Fernsehempfang möglich war, erfuhr ich erst bei meiner Rückkehr nach Jordanien, daß man mein Interview in die Zange genommen hatte. Der kurze Filmausschnitt wurde in Jordanien immer wieder gezeigt. Ich dachte, meine Beschreibung der Bombenschäden in Basra sei es, was die Araber so beeindruckte. Aber so war es keineswegs. Sie waren überglücklich, als sie sahen, wie jemand sich gegen einen scheinheiligen amerikanischen Fernsehmoderator wandte und versuchte, die Wahrheit zu sagen. Sie wußten durch den Flüchtlingsstrom und die wenigen, die mit dem Auto aus dem Irak kamen, welche Katastrophe der Krieg war.

Selbstzensur, Desinformation und Propaganda

Sogar an der Heimatfront bekamen Kommentatoren Schwierigkeiten, wenn sie die »falsche« Meinung vertraten. Warren Hinckle vom »San Francisco Examiner« wurde wegen seiner bekannt kriegsfeindlichen Ansichten drei Monate in »Urlaub« geschickt. Dr. Orlando Garcia, ein beliebter Talkmaster bei dem spanischsprachigen New Yorker Fernsehsender WADO, wurde wegen seiner »unausgewogenen Darstellung des Krieges« entlassen. Den Redakteur Joe Reedy vom »Patriot« in Kutztown (Pennsylvania) feuerte man wegen eines Leitartikels mit dem Titel »How About a Little Peace« (Wie wäre es mit ein bißchen Frieden?), den er kurz vor Beginn der Bombenangriffe geschrieben hatte. Zwei Wochen später kommentierte das Blatt die Entlassung: »Die Zeit des Diskutierens ist vorüber.«[18] Das Pentagon gab sich große Mühe, die Berichterstattung nicht nur zu verhindern und zu verzerren, sondern sie auch in Gang zu setzen und zu steuern. James Le Moyne von der »New York Times« schrieb:

> »Drei Pentagonbeamte in der Golfregion sagten, sie hätten eine Menge Zeit darauf verwendet, die Berichte der Journalisten zu analysieren, um daraus Empfehlungen abzuleiten, wie man die Berichterstattung im Sinne des Pentagons beeinflussen könne.«[19]

Der Korrespondent Malcolm Browne von der »New York Times« sagte am 23. Januar 1991 in »Newsday«:

»Ich habe nie etwas Vergleichbares gesehen, was das Ausmaß der Überwachung und Kontrolle der Militärs über die Korrespondenten angeht. Wenn die ganze Umgebung kontrolliert wird, ist ein Journalist kein Reporter in der amerikanischen oder angelsächsischen Tradition mehr. Er arbeitet vielmehr wie die Propagandakompanien der Nazis.«

Linda Diebel vom »Toronto Star« schrieb am 24. Februar 1991 in einem Artikel mit der Überschrift »Pentagon hat völlige Kontrolle über die Nachrichten« über eine Pressekonferenz, die das Pentagon am Tag zuvor abgehalten hatte:

»... wenige Stunden vor Beginn des Bodenkriegs war sie ein unheilvolles Zeichen, wie wenig Information zur Verfügung stehen würde – abgesehen von dem, was das Pentagon uns mitteilen wollte.«

Diebel zitierte Michael Deaver, den sie als »früheren Mitarbeiter und Nachrichtenmanipulator Ronald Reagans« bezeichnete, mit den Worten:

»Das Verteidigungsministerium hat es hervorragend geschafft, die Nachrichten fast in klassischer Weise zu verwalten. Wenn Sie eine Werbeagentur beauftragen, die Medienkontakte für ein internationales Ereignis herzustellen, könnte sie es nicht besser machen, als es hier geschehen ist.«

Um zu verdeutlichen, wie gründlich das Pentagon vorging, zeigten die Militärs ausgewählten Journalisten Filmaufnahmen von einem amerikanischen Hubschrauberangriff, weil man ermitteln wollte, wie die Presseleute reagierten:

Auf dem Bildschirm sah man »verängstigte, orientierungslose irakische Infanteristen, die im Dunkeln von US-Kampfhubschraubern in Grund und Boden geschossen wurden. Einer nach dem anderen wurden sie mitten in der Nacht niedergemäht, von einem Feind, den sie nicht sehen konnten. Manche wurden durch explodierende 30-Millimeter-Granaten in Stücke gerissen«[20].

In einer Meldung über die private Filmvorführung schrieb AP-Reuters:

> »Die Kriegsberichterstatter, die das Video sehen durften, erwähnten nicht, wo und wann das Gefecht stattgefunden hatte, und es wurden keine Gefallenenzahlen genannt ... die Fernsehzuschauer bekamen die Aufnahmen nicht zu sehen: Nach Ansicht der Zensoren waren sie für das allgemeine Publikum zu brutal.«

Der wahre Grund, warum der Film im Fernsehen nicht gezeigt wurde, war natürlich nicht sein gewalttätiger Inhalt, denn Gewalt sehen amerikanische Fernsehzuschauer ständig. Der Film zeigte die Wahrheit, eine Wahrheit, welche die Reporter nicht sehen sollten: Der verherrlichte amerikanische Vorstoß war in Wirklichkeit ein Tontaubenschießen, ein Gemetzel an wehrlosen Irakis, ein Kriegsverbrechen. Daß die amerikanischen »Kriegsberichterstatter« in ihrer Mehrheit nicht über den Film berichteten, seine Herausgabe nicht verlangten und auch nicht wissen wollten, wo und wann er aufgenommen wurde, zeigt ganz deutlich, wie nutzlos sie für die Unterrichtung der Öffentlichkeit waren. Das Pentagon hat solche Filme mit mehreren hundert Stunden Laufzeit, darunter auch Bilder von den Bombenangriffen auf Zivilisten. Dieser Film ist ein unmittelbares Indiz für verbrecherische Handlungen; sowohl die Medien als auch der Kongreß wissen das und tun nichts.

In welchem Umfang die Medien alle Falschmeldungen des Pentagon akzeptierten und tatsächlich sagten, was man von ihnen verlangte, zeigt sich an einer merkwürdigen Begebenheit, die am 7. Januar 1991 begann, zehn Tage vor den ersten Bombenangriffen auf den Irak. Das Verteidigungsministerium gab bekannt, sechs irakische Hubschrauberbesatzungen seien übergelaufen und nach Saudi-Arabien geflogen. Pflichteifrig berichtete die »New York Times« am folgenden Tag, amerikanische Beamte hätten es »eine der größten Desertionen irakischer Offiziere seit der irakischen Invasion in Kuwait« genannt. Der Irak dementierte. Am nächsten Tag widerrief das Pentagon die Geschichte mit dem Hinweis, man könne die regionalen Meldungen nicht bestätigen. Aber obwohl die Geschichte eine Fülle von Einzelheiten enthielt, akzeptierten die Medien den Widerruf. Michael Wines von der »New York Times« schrieb daraufhin, ein paar US-Offiziere hätten die gegen den Irak gerichtete Propaganda Saudi-Arabiens offenbar für bare Münze genommen, aber, so versicherte das Blatt, die Geschichte mit den Hubschraubern habe sich »nie ereignet«.[21]

Später stellte sich heraus, daß es die Hubschrauber tatsächlich gab. Sie waren sowjetischer Bauart, mit irakischen Hoheitskennzeichen bemalt und gesteuert von als Irakis verkleideten Amerikanern. Sie flogen Einsätze im Irak, unter anderem um raffinierte Zieleinrichtungen für die Bomben abzusetzen, und sie unterstanden der CIA. US-Streitkräfte, die nicht wußten, um wen es sich handelte, hatten auf die nach Saudi-Arabien zurückkehrenden Hubschrauber geschossen, wobei Amerikaner ums Leben kamen und mindestens ein Hubschrauber abstürzte. Die Geschichte von den Überläufern hatte man anfangs erfunden, um die wahren Vorfälle zu vertuschen. Und was sich wirklich abgespielt hatte, war eine Verletzung der Genfer Konvention, die es verbietet, Uniformen und Hoheitszeichen des Feindes zu verwenden oder ihn mit Hilfe der Ausrüstung über die eigene Identität zu täuschen.[22]

Die amerikanischen Medien, besorgt um das Pentagon wie Polonius um Hamlet, schrieben alles, was man ihnen sagte:

»Hamlet: Seht Ihr die Wolke dort, beinah in Gestalt eines Kamels?
Polonius: Beim Himmel, sie sieht auch wirklich aus wie ein Kamel.
Hamlet: Mich dünkt, sie sieht aus wie ein Wiesel.
Polonius: Sie hat einen Rücken wie ein Wiesel.
Hamlet: Oder wie ein Walfisch?
Polonius: Ganz wie ein Walfisch.«

Was die Medien zu berichten versäumten, war noch gefährlicher als die Propaganda, die sie für das Pentagon trieben. Eine friedliche Lösung des Konflikts wäre so gut wie sicher gewesen, wenn das amerikanische Volk gewußt hätte, wie wirksam die Sanktionen gegen den Irak waren und wie Saddam Hussein eine Verhandlungslösung anbot, ja geradezu darauf drängte. Die irakischen Exporte waren durch das Embargo um 69 Prozent zurückgegangen, aber über dieses Thema gab es in den Medien keine von Informationen gestützte Diskussion. Von den 25 größten Zeitungen der Vereinigten Staaten unterstützten 24 in den Monaten vor Beginn der Bombenangriffe die Anwendung von Gewalt gegen den Irak im Gegensatz zu Wirtschaftssanktionen. Sie setzten die Öffentlichkeit nicht darüber in Kenntnis, daß die Sanktionen wirkten und daß Verhandlungen möglich waren.

Nach einer Aussage Saddam Husseins und einem detaillierten Vorschlag vom 12. August 1990 suchte der Irak wiederholt umfassende Verhandlungen. Die »New York Times«, die Militäraktionen befürwortete, verfügte zehn Tage lang über diese Informationen, ohne sie zu erwähnen. Erst nachdem »Newsday« über das Angebot berichtet hatte, druckte die »Times« es ab. Die Presse verhöhnte das irakische Angebot und stellte Präsident Bush dar, als suche er Frieden, obwohl er oft wiederholt hatte, es werde keine Verhandlungen und keine Kompromisse geben. Das Drängen zahlreicher ausländischer Staatschefs, man solle sich um Verhandlungen bemühen oder irgendeine Übereinkunft treffen, wurde weitgehend ignoriert oder schlicht als Einmischung oder Schlimmeres dargestellt. Die Medien würgten Überlegungen über eine friedliche Lösung wirksam ab und zweifelten sogar am Patriotismus einiger Leute, die nach einer solchen Lösung suchten.

Alle Informationen, welche die Sichtweise des Pentagon in Frage stellten, wurden übergangen. So berichtete das Pentagon zum Beispiel Ende August 1990, in Kuwait seien 150 000 irakische Soldaten und 1 500 Panzer. Mitte September behauptete man, dort seien 265 000 Mann und 2 200 Panzer. Die Fernsehgesellschaft ABC kaufte fünf Statellitenbilder vom Osten Kuwaits und dem Süden des Irak, die Mitte September von der kommerziellen sowjetischen Agentur Sujos-Kharta aufgenommen worden waren; sie zeigten praktisch nichts von der irakischen Militärmacht, von der das Pentagon gesprochen hatte. Aber ABC weigerte sich, die Fotos in einer Sendung zu zeigen, nachdem zwei Fachleute, die früher beim DIA beziehungsweise bei der Abrüstungsbehörde der USA gewesen waren, eindeutig bestätigt hatten, daß auf den Bildern keine irakische Militärpräsenz in irgendeiner Größenordnung zu sehen sei. Das einzige, was sie »kristallklar und in allen Einzelheiten erkennen konnten, war der Aufmarsch der US-Truppen in Saudi-Arabien«. Auf Anfrage erklärte das Pentagon zur gleichen Zeit, man »bleibe bei den genannten Zahlen«[23]. Ende der Geschichte, bis die »St. Petersburg Times« aus Florida sie drei Monate später wieder aufrollte.

Die Medien berichteten gutgläubig und kritisierten nur selten die großen Propagandaanstrengungen des Pentagon, mit denen man das amerikanische Volk von Saddam Husseins Stärke, der Größe seiner Armee und dem hohen technischen Standard seiner Waffen überzeugen wollte. Die Medien nahmen nicht zur Kenntnis, daß der Irak wehrlos war: Kein einziger Abrams-Panzer und kein B-52-Bomber wurde vom feindlichen Feuer getroffen, es gab kein einziges nennenswertes militärisches Gefecht, sondern 42 Tage lang unbeschränkte Bombenangriffe – bis es schwierig wurde, noch Ziele zu finden. Das wirkliche militärische Fazit des Einsatzes am Golf lautet: Die Vereinigten Staaten können heute mit ihrer Technik fast jedes Land auf der Erde zerstören, ohne Verluste durch feindliches Feuer fürchten zu müssen. Sie können Flugkörper und Flugzeuge schicken, die nicht aufzuspüren sind, und nach Belieben bombardieren. Diese Geschichte haben die Medien nicht erzählt.

Verzicht auf die Wahrheit

Für mich lautet die menschlich wichtigste Frage bei einem Krieg: Wie viele Menschen werden getötet oder verletzt, und was geschieht mit den Überlebenden? Die Medien in den USA haben nie versucht, dem amerikanischen Volk zu berichten, wie viele Einwohner Grenadas, Libyens oder Panamas in den achtziger Jahren bei den Militäraktionen gegen diese Länder ums Leben kamen. Und sie haben nie bedeutsam darüber berichtet, wie sich der Krieg auf die Überlebenden auswirkte. Es gab keine Betroffenheitsgeschichten über dauerhaft verstümmelte Opfer, keinen Überblick über die Zerstörungen in den jeweiligen Ländern oder über die gesundheitlichen Auswirkungen und die niederschmetternde Armut.

Nach irakischen Kriegsopfern fragten die Medien kaum. Sie nahmen die Versicherung von General Schwarzkopf hin, der geäußert hatte:

> »Wir werden auch weiterhin absichtlich vorsichtig mit dem sein, was wir Ihnen und dem amerikanischen Volk erzählen, wir wollen keine Glaubwürdigkeitslücke ...«[24]

Die Presse akzeptierte Berichte über die Zerstörung irakischer Panzer, Militärfahrzeuge, Geschütze und Truppenteile, die blanke Propaganda waren. Sie gab Schätzungen von Pentagonbeamten über mehr als 100 000 irakische Gefallene wieder und stellte das nicht als menschliche Tragödie dar, sondern als Triumph des Krieges. Der Vergleich mit den 148 gefallenen Amerikanern, von denen die meisten dem Feuer der eigenen Seite zum Opfer gefallen waren, wurde nie angestellt. Die Medien kritisierten nie Powell oder Schwarzkopf, weil sie sich später weigerten, die Zahl der gefallenen Iraker anzugeben. Sie erwähnten am Rande die Schätzung des DIA von 150 000, und die späteren Schätzungen des Generals Horner von 10 000, 20 000 oder 30 000 bezeichneten sie als erste »offizielle« Zahlen.

Es gab in der Presse auch keine Kritik an der Mitteilung des Pentagon, man werde die Zahl der irakischen Opfer nicht nennen. Selbst die gefühllose Äußerung von General Colin Powell, die irakischen Verluste seien »keine Zahl, die mich schrecklich interessiert«, wurde nicht zum Ziel für Angriffe der Presse. Ohne Anmerkung oder Kommentar akzeptierten die Medien im Juli 1991 das Dementi des Pentagon, in dem es hieß:

> »Das Ministerium besitzt keine genauen Schätzungen über den indirekten Schaden und die Opfer, die durch die Operation Wüstensturm unter der Zivilbevölkerung des Irak entstanden sind.«[25]

Als das Pentagon im April 1992 seinen dreibändigen Bericht über den Golfkrieg vorlegte, in dem der Ablauf verherrlicht und auf zukünftige militärische Erfordernisse hingewiesen wurde, war von den Opfern unter der irakischen Zivilbevölkerung nicht die Rede. Es war, als gäbe es sie nicht oder als spielten sie keine Rolle. Und der »Wachhund«, die US-Medien, wiesen weder auf diese unerhörte Unterlassung hin, noch stellten sie die Frage nach den toten Zivilisten. Sie bezeichneten die Zerstörung des Irak als sauberen Krieg.

Was die Geschichte auch eines Tages über die Zahl der irakischen Opfer sagen wird – eines wissen wir: Das Pentagon wollte uns glauben machen, man habe über 100 000 Soldaten getötet, und als der Bodenkrieg begann, seien nicht mehr viele zum Kämpfen übrig gewesen. Heute will man den Krieg nicht so blutig erscheinen lassen, und deshalb bekämpft man alle Äußerungen, die von schweren Verlusten unter der Zivilbevölkerung sprechen.

In den Medien gab es Berichte von UNICEF, Medizinern der Harvard-Universität, Greenpeace, Middle East Watch und anderen über Krankheit, Hunger und den Zusammenbruch der medizinischen Versorgung im Irak, und alle Gruppen prophezeiten bis zu 150 000 Todesfälle unter Säuglingen, Kindern, chronisch Kranken und älteren Menschen. Aber nirgendwo in den Berichten der wichtigen Medien äußerte jemand die Vermutung, die Vereinigten Staaten könnten für diese Todesfälle verantwortlich sein oder sie seien eine Folge der Bombenangriffe. Oft wurde argumentiert, der Irak sei selbst schuld, weil er nach der Genehmigung durch die UN kein Öl verkaufte, um Reparationen zu zahlen und Nahrungsmittel und Medikamente zu kaufen. Nirgendwo wurde anerkannt, daß diese von den USA erzwungene Forderung in

Wirklichkeit die Gesundheit im Irak als Geisel für die Zahlung der Reparationen benutzte.

Die Auswirkungen der Bombenangriffe auf Nahrungsversorgung, Trinkwasserqualität, Säuglingsernährung und die Verfügbarkeit von Medikamenten und medizinischer Versorgung und dazu noch die Sanktionen und ihre Wirkung auf die Versorgung mit Lebensmitteln und Medikamenten, all das kostete jeden Monat Tausenden das Leben, das war völlig klar. Und doch recherchierten die wichtigen Medien nicht in dieser Frage, und es gab keine Berichte über die gewaltige menschliche Tragödie. Die Medien in den USA waren nach wie vor entschlossen, alles zu übergehen, was Sympathie für den Feind erwecken könnte. Die Folge: Die amerikanische Öffentlichkeit wußte im wesentlichen nicht, was sich wirklich abspielte, und protestierte nicht dagegen, daß ihre Regierung auf der Beibehaltung der Sanktionen bestand.

Daß die Medien fast überhaupt nicht über die Untersuchungskommission berichteten, läßt sich zwar nicht mit der Weigerung vergleichen, die Verwüstungen im Irak zu beschreiben, aber an beiden Fällen zeigt sich ihre Macht, die Berichterstattung über Vorfälle abzulehnen, die ihre Redakteure nicht für erwähnenswert halten. Die Kommission veranstaltete in den USA fast 25 Anhörungen und unterstützte Anhörungen und Konferenzen in 20 anderen Ländern. Am 29. Februar 1992 tagte in New York das Internationale Tribunal über die US-Kriegsverbrechen unter Vorsitz international anerkannter Menschenrechtsvertreter, Richter, Politiker und Anwälte. Die »New York Times« schickte einen Reporter, druckte aber kein Wort darüber. Ein bekannter Kolumnist berichtete Kommissionsmitgliedern, er werde seinen Job verlieren, wenn er über das Tribunal schreibe.

Eine so einzigartige Veranstaltung, eine öffentliche Anhörung in einem Land, in dem die eigenen Bürger und andere den Präsidenten und hohe Beamte der Kriegsverbrechen beschuldigten, hätte eigentlich auf die Medien eine fast unwiderstehliche Anziehungskraft ausüben müssen. So etwas hatte es noch nie gegeben. Aber für die meisten Amerikaner fanden die Anhörungen und das Tribunal nicht statt, weil sie nie etwas davon erfuhren. Ist es möglich, daß eine freie, offene Presse eine solche Story nicht zur Kenntnis nimmt?

Hätten die Medien auf die Tatsachen hingewiesen oder im öffentlichen Bewußtsein die Frage aufgeworfen, ob der Krieg legal war, ob es in den UN Korruption gab, ob die USA den Friedensprozeß störten, ob systematisch zivile Einrichtungen und Menschenleben zerstört wurden, ob der Irak wehrlos war und in welchem Umfang es dort Tod und Leiden gab – das amerikanische Volk hätte den Krieg niemals hingenommen und das Gemetzel nicht gefeiert.

Ein Jahr nachdem der Irak blutig und am Boden zerstört zurückgelassen worden war, bezeichneten ihn die US-Medien als »alte Geschichte«. Die Aufmerksamkeit der Öffentlichkeit wurde auf andere Themen gelenkt. Es gab Hinweise auf den »Sieg« und die gemeinsamen »guten Gefühle« der Amerikaner im Zusammenhang mit dem Krieg, und man versicherte der Öffentlichkeit, das »Vietnam-Syndrom« sei überwunden. Am 16. Januar fragte die Fernsehgesellschaft NBC, die dem großen Rüstungskonzern General Electric gehört, ob die USA über genügend moderne Waffen für »einen zweiten Wüstensturm« verfügten.[26] Als wichtigste Schwäche des Kriegs wurde mehrfach die Tatsache bezeichnet, daß es nicht gelungen war, Saddam Hussein zu töten. In einem Leitartikel der »Houston Post« zum Jahrestag der ersten Bombenangriffe hieß es, Hussein bleibe ein »Tyrann und Schlächter, den die Welt nicht tolerieren kann«.[27] Die Nachrichtensendung »Nightline« von ABC zeigte Videoaufnahmen des Pentagon von der Ausbildung der US-Soldaten, aber nicht von den Kämpfen, und der Moderator Ted Koppel lobte die »Wirksamkeit und Menschlichkeit« der US-Truppen: Er behauptete, es sei »nach militärischen Maßstäben ein Kunstwerk«. Die Sendung ging sogar so weit, das Gemetzel an Irakis, Kuwaitis und anderen als »Highway des Todes« zu bezeichnen.[28]

Es gab kein Wort des Bedauerns oder der Trauer, ja nicht einmal eine Erwähnung der irakischen Todesopfer. Die menschliche Größe eines Abraham Lincoln, der mitten im Bürgerkrieg die Toten auf beiden Seiten beklagte und sagte »mit Groll gegen niemanden, mit Barmherzigkeit für alle«, fehlte völlig. Heute wird die Armee für ihre Wirksamkeit und Menschlichkeit gelobt, als sei in Wirklichkeit niemand verletzt worden.

Nachdem die Medien das amerikanische Volk von den edlen Motiven des Gemetzels im Irak überzeugt hatten, richteten sie ihre Anstrengungen auf neue Kriegsvorbereitungen. Ganz obenan auf der Geschäftsordnung stand die Vernichtung verbliebener Ärgernisse in anderen Ländern wie Saddam Hussein, Muammar al-Ghaddhafi und Kim Il Sung in Nordkorea. Wenn die Medien die Aufgabe haben, dem Land ein vernünftiges, ausgewogenes Bild von einem Thema zu vermitteln, dann war kein anderer Kommentator in den wichtigen Medien so einheitlich unprofessionell in seinem Kriegsgeschrei, so schändlich in der Mißachtung der Wahrheit, in seinem Haß und seiner mangelnden Menschlichkeit und Gerechtigkeit und gleichzeitig so eng verflochten mit Regierungsmacht und Medien wie William Safire und A. M. Rosenthal von der »New York Times«.

Schließlich schwand die Zerstörung des Irak aus der Erinnerung, weil die USA nun andere bedrohten – Kuba, Pakistan, Liberia, Syrien, Libyen, Japan und den Irak, und die Medien stimmten das gleiche Lied an wie die Außenpolitik der USA. Auf die gleiche Weise wie im Krieg gegen den Irak rechtfertigten sie dem amerikanischen Volk gegenüber alle Mittel und Ziele der gewaltigen US-Wirtschaftsinteressen, der US-Regierung und ihrer Armee, und bereitwillig spielten sie den Einpeitscher. Nachdem der Kalte Krieg zwischen den Supermächten weitgehend der Vergangenheit angehörte, war der neue Plan, die neue Weltordnung eine Ordnung mit nur einer Supermacht. Nachdem die USA erkannt hatten, wozu ihr Militär in der Lage war, praktisch mit einem Monopol auf Massenvernichtungswaffen und langjähriger Führungsrolle bei der hochentwickelten Militärtechnik, entwickelte man eine Strategie, um das Auftauchen von Konkurrenten um die Macht zu verhindern. Diese Strategie erforderte militärische Überlegenheit zur Sicherung wirtschaftlicher und politischer Vormachtstellung. Im März 1992 gelangte der Plan umrißhaft in die Presse, aber am Verhalten der Regierung konnte man als sorgfältiger Beobachter schon seit einigen Jahren, nämlich seit dem Niedergang der Sowjetunion, mehr als nur Umrisse des Plans erkennen. Der Golfkrieg war dabei ein Schlüsselelement, denn er sicherte die Kontrolle über die Ölvorräte und die Vorherrschaft in der Region.[29]

In Amerika, wo die Wirtschaft wackelte und der Wohlstand sich stärker als in jedem anderen reichen Land auf eine Oberschicht konzentrierte, erzählte man den Menschen, sie sollten auf Gesundheitsvorsorge, die Verbesserung eines maroden Schulsystems und andere lebenswichtige Erfordernisse verzichten. Während in den Innenstädten das Leben zerfiel und die Familienstrukturen verschwanden, während Polizei und Angst vor Verbrechen zu den wichtigsten gesellschaftlichen Kontrollmechanismen wurden, wollte man die finanziellen Reserven des Landes, 1500 Milliarden Dollar in wenigen Haushaltsjahren, dem neuen militärischen Potential zur Kontrolle des Planeten widmen. Diese Aufwendungen, die von der Mittel- und Unterschicht aufgebracht werden, würden in die Taschen der Reichen fließen, die über Innen- und Außenpolitik, Regierung, Wirtschaft und durch die Medien auch über die öffentliche Meinung bestimmen. Mit den 1,5 Billionen würde man auch Militarismus einkaufen und versuchen, den Planeten zum Wohle und zur Sicherheit der amerikanischen Plutokratie zu beherrschen. Die Opfer des Krieges, soviel ist sicher, wären die dunkelhäutigen Menschen in den armen Ländern und die in Armut lebenden Amerikaner.

Die Medien, die den Reichen gehören und für sie sprechen, haben eine doppelte Funktion: Sie sollen einerseits die Öffentlichkeit betäuben und ernsthafte Überlegungen oder Diskussionen über so schwerwiegende menschliche Fragen wie den Hunger auf der Welt, AIDS, regionale Bürgerkriege, Umweltzerstörung und gesellschaftliche Auflösung verhindern, und andererseits die Aggressionsgefühle anstacheln, obwohl keine ernsthafte militärische Bedrohung zu erkennen ist. Angesichts der bisherigen Leistungen stehen die Chancen gut, daß das gelingen wird.

Auf der Suche nach der Wahrheit

Wenn man sich von der Geschichte und den im ersten Zusatzartikel der Verfassung verbürgten Möglichkeiten anregen läßt, ist es sehr schmerzlich, wenn man zusehen muß, was aus dem Traum von der freien Meinungsäußerung geworden ist. Diesen Schmerz empfinden sicher die meisten amerikanischen Journalisten. Sie wissen, daß Wahrheit uns frei machen kann. Und genauso sicher haben sie erkannt, was geschehen ist. Sie wissen, daß der Zugang zu entscheidenden Informationen und die Möglichkeit, die Wahrheit herauszufinden, für Verstehen, Glück und Überleben der Menschen unentbehrlich sind. Erinnern wir uns nur an die erste Generalversammlung der Vereinten Nationen im Jahr 1946: Damals bezeichnete man die Informationsfreiheit als »grundlegendes Menschenrecht und Prüfstein für alle Freiheiten, denen die Vereinten Nationen geweiht sind«. Und doch haben die amerikanischen Medien, die Wächter des ersten Zusatzartikels, ihren Schützling zugunsten des großen Geldes verstoßen. Was nötig ist, weiß jeder: erstens unbeschränkter Zugang zu Informationen von der Regierung und über sie; ist er nicht gewährleistet, wird Demokratie zum Würfelspiel, zum reinen Zufall, ohne Wissen um Wahrheit und Folgen; zweitens eingehende Recherchen über wichtige Tatsachen überall auf der Welt; und drittens eine umfassende Beteiligung der unmittelbar Betroffenen an der Aufbereitung und Darstellung der Tatsachen. Ebenso wichtig sind vielfältige Analysen, ungehinderte Prüfung der empfindlichsten Fragen, Unterstützung für die Berichte der Armen über ihre Lage, ihre Bedürfnisse in den Slums und den armen ländlichen Gebieten Amerikas und in den armen Ländern überall auf der Welt, wo sich die von Amerika ausgehende Gewalt zum größten Teil abspielt; und schließlich die Umsetzung des lange unterdrückten und geächteten Berichts von Sean McBride für die UNESCO mit dem Titel »Viele Stimmen, eine Welt«[30], der Reformen anregt, damit lebenswichtige Informationen die Menschen überall erreichen.

In einer technisch so hochentwickelten Welt müssen wir denjenigen eine Stimme geben, die sonst über den begrenzten Rahmen des gesprochenen Wortes hinaus nicht gehört werden, wie oft sie sich auch wiederholen, und die fast umkommen vor Begier, gehört zu werden, während die Fernsehpäpste auf Zigmillionen einplappern, die kaum über andere Quellen für Tatsachen und Meinungen verfügen. Wir brauchen Helden in der Presse, Journalisten, die nach Geschichten graben und Risiken auf sich nehmen, um sie zu finden und deutlich zu berichten, sowie Verleger, die solche Menschen nicht wegen ihrer notwendigen Arbeit entlassen. Wir brauchen Redakteure, die ihre Reporter ermutigen, die wichtigen Tatsachen zu finden, welche die Menschen zu wirklichen Themen wissen müssen, die erfolgreiche Reporter belohnen und darauf bestehen, daß Geschichten veröffentlicht werden, welche die Machthaber unterdrücken wollen. Wir brauchen Verlage, die an den großen Journalismus glauben und in ihren Zeitungen die wichtigen Nachrichten enthüllen wollen, die ihre Informationspflicht ernst nehmen und den Journalisten die Gestaltung der Zeitung überlassen und die auf eine durch gute Berichterstattung gestiegene Auflage stolz sind statt auf gestiegene Werbeeinnahmen.

Die Medien in allen ihren Formen müssen dazu dienen, zu allen Menschen auf der Welt und für alle Menschen auf der Welt zu sprechen und eine hitzige Debatte über Themen zu führen, die für die Menschen wichtig sind. Und schließlich müssen wir die Zuversicht haben, von der Thomas Paine sich in der amerikanischen Revolution leiten ließ: »Davon bin ich überzeugt: Wo die Meinung frei ist, wird die Wahrheit letztlich machtvoll obsiegen«.[31]

8. Der Bruch der UN-Charta und der US-Verfassung

Die Charta der Vereinten Nationen und die Verfassung der USA wurden im Herbst 1990 derart verfälscht, daß sie zu Kriegsinstrumenten wurden. Beide ließen sich leicht so untergraben, daß sie uneingeschränkte Macht und grenzenlose militärische Gewalt rechtfertigten.

Die Völker der Welt sahen unterwürfig zu, wie die Vereinten Nationen den Mord an Zehntausenden von Irakis und die Zerstörung einer ganzen Nation genehmigten, und sie stimmten zu, als weitere Zigtausende an vergiftetem Wasser und – wegen der Sanktionen – an absichtlichem Entzug von Lebensmitteln und Medikamenten starben. Das Volk der USA sah weithin schweigend oder mit offenem Beifall zu, wie Präsident Bush die absolute Macht an sich riß, um ein wehrloses Volk anzugreifen, die Gewalttätigkeit der USA zu verherrlichen, eine ganze Nation zu Unmenschen zu erklären und das Abschlachten dieses Volkes zu feiern. Nie hatte ein Diktator uneingeschränktere Macht.

Die beiden großen Gesetzeswerke hatten mehr Hoffnungen geweckt. In der Präambel der UN-Charta kommt die Entschlossenheit zum Ausdruck, »künftige Geschlechter vor der Geißel des Krieges zu bewahren«. Und die Väter der Verfassung, die sich der Neigung der Exekutive zu Militärabenteuern im Ausland schmerzlich bewußt waren, übertrugen das Recht der Kriegführung dem Kongreß. Aber sowohl die UN-Charta als auch die Verfassung der USA versagten vollständig, als es darum ging, ihr wichtigstes Ziel zu erreichen: den Krieg zu verhüten und dem Recht Geltung zu verschaffen.

Unausgewogene Verantwortlichkeiten bei den UN

Der Irak besetzte Kuwait am 2. August 1990. Auf Verlangen des amerikanischen Botschafters Thomas Pickering, der seine Anweisungen aus dem Weißen Haus erhalten hatte, kam der Weltsicherheitsrat sofort zu einer Dringlichkeitssitzung zusammen. Am gleichen Tag verabschiedete er die Resolution 660: Sie verurteilte die Invasion, verlangte den sofortigen Rückzug und forderte zu direkten Verhandlungen zwischen dem Irak und Kuwait auf. Das Stimmenverhältnis war 14 zu 0, der Jemen enthielt sich. Nachdem man während des langen Kalten Krieges die Lähmung der Vereinten Nationen beklagt hatte, die meist geherrscht hatte, seit es die Organisation gab, hofften nun viele, die UN würden endlich zu einem wirksamen Instrument des Friedens werden.

Im Laufe der Jahre hatte es viele Invasionen, Eroberungen und ähnliche Gewaltakte gegeben; die Vereinten Nationen hatten sie mit Worten verurteilt, aber ihre Mitglieder hatten sie durch Taten unterstützt und entschuldigt. Die jahrzehntelange Gewalt Südafrikas, sowohl gegen das eigene Volk als auch gegen andere Länder, wurde trotz der UN-Resolutionen und der Urteile des Internationalen Gerichtshofs belohnt durch Investitionen von vielen Milliarden Dollar aus den USA, Großbritannien und anderen Ländern, die an der Apartheid kräftig verdienten.

Die israelische Besetzung des Westjordanlandes, Ostjerusalems und des Gaza-Streifens seit 1967 steht im Widerspruch zu UN-Resolutionen, und nur das Veto der USA hat Israel vor einer Verurteilung durch den Sicherheitsrat geschützt. Die schreckliche Unterdrückung der Palästinenser in Israel und den besetzten Gebieten, Israels Invasion und andauernde Besetzung im Südlibanon unter Mißachtung des Völkerrechts und der UN-Resolutionen haben dem Land eine finanzielle Unterstützung aus den USA von 1 000 Dollar jährlich pro Einwohner eingetragen.

In den letzten Jahren hat China gewalttätig Tibet besetzt, die Sowjetunion drang in Afghanistan ein, und Indonesien bemächtigte sich Osttimors, ohne daß die UN Vergeltungsmaßnahmen ergriffen hätten. Die USA marschierten in Grenada ein, bombardierten Libyen und unterstützten Militäraktionen gegen andere Mitglieder der Vereinten Nationen in Afrika, Mittelamerika und Asien. Die Generalversammlung und der Sicherheitsrat protestierten, aber sie handelten nicht.

Am 20. Dezember 1989 drangen die USA in Panama ein und töteten Hunderte, vielleicht sogar Tausende von Menschen. Diese Invasion, die knapp acht Monate vor dem irakischen Einmarsch in Kuwait stattfand, wurde von der UN-Generalversammlung verurteilt. Unternommen wurde nichts, obwohl die USA alle internationalen Gesetze verletzten, die später auch der Irak bei der Invasion in Kuwait brach, und sich zusätzlich über eine Reihe von Vereinbarungen der amerikanischen Staaten und über die Panama-Kanalverträge hinwegsetzten.

Statt mit friedlichen Absichten und Mitteln auf Verhandlungsebene entschlossen und vereint gegen den Irak vorzugehen, ließen sich die Vereinten Nationen schnell und leicht zu einem Kriegsinstrument machen. Als der Überfall auf den Irak begann, fanden sich die UN mit den Verbrechen gegen den Frieden und die Menschlichkeit ab, ja sie entschuldigten diese Verletzungen sogar, die von den Vereinigten Staaten begangen wurden.

Als Folge des schrecklichen Überfalls, den die UN genehmigten, ist heute ein ganzes Volk am Boden zerstört, und die Weltorganisation unternimmt keine Anstrengungen, um sein Leid zu lindern oder sich um die seit langem anstehenden Probleme der Region zu kümmern. Statt dessen unterstützen die Mitglieder der Vereinten Nationen weiterhin Sanktionen gegen den Irak, sie verpflichten sich zu noch größeren Waffenkäufen und ignorieren die Notlage der kurdischen Bevölkerung, die in der Türkei, im Irak, im Iran und in Syrien grausam behandelt wird. Und der Libanon ist weiterhin im Osten von Syrien und im Süden von Israel besetzt.

Die Palästinenserfrage, die nach fast übereinstimmender Meinung aller der Schlüssel zum Frieden im Nahen Osten ist, wurde von den UN an die nicht ganz so zartfühlende Gnade von Mächten ausgeliefert, die den Palästinensern nicht wohlgesonnen sind. Die Vereinigten Staaten hatten sich nie um eine Friedenskonferenz mit Israel und den Palästinensern bemüht, solange die Palästinenser ein nahezu ebenbürtiger Verhandlungspartner waren; jetzt plötzlich wollten sie unabhängig von den UN eine Vereinbarung erzwingen. Und doch bieten diese von vornherein unfairen Verhandlungen wenig Hoffnung auf Frieden. Die Palästinenser dürfen sich nicht einmal selbst ihre Unterhändler aussuchen, denn Israel kann bei jedem, für den sie sich entscheiden, ein Veto einlegen. An jedem Tag, den die Verhandlungen andauern, nehmen die Israelis den Palästinensern mehr Land weg, besetzen mit Gewalt ihre Häuser und bauen in ihrem Gebiet neue Siedlungen. Ohne erkennbare Sorge oder Furcht vor einer entgegengesetzten Weltmeinung bombardierte Israel am Vorabend neuer Sitzungen der Friedenskonferenz Gebiete tief im Libanon, wo bei einem einzigen Angriff zwölf Menschen ums Leben kamen. Die USA traten Anfang 1992, vor den Moskauer Friedensverhandlungen, bei der UN-Menschenrechtskommission in Genf auf und drängten das Gremium, es solle die israelischen Menschenrechtsverletzungen gegenüber den Palästinensern nicht zur Kenntnis nehmen – mit dem Argument, man solle »dem Frieden eine Chance geben«. Wenn es darum ging, die starken Mitglieder zu den gleichen Verantwortlichkeiten zu zwingen wie die schwachen, haben die

Vereinten Nationen versagt; das muß sich ändern, wenn die Weltorganisation ihre Charta einhalten will.

Das Abwürgen einer internationalen Debatte

Dank ihrer Medienmacht überzeugten die USA die ganze Welt davon, daß die irakische Invasion in Kuwait nicht provoziert worden war und daß der Irak die Absicht hatte, auch nach Saudi-Arabien vorzudringen. In Wirklichkeit hatte Washington die Machthaber in Kuwait heimlich aufgefordert, gegenüber dem Irak eine harte Stellung zu beziehen, denn das, so hoffte die Bush-Regierung, würde Saddam Hussein zur Invasion veranlassen. Was die Invasion Saudi-Arabiens anging, so wußte Bush, als er am 3. und 4. August versprach, die Saudis zu verteidigen (worum diese ihn nicht gebeten hatten), daß der Irak seine Einheiten aus dem Süden Kuwaits zurückzog.[1]

Um die internationale Empörung gegen den Irak anzustacheln, machten sofort nach der irakischen Besetzung Kuwaits Geschichten von Greueltaten der irakischen Streitkräfte die Runde, Geschichten, die systematisch und intensiv ausgestreut wurden. Sie waren fast alle völlig falsch. Gerüchte in den Medien von jungen Mädchen, die an Drähten aufgehängt wurden, bis sie tot waren, und von erschossenen Kindern wurden nie bewiesen, aber sie trugen zu dem Ausmaß an Haß bei, das notwendig war, damit man den Irak zerstören konnte.

Präsident Bush half tatkräftig mit, die Weltmeinung anzuheizen. Wiederholt erzählte er die erfundene Geschichte von 312 Babys aus Brutkästen, die angeblich von irakischen Soldaten getötet worden waren. Seine Rede zum Thanksgiving Day nutzte er, um den US-Streitkräften am Golf zu sagen, Saddam Hussein sei »ein Diktator, der sein eigenes Volk vergast, unschuldige Frauen und Kinder«[2]; Bushs offensichtliches Mitleid für die unschuldigen Irakis erstreckte sich nicht auf die zigtausend irakischen Zivilisten, von denen er wissen mußte, daß sie durch die amerikanischen Bombenangriffe und das internationale Embargo ums Leben kommen würden.

Die Propagandakampagne war das Kernstück der erfolgreichen Bemühungen, Diskussionen, Verhandlungen, um eine friedliche Lösung zu verhindern. Während der gesamten Krise blieb Präsident Bush dabei, es könne mit Saddam Hussein keine Verhandlungen und keinen Kompromiß geben. Bemühungen anderer Länder, vor allem Jordaniens,

Frankreichs und der UdSSR, und einzelner Politiker um offene Gespräche wurden von Washington vereitelt. Die vielen irakischen Verhandlungsangebote wurden von den Vereinigten Staaten und den UN meist ignoriert. Wenn man überhaupt auf die irakischen Bemühungen um eine friedliche Übereinkunft einging, wurden sie von Präsident Bush als »grausame Falschmeldungen« bezeichnet. Noch am 9. Januar 1991 gab Präsident Bush bekannt, was nicht stimmte: daß der Irak eine diplomatische Lösung abgelehnt habe.

Die Torpedierung einer friedlichen UN-Lösung

Die USA brachten die Debatte vor den Weltsicherheitsrat und konnten so verhindern, daß die Generalversammlung eine bedeutende Rolle spielte, in der die meisten Länder der Erde vertreten sind. Nach Artikel 12 der UN-Charta darf die Generalversammlung in einer Frage, die vor dem Sicherheitsrat anhängig ist, keine Empfehlung abgeben, es sei denn, der Sicherheitsrat bittet sie darum.

Die 15 Mitglieder des Sicherheitsrats waren viel leichter zu steuern als die Generalversammlung mit ihren über 150 Angehörigen. Die fünf ständigen Mitglieder des Rats sind Großbritannien und Frankreich, die die Golfregion während des größten Teils unseres Jahrhunderts beherrscht haben und dort auch heute noch bedeutende Interessen verfolgen, sowie die USA, die Sowjetunion und China – die Sieger des Zweiten Weltkriegs. Die Sowjetunion war so geschwächt, daß sie im Sicherheitsrat keinerlei Initiative entfalten konnte, und China war zu sehr isoliert. Beide hätten zwar die Möglichkeit zu einem Veto gehabt, aber sie waren nicht willens oder interessiert, dieses Recht auszuüben.

Nach Artikel 24 der UN-Charta liegt die Hauptverantwortung für die Aufrechterhaltung des Friedens beim Weltsicherheitsrat – darin spiegelt sich die Macht der Weltkriegsalliierten wider. Nach dem gleichen Artikel muß der Rat in Übereinstimmung mit den Prinzipien und Zielen der Charta handeln. An erster Stelle unter diesen Zielen stehen die Erhaltung des Friedens und die wirksame Machtausübung, die nach Kapitel VI dazu dient, »die friedliche Beilegung von Meinungsverschiedenheiten« zu erreichen. Artikel 33, die erste Bestimmung im Kapitel VI, verlangt:

> »Die Parteien ... bemühen sich zunächst um eine Beilegung durch Verhandlung, Untersuchung, Vermittlung, Vergleich,

Schiedsspruch, gerichtliche Entscheidung, Inanspruchnahme regionaler Einrichtungen oder Abmachungen oder durch andere friedliche Mittel eigener Wahl.«

Darüber hinaus sieht die Charta auch vor, daß der Sicherheitsrat jederzeit geeignete Vorgehensweisen für eine friedliche Lösung empfehlen kann.

Unter dem Druck der USA versagte der Weltsicherheitsrat völlig bei seiner Pflicht, eine friedliche Übereinkunft zu suchen. Am 6. August verhängte er ein Handels- und Finanzembargo über den Irak und setzte eine besondere Kommission ein, welche die Einhaltung der Sanktionen überwachen sollte. Während der folgenden vier Monate ignorierte der Rat Bemühungen Saddam Husseins und anderer Politiker, darunter Michail Gorbatschow, François Mitterrand und UN-Generalsekretär Perez de Cuellar, zu einer friedlichen Lösung zu gelangen. Er beschäftigte sich bis zum 28. November mit der Verabschiedung der beispiellosen Zahl von elf einzelnen Resolutionen gegen den Irak, die das Land in der Weltmeinung weiter ächteten. Kein Mitglied des Sicherheitsrats wagte es, gegen die USA zu stimmen; Kuba und der Jemen enthielten sich allerdings bei einigen Abstimmungen, insbesondere als es um das Embargo ging. Und in der Generalversammlung brachten wirtschaftliche Abhängigkeit von den USA, Angst vor Sanktionen gegen das eigene Land und sogar die Furcht vor militärischen Angriffen auch die besten Freunde des Irak zum Schweigen. Großbritannien, in geringerem Maße auch Frankreich und eine Handvoll weiterer reicher Länder unterstützten aktiv die Vereinigten Staaten, manche Länder waren Gegner des Irak, und die meisten wollten einfach keine Konfrontation mit den USA wegen einer Angelegenheit, die ihnen nicht wichtig war. Selbst die anfangs widerstrebende deutsche Regierung beugte sich schließlich dem diplomatischen Druck der USA und beteiligte sich nicht nur als wichtiger logistischer Stützpunkt an dem Truppenaufmarsch.

Die Korrumpierung der Vereinten Nationen

Um am 29. November Stimmen für die entscheidende Resolution 678 zu gewinnen, bedienten sich die USA offener Bestechung, Erpressung und Gewalt. Die Resolution genehmigte den »Einsatz aller erforderlichen Mittel«, falls der Irak nicht bis zum 15. Januar 1991 Kuwait geräumt habe.

Äthiopien und Zaire bot man neue Bündel von Hilfsmaßnahmen, Weltbankkredite und neue Regelungen für Mittel des Internationalen Währungsfonds an, wenn sie für die Resolution stimmten. Die äthiopische Regierung stand, wie man in den Vereinigten Staaten wußte, kurz vor dem Sturz durch Rebellen; jetzt gab man ihr neue Militärhilfe, nachdem ihr jahrelang Waffen verweigert worden waren. Diese Hilfe kostete sicher in dem tragischen äthiopischen Bürgerkrieg noch mehr Menschen das Leben, bevor die Regierung stürzte. Kolumbien, ein wichtiger Empfänger von US-Militärhilfe, erhielt ebenfalls ein Angebot über verstärkte Hilfsmaßnahmen mit wirtschaftlichen und militärischen Bestandteilen.

Nachdem China sich bei der Resolution 678 der Stimme enthalten hatte, erhielt das Land binnen einer Woche 114 Millionen Dollar an zurückgestellter Hilfe von der durch die USA beherrschten Weltbank. Am Abend vor der Abstimmung traf Außenminister Baker mit seinem chinesischen Amtskollegen Qian Qichen zusammen.[3] Am Tag danach hielt Präsident Bush zusammen mit Qian Qichen im Weißen Haus eine vielbeachtete Pressekonferenz ab. Es waren die ersten derartigen Treffen seit dem Massaker auf dem Tien-namen-Platz 18 Monate zuvor, und sie stellten das internationale diplomatische Ansehen Chinas wieder her. Beides entsprach, wie man bei den UN wußte, den beiden größten Wünschen der Chinesen, und sie bekamen beides, weil sie ihr Vetorecht nicht ausübten. Auch andere Kredite wurden nach Chinas Stimmenthaltung gewährt.

Der Sowjetunion, die sich in wirtschaftlicher Auflösung befand, gaben Saudi-Arabien, Kuwait und die Vereinigten Arabischen Emirate einen Kredit von vier Milliarden Dollar und Notfallhilfen, nachdem sie für die Resolution gestimmt hatte. Der Irak besaß langjährige Verbindungen zur UdSSR, und es erscheint sehr wahrscheinlich, auch wenn es nirgendwo öffentlich festgehalten wurde, daß er der UdSSR echte Bemühungen um eine friedliche Lösung versprochen hatte. Mit Sicherheit versuchten die Sowjets noch wenige Stunden vor Beginn der Angriffe, eine Übereinkunft zu erzielen.

Malaysia wurde unter gewaltigen Druck gesetzt. Daß das Land, nachdem es sich anfangs dem Druck der USA widersetzt hatte, schließlich für die Resolution 678 stimmte, wurde von seiner überwiegend moslemischen Bevölkerung verbreitet kritisiert. Kuba und der Jemen erlebten sowohl dringende Bitte als auch Bestrafungen. Das erste Treffen der Außenminister Kubas und der USA fand am 28. November, dem Vorabend der Abstimmung, in einem Hotel in Manhattan statt, wo James Baker und Isidoro Malmierca sich verabredet hatten. Die Presse nahm von dem Treffen kaum Notiz, und Diplomaten der USA bezeichneten es als normales Gespräch zwischen dem amtierenden Präsidenten des Weltsicherheitsrats James Baker und einem Ratsmitglied. Mit ziemlicher Sicherheit dürfte Baker aber sondiert haben, ob man Kuba davon abbringen konnte, sich um eine organisierte Opposition gegen die Genehmigung des Überfalls auf den Irak durch die UN zu bemühen. Kuba stimmte mutig gegen die Resolution.[4]

Der Jemen hatte sich bei Abstimmungen über frühere Resolutionen häufig enthalten, und das gleiche erwartete man auch bei der Resolution 678. Das einzige arabische Mitglied des Weltsicherheitsrats mußte enormen Druck aushalten. Das Land, nach der erst sechs Monate zuvor vollzogenen Wiedervereinigung von Nord- und Südjemen in wirtschaftlichen Schwierigkeiten und politisch noch nicht zur Ruhe gekommen, war besonders verletzlich. Wenige Minuten nachdem der jemenitische UN-Botschafter Abdallah Saleh al Ashtol gegen die Resolution 678 gestimmt hatte, erklärte man ihm, dies sei das teuerste Nein gewesen, das der Jemen jemals ausgesprochen habe. Drei Tage später zogen die USA ein Hilfsangebot an den Jemen von 70 Millionen Dollar zurück, und bald darauf wurden 7000 jemenitische Arbeiter aus Saudi-Arabien vertrieben, darunter mehrere hundert, die man in Krankenhäusern aus den Betten holte.

Besser erging es Ländern wie Ägypten. Das Land, wirtschaftlich ein Krüppel und auf die Unterstützung der USA angewiesen, unterstützte diese mit Truppen und mit seiner Stimme. Dafür erließen die USA den Ägyptern Schulden von sieben Milliarden Dollar. Weitere vier Milliarden Dollar ägyptischer Schulden annullierte Saudi-Arabien, und bei den übrigen Golfstaaten waren es noch einmal drei Milliarden. Auch das waren Bestechungsgelder für die Unterstützung bei den Vereinten Nationen, denn es waren juristisch gerechtfertigte Schulden, die üblicherweise nicht erlassen worden wären. Auch die Vereinten Nationen selbst profitierten von ihrer eigenen Demütigung. Als Zeichen des Dankes zahlten die USA 187 Millionen Dollar, mehr als die Hälfte dessen, was sie der Organisation aus den letzten Jahren an Beiträgen schuldeten. Diese Gelder, die man den UN bis dahin ungerechtfertigt vorenthalten hatte, wurden nun ebenso ungerechtfertigt gezahlt, um die Unterstützung zu sichern.

Die Resolution 678 selbst war schwerwiegend gesetzeswidrig. Nachdem der Sicherheitsrat bereits mit der Verhängung von Sanktionen die Artikel 33 und 36 verletzt hatte, nach denen zuerst friedliche Mittel angewandt werden sollen, beschwor er nun die Mächte des Krieges herauf, ohne wirklich zu prüfen, ob sich die Sanktionen »als ungenügend erwiesen« hatten. Als der Sicherheitsrat die Mitgliedstaaten ermächtigte, »alle erforderlichen Maßnahmen« zu ergreifen, übertrug er ihnen die völlige Entscheidungsfreiheit, um das festgelegte Ziel zu erreichen. Ein solches Handeln ist die Verneinung von Gesetzen.

Die Resolution schuf nicht nur absolute Entscheidungsfreiheit in der Frage, wie man den Irak aus Kuwait vertreiben wollte, sie verlieh diese Entscheidungsfreiheit auch ohne Unterschied allen Mitgliedern der Vereinten Nationen. Es war die völlige Entmachtung der UN, eine offene und uneingeschränkte Übertragung aller ihrer Befugnisse. Sie eröffnete die Möglichkeit, genau die Handlungen zu beginnen, zu deren Beendigung die UN gegründet worden waren – nämlich Krieg zu führen. Der Weltsicherheitsrat gab seine Macht so vollständig ab, daß er nicht nur keine Richtlinien und keine Grenzen aufstellte, sondern noch nicht einmal einen Bericht verlangte. Der Sicherheitsrat wollte gar nicht wissen, was unter seiner Autorität und in seinem Namen angerichtet wurde. Jeder Staat konnte ohne Beratung und Koordination mit anderen tun, was er wollte, um den Irak aus Kuwait zu entfernen.

Es war klar, daß die USA den Krieg führen würden. Andere Länder würden sich entsprechend den Anweisungen aus Washington beteiligen. Deutschland und Japan wurden gezwungen, große finanzielle Beiträge zu leisten. Japan verletzte mit seinem Beitrag den Artikel 9 seiner Verfassung. Die UdSSR hielt sich zurück. Die Türkei, Saudi-Arabien, Syrien und Ägypten wurden unter Druck gesetzt, Soldaten zur Verfügung zu stellen oder die Benutzung ihrer Stützpunkte zuzulassen, wodurch in der Region viel Feindseligkeit zurückblieb. Israel wurde von den USA bedrängt, sich aus dem Konflikt herauszuhalten.

Das militärische Oberkommando, das nach der UN-Charta die Aufgabe hat, den Weltsicherheitsrat in militärischen Fragen zu beraten und strategische Richtlinien für die dem Rat unterstehenden Streitkräfte vorzugeben, erfüllte seine Funktion nicht. Das Kommando hatte General Schwarzkopf. Nicht einmal der Generalsekretär wurde unterrichtet, wann der »Wüstensturm« beginnen sollte. In Wirklichkeit waren die USA an die Stelle der Vereinten Nationen getreten.

Der erste Angriff, das Bombardement irakischer Städte – von Mosul, mehr als 1000 Kilometer von Kuwait entfernt, bis nach Basra dicht an der kuwaitischen Grenze – überschritt sicher den Handlungsrahmen, der erforderlich war, um den Irak aus Kuwait zu vertreiben. Die USA berichteten dem Sicherheitsrat nie über den Ablauf des Krieges, und sie wurden von den anderen Mitgliedern auch nie danach gefragt, als diese zusammen mit der übrigen Welt auf CNN sahen, was wirklich vor sich ging. Die Vereinten Nationen waren nur Zaungäste, als die von Amerika geführte Koalition in ihrem Namen grausame Kriegsverbrechen an einem wehrlosen Volk beging.

Die Umgehung von Kongreß und Verfassung

Nach Artikel 1 der US-Verfassung liegt die Entscheidungsgewalt über Krieg und Frieden beim Kongreß. Präsident Bush riß diese Befugnis an sich, um seinen Krieg führen zu können. Neben anderen Kompetenzen des Kongresses legt der Absatz 8 des Artikels 1 der Verfassung fest:

> »Der Kongreß soll die Macht haben, Steuern, Abgaben, Zölle und Verbrauchssteuern festzusetzen und zu erheben, die Kosten für die gemeinsame Verteidigung und das allgemeine Wohlergehen der Vereinigten Staaten zu bezahlen und dafür zu sorgen;
> den Krieg zu erklären, Kaperbriefe auszustellen und Regeln für die Gefangennahme zu Lande und zu Wasser aufzustellen ...«

Die verfassungsmäßige Aufgabe des Präsidenten als Oberbefehlshaber der Streitkräfte wird ihm durch einen einzigen Satz in Artikel 2, Absatz 2 der Verfassung zugewiesen. Seine Befugnisse sind dabei durch die vom Kongreß verabschiedeten Gesetze definiert und begrenzt. Als Oberbefehlshaber kann der Präsident nur so handeln, wie es der Kongreß genehmigt hat.

Nach den Erfahrungen der Kolonialzeit, als die britischen Könige ihre Untertanen willkürlich im Ausland in den Krieg schickten, stand es für die Urheber der Verfassung außer Zweifel, daß die Kontrolle über Krieg und Frieden beim Gesetzgeber liegen mußte. Dem Präsidenten sollten Soldaten und Waffen nur insoweit zur Verfügung stehen, als sie vom Kongreß genehmigt und finanziert wurden. Er sollte sie nur in

Kriegen einsetzen, die der Kongreß erklärt hatte, und zwar in Übereinstimmung mit den gesetzlichen Vorschriften. James Madison, der einflußreichste Abgeordnete in der verfassunggebenden Versammlung von 1787, schrieb 1798 an Thomas Jefferson über die Kompetenz zur Kriegführung:

> »Die Verfassung unterstellt, was sich an der Geschichte aller Regierungen zeigt: daß nämlich die Exekutive von den Machtbereichen am stärksten am Krieg interessiert ist und den stärksten Hang dazu hat. Deshalb hat sie mit überlegter Vorsicht die Entscheidung über Krieg der Legislative übertragen.«[5]

Das wichtigste Mittel, mit dem Präsident Bush die Handlungen des Kongresses hintertrieb und die Verfassung verletzte, bestand darin, daß er sich gesetzgeberische Befugnisse anmaßte und die Führungsrolle des Kongresses nicht achtete. Er ignorierte völlig seine gesetzlichen Verpflichtungen, die ihm der War Powers Act nach dem Vietnamkrieg 1973 auferlegte: den Kongreß in Fragen militärischer Notfälle zu informieren und zu konsultieren. Mit Täuschung und Fehlinformationen vermied er den Widerstand des Parlaments.

Als die Krise ausbrach, stand der Kongreß vor den Ferien zum »Labor Day«. Er war darauf eingestellt, daß die Exekutive in außenpolitischen Fragen willkürlich handelte, und zeigte wenig Interesse, seinen verfassungsmäßigen Pflichten nachzukommen. Ohne den Kongreß vorher zu benachrichtigen, schickte der Präsident in der ersten Augustwoche 10 000 Soldaten nach Saudi-Arabien. Um Widerspruch zu beschwichtigen, bezeichnete er seine Absichten dabei als »rein defensiv«. In Wirklichkeit war es der Beginn einer lückenlosen Handlungsfolge zur Niederwerfung des Irak.

Als der Kongreß aus den Ferien kam, versicherte der Präsident, er habe die Absicht, Saudi-Arabien zu verteidigen. Immer noch eigenmächtig gab der Präsident eine Verstärkung der amerikanischen Truppen in Saudi-Arabien auf über 200 000 Mann bekannt. Das schien mit defensiven Absichten im Einklang zu stehen. Dann, einen Monat nach den Ferien, war der Kongreß fast ausschließlich mit den im November stattfindenden Wahlen beschäftigt.

Erst nach den Wahlen vom 2. November eröffnete der Präsident dem Kongreß, daß er schon zuvor über 500 000 Soldaten an den Golf beordert hatte.[6] Jetzt konnte man nicht mehr behaupten, seine Ansichten seien rein defensiv. Und immer noch argumentierte Bush, der Kongreß solle sich aus der Angelegenheit heraushalten, das Auftauchen von Meinungsverschiedenheiten in den Vereinigten Staaten werde Saddam Hussein den Rücken stärken.

Am 9. Januar bekräftigte Bush seine Ansicht, er brauche für einen Angriff auf den Irak keine Genehmigung durch den Kongreß. Zur Unterstützung seines Anspruchs auf die alleinige Entscheidungsbefugnis führte er die Verantwortlichkeiten an, die durch die UN-Resolution 678 entstanden war – in jedem anderen Zusammenhang hätte er niemals eingeräumt, daß durch das Völkerrecht Verpflichtungen entstehen können, die der Verfassung der USA übergeordnet sind. Aber im Januar war die Regierung heftig darum bemüht, im Kongreß eine Abstimmung zu gewinnen, die dem Einsatz der Streitkräfte durch den Präsidenten zustimmte.

Aus politischen Nützlichkeitserwägungen war es im Kongreß zu einer Debatte über die Frage militärischer Aggression oder Sanktionen gekommen. Es ist ungefähr die gleiche Alternative wie die zwischen Todesstrafe und lebenslanger Haft ohne die Möglichkeit einer Entlassung auf Bewährung. Die Falken im Kongreß waren dafür, die Irakis direkt umzubringen. Die Befürworter von Sanktionen erschienen als Stimmen der Mäßigung, aber in Wirklichkeit plädierten sie dafür, den Irak verhungern zu lassen.

Mit dem Öl als Hauptexportartikel war der Irak durch Sanktionen besonders leicht zu treffen, denn die Transporte durch den Persischen Golf sowie über die Pipelines durch die Türkei und durch Jordanien nach Akaba ließen sich relativ einfach unterbinden. Außerdem importiert der Irak einen großen Teil seiner Lebensmittel.

Anfang Januar sagte der CIA-Direktor William Webster vor dem Kongreß aus, das Embargo habe die Exporte des Irak um 97 und die Importe um 90 Prozent zurückgehen lassen. Der Bush-Regierung, die die Aufmerksamkeit der Medien immer auf das lenken konnte, was sie berichtet haben wollte, gelang es in ihrer Kriegslüsternheit, die Wirksamkeit des Embargos zu vertuschen. Der Kongreß entschied sich in der Abstimmung gegen Wirtschaftssanktionen.

Als der Kongreß schließlich handelte, wußte jeder Abgeordnete, daß die 540 000 uniformierten Amerikaner am Golf sowie ihre Angehörigen und Freunde zu Hause sehen wollten, wer die im fremden Land stehenden Soldaten unterstützte. Die Bush-Regierung übte mit ihrer Strategie, sich zuerst die Befugnisse der Vereinten Nationen zu sichern, starken Druck auf den Kongreß aus, den Präsidenten zu unterstützen.

Jeder Abgeordnete, der gegen den Krieg stimmte, sah sich der politischen Verantwortung gegenüber, den Präsidenten in der Völkergemeinschaft im Stich zu lassen, nachdem dieser die Genehmigung des Sicherheitsrats für die Resolution 678 erhalten hatte. Zu den elf Ländern, die den Präsidenten unterstützten, gehörten enge Verbündete der USA.

Die Kongreßabgeordneten, welche die Regierung unterstützten, setzten erst wenige Tage vor Ablauf des UN-Ultimatums eine Gesetzesvorlage auf die Tagesordnung, die den Einsatz von US-Streitkräften zur Durchsetzung der Resolution 678 genehmigte. Mit seiner Tatenlosigkeit im Herbst 1990 hatte der Kongreß sich der Fähigkeit beraubt, seine Pflicht zu tun. In einem Bericht der »New York Times« vom 13. Januar, in dem die Führungsrolle der Republikaner hervorgehoben wurde, konnte Robert Dole, der Minderheitssprecher im Senat, sogar argumentieren, der Kongreß solle nicht querschießen und »jetzt, wo es fünf vor zwölf ist und nachdem er drei oder vier Monate lang fahnenflüchtig war, versuchen, die Richtung der Politik von Präsident Bush zu ändern, die dieser so geduldig und erfolgreich aufgebaut hat«.

Wichtige Demokraten im Repräsentantenhaus, unter ihnen der Abgeordnete Stephen Solarz aus New York, ein glühender Unterstützer Israels, und sieben Senatoren aus den Südstaaten, drängten ihre Parteifreunde, mit ihnen für den Krieg von Präsident Bush zu stimmen. Am 11. Januar genehmigte der Senat mit 52 zu 47 Stimmen die Durchsetzung der Resolution 678. Im Repräsentantenhaus betrug das Stimmenverhältnis für die Genehmigung 250 zu 183.

Am 16. Januar 1991, dem Tag, als Präsident Bush die ersten Bombenangriffe anordnete, unternahm der texanische Kongreßabgeordnete Henry Gonzalez einen großartigen Akt, der seinen individuellen Mut, sein Bewußtsein und seinen Weitblick zeigte; er beantragte, den Präsidenten mit den Mitteln der Verfassung öffentlich anzuklagen (Impeachment). Vor dem Repräsentantenhaus sagte er:

> »Mr. Speaker, mit großer Trauer, aber auch mit großer Überzeugung bringe ich heute den Antrag ein, Präsident Bush öffentlich anzuklagen (impeach). In einer Zeit, da unser Land in der Frage des Krieges tief gespalten ist, befinden wir uns am Rande eines Weltkriegs von solcher Größe, daß unser Geist nicht in vollem Umfang begreifen kann, auf welche Zerstörungen er abzielt. Die Lage, in der wir uns befinden, ist das unmittelbare Ergebnis der Handlungen eines Mannes und der Reaktionen eines anderen.

Das irakische Volk ist genauso gegen den Krieg wie das amerikanische – der Unterschied ist, daß das irakische Volk keine andere Wahl hat, als seinen Staatschef zu unterstützen, aber das amerikanische Volk hat nicht nur das Recht, zu widersprechen und Meinungsverschiedenheiten mit dem Präsidenten auszudrücken, sondern es hat sogar die Pflicht, das zu tun, damit die Demokratie bewahrt wird...

Mein Antrag umfaßt fünf Anklagepunkte. Erstens hat der Präsident den Gleichbehandlungsgrundsatz der Verfassung verletzt. Unsere Soldaten im Nahen Osten sind in ihrer überwältigenden Mehrheit arme Weiße, Schwarze und Amerikaner mexikanischer Abstammung.

Nach Punkt zwei der Anklage hat der Präsident die Verfassung, das Bundesrecht und die Charta der Vereinten Nationen verletzt, indem er andere, darunter die Mitglieder des Weltsicherheitsrats, bestochen, eingeschüchtert und bedroht hat, damit sie kriegerische Handlungen gegen den Irak unterstützten...

Der dritte Anklagepunkt stellt fest, daß der Präsident heimlich gehandelt hat, um einen Krieg gegen den Irak zu führen; dabei werden Massenvernichtungsmittel eingesetzt, die zum Tod Zehntausender von Zivilisten führen werden, darunter viele Kinder.

Der vierte Anklagepunkt besagt, daß der Präsident die Vereinigten Staaten ohne Zustimmung des Kongresses und gegen die Charta der Vereinten Nationen und das Völkerrecht auf Kriegshandlungen festgelegt hat. Vom August 1990 bis zum Januar 1991 verfolgte der Präsident mit seinen Handlungen einen Kurs, der systematisch jede Möglichkeit einer friedlichen Lösung der Golfkrise zunichte machte. Als der Präsident sich schließlich wegen der Kriegserklärung an den Kongreß wandte, war bereits das Leben von 500 000 amerikanischen Soldaten in Gefahr, so daß jede ernsthafte Debatte im Kongreß sinnlos wurde.

Nach dem fünften Anklagepunkt hat der Präsident heimlich gehandelt, um Verbrechen gegen den Frieden zu begehen, indem er die Vereinigten Staaten in einen Angriffskrieg gegen den Irak führte – in Verletzung des Artikels 2 (4) der Charta der Vereinten Nationen, des Nürnberger Abkommens, weiterer internationaler Abkommen und Verträge und der Verfassung der Vereinigten Staaten.«[7]

Es gab einmal eine Zeit, in der Präsidenten die verfassungsmäßige Einschränkung ihrer militärischen Befehlsgewalt respektierten. Präsident Jefferson warnte den Kongreß 1801 noch davor, auf die Kaperung amerikanischer Schiffe durch Piraten aus Tripoli nicht mit Angriffen zu reagieren, durch die »wir unsere Macht auf die gleiche Stufe mit der unserer Feinde stellen«[8].

Bis zur Mitte des 20. Jahrhunderts war es dann aber so weit, daß die Präsidenten sich das Recht zur Kriegführung anmaßten, ohne auf Verfassung oder Kongreß Rücksicht zu nehmen. Präsident Truman schickte ohne Kriegserklärung US-Streitkräfte nach Korea, nachdem er sich die Genehmigung der UN gesichert hatte. Später beschlagnahmte er Stahlwerke, um zu verhindern, daß Streiks die Kriegsanstrengungen störten. Der Oberste Gerichtshof der USA urteilte, diese Befugnis stehe dem Präsidenten nicht zu, auch wenn eine große amerikanische Streitmacht in einen Bodenkrieg verwickelt sei. Kaum ein Jahrzehnt später setzten US-Präsidenten in Vietnam einen Truppenaufmarsch in Gang, an dem schließlich über 500 000 Männer und Frauen beteiligt waren. Die wichtigste Genehmigung des Kongresses für diese Aktionen, die Tonkin-Golf-Resolution, wurde im Repräsentantenhaus ohne und im Senat mit nur zwei Gegenstimmen angenommen. Diese niederträchtige Resolution des Kongresses, die noch nicht einmal ein Gesetz war, hatte verfassungsmäßig keine Bedeutung und ging von der falschen Voraussetzung aus, nordvietnamesische Schiffe hätten die US-Kriegsflotte im Golf von Tonkin angegriffen. Nur ein Zeuge: Einige Jahre später schrieb Ralph Dalrymple, der letzte Pilot, der das Gebiet der angeblichen Angriffe durch nordvietnamesische Schiffe abgesucht hatte, in seiner Autobiographie, es habe solche Schiffe nicht gegeben.

Im Januar 1992, während des Wahlkampfes in New Hampshire, erklärte Präsident Bush den Wählern im Brustton der Überzeugung:

> »Als ich diese Streitkräfte [für den Wüstensturm] in Marsch setzte, brauchte ich keinen Senator Kennedy oder irgendeinen liberalen Demokraten zu fragen, ob wir es tun sollten. Wir haben es einfach getan.«[9]

Das Blut von 38 000 amerikanischen Soldaten ist im Boden von Vietnam geblieben. Über 40 000 sind heute noch in Südkorea stationiert. Die US-Streitkräfte haben die Vorherrschaft am Persischen Golf. Millionen Menschen aus Dritte-Welt-Ländern kamen bei diesen drei militärischen Unternehmungen der Vereinigten Staaten ums Leben.

Tragischerweise hat der Kongreß nicht die Entschlossenheit aufgebracht, seine von der Verfassung verliehene Entscheidungsgewalt über Krieg und Frieden auszuüben. Das amerikanische Volk muß fordern, daß er das tut, wenn es die verfassungsmäßige Regierungsordnung wiederherstellen und in Frieden leben will.

9. Kriegsverbrechen, Verbrechen gegen den Frieden und gegen die Menschlichkeit

Der Krieg ist das gewalttätigste Verbrechen, das die Menschheit sich selbst antut. Nichts anderes kommt ihm an Schrecken gleich, daran läßt die Geschichte keinen Zweifel. Das Recht hat seine größten Möglichkeiten, Gutes zu bewirken, wenn es sich mit Friedensverletzungen und Kriegsverbrechen beschäftigt. Allein die Namen der Orte, die sich mit wichtigen Abkommen im Zusammenhang mit Krieg und Kriegführung verbinden, erfüllen uns gleichzeitig mit Hoffnung und Grauen – Den Haag, Genf, Nürnberg. Wir wissen, daß diese Vorschriften mit dem Blut von Millionen Menschen geschrieben sind – sie starben in den Kriegen, aus denen man solche Lehren zog. Die höchste rechtliche Verpflichtung zum Frieden muß darin bestehen, sie zuverlässig, gleichmäßig und gerecht durchzusetzen.

Wenn die Gesellschaft Kriege verhindern und die Verantwortlichen lenken und bestrafen will, muß sie so handeln, daß die zu diesem Zweck geschaffenen Gesetze durchgesetzt werden. Solange die größten Militärmächte und ihre höchsten Offiziere für Verbrechen im Zusammenhang mit Kriegen nicht ebenso zur Verantwortung gezogen werden wie die Machtlosen, gilt das Recht des Stärkeren. Und solange wird die Welt so sein, wie sie schon die Athener beschrieben haben: Die Starken handeln, wie sie wollen, und die Schwachen leiden, wie sie müssen.

Recht kontra Macht

In der Idee von Kriegsverbrechen verkörpert sich der Gegensatz von gesetzlichen Regelungen und Machtstreben. Entscheidet man sich für den Grundsatz des Rechts, sind alle gleichermaßen verantwortlich. Und wenn wir in einer Welt des Rechts leben wollen, müssen wir seine Grundsätze auf jeden anwenden, auch auf unser eigenes Land.

Bei den Nürnberger Prozessen riefen die Angeklagten: »Was ist mit Dresden? Was ist mit Hiroshima?« Und trotz der allgemeingültigen

Prinzipien des Nürnberger Abkommens, trotz der Versicherung des US-Chefanklägers Robert H. Jackson, es gelte gleichermaßen für alle einschließlich derer, die dort zu Gericht saßen, wurden beim Nürnberger Prozeß nur die Verlierer des Krieges angeklagt, und nur die Sieger waren die Richter.

Tragischerweise unterwarfen die Sieger des Zweiten Weltkriegs sich selbst nicht dem Gesetz, und sie behielten das Nürnberger Tribunal, das sie eingesetzt hatten und das Führungspersonen der feindlichen Seite zum Tode verurteilte, noch nicht einmal bei. Hätten sie das getan, wären vielleicht die Verbreitung der Atomwaffen, der Rüstungswettlauf und die militärischen Konflikte eingeschränkt worden, die das Leben auf der Erde eine Generation lang beherrschten. Statt dessen begannen die Siegermächte des schlimmsten Krieges aller Zeiten schon bald mit dem Kalten Krieg; das Ergebnis waren der Rüstungswettlauf, zahlreiche bewaffnete Konflikte überall auf der Welt, Millionen Todesopfer und die Verarmung von mehreren hundert Millionen Menschen durch Vertreibung, Zerstörung von Eigentum, Aufzehren des Wohlstandes und Verherrlichung von Gewalt. Es war das größte Verbrechen gegen die Menschlichkeit, das bis heute begangen wurde.

Die Durchsetzung der völkerrechtlichen Grundsätze, die den Krieg verhindern und unter Kontrolle halten sollen, ist für den Frieden und das Überleben ebenso wichtig wie die Einhaltung nationaler Strafgesetze zur Verhinderung und Kontrolle von Verbrechen im unmittelbaren Lebensumfeld der Menschen. Vor über 700 Jahren schrieb Thomas von Aquin: »Krieg ist unvermeidlich zwischen souveränen Staaten, die nicht von positivem Recht beherrscht werden«, und beobachtet wurde das gleiche schon seit Jahrtausenden. Krieg und die schwächeren Formen zwischenstaatlicher Gewalttaten und Zwänge waren die vorherrschende Erfahrung fast aller Generationen in fast allen Gesellschaftsformen der Erde, seit es historische Aufzeichnungen gibt.

Während der letzten Generation haben die Kriegstechnologie und die Möglichkeiten zur Massenvernichtung ein so entsetzliches Ausmaß erreicht, daß die Friedenssicherung nicht mehr nur eine Annehmlichkeit ist, sondern eine Notwendigkeit für das moralische, geistige, wirtschaftliche und körperliche Überleben. Das Völkerrecht und seine Durchsetzung sind für die Weltgemeinschaft ebenso dringend erforderlich, um die Ausrottung der Menschheit zu verhindern, wie staatliche Gesetze und Polizei für eine Familie, deren Wohnung von einem brand- und mordlüsternen Pöbel umgeben ist.

Aber selbst angesichts dieses zwangsläufig gefährlichen Umfeldes steht die Öffentlichkeit in ihrer überwältigenden Mehrheit der Vorstellung von einem Weltgesetz als Mittel zum Frieden gelangweilt, achselzuckend oder gleichgültig gegenüber. Man nimmt die Atomwaffen als Schutz in Kauf. Selbst Juristen betrachten das Völkerrecht als abgelegenes oder sogar peinliches Thema, über das nachzudenken sich nicht lohnt. Mächtige Regierungen ächten es als unpatriotisch oder verräterisch.

Aber diese Einstellung übersieht die unbestreitbare Tatsache, daß das Völkerrecht in die amerikanischen Gesetze eingeflossen ist. Nach Artikel 6 der US-Verfassung gehören internationale Verträge zu den höchsten Gesetzen des Landes. In vielen Prozessen wird das, was völkerrechtlich üblich ist, in die staatlichen Gesetze aufgenommen. Und dennoch verbannen Gerichte, Gesetzgeber, Regierungsvertreter und Anwälte die Fragen nach Krieg und Frieden, die unser aller Leben bedrohen, in den Bereich der internationalen Anarchie.

In der Theorie hat das Rechtswesen die Bedeutung des Völkerrechts für die Suche nach Frieden immer anerkannt und oft verherrlicht. Die Pax Romana, der Friede in den römischen Provinzen, gründete sich angeblich auf römisches Recht. In seinem großen Werk über das Recht von Krieg und Frieden (De Iure Belli ac Paces), das 1625 erstmals veröffentlicht wurde, schreibt Hugo Grotius: »Diese Sorge um den Erhalt der Gesellschaft, die wir hier grob umrissen haben und die für die menschliche Intelligenz kennzeichnend ist, ist der Ursprung allen Rechts, das diesen Namen verdient.« Der Friede ist das eigentliche Ziel des Rechts. Ein wichtiger internationaler Juristenverband, der in den ersten Jahren des Kalten Krieges ins Leben gerufen wurde, nennt sich »Weltfrieden durch Recht«. Buchstäblich Hunderte von Organisationen wollen Rechtssysteme schaffen, von denen sie glauben, daß sie zum Frieden führen. Wer Macht ausübt, ist ein natürlicher Gegner des Völkerrechts, denn solche Rechtsvorschriften schränken die Machtausübung ein und erfordern die friedliche Lösung von Meinungsverschiedenheiten. Die Macht will ihre eigenen Wege gehen. Ein Instrument solcher Macht sind die Medien in den Vereinigten Staaten: Sie predigen Rechtsgrundsätze und gelegentlich sogar die Regeln des Völkerrechts, aber in der Praxis begünstigen sie die Machtausübung. Wenn das Völkerrecht die Privilegien der Macht in Frage stellt, begeben sich die Medien in ihrer überwältigenden Mehrheit auf die Seite der Macht, und dabei verhöhnen sie das Recht.

An der Tatsache, daß das amerikanische Volk diese Mißachtung des Völkerrechts stillschweigend hinnimmt, zeigt sich ein Versagen unserer demokratischen Institutionen. Ein kluges Volk, das in demokratischer, auf Rechtsprinzipien gegründeter Vorgehensweise seine eigenen Ziele verfolgt, würde aus Gründen der Selbsterhaltung einer solchen Regierungsgewalt vorsichtshalber die Macht entreißen.

Die Bundesgerichte mögen oft nicht offen zugeben, daß es kein internationales Recht gibt, das für die USA bindend ist, und deshalb bemühen sie oft die Doktrin von der »politischen Frage«, wenn es um zwischenstaatliche Themen geht. Danach sind Gerichte für die Frage nach Krieg nicht zuständig. Die politisch Verantwortlichen der USA stehen auf dem Standpunkt, daß der Kongreß jede internationale Rechtsvorschrift ändern, ergänzen, zurückweisen oder übergehen kann. Es ist eine Unabhängigkeitserklärung gegenüber der Weltgemeinschaft und eine Warnung, daß die USA sich durch keine internationalen Regeln gebunden fühlen, wenn sie dem Kongreß nicht zusagen. Da ist es nicht verwunderlich, daß kaum ein Jurist bereit ist, viel Zeit oder Gedanken auf das Völkerrecht zu verwenden, denn so wichtig wir es auch in unseren Reden nennen, in der Praxis ist es nahezu wirkungslos. Es mag als politisches Argument hilfreich sein und auch den öffentlichen Protest verstärken, der durch niederträchtige Handlungen ausgelöst wird, aber es kann gegen den Willen und die Macht der Staaten, die an einer Auseinandersetzung beteiligt sind, kaum das erfüllen, was es verspricht.

Zwar halten sich die Staaten an die Entscheidungen des Internationalen Gerichtshofes, der aufgrund der UN-Charta eingerichtet wurde, aber dieser Gehorsam ist – zumindest für die mächtigen Staaten – im wesentlichen eine Frage der freien Entscheidung. Ein Musterbeispiel dafür ist die Weigerung der USA, das Urteil des Gerichtshofes anzuerkennen, als die sandinistische Regierung in Nicaragua Schadenersatz für die amerikanische Aggression gegen das Land verlangte. Die USA hatten Nicaragua mit direkten Angriffen, Unterstützung der Contra-Rebellen und schwerwiegenden Wirtschaftssanktionen mißhandelt und etwa 48 Millionen Dollar aufgewandt, um eine künstlich vereinigte politische Oppositionspartei zu schaffen, die in schlimmer Geringschätzung demokratischer Prinzipien durch List eine Wahl gewann. Eine der ersten Handlungen der Chamorro-Regierung, die nach der Wahl die Sandinisten abgelöst hatte, bestand darin, die Klage gegen die USA zurückzuziehen. Der Lohn war die weitere Schwächung von Völkerrecht und Demokratie.

Ein weiteres internationales Gericht ist der Interamerikanische Gerichtshof für Menschenrechte in San Jose (Costa Rica). Seine Geschichte ist gekennzeichnet von Tatenlosigkeit und von geringen Möglichkeiten, ein Urteil nach der Verhandlung durchzusetzen. Daß er so schwach ist, liegt vor allem daran, daß die USA, die in der Region die Vormachtstellung einnehmen, sich nicht daran beteiligen, und das hat unter anderem zahlreiche Menschenrechtsverletzungen auf dem amerikanischen Kontinent zur Folge. Dagegen ist der Europäische Gerichtshof in Straßburg ein höchst wirksames Tribunal zur Durchsetzung der international anerkannten Menschenrechte in Europa. Er hat unter anderem Deutschland, Frankreich, Italien, Spanien und Großbritannien erfolgreich dazu verurteilt, Menschenrechtsverletzungen zu unterlassen.

Nationale Gerichte haben sich nur in wenigen Fällen damit beschäftigt, internationale Rechtsgrundsätze im Zusammenhang mit Krieg und Frieden gegen die eigene Regierung durchzusetzen. Solange sie das nicht tun, können internationale Gerichte den Militarismus nicht einschränken. Wie schwierig Prozesse gegen die Vereinigten Staaten sind, die sich vorwiegend auf das Völkerrecht gründen, zeigt sich im Zusammenhang mit den Bombenangriffen der USA auf Libyen im April 1986.

Ich reichte beim Bezirksgericht von Washington, D.C. Klage für mehrere hundert bei dem Angriff verletzte Zivilisten sowie für die Angehörigen der Todesopfer ein. Die Klage besagte, der Bombenangriff sei ein Versuch, ein ausländisches Staatsoberhaupt umzubringen und nach dem Zufallsprinzip Zivilisten zu töten, um das Volk so zu terrorisieren, daß es seine Regierung stürzte. Die Anträge gründeten sich auf das Völkerrecht, das Verfassungs- und Gesetzesrecht der USA, die Gesetze für bewaffnete Konflikte und das US-Strafrecht. Auf seiten der Vereinigten Staaten, Großbritanniens, Margaret Thatchers und der Befehlskette von Präsident Reagan zu den Piloten der angreifenden Flugzeuge beantragte man, die Klage abzuweisen. Das Gericht erkannte die Beschuldigungen der Klage als wahr an und räumte damit ein, man habe versucht, den Oberst Gaddhafi zu ermorden und Zivilisten zu töten. Die Ansprüche lehnte es aber ab – eine Entscheidung, die später vom Berufungsgericht bestätigt wurde und die sich entgegen allen völkerrechtlichen Argumenten auf die Immunität souveräner Staaten stützte. Das Gericht fügte hinzu: »Der Fall hatte keinerlei Erfolgsaussichten, und das war den Anwälten der Klageseite mit Sicherheit bekannt.« Sowohl die Vereinigten Staaten als auch Großbritannien suchten nach finanziellen Zwangsmaßnahmen gegen meine Anwaltskanzlei, weil ich gewagt hatte, den Prozeß anzustrengen. Das Gericht nannte die Klage »eher dreist als leichtsinnig« und lehnte es ab, die Anwälte zu bestrafen. Das Appellationsgericht ordnete dagegen Zwangsmaßnahmen an, ohne in der Hauptsache Stellung zu beziehen. Die Frage dieser Zwangsmaßnahmen ist immer noch vor Gericht anhängig. Durch ihre ernüchternde Wirkung auf zukünftige Klagen werden sie dazu führen, daß die Bedeutung des Rechts im Krieg weiter abnimmt.

Inzwischen verlangten die USA 36 Millionen Dollar Schadenersatz für die Familien der Soldaten, die getötet und verletzt wurden, als ein irakisches Flugzeug während des irakisch-iranischen Krieges das amerikanische Kriegsschiff »Stark« beschoß. Dieser Betrag wurde vom Irak auch gezahlt. Die Vereinigten Staaten hingegen zahlten keinerlei Wiedergutmachung an die Angehörigen der Menschen, die bei den Invasionen in Panama und Grenada ums Leben kamen, oder an die Familien der 270 Passagiere des iranischen Verkehrsflugzeuges, das sie 1987 bei einem planmäßigen Flug von Schiras nach Bahrain abschossen. Was zählte, war Macht, und deshalb scheint das internationale Recht in dem Bereich, in dem es am dringendsten gebraucht wird und die größte Bedeutung hat, wirkungslos oder nicht vorhanden zu sein, unterworfen der militärischen Vorherrschaft.

Völkerrecht ist in der Form, wie es von den amerikanischen Außenpolitikern gehandhabt wird, kein einheitliches System von Grundsätzen und Verfahrensweisen. Es ist vielmehr das, was diesen Politikern paßt – seine Prinzipien sind durch und durch politisch und werden dann durch willkürliche Handlungen vergewaltigt. Daß sich internationale Rechtsgrundsätze gegen die USA durchsetzen lassen, wird von ihrem außenpolitischen Establishment nicht einmal in Erwägung gezogen, und für ihre Gerichte ist so etwas derzeit nicht vorstellbar. In der Haltung der amerikanischen Regierung spiegelt sich die Überzeugung wider, daß die Macht keine Rechenschaft ablegen muß.

Nur wenige Handlungen von Präsidenten in der amerikanischen Geschichte waren so gefährlich, unvernünftig und willkürlich wie die Entscheidung von Präsident Bush, Truppen an den Persischen Golf zu schicken. Er ließ im August 1990 jeden Anschein verfassungsmäßiger Autorität fallen, machte keine Anstalten, die Zustimmung des Kongresses einzuholen und gab keine Erklärung, woher er die Befugnis nahm, amerikanische Streitkräfte einseitig um die halbe Welt auf fremdes Staatsgebiet zu schicken. Schrankenloser hätte kein Militärdiktator handeln können. Präsident Bush hielt es nicht einmal für notwendig, die übliche und meist falsche Rechtfertigung anzuführen, die Militäraktion sei erforderlich, um amerikanische Bürger zu schützen, und er unternahm keine Schritte für die Sicherheit der mehreren tausend Amerikaner im Irak und in Kuwait, bevor Aktionen stattfanden, durch die diese in Gefahr gerieten – was auch tatsächlich geschah.

Das Feigenblatt der Genehmigung durch die UN war Betrug. Die Handlungen, mit denen die Resolutionen des Sicherheitsrates abgesichert wurden, wären unter jeder Regierung, die ehrliche Abstimmungen will, als Bestechung, Zwang und Erpressung eingestuft worden. Nicht genannten Staaten die Befugnis zur Anwendung aller erforderlichen Maßnahmen zu übertragen, ist die gesetzloseste Entscheidung, die man sich vorstellen kann. Der Weltsicherheitsrat gab damit nicht einfach eine Machtbefugnis ab. Die Übertragung erfolgte ohne genaue Beschreibung, ohne Beschränkung und ohne Überwachung. Und dieses Mandat mißbrauchten die USA, um Zivilisten zu töten, den Irak zugrunde zu richten und seine Militärmacht zum größten Teil zu zerstören. Und das, obwohl die Resolution mit keinem Wort einen Angriff auf den Irak selbst genehmigte.

Selbst wenn der Präsident auf dem verfassungsmäßigen Weg befugt und von den Vereinten Nationen autorisiert gewesen wäre, den Irak anzugreifen, hätte niemand behaupten können, der Kongreß oder die UN hätten Kriegsverbrechen genehmigt oder genehmigen können. Und ohne Zweifel galten gezielte und bindende völkerrechtliche Vorschriften unmittelbar für die Militäraktionen, die unter dem Kommando von Präsident Bush stattfanden. In einem berühmten Prozeß, in dem nach dem Bürgerkrieg Eigentum der Südstaaten gegen die überlegene Macht der Union geschützt wurde, stellte der Oberste Gerichtshof fest: »Kein Mensch in diesem Land steht so hoch, daß er über dem Gesetz stünde.«

Daß Präsident Bush glaubte, er stünde über dem Gesetz, zeigte sich auf vielerlei Weise. Ein trauriges Beispiel lieferten Presseberichte, die sich auf Quellen aus dem Pentagon stützten: Danach hatte Bush dem General Powell kurz nach dem 2. August den Auftrag erteilt, Saddam Hussein zu ermorden. Wie wir heute wissen, versuchte man im Februar 1991, diesen Auftrag auszuführen, indem man »Superbomben« auf einen Kommandobunker warf, und ob es weitere Versuche gab, werden wir vielleicht nie erfahren.

Natürlich verbietet das Völkerrecht auch in Kriegszeiten die Ermordung eines fremden Staatsoberhauptes. Der Artikel 23 des Haager

Abkommens, das der Verhinderung und Bestrafung von Verbrechen gegen völkerrechtlich geschützte Personen dient, und sogar die amerikanische Präsidentenverordnung 12333 verbieten solche Mordanschläge.

Die Gesetze bewaffneter Konflikte

Während des amerikanischen Bürgerkriegs beauftragte Präsident Lincoln Professor Francis Lieber vom Columbia College, einen militärischen Verhaltenskodex für die Aktionen der Unionsstreitkräfte aufzustellen. Liebers Kodex von 1863 floß später in internationale Verträge ein, die dem militärischen Verhalten in Kriegszeiten Grenzen auferlegten. Die Genfer Konventionen von 1864 und 1906 schützten Soldaten, die während der Kampfhandlungen verwundet wurden. Das Haager Abkommen von 1899 mit der Überarbeitung von 1907 war das erste international festgelegte System von Gesetzen für bewaffnete Konflikte.

In ihrem Teil IV, Artikel 22 legt die Haager Konvention das Prinzip fest, daß es für die Mittel zur Verletzung des Feindes Grenzen gibt, und sie verbietet Waffen, die unnötiges Leiden verursachen. Auf der Grundlage des Verhältnismäßigkeitsprinzips kommt das Abkommen zu dem Schluß, daß die eingesetzte Gewalt einem legitimen militärischen Ziel entsprechen muß. Übermäßige Gewaltanwendung ist verboten. Das zweite Grundprinzip besagt, daß Militäraktionen sich auf militärische Ziele richten müssen. Zivilisten und zivile Einrichtungen sind dagegen zu verschonen.

Das I. Haager Abkommen zur friedlichen Erledigung internationaler Konflikte von 1907, das sowohl von den Vereinigten Staaten als auch vom Irak unterzeichnet wurde, schreibt für den Fall einer »ernsthaften, den Frieden gefährdenden Streitfrage« ein Vermittlungsverfahren mit einer Zwangspause zur Abkühlung vor. Es wurde ignoriert. Das Genfer Protokoll von 1925, in dem sich die schrecklichen Erfahrungen des Ersten Weltkriegs widerspiegeln, verbietet den Einsatz chemischer und biologischer Waffen.

Die Charta der Vereinten Nationen

Die Schrecken des Zweiten Weltkriegs gaben den Anlaß zu ganz neuen völkerrechtlichen Abkommen, bei deren Zustandekommen die Vereinigten Staaten eine entscheidende Rolle spielten. Diese Verträge waren erkauft mit dem Blut der Millionen Todesopfer, und für die Überlebenden, die nach ihrem Wortlaut leben wollen, sind sie ein Versprechen. Die Charta der Vereinten Nationen wurde 1945, als im Pazifik noch der Krieg tobte, in San Francisco unterzeichnet. Ihre Präambel legt das wichtigste Ziel fest: »Wir, die Völker der Vereinten Nationen – fest entschlossen, künftige Geschlechter vor der Geißel des Krieges zu bewahren, die zweimal zu unseren Lebzeiten unsagbares Leid über die Menschheit gebracht hat ...«

Der Artikel I der Charta beschreibt die Ziele der Vereinten Nationen. Der Absatz 1 beginnt mit den Worten:

> »Die Vereinten Nationen setzen sich folgende Ziele: 1. Den Weltfrieden und die internationale Sicherheit zu wahren und zu diesem Zweck wirksame Kollektivmaßnahmen zu treffen, um Bedrohungen des Friedens zu verhüten und zu beseitigen, Angriffshandlungen und andere Friedensbrüche zu unterdrücken und internationale Streitigkeiten oder Situationen, die zu einem Friedensbruch führen könnten, durch friedliche Mittel nach den Grundsätzen der Gerechtigkeit und des Völkerrechts zu bereinigen oder beizulegen.«

Der Artikel 2, Absatz 3 verlangt: »Alle Mitglieder legen ihre internationalen Streitigkeiten durch friedliche Mittel so bei, daß der Weltfriede, die internationale Sicherheit und die Gerechtigkeit nicht gefährdet werden.«

Das Kapitel VI der Charta trägt die Überschrift »Die friedliche Beilegung von Streitigkeiten« und beginnt mit Artikel 33; sein Absatz 1 schreibt vor:

> »Die Parteien einer Streitigkeit, deren Fortdauer geeignet ist, die Wahrung des Weltfriedens und der internationalen Sicherheit zu gefährden, bemühen sich zunächst um eine Beilegung durch Verhandlung, Untersuchung, Vermittlung, Vergleich, Schiedsspruch, gerichtliche Entscheidung, Inanspruchnahme regionaler Einrichtungen oder Abmachungen oder durch andere friedliche Mittel eigener Wahl.«

Präsident Bush gab Anfang August 1990 bekannt und wiederholte bis zur Zerstörung des Irak immer wieder, es werde keine Verhandlungen geben, keinen Kompromiß, keine Wahrung des Gesichts, keine Belohnung für Aggression. Er hintertrieb absichtlich alle Bemühungen um eine friedliche Lösung. Seine Worte und seine Taten waren ein Hohn auf die Charta der Vereinten Nationen. Die wesentlichen Forderungen des Kapitels VI wurden von einem Präsidenten verletzt, der keine acht Monate vor dem irakischen Einmarsch in Kuwait die Invasion der USA in Panama angeordnet hatte. Das Eindringen in Panama verletzte alle völkerrechtlichen Prinzipien, die auch der Irak bei seiner Invasion in Kuwait brach, und es widersprach außerdem der Charta der Organisation amerikanischer Staaten, dem Abkommen von Rio de Janeiro und den Verträgen über den Panamakanal von 1977. Bei der US-Invasion kamen mehr Bürger Panamas ums Leben als Kuwaitis beim Einmarsch des Irak.

Der Nürnberger Prozeß

Das erste neue internationale Abkommen nach dem Zweiten Weltkrieg wurde als Nürnberger Abkommen bekannt. Es wurde in London verkündet, und zwar ironischerweise genau an dem Tag, als die zweite Atombombe Nagasaki in Schutt und Asche legte.

Obwohl es sich bei den ungeschickten Bemühungen in Nürnberg um das Recht der Sieger handelte, sollte man sie als wichtigen Meilenstein im Streben der Menschen nach Frieden betrachten. Behält man sie nur als seltsame Episode eines ruhmreichen Kriegsgeschehens in Erinnerung, gibt es auch in Zukunft wenig Aussicht auf Frieden. Die Worte des Abkommens lohnen sorgfältige Betrachtung, anhaltenden Respekt und gerechte, ausgewogene Durchsetzung.

Nach dem Nürnberger Abkommen sind folgende Handlungen völkerrechtlich strafbar:

Prinzip VI

(a) Verbrechen gegen den Frieden:

1. Planung, Vorbereitung, Anfangen oder Führen eines Angriffskrieges oder eines Krieges in Verletzung internationaler Verträge, Vereinbarungen oder Garantien;

2. Teilnahme an einem gemeinsamen Plan oder einer Verschwörung zur Begehung einer der unter 1. angeführten Handlungen.

(b) Kriegsverbrechen:
Verletzung der Gesetze und Regeln des Krieges einschließlich, aber nicht beschränkt auf Mord, Mißhandlung oder Verschleppung der Zivilbevölkerung in besetzten Gebieten zu Zwangsarbeit oder anderen Zwecken, Ermordung oder Mißhandlung von Kriegsgefangenen und Personen auf dem Meer, Tötung von Geiseln, Plünderung staatlichen und privaten Eigentums, absichtliche Zerstörung von Städten oder Dörfern, und Verwüstungen, die nicht durch militärische Notwendigkeiten gerechtfertigt sind.

(c) Verbrechen gegen die Menschlichkeit:
Mord, Ausrottung, Versklavung, Verschleppung und andere unmenschliche Handlungen gegen die Zivilbevölkerung oder Verfolgung aus politischen, rassischen oder religiösen Gründen, wenn solche Handlungen oder Verfolgungen bei Ausübung von Verbrechen gegen den Frieden und Kriegsverbrechen oder in Verbindung mit ihnen begangen werden.

Die allgemeingültigen Prinzipien des Nürnberger Prozesses erkennen die entscheidende Bedeutung der Verantwortlichkeit an; sie besagen unter anderem folgendes:

Prinzip I
Jeder, der eine Handlung begeht, die nach dem Völkerrecht ein Verbrechen darstellt, ist dafür verantwortlich und kann bestraft werden.

Prinzip II
Die Tatsache, daß das Völkerrecht für Handlungen, die nach dem Völkerrecht ein Verbrechen darstellen, keine Strafen festlegt, befreit denjenigen, der die Handlung begeht, nicht von der völkerrechtlichen Verantwortung.

Prinzip III
Die Tatsache, daß jemand, der eine Handlung begeht, welche nach dem Völkerrecht ein Verbrechen darstellt, als Staatsoberhaupt oder verantwortliches Regierungsmitglied gehandelt hat, befreit ihn nicht von der völkerrechtlichen Verantwortung.

Prinzip IV
Die Tatsache, daß jemand in Gehorsam oder auf Befehl seiner Regierung oder eines Vorgesetzten handelte, befreit ihn nicht von der völkerrechtlichen Verantwortung, vorausgesetzt, ihm war eine moralische Wahl tatsächlich möglich.

Wenn man die in diesem Buch dargestellten Befunde liest und glaubt, dann weiß man, daß die Vereinigten Staaten Verbrechen gegen den Frieden, Kriegsverbrechen und Verbrechen gegen die Menschlichkeit begangen haben. Die Planung eines Angriffs auf den Irak, um seine Armee zu zerstören und seine Gesellschaft zu ruinieren, der Mord an wehrlosen Soldaten, die absichtliche Zerstörung von Städten und Dörfern, die vielfältigen Gewalttaten gegen die Zivilbevölkerung – all das sind nach dem Nürnberger Abkommen Straftaten. Das internationale Tribunal für Kriegsverbrechen stellte fest, daß die UN-Sanktionen ein anhaltendes Verbrechen gegen die Menschlichkeit sind. Präsident Bush und die anderen Beteiligten an den kriminellen Handlungen haben die Prinzipien des Nürnberger Tribunals verletzt und sollten zur Verantwortung gezogen werden.

Die Genfer Konventionen

Die völkerrechtlichen Grundsätze, welche die Zivilbevölkerung gegen die Verheerungen des Krieges schützen sollen, entstanden als Antwort auf eine technische Entwicklung, die das zivile Leben immer stärker mit Zerstörung bedrohte. Zwar waren Zivilisten, die nicht verteidigt wurden, auch früher immer in Gefahr, aber die Leidtragenden der Waffengewalt waren in ihrer großen Mehrzahl Kampfbeteiligte. Nachdem es aber Flugzeuge, weitreichende Artillerie und Raketen gab, war die gesamte Gesellschaft den Angriffen ausgesetzt, auch wenn ihre Streitkräfte noch handlungsfähig waren. Es entwickelten sich ausgefeilte Gesetze zum Schutz der Zivilbevölkerung, und ihr Anwendungsbereich abseits von Emotionen, Verwirrungen und Ausnahmezuständen der Militärkonflikte und »Notwendigkeiten« ist klar umrissen.

Die am weitesten entwickelten und genauesten Regeln für den völkerrechtlichen Schutz von Zivilisten finden sich im Zusatzprotokoll I von 1977, mit dem die Genfer Konvention von 1949 ergänzt wurde.

Sowohl der Irak als auch die Vereinigten Staaten gehören zu den Unterzeichnern. Die Grundregel wurde in Teil IV, Artikel 48 formuliert:

> Um Schonung und Schutz der Zivilbevölkerung und ziviler Objekte zu gewährleisten, unterscheiden die am Konflikt beteiligten Parteien jederzeit zwischen der Zivilbevölkerung und Kombattanten sowie zwischen zivilen Objekten und militärischen Zielen; sie dürfen daher ihre Kriegshandlungen nur gegen militärische Ziele richten.

Präsident Bush befahl einen Angriff gegen den Irak, der das Land ruinierte. Und es gibt überzeugende Hinweise, daß genau das auch seine Absicht war.

Der Artikel 51 formuliert den Schutz für die Zivilbevölkerung noch genauer. Er verbietet »unterschiedslose Angriffe ... die nicht gegen ein bestimmtes militärisches Ziel gerichtet werden.« Weiterhin definiert er in Absatz 5:

> Unter anderem sind folgende Angriffsarten als unterschiedslos anzusehen:
>
> a) ein Angriff durch Bombardierung – gleichviel mit welchen Methoden oder Mitteln – bei dem mehrere deutlich voneinander getrennte militärische Einzelziele in einer Stadt, einem Dorf oder einem sonstigen Gebiet, in dem Zivilpersonen oder zivile Objekte ähnlich stark konzentriert sind, wie ein einziges militärisches Ziel behandelt werden, und
>
> b) ein Angriff, bei dem damit zu rechnen ist, daß er auch Verluste an Menschenleben unter der Zivilbevölkerung, die Verwundung von Zivilpersonen, die Beschädigung ziviler Objekte oder mehrere derartige Folgen zusammen verursacht, die in keinem Verhältnis zum erwarteten konkreten und unmittelbaren militärischen Vorteil stehen.

Präsident Bush und die US-Streitkräfte, die seinen Befehl zur Bombardierung des Irak ausführten, machten die Zivilbevölkerung in Zehntausenden von Flugzeugeinsätzen und Raketenabschüssen zum unmittelbaren Ziel der Angriffe. Von Taxis und öffentlichen Bussen auf Landstraßen bis zu Bauernhöfen, Märkten, Büros, Hotels, Moscheen und Privathäusern – immer wurden Zivilisten angegriffen.

Der Artikel 52 schützt zivile Einrichtungen und Besitztümer: Die von der Kommission aufgedeckten Tatsachen lassen keinen Zweifel zu, daß Präsident Bush die Zerstörung ziviler Einrichtungen und zivilen Eigentums überall im Irak anordnete. Unter anderem handelte es sich dabei um Schulen, Krankenhäuser, Brücken, Zementfabriken, Fernseh- und Radiosender, Bus- und Eisenbahndepots, Läden, Restaurants und Wohnungen.

Der Artikel 53 schützt Kulturgüter und Orte der Religionsausübung. Aber er konnte nicht verhindern, daß bei den amerikanischen Bombenangriffen in großem Umfang unersetzliche historische Stätten, Museen, antike Denkmäler und Heiligtümer sowie als solche benutzte Moscheen, Kirchen und Synagogen zerstört wurden.

Durch Artikel 54 sind Einrichtungen geschützt, die für das Überleben der Zivilbevölkerung unentbehrlich sind, wie die Lebensmittel- und Trinkwasserversorgung: »1. Das Aushungern der Zivilbevölkerung als Mittel der Kriegführung ist verboten.« Wie wichtig diese Bestimmung für das Leben ist, braucht nicht näher erläutert zu werden. Und doch zerstörten die USA im Irak die gesamte öffentliche Wasserversorgung. Umfangreiche Angriffe gab es auf die Kette der Produktion, Lagerung, Verarbeitung und Verteilung von Lebensmitteln; zerstört wurden 90 Prozent der Geflügelbestände, die Hälfte der Nutztierherden und der größte Teil der Fischzucht.

Die Umwelt ist in Artikel 55 geschützt:

> 1. Bei der Kriegführung ist darauf zu achten, daß die natürliche Umwelt vor ausgedehnten, langanhaltenden und schweren Schäden geschützt wird. Dieser Schutz schließt das Verbot der Anwendung von Methoden oder Mitteln der Kriegführung ein, die dazu bestimmt sind oder von denen erwartet werden kann, daß sie derartige Schäden der natürlichen Umwelt verursachen und dadurch Gesundheit und Überleben der Bevölkerung gefährden.

Die Befunde der Kommission berichten im einzelnen über die absichtlichen Angriffe auf die Umwelt am Persischen Golf und damit auf die Anrainerstaaten. Durch die Entfesselung von 88 000 Tonnen Sprengstoff, die verstreuten radioaktiven Abfälle, die brennenden Raffinerien, Lagertanks, Ölquellen und Tankstellen sowie durch die völlige Zerstörung von Kläranlagen und Abwassersystemen wurden Luft, Erde und Wasser verseucht.

Anlagen und Einrichtungen, die »gefährliche Kräfte« enthalten, sind in Artikel 56 geschützt; insbesondere Dämme, Deiche und atomare Stromkraftwerke: Die Vereinigten Staaten betonten vor allem, man habe im Irak Einrichtungen angegriffen, die angeblich der Herstellung von Chemiewaffen, der Atomwaffenentwicklung und der Herstellung und Lagerung von Kernwaffen dienten. Man behauptete, durch die Bombenangriffe seien alle geheimen Atomwaffen-Forschungs- und Lagerungseinrichtungen zerstört worden, aber später erklärte man dann, man habe einige übersehen. Offen drohten die USA im Frühjahr 1992 neue Angriffe gegen angebliche Atomeinrichtungen an. Und man genoß die Diskussion darüber, ob es sich bei einer zerstörten Fabrik für Säuglingsnahrung tatsächlich um ein Chemiewaffenwerk handelte. Frech berief man sich auf das Gesetz, das derartige Angriffe verbietet, aber man überging die Folgen für die Menschen, die in solchen Regionen leben, und man log, was die Ziele anging. Vorbeugung ist die beste Verteidigung, und deshalb verlangt der Artikel 57 vom Militär Vorsorgemaßnahmen, um die Zivilbevölkerung vor den Verheerungen des Krieges zu bewahren. Solche Maßnahmen sind unter anderem die Klärung, ob es sich wirklich um militärische Ziele handelt, und »wirksame Vorwarnungen«, wenn die Zivilbevölkerung bei einem Angriff in Mitleidenschaft gezogen werden könnte.

An den Befunden der Kommission wird jenseits jedes vernünftigen Zweifels deutlich, daß die Äußerung des Generals Dugan vom September 1990, man wolle Städte beschießen und die Zivilbevölkerung in Schrecken versetzen, genau dem entsprach, was die Vereinigten Staaten beabsichtigten und taten. Die Verletzung des Völkerrechts führte dazu, daß mehr als 150 000 Zivilisten ums Leben kamen. Wie Anfang 1992 ausführlich berichtet wurde, kamen jeden Monat 5 000 bis 6 000 Zivilisten durch unmittelbare Nachwirkungen der Bombenangriffe und dem damit verbundenen, durch die Sanktionen entstehenden Mangel an Nahrungsmitteln, Medikamenten und medizinischer Versorgung ums Leben.

Militärische Anwendung des Kriegsrechts

Auch die 120 000 militärischen Todesopfer im Irak kamen durch Verbrechen gegen den Frieden und Kriegsverbrechen ums Leben. Die Anwendung völkerrechtlicher Gesetze auf die Kampfhandlungen kann schwierig sein, weil Krieg mit Gefühlen und Verwirrung verbunden ist und weil es dabei um Leben und Tod geht. Im Fall des Golfkriegs ist es jedoch relativ einfach, weil es keine wirklichen Kämpfe gab. Zwar lassen sich ein paar Scharmützel ausmachen, aber von seltenen Ausnahmen abgesehen waren die irakischen Truppen wehrlos gegenüber den mörderischen Überfällen, die ihre Auslöschung zum Ziel hatten.

Zu den Verbrechen gegen die irakische Armee gehörten Verletzungen des Nürnberger Abkommens, der Haager Landkriegsordnung, der Genfer Konventionen und Protokolle, des internationalen Kriegsrechts und der von den USA vorgegebenen Handlungsvorschriften. Unter anderem wurden zigtausend im wesentlichen wehrlose Soldaten getötet, darunter solche, die sich unbewaffnet zurückzogen oder sich ergeben wollten. Soldaten wurden lebendig begraben, es wurden unerlaubte Waffen verwendet, die Toten wurden nicht geachtet und so weiter. Allein der Vergleich der Verluste – 125 000 auf irakischer und 148 auf amerikanischer Seite – zeigt die Wehrlosigkeit der Irakis und das Ausmaß des Verbrechens. Es handelte sich mit Sicherheit um eine Verletzung der Haager Landkriegsordnung, nach der die eingesetzte Gewalt im richtigen Verhältnis zu einem berechtigten militärischen Ziel stehen muß. Der letzte Absatz der Genfer Konventionen von 1949 erkennt die Verantwortung für die Verluste des Feindes an. Artikel 16 schreibt vor:

> Die am Konflikt beteiligten Parteien zeichnen möglichst bald sämtliche Anhaltspunkte für die Identifizierung der ihnen in die Hände gefallenen Verwundeten, Kranken und Gefallenen der Gegenpartei auf.

Der Artikel 17 verlangt, die Toten der Gegenseite »mit allen Ehren« zu bestatten, und zwar soweit als möglich »gemäß den Riten der Religion, der sie angehörten«; außerdem sollen die Kriegsparteien Listen austauschen, in denen die Personalien der bestatteten Toten festgehalten sind.

Die US-Streitkräfte begruben Tausende von irakischen Soldaten lebend, verwundet, sterbend und tot. Kilometerlange Schützengräben voller irakischer Soldaten wurden von Bulldozern mit Sand zugeschüttet. Die Vereinigten Staaten weigerten sich, die Toten zu zählen, zu lokalisieren, zu identifizieren und zu respektieren.

Die Richtlinien für die US-Streitkräfte sind in Handbüchern festgelegt, und danach sind internationale Abkommen und das übliche Völkerrecht zu beachten. In diesen Handbüchern stehen auch selbstauferlegte Kampfregeln der USA sowie die völkerrechtlichen Vorschriften für bewaffnete Konflikte. Jeder Truppenteil besitzt Bücher voller ehrbar klingender Regeln, die manchmal mehr Einschränkungen vorschreiben als das allgemeine Völkerrecht.

In Frage gestellt wurde die Wirksamkeit dieser Beschränkungen bei den Aktionen der USA am Golf durch die Juristen, die dazu abgestellt waren, die militärischen Befehlshaber bei ihrer Anwendung zu beraten. In einer Titelgeschichte des »American Bar Association Journal« vom Dezember 1991 mit der Überschrift »Juristen im Krieg« erfährt der Leser, noch nie sei ein Krieg so streng nach den Buchstaben des Gesetzes geführt worden wie die Operation Wüstensturm. Besser hätte man sich nicht an die Buchstaben, sondern an den Geist der Gesetze gehalten. In dem Artikel schreibt Steven Keeva, das Völkerrecht suche »ein Gleichgewicht zwischen militärischen Notwendigkeiten und humanitären Bedenken«. Aber »Gleichgewicht« ist nicht der Maßstab, den man in Mordfällen anlegt. »Notwendigkeit« kennt keinen Kompromiß. Und »Bedenken« sind ungenau, schlecht umrissen und dehnbar. Allein die Wortwahl offenbart die Anerkennung militärischer Autorität.

Der Autor beschreibt die Funktion der Juristen als rein beratend – die Handlungsfreiheit der militärischen Befehlshaber blieb demnach vollständig erhalten. Völlig reingewaschen wurden damit Greueltaten wie der Highway des Todes, die Verstümmelung eines ganzen Staates, der Einsatz von Flüssigsprengstoffen und die Zerstörung einer Panzerdivision tief im Irak 48 Stunden nach dem Waffenstillstand.

Das Vietnam-Syndrom, so der ABA-Artikel, wurde ein für allemal begraben, von den Juristen ebenso wie von Präsident Bush:

> »›Aus Vietnam kamen viele mit dem Gedanken zurück, ihre Handlungen seien illegal gewesen, obwohl sie es nicht waren‹, sagt Hays Parks, ein Beamter aus der Behörde des Chefs für das Militärjustizwesen. ›Es war höchst wichtig, den Kommandanten klarzumachen, daß es einen grundlegenden Unterschied zwischen politischen Entscheidungen und Recht gibt. Ich habe Hunderte von Vorträgen darüber gehalten, wie wir in Vietnam alles hätten tun können, was wir im Irak getan haben; die Politik, nicht das Gesetz erlegte uns Schranken auf.‹
>
> Solche falschen Vorstellungen sterben nicht leicht aus. Am Golf mußten die Juristen den Kommandeuren manchmal erklären, es sei in Ordnung, etwas zu tun, was die Kommandeure für illegal hielten.«

Diese Argumentation eines Pentagon-Beraters befürwortet unbeschränkte Entscheidungsfreiheit bei der Kriegführung, und sie ist eine gewaltige Verdrehung der Geschehnisse in Vietnam, wo Bombenteppiche, die Ermordung ganzer Dorfgemeinschaften, Napalm und »Agent Orange« gegen die Zivilbevölkerung eingesetzt wurden. Die Zerstörung des Bunkers von Amariyah beurteilt das ABA-Journal so:

»Es mag vielleicht überraschen, aber bei einem der tragischsten Vorfälle des Krieges, dem US-Angriff auf einen irakischen Bunker, dem nach irakischen Angaben mehrere hundert Zivilisten zum Opfer fielen, gab es wirklich keine heiklen juristischen Fragen zu bedenken...

›Vom juristischen Standpunkt aus ist die Sache eindeutig‹, sagt Parks. Es war bekannt, daß man das Ziel im Krieg zwischen Iran und Irak zu einer Kontroll- und Kommandozentrale gemacht hatte. Es war von Stacheldraht umgeben; vor den Türen standen bewaffnete Wachen; außerdem war es getarnt, und das tut man bei Luftschutzbunkern nicht.«

So wird der tödlichste einzelne Raketenangriff auf Bagdad beiseite geschoben. Die juristischen Berater der Militärs ignorierten, daß der Bunker bekanntermaßen von Zivilisten benutzt wurde und daß es sich bei den mehreren hundert Todesopfern fast ausschließlich um Frauen und Kinder handelte. Wenn man das in Rechnung stellt, ist es undenkbar, daß bei dieser tragischen Zerstörung eines zivilen Luftschutzbunkers keine juristischen Bedenken auftauchen.

Sowohl Präsident Bush als auch UN-Generalsekretär Perez de Cuellar wurden durch meinen am 12. Februar 1991 abgeschickten Brief davon in Kenntnis gesetzt, daß Kriegsverbrechen geschahen. Der zehnseitige Brief, den ich bei meiner Rückkehr aus dem Irak schrieb, stellte unter anderem fest:

»Die Bombenangriffe stellen die schwerste Verletzung des Völkerrechts dar. Es ist beabsichtigt, das zivile Leben und die Wirtschaft im Irak zu zerstören. Das ist nicht notwendig, sinnvoll oder gestattet, um den Irak aus Kuwait zu vertreiben. Keine UN-Resolution gestattet militärische Angriffe auf den Irak, außer um die irakischen Streitkräfte aus Kuwait zu vertreiben. Die Bombenangriffe überall im Irak sind die deutlichste Verletzung des Völkerrechts und der Maßstäbe für bewaffnete Konflikte, einschließlich der Haager und Genfer Konvention sowie des Nürnberger Abkommens. Sie sind nach allen moralischen Prinzipien unzivilisiert, brutal und rassistisch. Von höchstens ein paar Ausnahmen abgesehen ist die Zerstörung nach unseren

Beobachtungen weder mit dem Buchstaben noch dem Sinn der Sicherheitsrats-Resolution 678/44 vereinbar.

Der Einsatz hochentwickelter Militärtechnik mit der Möglichkeit der Massenvernichtung durch reiche Staaten gegen die im wesentlichen wehrlose Zivilbevölkerung eines armen Landes ist eine der größten Tragödien unserer Zeit. Allein die Militärausgaben der USA sind viermal so groß wie das Bruttosozialprodukt des Irak. Die Geißel des Krieges wird nie zu Ende sein, wenn die Vereinten Nationen diesen Angriff auf Menschenleben hinnehmen. Die Vereinten Nationen dürfen kein Komplize bei Kriegsverbrechen sein.«

Es gehört zum Wesen des Krieges, daß er keine Grundsätze kennt. Und doch kämpft die Gesellschaft seit Jahrhunderten dafür, den Handlungen der Kommandeure bei der Kriegführung Grenzen aufzuerlegen. Bei der Zerstörung des Irak gab es für die US-Militärs keine Grenzen bei der Bombardierung von Zivilisten und Soldaten. Das Ziel bestand darin, die Armee des Irak zu zerstören und die Wirtschaft des ganzen Landes zu ruinieren, und die Mittel waren der wohlüberlegte Tod von Zivilisten und die Zerstörung ihrer lebenswichtigen Versorgungssysteme.

Das Gemetzel an irakischen Zivilisten und Soldaten war ein andauerndes Kriegsverbrechen, von der ersten Bombe am Morgen des 17. Januar bis zum letzten Zerstörungsangriff einer Panzerdivision, die sich 48 Stunden nach dem Waffenstillstand am 3. März auf dem Rückzug befand. Die Verbrechen kosteten Zehntausende wehrloser Menschen durch unmittelbare Gewalt das Leben, und noch mehr starben durch die vorhersehbaren Folgen der Zerstörung lebenswichtiger Versorgungssysteme sowie durch das Embargo beim Import von Nahrungsmitteln, Medikamenten und notwendigen Geräten zum Wiederaufbau von Versorgung und medizinischer Betreuung.

Noch größere Kriegsverbrechen sind die Verbrechen gegen den Frieden, denn wo sie nicht stattfinden, gibt es keinen Krieg. Die Verbrechen der USA gegen den Frieden begannen schon 1989 mit der Planung der Angriffe auf den Irak, und sie setzten sich bis zum Beginn der Bombenangriffe im Januar 1991 fort. Die Vereinigten Staaten hatten vor, den Irak zu zerstören, und sie arbeiteten darauf hin, alle Verhandlungen zu vermeiden, die diesen Zweck vereitelt hätten.

Wer so handelt, muß zur Rechenschaft gezogen werden, wenn die Welt Gerechtigkeit und Frieden kennenlernen soll.

10. Der Wüstensturm

Es gab nur ein Mittel, wie die Bush-Regierung ihre geheimen Absichten im Nahen Osten verwirklichen und die unangefochtene Kontrolle über die gewaltigen Ölreserven der Region gewinnen konnte: den Krieg. Die Handlungen von Präsident Bush dienten eindeutig und übereinstimmend dem Ziel, den Irak zu zerstören – nicht nur seine Militärmacht, sondern auch seine politischen, gesellschaftlichen und wirtschaftlichen Zusammenhänge. Auf dieses Ziel arbeiteten die Vereinigten Staaten schon hin, lange bevor Bush im Januar 1989 Präsident wurde, und die Handlungen zur Schwächung des Irak setzten sich bis zum Sommer 1992 fort. Es war ein Angriffskrieg, der die Vorherrschaft Amerikas über den Persischen Golf und sein Öl sichern sollte – und auf diese Weise auch über den Teil der Welt jenseits davon.

Um das deutlich zu machen, muß man sich ansehen, was die USA taten. Wir müssen dem zynischen Rat des früheren Justizministers John Mitchell folgen: Achte auf das, was die Regierung tut, nicht auf das, was sie sagt.

Wenn man die Stoßrichtung des amerikanischen Verhaltens erkennt, kann man die heutigen Bedingungen im Irak als natürliche, vorhersehbare und beabsichtigte Folge dieses Verhaltens ansehen. Und wenn man dann zu dem zurückkehrt, was zur gleichen Zeit gesagt wurde, versteht man die Worte als Mittel zur Vertuschung, Rechtfertigung und Erleichterung der Taten. Die Wahrheit war den Worten ebenso fremd wie das Recht den Handlungen.

Vorspiel zum Wüstensturm

Aus den Indizien ergibt sich ohne jeden vernünftigen Zweifel, daß die USA den Überfall auf den Irak seit Jahren geplant hatten und die Invasion in Kuwait provozierten, um eine amerikanische Reaktion zu rechtfertigen. Das war ein Verbrechen gegen den Frieden. Für Amerikaner, die mit Propaganda gesättigt sind und ihr Land lieben wollen, ist eine solche Schlußfolgerung nur schwer zu akzeptieren. Aber wenn man die Wege der Staaten seit der Zeit des trojanischen Pferdes betrachtet, wird sie höchst unglaubwürdig. Im Ersten Weltkrieg konnten die Briten arabische Führer mit dem Versprechen nationaler Unabhängigkeit sehr leicht dazu verleiten, die osmanischen Herrscher anzugreifen, welche die Mittelmächte gegen die Alliierten unterstützten. »Falsche Versprechungen« nennt T. E. Lawrence in seinem Buch »Die sieben Säulen der Weisheit« diesen Anreiz, nachdem er erfahren hatte, daß England und Frankreich in Wahrheit nie die Absicht hatten, nach dem Zerfall des Osmanischen Reiches wirklich unabhängige arabische Staaten in der Region zu dulden.

Eine Generation später wurden die Araber und die ganze Welt erneut getäuscht, diesmal von der britischen, französischen und israelischen Propaganda. In Ägypten war Nasser zum machtvollsten arabischen Staatschef des Jahrhunderts aufgestiegen. Er rief die Araber zur Einigkeit auf und übernahm die Kontrolle über den Suezkanal. Im Jahr 1956 verheimlichten England, Frankreich und Israel ihren gemeinsamen Plan: Israel sollte nach angeblicher Provokation Ägypten angreifen, und Frankreich und England wollten intervenieren, um den Suezkanal zurückzuerobern und Nasser zu stürzen. Mit einem Schlag hätten die Kolonialmächte die Kontrolle über den Kanal gewonnen, und Israel wäre seinen gefährlichsten arabischen Gegner losgeworden. Der Plan gelang nur teilweise, weil Präsident Eisenhower seine Zustimmung verweigerte. Aber in der amerikanischen und europäischen Öffentlichkeit herrscht noch heute die Überzeugung vor, Ägypten sei der Aggressor gewesen.

Von Mitte der fünfziger Jahre bis 1978, solange der Schah im Iran als regionaler Stellvertreter diente, waren die USA in der Region machtvoll präsent. Von 1972 bis 1977 verkauften die Vereinigten Staaten dem Iran Militärausrüstung für über 20 Milliarden Dollar. Der Irak, damals ein Schützling der Sowjetunion, war vorwiegend mit Waffen aus dem Ostblock ausgerüstet. Mit seiner dreimal größeren Bevölkerung, seiner größeren Fläche und der besser ausgestatteten Armee stellte der Iran den Irak in den siebziger Jahren leicht in den Schatten. Und die Türkei, ein weiterer Nachbar des Irak und außerdem NATO-Mitglied, war noch größer als der Iran. Sie war ebenfalls mit den USA verbündet und unterhielt die größte ständige Armee der NATO.

Die Außenpolitik der USA war darauf angewiesen, die iranische und türkische Militärmacht zu kontrollieren. In beiden Ländern hatten die Vereinigten Staaten Raketenstützpunkte und unentbehrliche Beobachtungs- und Überwachungsposten für die sowjetischen Raketen- und Atomversuche. Gesichert wurde das Ganze durch milliardenschwere Überwachungseinrichtungen, NATO-Einrichtungen und Luftwaffenstützpunkte in Saudi-Arabien. Der Grund für dieses Engagement war die Erkenntnis, wie wichtig die Ölreserven am Persischen Golf für die weltweite wirtschaftliche und geopolitische Macht sind. Zusammengefaßt wurde die amerikanische Politik in der Region durch einen Bericht, den das Energie- und Ressourcenkomitee des Senators Henry Jackson im Dezember 1977 veröffentlichte, kurz bevor die turbulenten Ereignisse von 1978 im Iran schließlich im Februar 1979 zum Sturz des Schahs führten:

> »Ein Engagement der USA für die Verteidigung der Ölvorräte am Golf und für die politische Stabilität in der Region muß eines der lebenswichtigsten und dauerhaftesten Interessen der USA sein.«

Bis Mitte der achtziger Jahre waren die einst machtvollen Streitkräfte des Schah durch Massendesertion, Anschläge, Erbeutung militärischer Ausrüstung durch lokale paramilitärische Einheiten und die Angst vor der aufgebrachten iranischen Öffentlichkeit gelähmt, und sie hatten nur noch einen Bruchteil ihres früheren Umfangs. Nach dem Sturz des Schah, der Machtübernahme des Ajatollah Khomeini, der Gefangennahme des US-Botschaftspersonals als Geiseln durch Studenten in Teheran und der sowjetischen Invasion in Afghanistan griff der Irak im Herbst 1980, von den USA ermutigt, den Iran an. Henry Kissinger drückte die Politik der USA mit den Worten aus, er hoffe, daß Iraner und Irakis »sich gegenseitig umbringen«. Ein Krieg mit schweren Verlusten auf beiden Seiten erschien als der beste Weg, um die Interessen der USA in der Region zu wahren. Mit starker Unterstützung aus Saudi-Arabien, der Sowjetunion und den Staaten des Warschauer Paktes konnte der Irak den Krieg durchhalten. Und die USA verlängerten mit ihrer Taktik, beide Konfliktparteien zu unterstützen, einen tragischen Krieg, der Millionen junger Irakis und Iraner das Leben kostete.

Im Jahr 1988 stand die Wirtschaft der Sowjetunion kurz vor dem Zusammenbruch. Die sowjetischen Streitkräfte zogen sich aus Afghanistan zurück. Ein erschöpfter Iran stimmte dem Frieden mit einem erschöpften Irak zu. Zum erstenmal sahen die USA eine Gelegenheit, sich in der Golfregion militärisch zu bewegen, ohne den Widerstand der Sowjetunion oder die gemeinsame Opposition aller Anrainerstaaten zu riskieren.

Der Irak war trotz der Verluste im Krieg gegen den Iran und gewaltiger Kriegsschulden immer noch ein aufstrebendes Industrieland, dessen vergleichsweise starke Wirtschaft sich auf die Öleinkünfte stützte. Er war noch unterentwickelt, das Pro-Kopf-Einkommen seiner 16 Millionen Einwohner lag bei nur 2 500 Dollar. Er befürwortete eine internationale Ölpolitik, die den Erzeugerstaaten auf Kosten der Industrieländer größere Erlöse einbringen sollte. Mit seiner unabhängigen politischen Stellung und seiner relativ großen Armee beschränkte und bedrohte der Irak die amerikanische, israelische und europäische Vorherrschaft in der Region. Um diese Vorherrschaft zu sichern, mußten die USA jede Fähigkeit des Irak zu lokalen Militäraktionen zerstören, für die Verarmung seiner Bevölkerung sorgen und seine Ölreserven sowie seinen Einfluß auf Ölproduktion und Ölpreise kontrollieren.

Im Laufe des Jahres 1988 vollendeten die USA neue Pläne für eine direkte, gegen den Irak gerichtete Militärintervention am Golf. Die Machtlosigkeit der Sowjetunion, die Isolation und Schwäche des Iran sowie die guten Verbindungen zur Türkei, zu Saudi-Arabien und zu Israel verringerten das Risiko, daß Regierungen aus der Region sich einem solchen Eingreifen der USA widersetzen würden. Die Vereinigten Staaten verfolgten weiter ihre Strategie, den Irak zu isolieren, unter Druck zu setzen und schließlich zu Handlungen zu provozieren, die einen Überfall rechtfertigten.

Ein notwendiger Bestandteil dieser Strategie war die Verteufelung von Saddam Hussein, der noch kurz zuvor ein Verbündeter der USA gewesen war. Bei der amerikanischen und europäischen Bevölkerung, die über Generationen hinweg aus der Literatur gelernt hatte, die Araber als exotisch, unvernünftig, grausam und listig anzusehen, war das nicht weiter schwierig. Außerdem mußte man das amerikanische Volk und die Weltöffentlichkeit davon überzeugen, daß der Irak über einen gewaltigen Militärapparat verfügte und damit die ganze Region überrennen wollte. Das war ebenfalls leicht zu erreichen, denn die milliardenschweren, mehrere Jahrzehnte andauernden Waffenverkäufe in die Region hatten zu der Annahme geführt, gewaltige arabische Armeen könnten mit hochentwickelten Waffensystemen einen High-Tech-Krieg führen.

Plötzlich wurde behauptet, der kleine Irak besitze die viertgrößte Armee der Welt, sei zu chemischer Kriegführung in der Lage und bereite die Herstellung von Atomwaffen vor. Der Mann, den die USA gegen den Iran unterstützt hatten, wurde nun ganz und gar zum Bösen gestempelt. Wer die Hilfe der USA für die Aggression des Irak gegen den Iran kritisiert hatte, galt jetzt als Unterstützer dieses neuentdeckten Hitlers, wenn er den Feldzug der USA gegen den Irak verurteilte.

Hätte Präsident Bush verhindern wollen, daß der Irak in Kuwait einmarschierte, hätte er es dann unterlassen, Saddam Hussein zu informieren? Statt dessen sandte die Bush-Regierung andere Signale aus. Der Unterstaatssekretär Kelly und Botschafterin Glaspie erklärten dem irakischen Staatschef, bei der Auseinandersetzung mit Kuwait handele es sich um eine regionale Angelegenheit. Noch vier Monate vor der Invasion in Kuwait hatte Kelly Saddam Hussein als »Kraft der Mäßigung« bezeichnet. Die amerikanische Öffentlichkeit achtet vielleicht nicht besonders darauf, was Unterstaatssekretäre sagen, aber ausländische Staatschefs tun das sehr wohl. Die USA wußten um die Bedeutung der Ölreserven am Golf für die europäische, japanische und amerikanische Wirtschaft; ist es wirklich denkbar, daß sie es dennoch versäumten, angesichts des offenkundigen irakischen Truppenaufmarsches eine Invasion zu verhindern – wenn sie sie hätten verhindern wollen?

Allein die verblüffende Bereitwilligkeit des Präsidenten Bush, sich um die irakische Invasion zu kümmern, militärische Unterstützung Saudi-Arabiens anzukündigen, die Saudis zur Annahme dieser Unterstützung zu drängen, Truppen zu entsenden, einen umfassenden militärischen und politischen Angriff in Gang zu setzen und sinnvolle Verhandlungen zu verhindern, ist ein überzeugendes Indiz für seine Absicht, den Irak zu zerstören. Präsident Bush war nicht daran interessiert, sich für die Untersuchung der Ausbreitung von AIDS in Afrika einzusetzen; in den Vereinigten Staaten wendete er im Zusammenhang mit dieser Krankheit nur Kleckerbeträge auf; er kümmerte sich nicht um die Obdachlosigkeit in amerikanischen Städten und lehnte ein Eingreifen ab, als im nahen Haiti ein demokratisch gewählter Präsident gestürzt wurde – aber er zögerte nicht bei seinem Bestreben, den Irak zu vernichten.

Vom August 1990 an sah die Welt fast sechs Monate lang zu, wie die Vereinigten Staaten am Persischen Golf ihre Militärmaschinerie aufbauten. In den ersten Monaten behauptete Präsident Bush, die USA verfolgten rein defensive Absichten, obwohl die dort stationierten Truppen sich bereits auf offensive Militäraktionen vorbereiteten. Während viele Staatschefs auf der Welt sich bis zur Erschöpfung um eine friedliche Lösung bemühten, bestand Präsident Bush darauf, es werde keine Verhandlungen geben, keinen Kompromiß, keine Wahrung des Gesichts und keine Belohnung für Aggression. Mit diesem Standpunkt verletzte er den Geist der UN-Charta, die der friedlichen Lösung von Meinungsverschiedenheiten dient.

Der Irak wartete einfach ab, wie das Kaninchen, das vor der nahenden Schlange erstarrt. Vom 12. August 1990 an versuchte Saddam Hussein mehrmals, seinen Wunsch nach der Verhandlung aller Themen mitzuteilen – das schloß auch den Rückzug aus Kuwait ein. Die Medien übergingen oder verzerrten seine Angebote, machten sie als betrügerische Ablenkungsmanöver lächerlich und posaunten die Einschätzung von Präsident Bush herum, die letzten Bemühungen des Irak um Verhandlungen seien ein »grausamer Schabernack«.

Im November 1990 traf ich mit Saddam Hussein zusammen und diskutierte mit ihm die katastrophalen Folgen des Vietnamkriegs, besonders was die Vietnamesen anging. Sie verloren über eine Million Menschen und waren noch 15 Jahre nach dem Krieg durch die Sanktionen der USA mehr verarmt als durch die amerikanischen Militäraktionen während des Krieges. Ich sprach von den Verlustmeldungen der USA, in denen die Zahl der vietnamesischen Opfer mit Stolz übertrieben wurde, und über die traurige Äußerung von Präsident Johnson, ein vietnamesisches Opfer sei »noch eine Negerhaut an der Wand«. Während der Unterredung bemerkte Hussein, nach islamischer Lehre sei ein Prophet jemand, »der Menschen lieben kann, die weit weg sind«. Er mußte erfahren, daß George Bush kein Prophet war.

Die amerikanische Öffentlichkeit hatte eine einmalige Gelegenheit, ihre Meinung gegen die Aggression der eigenen Regierung zu mobilisieren. Über fünf Monate lang waren all die vertrauten Anzeichen zu erkennen, daß Washington die Absicht hatte, das Volk in einen Krieg zu führen. Und doch sahen die meisten Amerikaner nur zu, während ihre Regierung den Truppenaufmarsch fortsetzte und die Drohungen gegen den Irak verstärkte.

Immerhin organisierten neue Koalitionen von Friedensgruppen aus afrikanisch-amerikanischen und lateinamerikanischen Gemeinschaften, Arbeiterorganisationen, Umweltschützer und Menschenrechtsorganisationen umfangreiche Proteste. Zehntausende von Demonstranten gingen überall in den Städten der USA gegen die Militäraktion auf die Straße.

Einige der mutigsten Protestaktionen kamen aus der Armee selbst. Als die Mobilmachung auch die letzte amerikanische Gemeinde erreichte, weigerten sich Hunderte von Marine- und Heeressoldaten des aktiven Dienstes und der Reserve, der Einberufung zu folgen. Die Medien, die den Konflikt als Kampf zwischen Gut und Böse darstellten und das stolze amerikanische Säbelrasseln auf dem Weg zum Krieg zeigten, nahmen die Aktionen der Kriegsgegner meist nicht zur Kenntnis, und nur selten sprachen sie von dem einsamen Heldentum derer, die ihre Freiheit riskierten, weil sie sich dem Krieg widersetzten. Erst nach dem Krieg, als das Pentagon hart gegen fast alle Verweigerer aus Gewissensgründen vorging, berichtete die Presse darüber; während das Gemetzel gefeiert wurde, erzählte sie dem Land, wie schlimm es ist, der Obrigkeit nicht zu gehorchen. Die wahre Geschichte war aber die vom Versagen der amerikanischen Institutionen auf dem Weg zum Krieg.

Das politische System der USA ließ die Bürger im Stich. Als Präsident Bush das Land in den Krieg trieb, war der Kongreß gelähmt und tat so, als ginge ihn die Aussicht auf eine größere militärische Unternehmung nichts an. Obwohl die Verfassung allein dem Kongreß das Recht zur Kriegserklärung zubilligt, behauptete Präsident Bush am 9. Januar 1991, er habe die »verfassungsmäßige Befugnis«, ohne Zustimmung des Kongresses zu handeln. Indem er eine halbe Million US-Soldaten an den Golf schickte und sich mit Bestechung und Zwang vom Weltsicherheitsrat die Genehmigung zum Einsatz aller erforderlichen Mittel verschaffte, um den Irak aus Kuwait zu vertreiben, machte Präsident Bush es dem Kongreß fast unmöglich, etwas gegen den Krieg zu unternehmen.

In der Einstellung von Präsident Bush gegenüber dem Kongreß spiegelt sich auch sein Zutrauen in das militärische Ergebnis wider. Nach dem Vietnamkrieg wäre es blanker Leichtsinn gewesen, das Land einseitig in eine Militäraktion zu führen, die sich länger hinziehen oder eine beträchtliche Zahl von Todesopfern fordern könnte. Aber diesmal wußte der Präsident, daß es ein kurzer Krieg sein würde, daß der Irak leicht zu überwältigen war und daß es sich gewaltig lohnen würde.

Die Macht zur Beeinflussung der Tatsachen und ihr betrügerischer Einsatz, der Einfluß der Militärindustrie, der Ölfirmen und der multinationalen Konzerne, die machtvolle israelische Lobby, das schrille Kriegsgeschrei der Medien und die Erkenntnis, daß noch kein politisch Verantwortlicher in der Geschichte der USA sich mit der Ablehnung von Krieg durchsetzen konnte – all das zusammen überrollte den Kongreß: Er versäumte seine verfassungsmäßige Pflicht und nahm es stillschweigend hin, daß der Präsident aus eigener Machtvollkommenheit den Irak zerstörte. Damit der Kongreß in Zukunft den Militarismus von

Präsidenten verhindern kann, muß er seine verfassungsmäßige Macht wieder wahrnehmen und politischen Mut aufbringen, den wahrscheinlich nur starker öffentlicher Druck erzeugen kann.

Präsident Bush wußte, daß er sich auf die Medien verlassen konnte, um die vielfältigen Falschmeldungen zu verbreiten, die den Angriff auf den Irak erleichtern würden. Die wirtschaftlichen Interessengruppen, denen die Medien gehören und die am Militarismus der USA verdienen, hatten ihre fast allumfassende Macht zur Meinungsbildung bereits bewiesen und in mehreren Fällen für überwältigende Unterstützung der Öffentlichkeit gesorgt: 1982 beim Überfall auf Grenada, 1986 beim Überraschungsangriff auf Libyen und 1989 bei der brutalen Invasion in Panama. Das amerikanische Volk wurde dazu verurteilt, jede Absurdität hinzunehmen und sogar zu bejubeln, wenn man ihm nur sagte, sie rechtfertige militärische Gewalt und diene amerikanischen Interessen. Die offenkundige Falschheit, Unmoral und Ungesetzlichkeit der Rechtfertigungen für den Krieg, welche die Presse verbreitete, und die eindeutig undifferenzierte, willkürliche Gewaltanwendung durch die Streitkräfte konnte nur ein Volk hinnehmen, das für die Wahrheit blind geworden und darauf trainiert war, sich um die Verwüstungen, die seine Streitkräfte woanders anrichteten, nicht zu kümmern.

Als noch schwächere Hoffnung für die Welt erwiesen sich die Vereinten Nationen. Die Organisation war zwar gegründet worden, um die Geißel des Krieges zu beseitigen, aber im Herbst 1990 wurde sie von den Vereinigten Staaten zu einem Kriegsinstrument umfunktioniert. Der sowjetische Einfluß zerfiel, den meisten Mitgliedstaaten der UN ging es wirtschaftlich schlecht, und Länder, die zuvor unabhängig waren, wollten sich bei den Vereinigten Staaten eine bevorzugte Stellung verschaffen; so konnten die USA sich schamlos und öffentlich durch Bestechung und Schikane die Stimmen anderer Länder verschaffen.

Mit Hilfe der Resolution 678, für die die USA Milliarden Dollar an die Sowjetunion, Ägypten und andere Länder gezahlt hatten, zerstörten sie den Irak, obwohl darin Gewaltanwendung gegen Zivilisten nicht erwähnt oder gerechtfertigt wurde. Dann, lange nachdem die irakischen Streitkräfte zerstört oder aus Kuwait abgezogen waren, benutzte man die Resolution 678 als Rechtfertigung, um den Irak abzuriegeln, so daß Zehntausende von Kindern, Säuglingen, Kranken und Alten ums Leben kamen. Es gab keine wirksamen Bemühungen der UN, die Handlungen der USA einzuschränken. Nur durch eine tiefgreifende

Reform können die Vereinten Nationen wieder zu einer Hoffnung für den Frieden werden.

Der Wüstensturm kommt

Die Nacht vom 16. auf den 17. Januar 1991 war sternenklar. Wenig hatte sich geändert seit der Zeit vor 4000 Jahren, als Hammurabi von Babylon aus das Zweistromland beherrschte. Es ist das Land Assurbanipals großer Bibliothek mit seiner Sammlung aller existierenden Schriften aus allen Sprachen und des legendären 3000 Jahre alten Palast in Ninive am Tigris. Die Träume Alexanders des Großen starben mit ihm in Babylon, als er vor über 2000 Jahren versuchte, das Ganze zu erobern. Hulegu, der Bruder von Kublai Khan, nahm 1258 Bagdad ein und ließ den Kalifen umbringen; zwei Generationen später gab es das Reich der Khans nicht mehr. Und immer noch bestellten die Menschen das Land, sie bevölkerten die Städte und nahmen die Bruchstücke der vielen Kulturen, Rassen, Energien und Vorstellungen auf, die hier zu Hause gewesen waren.

Tigris und Euphrat flossen in der Dunkelheit der frühen Morgenstunden ruhig dem Persischen Golf entgegen. Die gleichen Sterne sollten wieder einmal schweigende Zeugen menschlicher Gewaltakte werden, die in Art und Ausmaß ohne Vorbild waren. Sanft strich der Wind durch die Kronen der Dattelpalmen. In den verdunkelten Städten, Dörfern und Gehöften versuchten Männer, Frauen und Kinder zu schlafen, ohne zu wissen, was diese Nacht ihnen bringen würde.

In Kuwait wartete die verbliebene Bevölkerung und die irakische Besatzungsmacht, unterstützt von weiteren Hunderttausenden im Süden des Irak, auf den Krieg. Weiter südlich standen 540 000 US-Soldaten und weitere 150 000 aus anderen Ländern unter Alarm; ängstlich fragten sie sich, was ihnen wohl zustoßen würde, denn man hatte ihnen gesagt, sie würden in das unmittelbare Gefecht mit einem gefährlichen und machtvollen Feind geschickt.

Am 17. Januar 1991 um 2.30 Uhr fielen die ersten Bomben, und dann griff 52 Tage lang durchschnittlich alle 30 Sekunden ein amerikanisches Flugzeug den Irak an. Amerikanische Technik zermalmte die Wiege der Zivilisation und ließ sie verstümmelt zurück – George Bush nannte es Befreiung.

Der Überfall auf den Irak war praktisch von Anfang bis Ende ein Kriegsverbrechen, das Tausende von kriminellen Einzeltaten umfaßte, so wie es bei jeder Gewalttat gegen einen wehrlosen Gegner nicht anders sein kann. Bis Ende 1991 waren über 250 000 Irakis und Tausende Angehörige anderer Nationen als Folge des Angriffs ums Leben gekommen. Die meisten davon waren Zivilisten – Männer, Frauen, Kinder und Säuglinge.

Auf amerikanischer Seite betrug die Gesamtzahl der Opfer den Angaben zufolge 148, einschließlich derer, die durch Feuer der eigenen Seite starben. Bei den Luftangriffen – nach offiziellen Angaben waren es 109 876 – gingen ingesamt 38 Flugzeuge verloren, das ist weniger als die Unfallquote bei Manövern ohne scharfe Munition. Die Bomben, die aus diesen Flugzeugen abgeworfen wurden, entsprachen in ihrer Zerstörungskraft sieben Hiroshima-Bomben. Es war kein Krieg. Es war nur das vorsätzliche, berechnete Gemetzel an Zivilpersonen und wehrlosen Soldaten.

Die Fernsehgesellschaften machten die 42tägigen Bombenangriffe auf den Irak zu einem einzigen Werbespot für Militarismus und die Waffensysteme der USA. Im Fernsehen wirkte die Zielgenauigkeit der Waffen geradezu übernatürlich, und die USA schienen allmächtig zu sein. Auf dem Erdboden jedoch forderten die gewaltigen Bombenangriffe gegen irakische Städte Tausende von zivilen Todesopfern. Von den 88 500 Tonnen Sprengmaterial, die auf den Irak herabregneten, waren nur 6 250 Tonnen von genauen Zielvorrichtungen gesteuert. Fast 93 Prozent der Bomben waren ungesteuert – sie fielen aus großer Höhe herab und waren nicht zielgenauer als die Bomben des Zweiten Weltkriegs. Die Stadt Basra wurde von B-52-Maschinen mit Bombenteppichen belegt. Die Bomben töteten unterschiedslos, sie trafen Irakis und andere, Moslems und Christen, Kurden und Assyrer, Junge und Alte, Männer und Frauen.

Eine der großen Mythen, die das Pentagon und die gesteuerten Medien verbreiteten, war der von der chirurgischen Präzision der US-Waffen, die angeblich zum Schutz von Menschenleben beitrug. Mit diesem Argument hatten die USA schon früher Gewaltakte gegen ihre Feinde gerechtfertigt. Als amerikanische Flugzeuge im April 1986 das Zentrum der dichtbevölkerten Stadt Tripolis bombardierten, bestand Verteidigungsminister Caspar Weinberger darauf, es sei »unmöglich«, daß Zivilisten ums Leben gekommen seien. In Wirklichkeit handelte es sich bei den mehreren hundert Todesopfern fast ausschließlich um Zivilpersonen.

Was am Golf geschah, war ein Überfall, kein Krieg. Es gab kein Gefecht, keine Gegenwehr, und nur wenige Scharmützel. Der Irak war weder zum Angriff noch zur Verteidigung fähig. Er erduldete einfach einen sechswöchigen, vernichtenden Überfall. Im ganzen Land fielen Bomben auf Zivilpersonen und zivile Einrichtungen.

Als ich am ersten Jahrestag der Bombenangriffe den Irak bereiste und dabei wiederum die Orte besuchte, die ich während der Angriffe gesehen hatte, sammelte ich Zahlenangaben aus irakischen Quellen über die zivilen Schäden. Es war ein vernichtender Tribut. Die tödlichsten und entlarvendsten Angriffe waren die auf die Wasser- und Lebensmittelversorgung. Vom Bauernhof bis zum Markt gab es systematische Angriffe; sie richteten sich gegen alles, was für die Nahrungsproduktion gebraucht wird: Bewässerung, Düngemittel, Schädlingsbekämpfung und Traktoren. Die Einfuhr von Lebensmitteln, mit der das Land vor dem Krieg 70 Prozent seines Bedarfs gedeckt hatte, war durch die Sanktionen und aus anderen Gründen drastisch zurückgegangen. Die durchschnittliche Kalorienaufnahme pro Kopf ist nur noch halb so hoch wie vor dem Krieg. In ärmeren städtischen Gebieten leiden bis zu 50 Prozent der Kinder unter Mangelernährung. Da das Volk durch Unterernährung, verseuchtes Wasser und Krankheiten geschwächt ist, während durch die Sanktionen gleichzeitig ein starker Mangel an medizinischem Material besteht, kann das irakische Gesundheitssystem die Kranken nicht ausreichend versorgen.

Irgendwie wurde die Zahl der irakischen Todesopfer in der Diskussion über die Führung des Golfkriegs durch Präsident Bush zu einer untergeordneten Größe, vielleicht weil das Gemetzel an dunkelhäutigen Menschen durch amerikanische Waffen nur allzu bekannt ist. Am 19. Februar bemerkte der Brigadegeneral Richard Neal bei einer Besprechung mit Journalisten in Riad, die USA wollten sich eines schnellen Sieges sicher sein, wenn sie Bodentruppen in das »Indianerland« schickten. Damit offenbarte er, wie die Armee der USA ihrer rassistischen Vergangenheit treu geblieben ist und ein weiteres Gemetzel an »Wilden« beabsichtigte.

In Wirklichkeit waren die US-Regierung und die Angehörigen der amerikanischen Plutokratie gegenüber der Zahl der irakischen Todesopfer nicht so gleichgültig, wie sie vorgaben. Im kalifornischen Bohemian Grove, wo sich die Reichen, Mächtigen und politisch Verantwortlichen zum Austausch von Meinungen und Informationen treffen, die nie an die Öffentlichkeit dringen, sprach der frühere Marineminister John

Lehman von »raffinierten« Waffen. Er berichtete den Anwesenden, nach Schätzungen des Pentagons hätten die Vereinigten Staaten im Golfkrieg 200 000 Irakis getötet. Der Öffentlichkeit wurde das nie offiziell mitgeteilt – und sie hätte es nie erfahren, hätte sich nicht ein Journalist der Zeitschrift »People« in die Versammlung von Bohemian Grove eingeschlichen.

Die Zahl der bei dem amerikanischen Überfall getöteten Menschen zu schätzen, ist schwierig und schmerzlich, aber es ist von entscheidender Bedeutung. Jedes Menschenleben zählt. Die Zahl der Opfer zu unterschätzen, indem man nur die aufgefundenen Leichen zählt, heißt das Verbrechen zu vertuschen, die Lehren der Geschichte zu ignorieren und die Wahrheit zu verbergen. Überschätzt man sie dagegen, nimmt man dem wirklich Geschehenen einen Teil seines Schreckens, weil die Wahrheit dann harmloser erscheint. Aber eine genaue Zählung ist unter den gegebenen Umständen nicht möglich, denn es gibt machtvolle Interessen, die dieses grundsätzliche Maß für die Bedeutung des Krieges in ihrem Sinne steuern wollen.

Die Untersuchungen, Anhörungen, Aufzeichnungen und Analysen der Kommission weisen auf etwa 120 000 bis 150 000 getötete irakische Soldaten hin. Das ist tragischerweise eine nur allzu solide Grundlage für die Glaubwürdigkeit erster Berichte, die von 100 000 militärischen Todesopfern sprachen, während die europäische Presse von insgesamt 200 000 Getöteten ausging. Hatte das Pentagon nicht Monate vor dem Überfall behauptet, man werde die irakische Armee zerstören? Was erwartete man von diesen widerstandslos hingenommenen Bombenangriffen?

Was die Zivilisten angeht, so schätzten Organisationen wie Greenpeace und Middle East Watch, die selbst keine Mitarbeiter in den Irak schicken konnten, die Zahl der bei den Bombenangriffen Getöteten auf 3 000. Die Zensusbehörde der USA schätzte 5 000 unmittelbar bei den Bombenangriffen getötete Zivilisten und wollte die Untersuchungsbeamtin Beth DaPonte entlassen, nach deren Bericht diese Zahl bei 13 000 lag. Aber selbst die Zahl von 13 000 setzt einen Glauben an übernatürliche Kräfte voraus, wenn man den landesweiten Überfall auf das zivile Leben analysiert. Wie kann man ein ganzes Land bombardieren und im Tiefflug angreifen, Zehntausende von Flugkörpern mit allen Arten von Bomben und todbringenden Waffen einsetzen und damit 8 400 Wohnungen, Hunderte von Fahrzeugen auf Landstraßen, Tausende von Läden, Büros, Lagerhäusern, Cafés, Hotels, Fabriken, Brücken, Bahnhöfen, Busdepots, Märkten, Schulen, Moscheen und Luftschutzbunkern zerstören, ohne dabei nicht auch Zigtausende von Menschen zu töten?

Nach Erfahrung, Vernunft und abgeschlossenen Zählungen ist die Mindestzahl von 150 000 zivilen Todesopfern im Irak vom Beginn des Krieges bis Anfang 1992 sehr vorsichtig angesetzt. Die amerikanischen Medien überfütterten das Land zwar mit Berichten über die Scud-Angriffe auf Israel, aber von den Zerstörungen im Irak zeigten sie wenig. Bei zwei Scud-Angriffen, die getroffen hatten, starben zwei Israelis. Das war tragisch. Bei 110 000 Luftangriffen starben eine Viertelmillion Irakis, Soldaten und Zivilisten. Das war Völkermord.

Besonders grausam war die Art, wie die Irakis ums Leben kamen. Tausende von Zivilisten starben durch verseuchtes Wasser. Vom Brechdurchfall ausgedörrt und begierig auf Flüssigkeit, hatten sie nichts anderes zu trinken als noch mehr von dem Wasser, das sie krank machte. Zehntausende von Säuglingen starben durch den Mangel an Milchpulver und Medikamenten. Die chronisch Kranken, die neu Erkrankten und die Verwundeten starben, weil medizinische Versorgung, Medikamente, sauberes Wasser und Hygiene fehlten. Kinder, geschwächte und ältere Menschen starben um ein Mehrfaches häufiger als sonst an Krankheiten und Mangelernährung.

Soldaten starben, als Bomben aus Flugzeugen, die sie nicht sehen konnten, auf sie herabregneten. Nachrichtenverbindungen, Nachschub, Wasser- und Lebensmittelversorgung und Befehlswege waren abgeschnitten. Wer zu entkommen versuchte, riskierte sein Leben. Die Sterblichkeit unter den Verwundeten nahm stark zu, weil sie nicht geborgen werden konnten und weil kaum medizinische Versorgung verfügbar war. Tausende von Verwundeten, Kranken, Verwirrten und Toten wurden unter dem Sand begraben, den amerikanische Panzer und Bulldozer über die Schützengräben schoben. Tausende starben durch verbotene Splitterbomben, Flüssigsprengstoffe und Brände an Straßenabschnitten, von denen einer von etwa elf Kilometern den Beinamen »Highway des Todes« trug. Ein noch grausigeres Beispiel war die Zerstörung einer namenlosen, 100 Kilometer langen Kolonne, die zehn Tage nach dem Waffenstillstand entdeckt wurde. Tausende von Irakis starben noch nach dem Waffenstillstand bei Überfällen. Weiterhin bestand die mörderische Absicht zur Zerstörung von Einheiten, die dem großen allgemeinen Gemetzel entgangen waren.

Aus der Zerstörung der für Luftangriffe ausgewählten Ziele ergab sich unmittelbar eine Gefährdung der gesamten Zivilbevölkerung.

Schon wenige Tage, nachdem die Bombenangriffe am 17. Januar begonnen hatten, verfügte keine Stadt und kein Dorf des Irak mehr über fließendes Wasser. Es gab keine Elektrizität und keine Nachrichtenverbindungen, keinen Luft- oder Eisenbahnverkehr und nur sehr beschränkte Transportmöglichkeiten mit Bussen, Taxis und Privatautos. Das ganze Land lebte ständig unter der Gefahr eines unerwarteten Überfalls aus der Luft.

Ein weiterer Hinweis darauf, daß die Absicht bestand, das zivile Leben im Irak zu zerstören, waren die Sanktionen des UN-Sicherheitsrats, die auf Drängen der USA verhängt worden waren. Die Vereinigten Staaten behaupteten zwar, die Einfuhr von Lebensmitteln und Medikamenten sei dadurch nicht ernsthaft betroffen, aber unzweifelhaften Hinweisen zufolge trifft das Gegenteil zu. Die Sanktionen stellen eine dauernde Verletzung humanitärer Grundsätze dar.

Im April 1991 fanden Ärzte bei Säuglingen viele Fälle von Kwashiorkor, einen Zustand extremer Mangelernährung, bei dem sich der Bauch aufbläht, während Arme, Beine und Rumpf verkümmern. Er war irakischen Ärzten bis dahin praktisch unbekannt gewesen. Nach einem Bericht der Zeitschrift »Time« vom Juni nahm das Quadisieh-Krankenhaus in Bagdad täglich zehn Säuglinge mit Marasmus auf; diese Krankheit, so die Beschreibung in dem Bericht, sei »ein Zustand fortgeschrittener Mangelernährung, bei dem Gesicht und Körper eines Kindes so runzelig und abgehärmt aussehen wie bei einem alten Mann«. Die umfangreichste westliche Studie über die Gesundheitsbedingungen im Irak – sie stammte vom International Study Team der Harvard-Universität – bezifferte im Oktober die Kindersterblichkeit als dreimal so hoch wie vor dem Krieg. Im Februar 1992 zeigte der Direktor des Quadisieh-Krankenhauses Stationen, die wegen des Mangels an Medikamenten und Geräten nur zu einem Viertel belegt waren. Selbst bei dieser geringen Auslastung, so erklärte er, gebe es in dem Krankenhaus jeden Monat 250 Todesfälle mehr als 1990. Und dabei wurden die meisten Todesfälle unter den 800 000 Slumbewohnern von Saddam City, wo sich das Krankenhaus befindet, noch nicht einmal registriert.

Die Säuglingssterblichkeit verdoppelte sich, und in manchen Gebieten verdreifachte sie sich sogar. Vor dem Krieg wurden im Irak pro Jahr etwa 750 000 Kinder geboren. Die Säuglingssterblichkeit lag 1989 bei 69 je 1 000 Lebendgeborene. Eine Verdoppelung dieses Anteils für ein Jahr bedeutet, daß zusätzlich 51 750 Säuglinge als unmittelbare Folge der amerikanischen Bombenangriffe und Sanktionen sterben. Auch die

Sterblichkeit bei Kindern unter fünf Jahren stieg drastisch an – sie bedrohte die Mehrheit und forderte Zehntausende junger Menschenleben. Nach Schätzungen litten 29 Prozent aller Kinder im Winter 1991/92 unter schwerer Mangelernährung. In der Umgebung des Quadisieh-Krankenhauses lag diese Quote bei entsetzlichen 50 Prozent. Ein großer Anteil der Überlebenden – nach einem medizinischen Bericht eine »verkrüppelte Generation« – hat eine geringere Lebenserwartung und leidet unter Körperbehinderungen durch Mangelernährung und Krankheiten, die durch die Zerstörung von Trinkwasserversorgung, Abwasserreinigung und Gesundheitswesen sowie infolge des Embargos durch den Mangel an Nahrungsmitteln und Medikamenten entstanden sind.

Im Spätherbst 1991 sagte UNICEF voraus, ohne umfangreiche Hilfsmaßnahmen würden am Jahresende im Irak 170 000 Kinder unter sechs Jahren an Mangelernährung leiden, und die Hälfte davon werde sterben. Und Ende 1991 berichtete OXFAM, Millionen Irakis litten unter der strategischen Bombardierung von Wasserversorgung, Abwasseraufbereitung und Gesundheitseinrichtungen.

Aber auch angesichts dieser Tatsachen beugte sich das Sanktionskomitee der Vereinten Nationen dem Beharren der USA auf der Beibehaltung des Embargos, das die Nahrungs- und Medikamentenversorgung einschränkte. Eine ganze Nation wird als Geisel genommen und mit Drohungen, Hunger, Krankheit und Gewalt gequält, und jeden Tag kommen dabei zahlreiche Menschen ums Leben. Diese Politik ist Völkermord. Regierung und Medien der USA wissen das, und das gleiche gilt überall für die informierte Öffentlichkeit, für die Mitglieder der Vereinten Nationen und für das Sanktionskomitee.

Die USA wollten den Irak zermalmen, und das haben sie auch getan. Sie wollten die Region und ihre Ressourcen beherrschen, und das ist gelungen. Die Frage ist nun, ob solche Aggression sich auszahlt oder ob die Verantwortlichen zur Rechenschaft gezogen werden.

Rechtfertigungsversuche

Ob die US-Außenpolitik weiterhin von Militarismus beherrscht wird, hängt möglicherweise in großem Umfang davon ab, ob die Regierung das amerikanische Volk davon überzeugen kann, daß der Angriff auf den Irak gerechtfertigt und nützlich war. Um diesen Standpunkt zu vertreten, hat sie sich einer breiten Palette von Argumenten bedient.

Eine solche Rechtfertigung war die Zerstörung der Atomwaffen, die der Irak angeblich entwickelte. Wie Umfragen im Herbst 1990 zeigten, war das eine Rechtfertigung für den Angriff, der die Amerikaner zustimmten. Während der Bombenangriffe gab die US-Armee bekannt, man habe die Chemie- und Atomwaffenfabriken des Irak zerstört – auch das ein Kriegsverbrechen, weil es die Zivilbevölkerung der Gefahr giftiger Emissionen aussetzte. Und noch ein Jahr nach dem Überfall auf den Irak nahmen Berichte über geheime Atom- und Chemieanlagen in den Medien mehr Raum ein als die Katastrophe, die über das irakische Volk hereingebrochen war. Im April 1992 hatten Experten der internationalen Atomenergiebehörde jedoch Berichte ausgewertet, die UN-Inspektoren aus dem Irak mitgebracht hatten; nachdem es monatelang so ausgesehen hatte, als würden sie die anfängliche Hysterie der Bush-Regierung über die Fähigkeiten des Irak im Nuklearbereich bestätigen, kamen die Fachleute zu dem Schluß, das irakische Entwicklungsprogramm sei noch mindestens drei Jahre von der ersten primitiven Atomwaffe entfernt. Und was die Chemiewaffen anging, so wagte der Irak nicht, diejenigen einzusetzen, die er besaß, während die USA das Land systematisch zerstörten.

Die Nichtweiterverbreitung von Atomwaffen muß international weiterhin höchste Priorität genießen. Aber die Scheinheiligkeit der USA, die als einziges Land der Erde schon einmal Atombomben eingesetzt haben und nun behaupteten, der Irak sei eine nukleare Bedrohung, ist erschreckend. Während der Irak verurteilt und zerstört wurde, ignorierte man völlig die gewaltigen Vorräte der USA an nuklearen, chemischen, biologischen und anderen Massenvernichtungswaffen sowie die Tatsache, daß es in der Golfregion amerikanische Atomwaffen gab. Daß Israel im Herzen des unbeständigen Nahen Ostens über bis zu 300 atomare Sprengköpfe und hochentwickelte Raketen verfügt, wurde nur selten in Rechnung gestellt. Der Weltsicherheitsrat, dessen fünf ständige Mitglieder die wichtigsten Atommächte und Waffenhändler der Welt sind, beschäftigte sich statt dessen einträchtig mit dem Irak und bedrohte ihn wegen des angeblichen Verbergens von Atommaterial mit weiteren Angriffen.

Die Invasion des Irak in Kuwait und seine Weigerung, den UN-Resolutionen nachzukommen und sich zurückzuziehen, wurde als Aggression dargestellt, die weltweites Handeln zur gewaltsamen Befreiung Kuwaits unumgänglich machte. Aber seit Jahren hatten die USA weit schlimmere Aggression und Gesetzlosigkeit begangen und entschuldigt.

Die Invasion Israels im Südlibanon, die Zehntausende von Menschenleben kostete, und die andauernde Besetzung dort, seine häufigen militärischen Übergriffe auf den Libanon, die sich während des Truppenaufmarsches gegen den Irak verstärkten, und die erneuten Aktionen während der Nahost-Friedenskonferenz in Madrid 1991 – all das wurde von den USA unterstützt und verteidigt. Daß Israel seit Jahrzehnten die UN-Resolutionen mißachtet, die seinen Rückzug aus den besetzten palästinensischen Gebieten verlangen, war für die USA kein Anlaß zu ernsthaften Handlungen.

Der Überfall der USA auf Panama knapp acht Monate vor der irakischen Invasion in Kuwait verletzte alle völkerrechtlichen Grundsätze, die auf den Persischen Golf anzuwenden sind, und darüber hinaus auch amerikanische Abkommen und die Kanalverträge. Ganze Wohngebiete wurden dabei zerstört, und mehrere tausend Bürger Panamas kamen ums Leben; bei der irakischen Invasion in Kuwait wurden nach einem Bericht der »New York Times« vom 17. Oktober 1990 etwa 300 Kuwaitis getötet.

Weder die amerikanische noch die irakische Invasion war nach dem Völkerrecht hinzunehmen, das eine friedliche Lösung von Meinungsverschiedenheiten vorschreibt. Aber der Irak konnte mit gutem Grund behaupten, daß er im 19. Jahrhundert und nach dem Ersten Weltkrieg zum Opfer der britischen Kolonialmacht geworden war, daß Kuwait ihm Land und Öl gestohlen hatte und daß gegen ihn von 1988 bis Juli 1990 über Kuwait ein von den USA angestifteter Wirtschaftskrieg geführt wurde. Der Irak war unter seinen vielen Namen im Laufe der Jahrtausende immer ein Küstenstaat gewesen. Im Altertum verließ eine Galeere Ninive, um über den Persischen Golf in den Indischen Ozean zu gelangen. Aber nach dem Ersten Weltkrieg nahmen die Briten dem Irak seine Küstenabschnitte, die sie nun Kuwait nannten. Nach dem Zweiten Weltkrieg verstärkte Großbritannien seine Anstrengungen, Kuwait kulturell vom Irak zu trennen. An die Stelle der irakischen Schullehrpläne, die bis dahin in Kuwait gegolten hatten, traten 1945 ägyptische Lehrpläne. Dennoch bemühten sich Volksbewegungen beiderseits der Grenze um Zusammenhalt. Als Großbritannien Kuwait im Juni 1961 in die Unabhängigkeit entließ, verkündete der irakische Premierminister, der Irak betrachte das Scheichtum als unverzichtbaren Bestandteil seines Gebietes. Als Antwort schickte Großbritannien Truppen nach Kuwait.

Nachdem die heutige Regierung des Irak an die Macht gekommen war, unternahm sie ständig Anstrengungen, um die Meinungsverschiedenheiten mit Kuwait über Land und Ölreserven friedlich beizulegen. Der Krieg zwischen Iran und Irak bedeutete für diese Aktivitäten eine Unterbrechung, aber nachdem er zu Ende war, bemühte sich der Irak erneut um Verhandlungen mit Kuwait. Aber nun gab es vielfältige neue Meinungsverschiedenheiten: Kuwait verlangte nach einem strengen Zeitplan die Rückzahlung der Milliarden, die es dem Irak während des Krieges geliehen hatte, obwohl dieser das Scheichtum mit dem Leben seiner Soldaten gegen die angedrohten iranischen Angriffe verteidigt hatte. Der Irak wollte, daß Kuwait kein Öl mehr aus den gemeinsamen Lagerstätten entnahm, weil das zur Erschöpfung der irakischen Reserven führte. Und die Grenzkontrollpunkte Kuwaits wanderten immer weiter nach Norden auf irakisches Gebiet.

Und, was am wichtigsten war: Kuwait drängte ständig auf eine Erhöhung der Ölproduktionsquoten. Das trug dazu bei, daß der Ölpreis um mehr als zehn Dollar je Barrel absackte, mit katastrophalen Folgen für die irakische Wirtschaft. Im Mai 1990 bezeichnete Saddam Hussein die Handlungen Kuwaits als »eine Art Krieg gegen den Irak«. Im Juli nannte der irakische Außenminister Tariq Aziz sie »gleichbedeutend mit militärischer Aggression«. Ob die Ansprüche des Irak gegenüber Kuwait nun berechtigt waren oder nicht, sie gründeten sich auf geschichtliche und juristische Forderungen und nicht auf das Bestreben nach kolonialer Beherrschung anderer.

Bushs Ruf nach der Befreiung Kuwaits appellierte an die Freiheitsliebe, und mit seiner Weigerung, Aggression zu belohnen, sprach er den Wunsch nach Gerechtigkeit an. Aber die Befreiung Kuwaits war nicht der Zweck des amerikanischen Überfalls auf den Irak. Kuwait, von England geschaffen, war nie frei. Nachdem die USA den Irak zugrunde gerichtet hatten, setzten sie die Familie Sabah wieder als Herrscher ein und möblierten den Palast des Emirs neu. Die berechtigten Forderungen des Irak nach Souveränität, Land und Ölvorräten wurden übergangen und dann verhöhnt, als die UN Kuwait zur Belohnung den Löwenanteil an dem lange umstrittenen Rumailah-Ölfeld und einen Teil des irakischen Hafens Umm Qasr zusprachen.

Das kuwaitische Volk und andere, die dort lebten, mußten für die »Befreiung« des Landes durch die USA einen hohen Preis bezahlen. Nachdem die kuwaitische Regierung wieder im Amt war, initiierte und rechtfertigte sie Hunderte von standrechtlichen Hinrichtungen, Gewalttaten, Folter und Inhaftierung von Menschen, die ihr nun unerwünscht erschienen. Hunderttausende, darunter die meisten in Kuwait lebenden Palästinenser, wurden gezwungen, das Land zu verlassen. Verfolgt und mit Hinrichtung bedroht wurden die Menschen auch für legale Handlungen, beispielsweise wenn sie während der Besetzung bei einer Zeitung gearbeitet hatten. Ein Mann wurde von einem Gericht zum Tode verurteilt, weil er ein Hemd mit einem Porträt Saddam Husseins getragen hatte; er wurde nur gerettet, weil internationale Proteste den Emir zum Eingreifen veranlaßten.

Kuwait steht heute unter der autoritären Willkürherrschaft derselben Handvoll Männer, die auch vor der Invasion regierten. Hier liegt eines der großen Probleme der armen Länder in der Golfregion, das durch die reichen Staaten verursacht wird: Wenige verantwortungslose Menschen haben weiterhin die Kontrolle über gewaltigen Reichtum, weil sie sich auf die dauernde Unterstützung neokolonialer Mächte verlassen können. Während mehrere hundert Millionen Moslems in unerträglicher Armut leben, legen Mächte wie die Vereinigten Staaten jene natürlichen Ressourcen, die das Leiden lindern könnten, in die Hände weniger Leute, die zu einem hohen Preis den Interessen ihres Herrn dienen. Die willkürliche Anhäufung des vom Öl geschaffenen Reichtums in den Königsfamilien Saudi-Arabiens, Kuwaits, der Vereinigten Arabischen Emirate, Bruneis und anderer Länder ist ein Krieg mit den Bedürfnissen der Menschen auf der Erde. Die Kriegsverbrechen der USA, die im Namen der Freiheit begangen wurden, haben in Kuwait einen unerträglichen Zustand wiederhergestellt. Sie werden keinen Frieden hervorbringen, weil sie das Unrecht fortschreiben.

Präsident Bush behauptete, der Irak habe sich geweigert, aus Kuwait abzuziehen, und deshalb habe man ihn dazu zwingen müssen. Diese Behauptung übergeht Bushs völlige Ablehnung aller Verhandlungen. Er hintertrieb sämtliche Versuche, die Meinungsverschiedenheiten friedlich beizulegen, wie es die Charta der Vereinten Nationen verlangt. Der Krieg war vermeidbar, aber eine Verhandlungslösung stieß auf den heftigen Widerstand derer, die den Irak zugrunde richten wollten. Journalisten wie William Safire drängten im Herbst 1990 auf einen Angriff, weil sie fürchteten, der Irak werde sich aus Kuwait zurückziehen und so dem Überfall entgehen.

Saddam Hussein äußerte mehrfach öffentlich, man könne über alle durch die UN-Resolution aufgeworfenen Fragen verhandeln, auch über den Abzug aus Kuwait. Bei Besuchen sagte er führenden Persönlichkeiten der UN, Staatschefs und Personen des öffentlichen Lebens, daß er verhandeln wollte, aber die internationalen Medien erstickten diese

Appelle mit Schweigen und Hohn. Außerdem erklärte er mehreren Besuchern, nach seiner Überzeugung wollten die USA ihn vernichten, selbst wenn er sich zurückzog. Im November 1990 bemerkte ich bei einer Begegnung mit ihm, Hiroshima habe stattgefunden, eine ähnliche Katastrophe könne auch den Irak treffen, und er müsse handeln, um das irakische Volk zu retten; daraufhin äußerte er seine Überzeugung, bei einem Rückzug aus Kuwait würden die Vereinigten Staaten eine Provokation behaupten und angreifen. Die Geschichte der Vorfälle, die von den USA erfunden wurden – der Golf von Tonkin, die gefährdeten Medizinstudenten in Grenada, die Überfälle auf US-Amerikaner in Panama – und die Angriffe auf irakische Truppen, die sich weit im Irak auf der Flucht aus Kuwait befanden, noch nach dem Waffenstillstand, all das läßt vermuten, daß er recht hatte.

Die Behauptung der USA, wichtige nationale Sicherheitsinteressen verlangten den Rückzug des Irak, ist eine Fortsetzung kolonialer Machtansprüche auf die Dritte Welt und ihre natürlichen Ressourcen. Diese Vormachtstellung wurde verwirklicht, indem am Persischen Golf eine umfangreiche Militärpräsenz etabliert wurde. Allein Bahrain ist »in Wirklichkeit das Hauptquartier für die größte Marinearmada, welche die USA seit dem Zweiten Weltkrieg zusammenzogen«, notierte die »New York Times« am 10. Juli 1992. Aber der Irak liegt, von uns aus gesehen, auf der anderen Seite der Erdkugel. Die Vereinigten Staaten haben dort keine Rechte. Die reichen Länder sind in eine ungesunde Abhängigkeit vom Öl der Golfregion geraten, und diese Abhängigkeit gefährdet sowohl den Frieden als auch die Umwelt. Außerdem hat sie zur Verarmung der Bevölkerungsmassen in den Dritte-Welt-Ländern beigetragen, weil sie die Macht in die Hände brutaler, antidemokratischer Königsfamilien und Militärdiktatoren legte, die als Gegenleistung die Interessen der wohlhabenden Nationen schützen. Wenn die reichen Länder das Öl der armen Staaten brauchen, sollten sie dafür bezahlen und es sich nicht unter Vorwänden oder mit Gewalt aneignen. Sie sollten die Menschen in diesen Ländern und ihr Recht, sich eigene Regierungen zu wählen, respektieren, statt Tyrannen einzusetzen, die solche Völker unterdrücken.

Die Argumente, mit denen die USA den Krieg rechtfertigten, haben nur in einem Umfeld aus gewaltigen Vorurteilen und großer Unkenntnis Bestand. Das Gemetzel, das wirklich stattfand, kann wahrscheinlich niemand gutheißen. Der Fehler des Irak, in Kuwait einzumarschieren, ist keine Rechtfertigung für die viel größeren Fehler, den Irak zugrunde zu richten, Kuwait Schaden zuzufügen, das Leben von Millionen Menschen im Nahen Osten zu zerstören und der ganzen Welt klarzumachen, daß in der neuen Weltordnung genausoviel Gewalt herrscht wie in der alten.

Die »Ruhe« nach dem Wüstensturm

Gewissenhaftigkeit, Gewaltverzicht, friedliche Lösung von Konflikten: Das erwartet jeder vernünftige, den Frieden wünschende Mensch von einer Regierung. Und er wird den Rat des unbekannten Fremden aus Athen in Platons Dialog über die Gesetze – dem nahezu alle Mächtigen folgen – als falsch erkennen, den Rat nämlich, daß ein richtiger Führer »um des Friedens willen den Krieg befiehlt.« Endlose Kriege waren die Folge. Kleinas hatte erkannt, worum es jenen Mächtigen geht, als er dem Fremden entgegnete: »Wenn mich nicht alles täuscht, dann ist der Krieg insgesamt Ziel und Zweck unserer Einrichtungen.«

Einmal abgesehen von allen Bemühungen, die Zerstörungen im Irak zu leugnen oder zu rechtfertigen: Es werden alle Mittel der Propaganda aufgeboten, um die Weltöffentlichkeit vom großen Nutzen des Gemetzels zu überzeugen, davon, daß der Zweck die Mittel heiligt. Übersehen wird dabei eine richtige Erkenntnis Martin Luther Kings: daß nämlich die Mittel im Einklang mit dem Zweck stehen müssen, wenn er überhaupt erreicht werden soll. Welche Mittel das jeweils sind, das wohnt dem Zweck selbst inne.

Allein die Mittel sind für uns erfahrbar, sie werden praktisch wirksam. Die Ziele sind fern, nicht greifbar. Wenn Araber, Moslems und andere Dunkelhäutige die Machtmittel erfahren, das Gemetzel, das die USA unter den Irakis angerichtet haben, wie sollen sie glauben, daß man ihr Leben achtet? Wenn Militärs, politische Beobachter und Wissenschaftler in Japan, in Deutschland und in anderen, noch stärker vom Öl der Golfregion abhängigen Ländern im Fernsehen die technologische Überlegenheit der amerikanischen Waffensysteme demonstriert bekommen – was werden sie wohl von ihren Politikern erwarten?

Die Probleme der Region, die erst zu Menschenrechtsverletzungen und Geiselnahmen führten, direkt anzugehen: Das paßte nicht ins Kalkül der Vereinigten Staaten. Aber sie ließen zu, daß Syrien immer größere Gebiete im Libanon besetzte. Das war der Preis für die syrische Zustimmung zum Angriff auf den Irak. Menschenrechtsverletzungen durch verbündete Länder, so die Polizeistaat-Methoden in Syrien, Saudi-Arabien und Kuwait, wurden ebenso ignoriert wie die Übergriffe im Irak selbst, über die Middle East Watch und amnesty international lange vor dem 2. August 1990 berichteten. Die Probleme der palästinensisch-israelischen und arabisch-israelischen Beziehungen, die drükkende Last der Waffenkäufe, der Widerspruch zwischen Dürre und Armut einerseits und Ölreichtum andererseits, die Souveränität des Libanon, der wachsende religiöse Fundamentalismus, die verzweifelte Lage von Minderheiten wie zum Beispiel der Kurden und ausländischer Arbeiter – all diese Probleme wurden durch den Golfkrieg nur noch verschlimmert.

Die Tausende Todesopfer im Irak nach dem Waffenstillstand – vorwiegend Schiiten, irakische und türkische Kurden sowie Palästinenser –, alles Folgen der US-Aggression und der heuchlerischen Aufrufe zur Rebellion, sie berühren uns kaum, solange man dem Irak selbst die Schuld geben kann. Ein wachsender religiöser Fundamentalismus, besonders ausgeprägt in Algerien, Tunesien und Pakistan, aber auch zu verzeichnen in Ägypten, Jordanien, Saudi-Arabien, Afghanistan und verschiedenen früheren Sowjetrepubliken, bricht tiefen Ängsten und Vorurteilen Bahn. Dennoch wird behauptet, der Fundamentalismus stünde in keinem Zusammenhang mit der Verwüstung einer islamischen Nation durch ausländische Streitkräfte.

Das Argument, der Krieg habe die Palästinenser schließlich doch an den Verhandlungstisch mit Israel gezwungen, ist nicht stichhaltig. Erstens geht es von der falschen Voraussetzung aus, die derzeitigen Gespräche dienten dem Frieden. Zweitens wird damit die frühere Weigerung Israels entschuldigt, sich mit Palästinenserführern zu treffen, wie auch das Versäumnis der USA und der UN überspielt, auf dieses Ziel hinzuwirken, als die Palästinenser auf ihren Rechten bestehen konnten.

Nach dem Krieg war die Lage der Palästinenser verzweifelt. Die umfangreiche finanzielle Unterstützung für palästinensische Flüchtlinge im Libanon und die von Saudi-Arabien, Kuwait und den VAR bis dahin gewährte Hilfe für die besetzten Gebiete blieb nun aus. Die Gelder, die die Menschen in den besetzten Gebieten von den Hunderttausenden in Kuwait, Irak und Saudi-Arabien arbeitenden Palästinensern erhalten hatten, fehlten nun. Nahezu 100 000 Arbeitsplätze in Israel, die palästinensische Pendler täglich von der Westbank aus aufsuchten, sie waren nun nicht mehr erreichbar. Und die Felder der Bauern in den besetzten Gebieten, sie konnten durch die lange Ausgangssperre in den besetzten Gebieten nicht mehr bestellt werden – Handel und Produktivität gingen zurück.

So blieb den Palästinensern nur, um ihre Unterwerfung zu verhandeln, nicht um einen Friedensschluß. Ihre Verhandlungsführung selbst zu wählen, wurde ihnen nicht gestattet. Was soll fair an einer Friedenskonferenz sein, wenn ein wichtiger Teilnehmer seine Vertreter nicht selbst bestimmen kann?

Während der Verhandlungen waren sie gezwungen, neue Landnahmen und neue Siedlungen auf ihrem Gebiet hinzunehmen. Wie sollen Friedensverhandlungen erfolgreich enden, wenn eine der Parteien so mächtig ist, der anderen unterdessen Land zu stehlen? Die israelischen Repressionsmaßnahmen in den besetzten Gebieten und die militärischen Angriffe im Libanon wurden während der Konferenz verschärft. Wie soll Frieden möglich sein, wenn eine der Parteien gezwungen wird, völlig ungerechte Bedingungen anzunehmen, sich also dem Diktat der Macht zu beugen?

»Krieg um des Friedens willen« war darüber hinaus nur eine weitere Rechtfertigung für den Angriff auf den Irak. Damit wird eine im Nahen Osten oft geübte Praxis beschrieben. Ende der siebziger Jahre hat Israel tagtäglich libanesische Dörfer angegriffen, angeblich Stützpunkte für Terroristen. Nach den Angriffen, an mehr als 180 Tagen in Folge, erklärte der israelische Generalstabschef Rafael Eitan auf die Frage nach der Wirkung der israelischen »Präventivschläge«: »Ganz hervorragend. In der ganzen Zeit hat es nicht einen terroristischen Überfall auf Israel gegeben.« Nicht nur, daß seine Antwort dem Terror hohnlacht, dem die Libanesen ausgesetzt waren. Seine Einschätzung der militärischen Folgen ist außerdem falsch. Die Palästinenser leisteten weiterhin Widerstand, und Israel setzte die Angriffe fort. Zwei Jahre später überfiel Israel den Libanon. Zehntausende wurden getötet, der Südteil des Landes wurde besetzt.

Nicht nur Tod und Verwüstung, der Golfkrieg hatte noch andere katastrophale Folgen.

Die Zahl der Waffengeschäfte in der Region nahm nach dem Golfkrieg rapide zu. Während Präsident Bush noch im Mai 1991 zur Zurückhaltung bei Waffenverkäufen in den Nahen Osten geraten hätte, verkauften allein die USA bereits im folgenden Jahr Rüstungsgüter im Wert von 8,5 Milliarden Dollar in das Gebiet. Darin sind die Geschäfte mit Israel und Ägypten noch nicht enthalten. Mit Saudi-Arabien wurde die Lieferung von 72 hochentwickelten F-15-Maschinen vereinbart – für weitere fünf Milliarden Dollar. Über den Fünfjahreszeitraum 1985 bis 1989 gingen an Israel Waffen im Wert von 6,1 Milliarden Dollar, an Saudi-Arabien im Wert von fünf Milliarden Dollar und an Ägypten im Wert von 2,9 Milliarden Dollar. Von August 1990 bis Dezember 1991 erhielt Saudi-Arabien Waffenlieferungen in bis dahin noch nie dagewesenem Umfang: 14,8 Milliarden US-Dollar. Im auf den Krieg folgenden Jahr tätigten die USA zwei Drittel aller Waffenverkäufe in dieser Region. Sie war zuvor schon jahrelang weltgrößter Abnehmer für Rüstungsgüter gewesen. Nun schien es, als steuere sie nach dem vernichtenden US-Schlag gegen den Irak in eine noch größere Instabilität, in noch gefährlichere Konflikte.

Auch hatten direkte Akte der Gewalt seitens der USA keineswegs ein Ende. Zum Jahrestag des Kriegsbeginns war in den Vereinigten Staaten allgemein bekannt, daß Präsident Bush plante, den irakischen Staatschef noch vor der Präsidentschaftswahl im November 1992 zu stürzen. Der Krieg wurde als Triumph ohne Sieg empfunden, geschmälert durch das Überleben des dämonisierten Saddam.

In der Tat ließen die Vereinigten Staaten nichts aus, was den Irak schwächen konnte. Noch im April 1992, über ein Jahr nach dem irakischen Rückzug aus Kuwait, gingen täglich 300 tote Kinder auf das Konto der Sanktionen. Im selben Monat sprach der UN-Demarkationsausschuß Kuwait Gebiete des irakischen Staates zu: einen Teil des wichtigsten Zugangs zum Golf und Teile der an Vorkommen reichen Ölfelder von Rumailah. Nur wenig später wurde bekannt, daß die USA die irakische Wirtschaft mit Falschgeld überschwemmt hatten, um den Wert des Dinars zu drücken. Die USA nutzten ihren Einfluß auf die UN, um den Norden des Irak bis zum 36. Breitengrad zu besetzen. Anschließend, im Juni 1992, bombardierten ihre Flugzeuge irakische Getreidefelder in der Umgebung der kurdischen Stadt Mosul.

Während die CIA um den Eindruck bemüht war, die Vereinigten Staaten seien durch die fortgesetzten Anstrengungen Iraks zum Bau von Atomwaffen bedroht, versuchte das Pentagon, die Zahl der Opfer des Golfkriegs herunterzuspielen. Daß Pläne zur Unterstützung weiterer Aufstände im Irak, für erneute Bombardierungen und sogar für eine Bodenoffensive geschmiedet wurden, das pfiffen im Frühjahr 1992 die Spatzen von den Dächern.

Was sich als gefährlichste der langfristigen Folgen des Golfkriegs erweisen könnte: das neue Interesse am Aufbau neuer, von der NATO unabhängiger Armeen. Daß die Machtlosigkeit der früheren Sowjetunion und ihre Unterwerfung unter den Willen der USA bloßgestellt wurden, hat ihre Auflösung nur noch beschleunigt. Die Ausbreitung von Gewalt und die wachsende Instabilität in den früheren Sowjetrepubliken, die internationale Verbreitung ihrer Atomtechnologie und der Verlust der zentralen Kontrolle über die Zehntausende Atomsprengköpfe verheißen für die Zukunft nichts Gutes.

Die Belastung der US-Wirtschaft und das Auftauchen von Veteranen der Aktion Wüstensturm in den Reihen der Obdachlosen amerikanischer Städte machen schmerzlich die Kosten für die Heimatfront deutlich. Ein öffentlicher Aufschrei angesichts der militärischen Drohungen gegen den Irak, Libyen, Nordkorea, Kuba und andere Länder blieb aus; es legt die Vermutung nahe, daß die Öffentlichkeit zwar für den Schrekken des Krieges sensibilisiert wurde, aber nicht willens oder nicht in der Lage ist, sich einer Neuauflage zu widersetzen.

Was der »Nutzen« des Schlags gegen den Irak gewesen sein soll, war einige Monate nach Kriegsende den Titelseiten der US-Presse zu entnehmen: »Golfkrieg stärkt das Selbstbewußtsein der Vereinigten Staaten«, wurde da verkündet, oder: »Amerikaner fassen neues Selbstvertrauen.«

Die Verantwortung für die moralische Verarmung, die darin besteht, menschlichen Gewinn aus solch großem menschlichen Opfer zu ziehen, kann der politischen Führung nicht zur Last gelegt werden. Für ein Volk, dem es an historischen Kenntnissen, an Wissen über unsere heutige Welt, an demokratischem Durchsetzungsvermögen und an politischer Klugheit mangelt, für die Menschen, die zu Opfern einer Kultur wurden, die Gewalt verherrlicht und dem Mammon huldigt, für sie geht die Gleichung auf. Darin liegt das Problem. In Umfragen nahm die Beliebtheit der amerikanischen Präsidenten mit jedem brutalen Schlag zum Beispiel gegen Grenada, Libyen, Panama und dem Irak zu. Nach dem sinnlosen Einschlagen auf den kleineren Nachbarn Panama trug man T-Shirts mit rassistischem Aufdruck – Noriega mit Ananas-Gesicht, darunter: »Für eine gerechte Sache«. Das Pentagon spricht Orwells »Doublespeak«. Die Medien waren noch geschickter und haben sich dem »Doublespeak« ebenso wie der Verherrlichung des Krieges verschrieben. Sie vor allem traten die Wahrheit mit Füßen – es führte dazu, daß die Amerikaner ein grausames Blutbad feierten und jene zu Helden erklärten, die es befahlen und anrichteten.

Es ist eigentlich erst diese offensichtliche Zustimmung der Amerikaner zum Vernichtungsschlag gegen den Irak, die unsere Zukunft so düster erscheinen läßt.

Kann man die Mächtigen für Kriegsverbrechen verantwortlich machen? Wenn nicht: Ist Frieden dann möglich? Das Gericht der Sieger ist im Kern nur die Fortsetzung des Krieges mit juristischen Mitteln. Die Bezwungenen sind bereits die Geschlagenen. Gerechtigkeit für die Sieger allein vergrößert nur die Ohnmacht gegenüber der Macht. Dagegen beinhaltet Gerechtigkeit für die Bezwungenen und die Opfer der Kriegsverbrechen die Möglichkeit, den Militarismus einzudämmen. Sie vermag die Schwachen vor den Mächtigen zu schützen. Sie demonstriert das Eintreten für das Prinzip, nicht für die Macht, und für die Gleichheit in der Verantwortung von Siegern und Bezwungenen. Aber: Sie wurde noch nie praktisch wirksam.

Die Bedeutung des Wüstensturms

Nach dem Zusammenbruch der Sowjetwirtschaft und dem Ende des Kalten Krieges – das sagt uns der gesunde Menschenverstand – sollte Frieden eher möglich sein; soziale Gerechtigkeit ließe sich mit den freiwerdenden Mitteln aus den gekürzten Rüstungshaushalten leichter herstellen. Die Realität beweist das Gegenteil. Die Waffenverkäufe in den Persischen Golf nehmen zu. Die Türkei greift Kurden im eigenen Land und im Norden des Irak an, und auch die Schiiten im Süden des Irak sind ihres Lebens nicht mehr sicher. Die Auseinandersetzungen im ehemaligen Jugoslawien drohen auf andere Gebiete der Region überzugreifen. Rußland und die Ukraine streiten um die Kontrolle über Armee- und Marine-Einheiten, die Kaukasus-Republiken liegen im Krieg. Aufstände auch in Westafrika, Gewalt in Mittelamerika, im Osten und Süden Afrikas und in Asien.

Die größte Gefahr: Die »neue Weltordnung« mit den Vereinigten Staaten als Vormacht – sie drohen dem Irak, Libyen, Kuba, Pakistan, Nordkorea und anderen mit militärischer Gewalt, üben wirtschaftlichen und psychologischen Druck aus. Zum Beispiel: US-Kriegsschiffe bedrohen ein nordkoreanisches Frachtschiff – Zielorte Iran und Syrien –, das angeblich Raketen an Bord hat, während die Vereinigten Staaten beabsichtigen, 72 F-15 Kampfflugzeuge an Saudi-Arabien zu verkaufen. Auch mit kurzem Gedächtnis erinnert man sich an Vorfälle, die die »neue Weltordnung« als Zynismus erscheinen lassen: Waffenverkäufe in alle Welt, die Invasion Grenadas und Panamas, die Bombenabwürfe auf Libyen, die Verwüstung des Irak, die massive US-Unterstützung für afghanische

Rebellen, und die Contra-, UNITA-, ULIMO-und anderen Freischärler, die von den USA ausgebildet, finanziert und »angeleitet« wurden.

Immer ist es ein Krieg gegen die Dritte Welt gewesen, bei dem es um die Sicherung der Vormachtstellung und den Zugang zu Bodenschätzen und Ressourcen geht. Die USA verhalten sich gleichgültig gegenüber dem Leben der Menschen; sie unterstützen Aufständische nach strategischen Gesichtspunkten und bedienen sich Marionetten-Regierungen, die den Schutz Washingtons genießen. In der Mehrzahl der Fälle ist der Hauptfeind der von den USA unterstützten Regierungen in Dritte-Welt-Ländern das jeweils eigene Volk. Das kann man wohl kaum unter einer neuen Weltordnung verstehen.

Ein fatales Mißverständnis, wollte man annehmen, daß Spannungen unter den Staaten der Ersten Welt der Vergangenheit angehörten. Während die USA ihre Dominanz in der Dritten Welt zu behaupten versuchen, bergen erst die Konflikte der reichen Länder untereinander für alle bedrohliche Risiken. Was Marktanteile, Wettbewerbsvorteile, Finanzkraft, Produktivitätsvorsprünge und Wirtschaftskraft angeht, so werden die Vereinigten Staaten längst von Japan, Westeuropa und Staaten aus dem pazifischen Raum überflügelt – seit zwei Jahrzehnten. Heute krankt die Wirtschaft am erdrückenden Haushaltsdefizit, die industrielle Basis und die Infrastruktur sind veraltet. Arbeitslosigkeit einerseits und Verschwendung andererseits sind die Geißeln der Moderne. Was die Aussichten für die Zukunft noch trüber erscheinen läßt, sind der Zerfall der Familie, der Anstieg der Kriminalität, die wachsende Klasse der Unterprivilegierten, überfüllte Gefängnisse, das Versagen des Bildungssystems und die beiden vorherrschenden Werte – Reichtum und Gewalt.

Deutschland ächzt unter der Last der Wiedervereinigung, Westeuropa ist ohne Führung, die Zukunft Osteuropas ungewiß. Japan ist isoliert und orientiert seine Wirtschaft offensichtlich an nichts anderem als am Wachstum: Wachstum als Selbstzweck. Auch die Probleme dieser Länder werden die Konflikte in den Vereinigten Staaten verschärfen.

Der Konkurrenz des gemeinsamen Marktes, Japans oder gar der neuen Wirtschaftsmächte des pazifischen Raums werden die Vereinigten Staaten wohl kaum etwas Wirksames entgegensetzen können. Die typisch amerikanischen Werte zwingen sie zur Konkurrenz – und bei Versagen zum Selbsthaß. Es ist abzusehen, daß Washington die Europäer, Japaner und andere versuchen wird zu zwingen, die US-Dominanz nicht anzutasten.

Der 50. Jahrestag des Angriffs auf Pearl Harbor verriet die Einstellung Präsident Bushs zur militärischen Macht, eine Einstellung, die nahezu alle US-Politiker seit Ende des Zweiten Weltkriegs teilen. Während er es für richtig hielt, daß sich die Japaner – zu Recht – für Pearl Harbor entschuldigten, vermochte er kein Mitgefühl für die Opfer von Hiroshima und Nagasaki aufzubringen. Daran hinderte ihn dasselbe Wertesystem, das für seinen Ausruf nach der Verwüstung des Irak verantwortlich ist: »Mein Gott, den Vietnam-Schock haben wir jetzt ein für allemal überwunden!« In diesem Weltbild figuriert Vietnam als militärische Niederlage, wobei Amerika selbst unter seinen Greueltaten in Vietnam und seinem Militarismus mehr gelitten hat als unter der Tatsache, keinen militärischen Sieg davongetragen zu haben. Der Gedanke, sich bei den Vietnamesen, Filipinos, Mexikanern, den Nachkommen afrikanischer Sklaven oder der Indianer zu entschuldigen, ist dieser Vorstellungswelt völlig fremd – Amerika hat recht und ist auserwählt zu führen.

Der Fanatismus dieser Überzeugung erhellt sich sehr ernüchternd aus dem inzwischen berühmten Interview, das Robert Sheer von der »Los Angeles Times« mit George Bush im erfolglosen Präsidentschaftswahlkampf von 1980 geführt hatte. Der Kandidat Bush erklärte, warum er den Sieg in einem Atomkrieg für möglich hielt: »Nun, die Befehlsstrukturen können überleben, das industrielle Potential kann überleben, ein bestimmter Anteil der Bevölkerung kann geschützt werden, und man kann dem Gegner größeren Schaden zufügen als er einem selbst. Da haben Sie ihren Sieger.«

Kann jemand, der so denkt, die Verwüstung des Irak oder der Tod Zehntausender Kinder als Folge dessen überhaupt noch kümmern?

Eines der größten Verbrechen gegen die Menschlichkeit ist der Rüstungswettlauf zwischen dem Ende der vierziger und dem Ende der achtziger Jahre. Er hat den ganzen Erdball mit tödlichen Waffen gespickt und vielen, besonders den ärmeren Staaten, Tod und Hungersnot gebracht. Rüstungsausgaben bedeuteten Hunger, Krankheit, fehlende Bildung und Obdachlosigkeit für viele Millionen Menschen. Letztendlich hat das Wettrüsten zum wirtschaftlichen Ruin der Sowjetunion geführt und die Vereinigten Staaten zur größten Schuldnernation gemacht.

Der Pentagon-Traum von der US-amerikanischen Weltherrschaft ist der Öffentlichkeit präsentiert worden, als sei er ein Vorschlag unter vielen für den Eventualfall, über die unsere Politiker einmal nachdenken sollten. Nach einem Artikel in der »New York Times« vom 8. März 1992 wird die Phantasie von der »neuen Weltordnung« in einem 46seitigen Dokument ausgesponnen, in dem behauptet wird: »Die politische und militärische Mission Amerikas im Zeitalter nach dem Kalten Krieg besteht darin, dafür zu sorgen, daß in Westeuropa, in Asien oder auf dem Gebiet der früheren Sowjetunion keine neue gegnerische Supermacht entsteht.«

Das Ziel, so faßt die »Times« zusammen, ist letztendlich »eine von einer einzigen Supermacht beherrschte Welt, die ihre Stellung sowohl durch Diplomatie als auch durch ausreichende militärische Stärke behaupten kann – ausreichend in dem Sinne, daß andere Staaten davon abgehalten werden, die amerikanische Vorherrschaft herauszufordern«. Dieses Ziel erfordert eine 1,6 Millionen Mann starke Streitmacht, die, so war geplant, in den Haushaltsjahren 1994 bis 1999 1200 Milliarden US-Dollar verschlingen sollte. Es ist eine Vision, die an die Weltreiche Alexanders des Großen, Cäsars oder Dschingis-Khans erinnert.

Es ist nicht die Vision des Pentagon allein, sondern auch die der amerikanischen Plutokratie. Dank der überlegenen Militärtechnologie bewegen sich die Vereinigten Staaten auf einen modernen, der ganzen Welt mit der Pax Americana drohenden Barbarismus zu. Wie sollen andere Nationen darauf reagieren? Müssen nicht Deutschland, Japan und andere technologisch potente Länder eigene Militär- und Rüstungspläne entwickeln? Muß nicht jede regionale Macht bestrebt sein, eine derartige Vormachtstellung zu vereiteln? Zeigt die Geschichte nicht, daß derartige Visionen mit Krieg, Katastrophen und dem Scheitern enden? Dennoch deutet mehr als die jüngsten Erfahrungen im Irak darauf hin, daß die Vereinigten Staaten die Weltherrschaft anstreben, nötigenfalls mit Gewalt, und daß sie dafür sogar einen neuen, kostspieligeren und gefährlicheren Rüstungswettlauf, dieses Mal mit Japan und Europa, in Kauf nehmen.

Erst vor diesem Hintergrund läßt sich die Bedeutung des Gemetzels im Irak richtig einschätzen. Es war kein Turnierplatz, auf dem Gleich gegen Gleich kämpfte, eher ein Übungsschießen: Das kleine Land und seine propagandistisch überbewerteten Streitkräfte, mit Waffen ausgerüstet, die nutzlos gegen die US-Systeme waren. Die US-Militärs dagegen konnten die Früchte jahrelanger rüstungstechnischer Forschung und Entwicklung ernten – ein mit Milliarden Dollar erzielter uneinholbarer Vorsprung, der die Vernichtung der irakischen Streitkräfte und die Lähmung des ganzen Landes ermöglichte. In den letzten Augenblicken des Blutvergießens noch höhnten amerikanische Soldaten: »Grüß mir Allah!«, als sie wehrlose Irakis wie auf einer Treibjagd abknallten.

Wer Wind sät, wird Sturm ernten, heißt es. Bush ließ den Irak den Sturm ernten.

Wüstensturm und amerikanischer Traum

Seit dem Beginn geschichtlicher Überlieferung sind die Starken nach Gutdünken mit den Schwachen umgesprungen. Im Peloponnesischen Krieg verlangte Athen, das Holz für den Schiffsbau benötigte, von der waldreichen Insel Melos die Unterwerfung. Melos widersetzte sich. Nach dem Scheitern der Verhandlungen über den Anschluß zog sich Athen auch von den Friedensgesprächen zurück und erklärte warnend, Melos verstünde wohl nicht, daß Macht Recht sei. Wie der Flottenführer Athens sagte – wir leben in einer Welt, in der die Starken tun, was sie wollen, und die Schwachen müssen es sich gefallen lassen. Die Athener, ein Volk, das Sokrates, Aristophanes, Phidias und Perikles hervorbrachte, überfielen Melos schließlich, töteten alle Männer der Insel, verkauften die Frauen und Kinder in die Sklaverei und kolonisierten die Insel. Kenner der griechischen Antike sind überzeugt, daß die Unterwerfung Melos zum Untergang Athens beitrug. Im 19. Jahrhundert stießen Archäologen bei ihren Grabungen in den Ruinen der Insel Melos auf eine Skulptur, die Venus von Milo. Sie zeigte, daß ein ausgelöschtes Volk in der Lage gewesen war, Plastiken von seltener Anmut und Schönheit zu schaffen.

Schlimmeres als Verbrechen gegen den Frieden, als Kriegsverbrechen und Verbrechen gegen die Menschlichkeit kann ein Staat nicht begehen. Und so beweist sich wirkliche Liebe zum Vaterland in der Auflehnung gegen derartige Schändlichkeiten des eigenen Landes. Ein wirklicher Patriot verlangt von seiner Nation Wahrhaftigkeit und Gerechtigkeit in allen Taten. Aber: Wird Patriotismus von nationalem Dünkel unterhöhlt, wird er rassistisch. Nötigt er zum absoluten Gehorsam, wird er faschistisch. Ruft er zur Anwendung von Gewalt auf, dann wird er kriminell. Die größte Feigheit besteht darin, einem Befehl zu gehorchen, der eine moralisch nicht zu rechtfertigende Handlung fordert. Macht stiftet zwischen Staaten genausowenig Gerechtigkeit wie zwischen einzelnen. Wenn Patriotismus die Menschen dazu verführt, ein Gemetzel unter Menschen zu feiern, dann macht er blind.

Vaterlandsliebe verpflichtet dazu, sich über die Schritte der eigenen Regierung zu informieren, schonungslos die Wahrhaftigkeit all ihres Handelns einzufordern, ihre Worte kritisch zu prüfen und das Ergebnis sorgfältig zu analysieren; schließlich muß ein Urteil gefällt und gehandelt werden. Leider (wie kann es anders sein?) hält die US-Regierung – wie die meisten anderen Regierungen – nichts von solch kritischem Bürgersinn.

Wenn aber die Wahrheit stirbt: Hat das nicht tragische Folgen für den amerikanischen Traum? Beweist das nicht die Geschichte? Ideale, die die Europäer in der Neuen Welt stets hochhielten, waren Freiheit, Demokratie, Wohlstand, Freundschaft, Teilhabenlassen. Fast immer stand ihre Praxis im krassen Gegensatz dazu. Das nahezu immer gleiche Verhalten gegenüber der Urbevölkerung war bestimmt von Gewalt, Mord und Raub, vom Diebstahl ihrer Ländereien und ihres Besitzes, von Vertreibung und »Umsiedlung« in lebensfeindliche Gebiete, von der Ansteckung mit lebensbedrohlichen Krankheiten aus Europa, von der Vernichtung ihrer Kulturen. Furcht und Haß, hervorgerufen durch eine verlogene Propaganda, bildeten den Keim des Rassismus, der soweit »gedieh«, daß Hollywood-Filme das Blutvergießen, das Cowboys unter Indianern anrichteten, verherrlichen konnten und Indianer zu töten, zu einem Kulturgut machten.

Die Geschichte der Versklavung afrikanischer Völker zeugt von noch größerer Amoralität. Den amerikanischen Indianern stahlen die Europäer das Land, töteten die Indianer und vertrieben sie. Anders in Afrika. Hier überfielen Europäer damals unvorstellbar weit von der Alten Welt entfernte Dörfer, pferchten die Bewohner in Schiffe, auf denen Millionen starben, und verschleppten sie über Tausende von Kilometern, um sie in Amerika bis zur tödlichen Erschöpfung oder gnädig: bis zum Verschleiß im frühen Alter arbeiten zu lassen. Mit dem Schweiß und dem Blut der Sklaven häuften die Europäer Reichtümer an. Nach der Abschaffung der Sklaverei änderten sich im Verlaufe eines halben Jahrhunderts die wirtschaftlichen, sozialen und politischen Bedingungen für Afroamerikaner nur äußerst geringfügig und im folgenden halben Jahrhundert sehr langsam. Sie verbesserten sich mit den Erfolgen der Bürgerrechtsbewegung und dem Streben nach Gleichberechtigung in den sechziger Jahren für kurze Zeit enorm. Aber die hinzugewonnene politische Bedeutung schwand bis zu den neunziger Jahren wieder: Ethnische Minderheiten bilden den Kern der pauperisierten Unterschicht, sie sind die Dritte Welt im eigenen reichen Land. Das scheinbar unausrottbare Erbe all dessen ist ein tief im Charakter der Menschen und in ihren Institutionen eingewurzelter Rassismus.

Gewehre zu gebrauchen, um ihre Freiheit zu sichern – so »frei« sind die Europäer in Amerika seit jeher gewesen. Die Geschichte der US-Militärinterventionen und gewaltsamen Annexionen beginnt bereits in den frühen Tagen der Republik. Verbündete der USA in der Dritten Welt waren fast immer Diktatoren, die ihre Herrschaft auf brutale Gewalt gründeten: Chinas Chiang Kai-shek, Nicaraguas Somoza, Persiens Schah, Vietnams Diem, Chiles Pinochet, Panamas Noriega und Marcos von den Philippinen, um nur einige zu nennen. Es mag paradox klingen, aber eigentlich spiegelt es nur die US-Interessen wider. Diktatoren pflegen für solide Geschäftsbeziehungen zu sorgen, denn sie tun wie befohlen, wenn's ums Geld geht. Demokratische Länder dagegen wehrten sich gegen die Ausbeuter aus dem Ausland. Staatschefs wie Mossadegh im Iran, Arbenz in Guatemala und Allende in Chile hatten deshalb mit ihrem Streben nach Unabhängigkeit und Demokratie die USA gegen sich.

Das Wettrüsten haben die USA stets angeführt. Sie waren die ersten, die Atomwaffen entwickelten und einsetzten. In der Rüstungstechnik haben sie mit ihren hochgezüchteten Waffensystemen jeden anderen Staat der Welt längst überholt. Die zur Vernichtung alles Lebens fähigen Trident II, an Kosten und Wirkung jenseits aller Vernunft und Vorstellung, sie stehen nur für eines von vielen schaurigen Beispielen.

Andere Völker auszubeuten: Darin konnte es noch keiner den Amerikanern gleichtun. Nach dem Zweiten Weltkrieg und bis in die sechziger Jahre verbrauchten die Vereinigten Staaten – mit nur fünf Prozent Anteil an der Weltbevölkerung – mehr als die Hälfte der Weltproduktion. In den USA ist soviel Reichtum angehäuft, ist der Gegensatz zwischen Arm und Reich so krass wie in keinem anderen Industriestaat.

Die reichsten ein Prozent der amerikanischen Familien besitzen – Stand 1992 – 37 Prozent aller Vermögenswerte, 62 Prozent des nationalen Betriebsvermögens, 49 Prozent der Aktien von Publikumsgesellschaften und 45 Prozent aller Büroimmobilien. Sie besitzen die Medien ebenso wie die Unternehmen, die in ihnen werben – womit dafür gesorgt ist, daß der Öffentlichkeit kein Zuviel an Information zugemutet wird. Was die Reichen interessiert, was sie erwarten, was sie verlangen, das bestimmt die US-amerikanische Innen- und Außenpolitik. Diese Plutokratie ist die herrschende Klasse.

Jenseits der Kluft: die Massen der Obdachlosen, der Arbeitslosen, der Kinder, die ohne Eltern und in Armut leben – diese Massen wachsen stetig. In den Regionen des Landes, wo Löhne, Arbeitsangebote und Arbeitssicherheit bedrohlich niedrig sind, bildete sich ein Arbeitsmarkt wie in der Dritten Welt heraus.

Die Amerikaner, in der Geschichte ohne Beispiel, konsumieren sich zu Tode, anscheinend um des Konsumierens willen und nahezu bewußtlos – auf Kosten ihrer physischen und moralischen Gesundheit, auf Kosten des ganzen Planeten und seiner Bewohner. Was die US-Bürger allein für die Verpackung der Konsumgüter ausgeben, das würde den Bevölkerungen der ärmsten Staaten ein zufriedenes Leben bescheren. Millionen Menschen anderer Länder wurden angesteckt von der Seuche des US-amerikanischen Materialismus, von der Verherrlichung der Gewalt, die im Deckmantel der Freiheit, der Demokratie, der Freundschaft und multikulturellen Harmonie daherkommen, einem Deckmantel, der von amerikanischer Propaganda, vom amerikanischen Kulturimperialismus gestylt wurde.

Und der amerikanische Traum? Er war gut. Er verhieß Freiheit, Gleichheit, Demokratie, eine verfassungsmäßige Regierung, Bildung, eine geistige Heimat, Familie, Arbeit, Menschenrechte, Frieden. Er verhieß ein wunderbares, reiches Land und Wohlstand für alle. Er schützte die Urbevölkerung, befreite die Sklaven, rottete den Rassismus aus. Er sprach von einer Nation der Einwanderer aller Herren Länder, bot Heimat für die Angehörigen aller Sprachen, Rassen und Religionen, für die Armen und Unterdrückten, die Freiheit wie die Luft zum Atmen brauchen. Der amerikanische Traum setzte menschliche Energien und Phantasie frei – und sorgte so dafür, daß die Landwirtschaft mit weniger als fünf Prozent aller Beschäftigten allen Hunger stillen und immer noch große Mengen exportieren konnte. Mehr noch: Europa wurde nach dem Zweiten Weltkrieg wieder aufgebaut, den Entwicklungsländern wurde großzügig geholfen. Diktatoren wurden zum Schweigen gebracht, die Menschenrechte im In- und Ausland durchgesetzt. Der amerikanische Traum, er brachte Menschen, Künstler und Kulturgüter hervor, die die ganze Welt beglückten.

Aber Träume sind Schäume, und der amerikanische Traum ist weit von der Wirklichkeit entfernt. Er wurde jedoch so überzeugend als Realität präsentiert, daß nur wenige Amerikaner Dichtung und Wahrheit zu unterscheiden vermögen. Ergebnis: Für die meisten ist dieser Traum alles, was sie haben, alles, was sie akzeptieren können. Konfrontiert mit

Tatsachen, die nicht in ihr Weltbild passen, geraten sie in Zorn – oder wenden sich enttäuscht und desillusioniert ab.

Freiheit – ein hohes Gut, wenn sie meint: Freiheit von der Herrschaft der Gewalt. Auch wenn sie meint: Wahlmöglichkeit, die Chance sozialer Gerechtigkeit und Selbstverwirklichung für alle, Teilen mit dem Bedürftigen und nicht Aushungern des Nächsten, Befreiung der Vorstellungskraft von den Fesseln politischer, kultureller und sozialer Bevormundung. Diese Freiheit meinten die Führer der Sklavenaufstände wie die modernen Bürgerrechtler: Solidarität, Mitgefühl, Herz. Lincoln, erzürnt über das Gemetzel an Hunderten schwarzer Unions-Soldaten durch die Kavallerie der Konföderierten unter Führung Generals Nathan Bedfort Forrest – der später den Ku-Klux-Klan gründen sollte –, Lincoln sagte: »Keiner kennt eine gute Definition für das Wort Freiheit. Gerade jetzt brauchen die Amerikaner eine.« Die Amerikaner müssen sich einen Begriff von Freiheit erschließen, der mehr als der Ruf zu den Waffen bedeutet.

Die Herausforderung für alle, denen der amerikanische Traum noch etwas bedeutet, besteht darin, ihn in konkretes Handeln umzusetzen, sich darum zu bemühen, ihn zu leben – und der Wahrheit über das Handeln der Amerikaner uand ihrer Regierung zu ihrem Recht zu verhelfen. Die amerikanische Realität kann sich dem Traum ein Stück annähern. Wird das wahr, dann könnte eine neue Generation diese Nation der Indianer und Einwanderer, die den ganzen Planeten bedroht, befreien und eine Demokratie hervorbringen, die Freiheit, soziale Gerechtigkeit und Frieden schafft. Deshalb müssen wir Wahrhaftigkeit geloben, um den amerikanischen Traum zu erfüllen, wie der schwarze Schriftsteller Langston Hughes:

O, yes I say it plain
America never was America to me
and yet I swear this oath
America will be!

11. Die Suche nach Frieden

Nach dem Überfall des Iraks auf Kuwait am 2. August 1990 sorgte US-Präsident Bush für eine sofortige Verurteilung Iraks durch die UNO und nötigte Saudi-Arabien, US-Truppen auf saudischem Boden zu akzeptieren. Gleichzeitig verkündete er vor der Weltöffentlichkeit, die Truppenpräsenz sei »rein defensiver Natur«. Die Wahrheit sollte erst nach Monaten bekannt werden, an seiner Bereitschaft zum Krieg aber bestand kein Zweifel.

Es sollte ein Krieg werden, der Entsetzen, vielfachen Tod und die Verwüstung eines ganzen Landes brachte. Eine Gefahr für die Zukunft aber ist die breite Zustimmung der amerikanischen Öffentlichkeit zu den Untaten ihrer Militärs. Es hat wahrscheinlich noch nie einen Krieg mit verheerenderen Folgen für ein Land der Größe Iraks in einem vergleichbaren Zeitraum gegeben. Es ist ohne Beispiel, daß ein 16 Millionen Menschen zählendes Volk nach sechs Wochen pausenloser Angriffe 250 000 bis 350 000 Tote oder zum Tode Verurteilte und ein Mehrfaches dessen an Verwundeten und Verkrüppelten hinnehmen muß, daß Trinkwasserversorgung, Kanalisation und Kläranlagen, Kraftwerke, Nachrichtenverbindungen, Verkehr und Lebensmittelproduktion und -distribution schwer beeinträchtigt sind oder darnieder liegen. Die meisten der am Zweiten Weltkrieg beteiligten Länder, China, England, Frankreich, Italien und die Vereinigten Staaten eingeschlossen, hatten in all den langen Kriegsjahren relativ gesehen weniger Opfer zu beklagen als der Irak in und nach den wenigen Wochen der Bombardierungen.

Das Friedensbündnis

Als Reaktion auf die Politik der Bush-Administration trafen sich alarmierte Friedensaktivisten Mitte August in New York, um ein Bündnis »Stopp der US-Intervention im Nahen Osten« ins Leben zu rufen. In meinem Artikel »Gefahren der imperialen Präsidentschaft« auf der Sonderseite der »Los Angeles Times« vom 24. August klagte ich Präsident Bushs Kriegstreiberei an: Er setze sich über alle durch Gesetz auferlegte

Schranken hinweg. Ich habe in der »Times« einen sofortigen Rückzug der US-Truppen aus der Golfregion, den Verzicht auf sämtliche Militärstützpunkte dort sowie die volle US-amerikanische Unterstützung für regionale, arabische und UN-Bemühungen um eine friedliche Lösung der Konflikte in der Region verlangt. Damit waren die frühen Zielsetzungen des Friedensbündnisses umrissen.

Das Bündnis organisierte Versammlungen und größere Demonstrationen gegen die US-Intervention am Golf; sie fanden von August bis Oktober im ganzen Land statt, von der Ost- bis zur Westküste. In New York und in San Francisco nahmen jeweils 20 000 Menschen daran teil. Das Bündnis unterstützte meine Reise in den Irak im November, die dazu diente, vor Ort zu recherchieren und eine Begegnung mit Saddam Hussein zu arrangieren. Bis zum Februar war die Untersuchungskommission daran beteiligt, die Basis für die Antikriegsbewegung zu verbreitern. Den Aufruf des Bündnisses zur Amtsenthebung Präsident Bushs wegen Verletzung seiner verfassungsmäßigen Pflichten (Impeachment) unterzeichnete auch Henry Gonzales, ein Abgeordneter des Repräsentantenhauses, anläßlich der Pressekonferenz Anfang Januar. Eine ganze Reihe von Pressekonferenzen und Sitzungen gemeinsam mit UN-Vertretern sowie zahlreiche Protestkundgebungen des Bündnisses wurden von Oktober bis März vor den Vereinten Nationen in New York abgehalten.

Das Bündnis unterstützte auch eine Demonstration am Abend des 16. Januar, die zwei Stunden lang live über 40 Sender übertragen wurde, an jenem Abend also, als die Bombardierungen begannen. Der Sendung war, ungewöhnlich für den amerikanischen Rundfunk, deutlich anzumerken, welchen Eindruck der Kriegsbeginn bei den Beteiligten hinterließ. Am 19. Januar fanden die größten vom Bündnis organisierten Demonstrationen und Kundgebungen statt: 100 000 Protestierende im Lafayette-Park vor dem Weißen Haus, eine noch größere Menge in San Franciscos Civic Center. Die Medien schenkten dem kaum Beachtung.

Gegründet wurde das Bündnis von Bürgern und Organisationen, die sich Anfang 1990 zusammengefunden hatten, um gegen die US-Intervention in Panama zu protestieren. Es gewann durch die netzwerkartige Zusammenarbeit von Kriegsgegnern im ganzen Land rasch an Zulauf. Unter den ersten Mitgliedern waren Vietnamkriegsgegner, Atomwaffengegner, Friedensaktivisten aus Mittelamerika und Pazifisten. Den größten Anteil hatten von Anbeginn religiöse und kirchliche Gruppen und Einrichtungen, die in den auf Vietnam folgenden Jahren, als so viele

Ansätze aufgegeben wurden, ein größeres Engagement für den Frieden und den längeren Atem unter Beweis gestellt hatten. Initiativen aus der Bürgerrechtsbewegung, Gewerkschaften, arabisch-amerikanische Komitees, studentische Hochschulgruppen und Umweltschützer stießen hinzu, um so mehr, je wahrscheinlicher ein Krieg wurde.

Die Bombardierung des Irak begann – wie im Fall des Angriffs auf Libyen 1986 – abends zur besten Sendezeit: Die Öffentlichkeit sollte »nachhaltig« beeindruckt werden.

Vier Tage später erhielt ich die Genehmigung, mit einem Kamerateam in den Irak einzureisen. John Alpert und Maryann De Leo, die das Kriegsunheil in Asien, Afrika und Mittelamerika gefilmt hatten, schlossen sich mir und Abdul al Kaysi, ein US-Bürger irakischer Herkunft an. Als wir am 2. Februar nach Einbruch der Dunkelheit über die von Jordanien kommende Fernstraße in den Irak einreisten, hatten wir 2 000 Meilen vor uns – ein Weg, der uns zivile Opfer und die Verwüstungen in Bagdad, Basra und anderswo – unzensiert – vor Augen führte.

Als wir den Irak am 9. Februar verließen, hatten wir sechs Stunden an Videoaufzeichnungen und Hunderte von Fotos im Gepäck. Nachhaltiger wirkte allerdings der persönliche Eindruck von den Luftangriffen auf die Zivilbevölkerung.

Am 12. Februar wurde mein Brief mit den Angaben zu den zivilen Opfern und den Verwüstungen US-Präsident Bush, UN-Generalsekretär Perez de Cuellar und dem irakischen UN-Botschafter für Saddam Hussein zugestellt. Ich habe darin zur Einrichtung von UN-Hilfsfonds beziehungweise zur Freigabe der eingefrorenen irakischen Guthaben aufgerufen, um dem Irak den Erwerb von monatlich 2 500 Tonnen Säuglingsnahrung und medizinischer und hygienischer Güter sowie die Wiederherstellung der Trinkwasserversorgung und Kläranlagen zu ermöglichen. Der Brief wurde anläßlich einer Pressekonferenz des Internationalen Kirchenzentrums – gegenüber der UN in New York – veröffentlicht. Es wurde darin festgestellt, daß die Bombardierung des Irak durch keine UN-Resolution sanktioniert war. Ferner wurden Kriegsverbrechen und die offenkundigsten Verletzungen des Völkerrechts beschrieben, darunter die Mißachtung der Haager und Genfer Konventionen und des Nürnberger Abkommens. Gefordert wurde die Schaffung eines Organs zur Prüfung der Folgen der US-Bombardierungen. Vor allem aber sollte ein Waffenstillstand angestrebt werden, um die weitere Bombardierung der Städte und der Bevölkerung zu verhindern.

Die Kommission

Im März, wenige Tage nach Kriegsende, wurde die Einrichtung des Internationalen Tribunals gegen Kriegsverbrechen bekanntgegeben. Sie sichtete die vom Bündnis gesammelten Unterlagen und Daten, unternahm neue Nachforschungen, organisierte und entsandte eine kleinere Gruppe zur Untersuchung in den Irak und nach Jordanien und unterstützte und begleitete andere Bemühungen um Klärung. Bis Mai konnte auf der Basis erster Prüfungen und Beweise eine erste Klageschrift gegen Präsident Bush und andere wegen insgesamt 19 Vergehen verfaßt werden. Sie wurde Präsident Bush mit der Aufforderung zugestellt, Beamte seiner Administration zu beauftragen, Unterlagen und Informationen beizubringen, Fragen zu beantworten und sich zu verteidigen. Der Brief blieb unbeantwortet.

Die Anklagepunkte

1. Seit 1989 oder schon vorher verfolgten die Vereinigten Staaten eine Strategie, den Irak zu Provokationen zu verleiten, die eine US-Militäraktion gegen den Irak und eine dauerhafte militärische Vorherrschaft der USA am Golf rechtfertigten.

2. Seit dem 2. August 1990 versuchte Präsident Bush, jede Beeinträchtigung seines Plans einer wirtschaftlichen und militärischen Zerstörung des Irak zu verhindern.

3. Präsident Bush befahl die Zerstörung von Einrichtungen im ganzen Irak, die für das zivile Leben und die wirtschaftliche Produktivität unverzichtbar sind.

4. Die Vereinigten Staaten bombardierten und zerstörten bewußt ziviles Leben, Geschäfts- und Handelsbezirke, Schulen, Krankenhäuser, Moscheen, Kirchen, Schutzräume, Wohngebiete, historische Sehenswürdigkeiten, private Fahrzeuge und Büros der zivilen Verwaltung.

5. Die Vereinigten Staaten bombardierten absichtlich wahllos den gesamten Irak.

6. Die Vereinigten Staaten bombardierten und vernichteten absichtlich verteidigungsunfähiges irakisches Militärpersonal, wandten

übermäßige Gewalt an, töteten Soldaten, die sich ergeben wollten oder sich oft unbewaffnet und weit von jeglichem Kampfgebiet auf unorganisierter, individueller Flucht befanden; sie töteten blindlings und mutwillig irakische Soldaten und zerstörten Material noch nach der Feuereinstellung.

7. Die USA setzten sowohl gegen militärische als auch gegen zivile Ziele verbotene Waffen ein, die auf Massenvernichtung ausgelegt waren und wahllosen Tod sowie unnötiges Leid zufügten.

8. Die Vereinigten Staaten griffen absichtlich Einrichtungen im Irak an, die gefährliche Substanzen und Wirkstoffe enthielten.

9. Präsident Bush befahl den US-Truppen, in Panama einzumarschieren, was den Tod von 1000 bis 4000 Panamesen und die Zerstörung Tausender von Privatwohnungen, öffentlichen Gebäuden und Handelseinrichtungen zur Folge hatte.

10. Präsident Bush widersetzte sich dem Recht und verkehrte die Funktion der Vereinten Nationen zu einem Mittel der Machtsicherung, um Verbrechen gegen den Frieden und Kriegsverbrechen zu begehen.

11. Präsident Bush riß die verfassungsmäßige Macht des Kongresses an sich, um Verbrechen gegen den Frieden und andere schwere Verbrechen zu begehen.

12. Die Vereinigten Staaten führten Krieg gegen die Umwelt.

13. Präsident Bush ermutigte und unterstützte schiitische Moslems und Kurden, gegen die irakische Regierung zu rebellieren, und verursachte damit brudermörderische Gewalt, Auswanderung, Schutzlosigkeit, Hunger, Krankheit und Tausende von Toten. Nachdem die Rebellion gescheitert war, marschierten die USA ein und besetzten ohne Befugnis Teile des Irak, um Zwietracht und Feindseligkeit innerhalb des Irak zu verstärken.

14. Präsident Bush raubte dem irakischen Volk vorsätzlich lebensnotwendige Medizin, Trinkwasser, Lebensmittel und andere notwendige Bedarfsgüter.

15. Die USA setzten ihren Angriff auf den Irak auch nach der Feuereinstellung fort, indem sie nach Belieben in Gebiete einmarschierten und sie besetzten.

16. Die USA haben Verletzungen der Menschenrechte, der Grundrechte und der US-Bill of Rights in den Vereinigten Staaten, Kuwait, Saudi-Arabien und anderswo begangen und geduldet, um ihr Ziel einer militärischen Vorherrschaft zu erreichen.

17. Nachdem die USA die wirtschaftliche Grundlage des Irak zerstört haben, verlangen sie Reparationen, die den Irak fortlaufend verarmen lassen und seine Bevölkerung Hungersnöten und Epidemien aussetzen.

18. Präsident Bush hat die Berichterstattung in der Presse und den Massenmedien systematisch manipuliert, kontrolliert, gelenkt, falsch informiert und eingeschränkt, um propagandistische Unterstützung für seine militärischen und politischen Ziele zu erhalten.

19. Die Vereinigten Staaten haben sich durch Gewaltanwendung eine permanente militärische Präsenz am Golf, die Kontrolle der dortigen Öl-Ressourcen und die geopolitische Vorherrschaft in der Region und auf der arabischen Halbinsel gesichert.

Als sehr wichtig und besonders hilfreich erwiesen sich die Berichte der verschiedenen Bertrand-Russell-Tribunale, angefangen mit dem Vietnamkrieg. Sie wurden geprüft und aufgearbeitet; verschiedene eng mit der Arbeit der Tribunale vertraute Personen waren ständige Berater der Kommission.

Die Kommission konzentrierte sich deshalb auf die Vereinigten Staaten, weil sie von US-Bürgern gegründet wurde und weil die ständig zunehmende Beweislast zeigte, daß die USA der eigentliche Aggressor waren, weil sie den Irak zum Überfall auf Kuwait provoziert hatten; sie wurden von anderen Staaten, die ohne Washington nie initiativ geworden wären, »nur« unterstützt.

Die erste Anhörung durch die Kommission fand im Mai 1991 in New York City statt. Im Laufe des Jahres folgten weitere Anhörungen in 30 anderen US-Städten; Versammlungen mit Unterstützung der Kommission gab es überall im Land. Anhörungen und Vorträge auch im Ausland: in 22 verschiedenen Staaten, darunter Kanada mit fünf Anhörungen,

England und die Türkei mit vier, Deutschland mit zwei. Im Laufe von acht Monaten konnte ich so in Europa, Nordamerika, Nordafrika, dem Nahen Osten, Asien und Mittelamerika weiteres Beweismaterial sammeln.

Anhörungen und Sitzungen der internationalen und US-amerikanischen Untersuchungskommission für das Internationale Tribunal gegen Kriegsverbrechen im Jahr 1991

Ägypten: Kairo
Australien: Sydney
Belgien: Brüssel
Dänemark: Kopenhagen
Großbritannien: London, Birmingham, Manchester, Bradford
Hongkong
Indien: Delhi
Italien: Rom
Japan: Tokio
Jordanien: Amman
Kanada: Montreal, Toronto, Hamilton
Malaysia: Kuala Lumpur
Norwegen: Oslo
Pakistan: Lahore
Philippinen: Manila
Schweden: Stockholm
Spanien: Madrid
Türkei: Ankara, Cizre, Diyarbakir, Istanbul
USA: New Haven, CT; Amherst, MA; Boston, MA; Washington, D.C.; Long Island, NY; New Paltz, NY; New York, NY; Syracuse, NY; Ames, IA; Des Moines, IA; Indianapolis, IN; Cleveland, OH: Atlanta, GA; New Orleans, LA; Raleigh, NC; Nashville, TN; Charlottesville, VA; Houston, TX; Los Angeles, CA; Petaluma, CA; San Francisco, CA; San Luis Obispo, CA; Portland, OR; Seattle, WA; Santa Rosa, CA.

In zahlreichen Ländern unterstützten die jeweiligen Regierungen ebenso wie Parlamentsabgeordnete die Kommission mit Zahlenmaterial oder durch tätige Hilfe. In Indien beispielsweise wirkten drei frühere Mitglieder des Obersten Gerichtshofes bei den Vorbereitungen für die Anhörungen mit, wobei die Anhörung selbst vom früheren Obersten Richter, Hardev Singh, organisiert wurde.

Von wenigen Ausnahmen abgesehen fanden die Anhörungen in den Medien außerhalb der Vereinigten Staaten starke Beachtung. Es wurden Berichte in Funk und Fernsehen und in Tageszeitungen und Zeitschriften gebracht. Dagegen gab es in den USA praktisch keine landesweite Berichterstattung, lediglich einige Lokalzeitungen und -sender berichteten darüber.

Viele der Anhörungen im Ausland führten zur Anklage der jeweiligen Regierungen wegen der Unterstützung der US-Offensive. Die Anhörung in Japan fiel zeitlich zusammen mit einem von fast 1000 Bürgern angestrebten Prozeß gegen ihre Regierung wegen der Teilnahme am Golfkrieg. Auf den Philippinen stand die Debatte über die Zukunft der US-Stützpunkte im Mittelpunkt – ein Thema, das auch in zahlreichen anderen Dritte-Welt-Ländern, die Gastarbeiter in die Golfregion »exportiert« hatten, diskutiert wurde.

In Australien ging es bei den Anhörungen um die Tatsache, daß einige der mehr als 30 US-Militärstützpunkte die Voraussetzungen für den Angriff auf den Irak mitgeschaffen haben. In Italien – in Neapel, Mailand und Rom – wurde eine Reihe von Seminaren und öffentlichen Untersuchungen zum Golfkrieg durchgeführt. Die Anhörungen der Kommission fanden vom 17. bis 18. Januar 1992 in Rom statt.

Am 29. November 1991 habe ich für die Kommission bei einer großen Veranstaltung in Berlin einen Vortrag gehalten. Darauf folgten am nächsten Tag Anhörungen in Stuttgart und später, im Januar 1992, in Erfurt. In Stuttgart, dem wichtigsten militärischen Zentrum der USA in Europa, schlugen die Wogen hoch. Unter den deutschen Zuhörern und Teilnehmern, darunter Persönlichkeiten aus der Politik, befanden sich auch Hunderte amerikanischer Friedensaktivisten. Wiederum kamen auch zehn Teilnehmer aus Stuttgart zur Anhörung nach New York, um dort ihren Beitrag zu leisten – unter ihnen Dr. Alfred Mechtersheimer, der im Tribunal mitarbeitete.

In Stuttgart sprach Dr. Mechtersheimer – wie auch andere deutsche Teilnehmer – die Rolle der USA in der »neuen Weltordnung« an: Die Vereinigten Staaten, so Mechtersheimer, seien nicht in der Lage, der Welt Frieden zu bringen, da alle sozialen Probleme der westlichen Industrienationen in den USA am ausgeprägtesten seien. Der schwedische Friedensforscher Johan Galtung stellte fest, daß die USA seit dem Jahre

1804 insgesamt rund 200mal in anderen Ländern intervenierten – nur in 20 aufeinanderfolgenden Jahren gab es keinen Krieg.

Die Anhörungen in England erfreuten sich beträchtlicher politischer Unterstützung, obwohl die Berichterstattung in den Medien ähnlich einäugig wie in den Vereinigten Staaten war.

In der Türkei fanden vier Anhörungen statt. In allen Fällen sahen sich die Teilnehmer den Drohungen und Schikanen seitens der Regierung ausgesetzt. Der Widerstand erklärte sich eher aus dem Krieg gegen die Kurden als aus der Betroffenheit über den US-Angriff auf den Irak.

An der Arbeit der Kommission waren Zehntausende beteiligt. Hunderte von Organisationen haben sie formell unterstützt. Der Umfang des ausgewerteten Materials ist enorm. Über die Anhörungen und die daraus hervorgegangenen Berichte hinaus wurden Veröffentlichungen von UN-Organisationen, von Regierungen wie von Nichtregierungsorganisationen sowie Zeitungsausschnitte, Funk- und Fernsehaufzeichnungen, meterweise Bücher und Hunderte von Artikeln zusammengestellt. Zusammenfassungen des gesamten Materials, Berichte und andere Unterlagen wurden den Mitgliedern des Tribunals mehrere Monate vor Aufnahme der Beratungen zur Verfügung gestellt.

Das Tribunal

Das erste Mal kam das Tribunal am 27. Februar 1992 in New York City zusammen. Die meisten Mitglieder hatten an einer oder mehreren Anhörungen der Kommission teilgenommen. Die umfassenden Unterlagen waren eingehend geprüft, alle Beweise gewürdigt worden. Zwei Tage dauerten die Verhandlungen. Am 29. Februar, dem Jahrestag des offiziellen Kriegsendes, saßen die Mitglieder des Internationalen Tribunals gegen Kriegsverbrechen der abschließenden Anhörung im Auditorium der Martin-Luther-King-Schule vor. Es waren 21 Richter aller Rassen und Religionen aus 16 Staaten anwesend. Sechs davon waren Frauen.

Richter des Internationalen Tribunals gegen Kriegsverbrechen vom 28. bis 29. Februar 1992 in New York

Aisha Nyerere, Tansania. Richter am Obersten Gerichtshof in Arusha, Tansania.
Olga Mejina, Panama. Präsident der Nationalen Menschenrechtskommission in Panama, einer Nichtregierungsorganisation, die Bauernverbände, Industriegewerkschaften, Frauengruppen und andere vertritt.
Bassam Haddadin, Jordanien. Abgeordneter des Parlaments, Zweiter Sekretär der Jordanischen Demokratischen Volkspartei.
Scheich Mohamed Rashid, Pakistan. Früherer stellvertretender Premierminister und Landwirtschaftsminister. Im Kampf gegen die britische Kolonialherrschaft politischer Gefangener.
Laura Albizu Campos Meneses, Puerto Rico. Früher Präsident der puertoricanischen Nationalpartei, derzeit im Kabinett für Außenpolitik zuständig.
Dr. Sherif Hetata, Ägypten. Arzt, Schriftsteller. Mitglied des Zentralkomitees der Fortschrittlichen Nationalen Unionspartei. In den fünfziger und sechziger Jahren insgesamt 14 Jahre politischer Gefangener.
Dr. Haluk Gerger, Türkei. Gründungsmitglied der Türkischen Menschenrechtsorganisation und Professor für politische Wissenschaften. Von der Militärregierung 1982 aus dem Universitätsdienst entlassen.
Abderrazak Kilani, Tunesien. Vertritt die Tunesische Juristenvereinigung. Früher Präsident der Tunesischen Vereinigung junger Rechtsanwälte. Gründungsmitglied des Nationalen Komitees zur Aufhebung des Embargos gegen den Irak.
John Jones, USA. Gemeindevorsteher in New Jersey. Vietnam-Veteran, später Führer der Bewegung gegen den US-Angriff auf den Irak.
Susumu Ozaki, Japan. Früher Richter, unter der Militärregierung 1934–1938 in Haft wegen Verletzung der Sicherheitsgesetze, weil er sich gegen den japanischen Überfall auf China einsetzte. Nach dem Ende des Zweiten Weltkriegs Arbeitsrichter.

Opato Matamah, Angehöriger der Menominee Nation von Nordamerika. Seit 1981 aktiv im Schutz der Menschenrechte für indigene Völker.
Peter Leibovitch, Kanada. Vorsitzender der Vereinigten Stahlarbeiter-Gewerkschaft von Amerika (USWA, Ortsverein 8782) und des Exekutivrats des Gewerkschaftsverbands von Ontario.
John Philpot, Quebec. Anwalt, Mitglied im Vorstand der Bewegung für die Unabhängigkeit Quebecs. Gründungsmitglied des Amerikanischen Juristenverbands in Kanada.
René Dumont, Frankreich. Agrarwissenschaftler, Ökologe, Spezialist für Entwicklungsländer, Schriftsteller.
Lord Tony Gifford, Großbritannien. Anwalt, in England und Jamaika in Menschenrechtsfragen engagiert.
Dr. Alfred Mechtersheimer, Bundesrepublik Deutschland. Früherer Bundestagsabgeordneter der Grünen. Früher Oberstleutnant der Bundeswehr, heute Friedensforscher.
Deborah Jackson, USA. Erste Vizepräsidentin des Amerikanischen Juristenverbands, einer Vereinigung von Anwälten, Richtern und Juristen aus Nord- und Südamerika und der Karibik.
Gloria La Riva, USA. Gründungsmitglied des Landarbeiter-Nothilfekomitees und des Nothilfekomitees für die Beendigung des US-Kriegs im Nahen Osten. Aktiv in Gemeinde und Gewerkschaft.
Key Martin, USA. Wegen der Organisation von Antikriegs-Kundgebungen während des Vietnamkriegs häufig in Haft. Derzeit Ortsgruppenleiter des Ortsvereins 3 der Druckergewerkschaft.
Michael Ratner, USA. Derzeit Anwalt; früherer Direktor des Zentrums für Grundrechte; zuvor Präsident des Nationalen Anwaltsvereins.

Abwesend:

Tan Sri Noordin bin Zakaria, Malaysia. Früherer Präsident des Bundesrechnungshofes von Malaysia. Bekannt durch seinen Kampf gegen die Korruption in der Regierung.
P. S. Poti, Indien. Früherer Gerichtspräsident des Obersten Gerichtshofes von Gujarat. 1989 zum Präsidenten des Gesamtindischen Anwaltsvereins gewählt.

Schließlich befand das Tribunal einstimmig alle Angeklagten in allen 19 Anklagepunkten für schuldig. Das Urteil des ersten Tribunals in der Geschichte, das den militärischen Sieger auf eigenem Boden der Kriegsverbrechen für schuldig befand, lautet:

> Die Mitglieder des Internationalen Tribunals gegen Kriegsverbrechen, die sich in New York getroffen haben,
>
> haben gewissenhaft über die ursprüngliche Anklage der Untersuchungskommission vom 6. Mai 1991 gegen Präsident George W. Bush, Vizepräsident Dan Quayle, Verteidigungsminister Richard Cheney, den Vorsitzenden der Vereinigten Stabschefs Colin Powell und General Norman Schwarzkopf, den Kommandeur der Alliierten Streitkräfte am Persischen Golf, beraten, die 19 verschiedener Verbrechen gegen den Frieden, Kriegsverbrechen und Verbrechen gegen die Menschlichkeit unter Verletzung der Charta der Vereinten Nationen, der Genfer Konvention von 1949 und des dazugehörigen Ersten Protokolls, anderer internationaler Abkommen und des allgemeinen Völkerrechts beschuldigt werden;
>
> haben das Recht und die Pflicht, als WeltbürgerInnen über Verletzungen des internationalen Rechts der Menschlichkeit zu Gericht zu sitzen;
>
> haben die Beweisführung von Hearings verschiedener Untersuchungskommissionen angehört, die während des letzten Jahres in ihren und/oder anderen Ländern abgehalten wurden, und haben die Berichte von zahlreichen anderen Hearings entgegengenommen, die das dort zusammengetragene Beweismaterial vorlegen;
>
> wurden versorgt mit dokumentarischem Beweismaterial, Aussagen von Augenzeugen, Foto- und Videoaufnahmen, Sonderberichten, Analysen von Experten und Zusammenfassungen des Beweismaterials, das der Kommission zur Verfügung stand;
>
> haben Zugang zu allen Beweisen, Kenntnissen und Expertenmeinungen in den Akten der Kommission oder wie sie den Mitarbeitern der Kommission verfügbar waren;

haben von der Kommission oder auf andere Weise verschiedene Bücher, Artikel und anderes schriftliches Material über die unterschiedlichen Aspekte der Geschehnisse und Zustände am Persischen Golf, über den Aufbau von Streitmacht und Waffen erhalten;

haben die Berichterstattung in Zeitungen, in Magazinen und Periodika, Sonderveröffentlichungen, Fernsehen, Radio und anderen Medien sowie öffentliche Stellungnahmen der Angeklagten, anderer öffentlicher Vertreter und anderes öffentliches Material in Betracht gezogen;

haben die Eingaben der Untersuchungskommission im öffentlichen Hearing vom 29. Februar 1992 sowie Zeugnis und Beweismaterial, die dort gegeben wurden, gehört;

und haben sich zusammengefunden, sich miteinander und mit den Mitarbeitern der Kommission beraten, haben alle Beweise erwogen, die relevant sind für die neunzehn Punkte der Anklage wegen verbrecherischen Verhaltens, erhoben in der ursprünglichen Anklage, und gelangen zu folgenden Ergebnissen:

Die Mitglieder des Internationalen Tribunals gegen Kriegsverbrechen erklären jeden der genannten Angeklagten für schuldig auf der Grundlage der gegen sie sprechenden Beweise und stellen fest, daß jedes einzelne der 19 verschiedenen Verbrechen aus der ursprünglichen Anklageschrift, die dem Urteil beigefügt ist, nachweislich und ohne jeden Zweifel begangen worden ist.

Die Mitglieder sind der Auffassung, daß es unumgänglich ist, wenn es jemals Frieden geben soll, daß Macht für ihr kriminelles Handeln zur Verantwortung gezogen wird, und wir verurteilen aufs allerschärfste diejenigen, die gemäß den Anklagepunkten für schuldig befunden wurden. Wir fordern die Untersuchungskommission und alle Menschen eindringlich auf, den von der Kommission entwickelten Empfehlungen gemäß zu handeln, um Macht in die Verantwortung zu nehmen und soziale Gerechtigkeit sicherzustellen, auf die sich dauerhafter Frieden gründen muß.

Die Mitglieder fordern die sofortige Aufhebung aller Embargos, Sanktionen und Strafmaßnahmen gegen den Irak, weil sie ein fortwährendes Verbrechen gegen die Menschlichkeit darstellen.

Die Mitglieder fordern öffentliche Aktionen, um neue Aggressionen der Vereinigten Staaten zu verhindern, die den Irak, Libyen, Kuba, Haiti, Nordkorea, andere Länder und das palästinensische Volk bedrohen; sie fordern die volle Verurteilung jeder Bedrohung oder des Einsatzes von militärischer Technologie gegen ziviles wie militärisches Leben, wie dies die Vereinigten Staaten gegen das Volk des Irak getan haben.

Die Mitglieder fordern, daß die Macht des Sicherheitsrats der Vereinten Nationen, der in himmelschreiender Weise von den USA manipuliert wurde, um illegale militärische Aktionen und Sanktionen für rechtmäßig zu erklären, auf die UN-Vollversammlung übertragen wird; daß alle ständigen Mitglieder des Sicherheitsrats ihres Sitzes enthoben werden und daß das Vetorecht als undemokratisch und im Widerspruch zu den Grundsätzen der UN-Charta stehend abgeschafft wird.

Die Mitglieder fordern die Kommission auf, für die dauerhafte Bewahrung der Berichte, Beweise und gesammelten Materialien Sorge zu tragen, um es auch anderen verfügbar zu machen, und nach Wegen zu suchen, die umfassendste Verbreitung der Wahrheit über den US-Angriff auf den Irak sicherzustellen.

In Übereinstimmung mit dem im letzten Absatz der ursprünglichen Anklage beschriebenen Untersuchungsbereich hat die Kommission wesentliches Beweismaterial für verbrecherische Handlungen von Regierungen und einzelnen Amtspersonen, zusätzlich zu den hier bereits formell präsentierten, gesammelt. Formelle Anklagen sind von einigen Untersuchungskommissionen gegen andere Regierungen zusätzlich zu den Vereinigten Staaten entworfen worden. Solche Anklagen standen hier nicht zur Verhandlung. Die Untersuchungskommission oder jeder ihrer nationalen Bestandteile kann sich dafür entscheiden, diese weiteren Anklagen zu einem künftigen Zeitpunkt zu betreiben. Die Mitglieder fordern alle Beteiligten auf, größte Anstrengungen zu unternehmen, um Wiederholungen von Gesetzesverletzungen durch andere Regierungen, über die hier nicht verhandelt wurde, zu verhindern.

Beschlossen in New York am 29. Februar 1992*

* Übersetzt von Tobias Damianov und Artur Rümmler

Bis zum Jahr 2000 wird unsere Erde von einer Milliarde mehr Menschen bewohnt werden. Fast 80 Prozent davon werden schöne, dunkle Haut haben. Der größte Teil dieser Menschen wird in bitterer Armut leben, auch das reiche Amerika wird Millionen Menschen nur Armut bieten können. Sie alle werden zu einem kurzen Leben in Hunger, Krankheit, Unwissenheit, Untätigkeit, Gewalt, Schmerz und Leid verdammt sein, sofern die Menschheit nicht heute gegen die Krise angeht, die von der Gewalt bei der Ausbeutung der Erde und der Vertiefung der Kluft zwischen Arm und Reich verursacht wird.

12. Die Vision vom Frieden

Du siehst etwas, und fragst dich: »Warum?«
Ich aber träume etwas nie Dagewesenes;
und ich sage: »Warum nicht?«
George Bernard Shaw

Bei den Anhörungen wurden immer wieder und von den verschiedensten Organisationen und Persönlichkeiten Empfehlungen zu Maßnahmen ausgesprochen, die notwendig sind, um eine Wiederholung der tragischen Ereignisse zu verhindern. Die Empfehlungen waren gerichtet an die UN, an internationale Einrichtungen, an den US-Kongreß, den US-Präsidenten und andere US-amerikanische Institutionen, an verschiedene internationale Nichtregierungsorganisationen, an die internationalen und US-amerikanischen Medien, an private Organisationen und schließlich an die Weltöffentlichkeit.

Vorschläge zum Frieden

In einem umfangreichen »Arbeitspapier Frieden« hat die Kommission mehr als 50 Vorschläge unterbreitet. Eingeflossen sind darin die historische Erfahrung des Kriegs ebenso wie Konzepte, ihn zu verhindern. Alle Vorschläge sind in Zusammenhang zu sehen mit der Golfkrise und dem der Kommission zugegangenen Beweismaterial.

Die erste Gruppe umfaßt Vorschläge für die dringendsten Maßnahmen im Irak. Dazu gehört vor allem die Aufhebung der Sanktionen und die Lieferung von Lebensmitteln und anderen wichtigen Gütern, ferner die Entschärfung von Blindgängern und Minen, die immer noch Menschenleben fordern. Verlangt wird auch der Rückzug aller ausländischen Streitkräfte aus der Region. Es ist nur gerecht zu fordern, auf die Bedürfnisse der irakischen Bevölkerung einzugehen.

Zur zweiten Gruppe gehören allgemeine Vorschläge, die in sechs Kategorien fallen. Viele der hier vorgestellten Konzepte sind bekannt seit es Kriege gibt. Manche sind an anderer Stelle sorgfältig analysiert und eingehend dargelegt worden. Einige davon sind von den UN oder von anderen Institutionen aufgegriffen oder teilweise von diesen selbst entwickelt worden. Sie alle sollen zu einem dynamischen Wandel anregen.

Mit den allgemeinen Empfehlungen werden Maßnahmen gefordert, die weitere militärische Interventionen, Unterdrückung und Ausbeutung verhindern. So sollen der Militarismus und das Wettrüsten überwunden, die nationalen Streitkräfte verringert werden. Atomwaffen und andere Massenvernichtungswaffen und -technologien sollen abgeschafft, Frieden durch Gerechtigkeit gefördert werden. Die UN sollen reformiert, ein ständiges Tribunal gegen Kriegsverbrechen eingerichtet werden. Die Herrschaft des Militarismus hat wirtschaftlicher Gerechtigkeit zu weichen. Die Medien sind zu reformieren. Schließlich müssen internationale Basisorganisationen und eine internationale Volksversammlung eingerichtet werden.

Die immer noch aktuellen Vorschläge der Kommission für Sofortmaßnahmen lauten:

Vorschläge für Sofortmaßnahmen in der Golfregion

1. Sofortige Hilfslieferungen lebenswichtiger Güter

Die UN und internationale Hilfsorganisationen müssen Lebensmittel, Medikamente, medizinische Apparate und Trinkwasser liefern, ferner Saaten, Setzlinge und Düngemittel, Ersatz- und Ausrüstungsteile für Wasserpumpen und Wasseraufbereitungsanlagen, für Kanalisatin und Abfallbeseitigung, für Stromkraftwerke und für den Energietransport, für Landwirtschaftsmaschinen, Lastwagen und Busse, für Ölförderanlagen, -pipelines und -raffinerien; so sollen die dringendsten Bedürfnisse im ganzen Irak und den anderen Ländern der Region, die vom Golfkrieg in Mitleidenschaft gezogen wurden oder Flüchtlinge zu versorgen haben, befriedigt werden.

2. Aufhebung der knebelnden Sanktionen

Die dem Irak auferlegten Sanktionen, das Embargo, die Ein- und Ausfuhrkontrollen sowie die Reisebeschränkungen sind aufzuheben, die eingefrorenen Auslandsguthaben wieder freizugeben.

3. Entfernen von Kriegsmaterial
Durch die UN sind Experten und Know-how zur Verfügung zu stellen, damit alle nicht detonierten Bomben, Granaten und anderes gefährliches Kriegsmaterial entschärft und entfernt sowie verstrahlte Trümmer und Atommüll aus demIrak und Kuwait weggeschafft werden können, und zwar unter Leitung und Kontrolle der betroffenen Länder.

4. Prüfung legitimer Wiedergutmachungsforderungen
Es ist ein UN-Schlichtungsausschuß einzurichten, der Schäden und Reparationsforderungen gegen Dritte zu prüfen hat. Damit soll allen Menschen am Persischen Golf – einschließlich der Flüchtlinge –, die durch Kriegsverbrechen und andere rechtswidrige Handlungen der Vereinigten Staaten und Iraks, Kuwaits sowie anderer Regierungen beziehungsweise der in ihrem Auftrag Handelnden Schaden an Leib und Besitz und ihrer Umwelt erlitten haben, Wiedergutmachung zuteil werden.

5. Beendigung der kriegsähnlichen Handlungen
Drohungen und Zwangsmaßnahmen gegen den Irak sind zu beenden; alle Auseinandersetzungen sind als solche zwischen gleichberechtigten Staaten gemäß den Bestimmungen des Völkerrechts über die friedliche Beilegung von Konflikten zu schlichten.

6. Behandlung der zugrundeliegenden regionalen Konflikte
Es ist ein UN-Schlichtungsausschuß einzurichten, der sich den andauernden regionalen Auseinandersetzungen zu widmen und bei seinem Vorgehen und seinen Beschlüssen alle betroffenen Völker gleichberechtigt zu behandeln hat. Zu den strittigen Angelegenheiten gehören noch offene Fragen zwischen Irak, Kuwait, Iran, Israel, Jordanien, Saudi-Arabien, Syrien, der Türkei und anderen Staaten der Region; ferner die Rechte der Kurden, Assyrer und anderer Völker; die Rechte der Palästinenser auf einen unabhängigen Staat im Gebiet der Westbank, des Gazastreifens und Jerusalems, auf Rückzug aller israelischen Einrichtungen und Siedler, die rechtswidrig diese Gebiete besetzt haben, und auf Wiedergutmachung seitens Israels; der Rückzug israelischer, syrischer und anderer ausländischer Streitkräfte aus dem Libanon; der Anspruch auf die Golan-Höhen; alle Grenzkonflikte in der Region.

7. Eindämmung ausländischen militärischen Einflusses
Ausländische Streitkräfte wie die der Vereinigten Staaten und Saudi-Arabiens, Kuwaits, der VAR, der Türkei und anderer Staaten sind vom Golf zurückzuziehen, ausländische Militärstützpunkte sind zu schließen.

Vorschläge für die künftige Sicherung des Friedens

Der Eindruck, daß die dringendste Not abgewendet werden muß, ist in der Kommission noch zurückgetreten hinter das Entsetzen und die Scham über die Kriegsverbrechen und andere Vergehen. Das Gespenst des Militarismus und der Ausbeutung geht um auf unserem Planeten, und wenn nicht alle menschliche Energie, mutige Phantasie, gewissenhaftes Bemühen und nicht nachlassende Beharrlichkeit aufgebracht werden, die für unser Überleben dringend notwendig sind, dann ist eine unmenschliche, tödliche Zukunft unausweichlich. Es droht eine auf technologische Übermacht gestützte Weltordnung, die den Armen knechtet, um dem Reichen zu dienen – diese Gefahr abzuwenden und eine humane Zukunft zu sichern, sind weltweite spontane und organisierte Aktionen vonnöten.

Die Arbeit der Kommission hat gezeigt, wie leicht eine Regierung über Recht und Gesetz hinweggehen, töten, unterdrücken, täuschen, menschlich verarmen kann. Daß eine Regierung allein die Probleme ihres Volkes lösen wird ist ein Glaube, der, gefährlicher als alles andere, zum Opium für das Volk wird. Die meisten der hier dargelegten Vorschläge behandeln staatsrechtliche Fragen. Wichtiger noch sind jedoch jene Vorschläge, die die Menschen zu selbständigem Handeln befähigen und in die Lage versetzen sollen, von ihrer Regierung dauerhafte Sicherheit und die nötigen Reformen der Staatsorgane – damit auch Zuverlässigkeit für die Bürger – zu erwirken. Ohne eine Verwirklichung dessen bleibt alles andere auf lange Sicht erfolglos.

Bei den zahlreichen Anhörungen der Kommission ergaben sich aus Aussagen und Beiträgen von Zeugen und Teilnehmern Vorschläge in Hülle und Fülle, Vorschläge, die die menschlichen Probleme aufnehmen, die in der Aggression gegen den Irak zum Ausdruck kamen oder erst durch sie verursacht wurden. Oft ging es dabei auch um Probleme, die zwar bereits schwelten, von den Ereignissen am Golf aber verschärft wurden. Bei manchen Vorschlägen für bestimmte Staaten ging es um Reformen, die eine künftige Beteiligung an Kriegsverbrechen vermeiden helfen und die Regierung wie die Bevölkerung vor internationalem Druck und Bestechung schützen würden. Von den für die USA maßgeblichen Vorschlägen abgesehen werden die eben erwähnten hier nicht weiter ausgeführt; sie sind von den Kommissionen der jeweiligen Länder zu berücksichtigen.

Die Vorschläge sind kein Selbstzweck: Jeder soll einen Wandel erst in Gang bringen. Sie sind allgemein gefaßt, damit sie in der jeweils angemessensten Form geprüft, weiterentwickelt und umgesetzt werden können. Die Vorschläge fallen in sechs verschiedene Kategorien.

A. Reformen zur Verhinderung von Krieg, Kriegsverbrechen und Militarismus

Verbot von Kriegswaffen und Massenvernichtungswaffen

1. Die Forschung, Entwicklung, Planung und Herstellung, der Transport oder der Besitz von Massenvernichtungswaffen ist zu verbieten. Dazu zählen Atomwaffen, Kernwaffen, Neutronenwaffen, biologische, neurologische uand chemische Waffen, Gas-, Splitter-, Streu- sowie FAE (Benzin-Luft-Gemisch)-Bomben. Ebenfalls zu verbieten ist der Einsatz konventioneller Waffen oder anderer Mittel, die Gruppen von Menschen töten oder ihren Besitz vernichten können.

2. Die Forschung, Entwicklung, Planung und Herstellung, der Transport oder der Besitz von hochentwickelten Rüstungsgütern und Kriegswaffen ist zu verbieten. Dazu zählen Militärfahrzeuge, Raketen, Lenkwaffen, Artillerie- und automatische Waffen ebenso wie Laser-, Streu-, Röntgen- und andere Waffen, die Gruppen von Menschen töten oder ihren Besitz vernichten können.

Rüstungsbegrenzung und Kontrolle des Militärs durch die UN

3. Es ist eine UN-Behörde zur Rüstungskontrolle beziehungsweise -begrenzung und Militärkontrolle zu schaffen, die nach UN-Statuten mit der Vollmacht ausgestattet ist, (a) Gesetze zum Verbot der Forschung, Entwicklung, Planung, Herstellung, des Transports, Besitzes und internationalen Verkaufs von Massenvernichtungswaffen, von kriegstauglichen Gütern und anderen Waffen durchzuführen und die Einhaltung dieser Gesetze zu prüfen und zu überwachen; (b) internationale Waffengeschäfte zu verbieten, zu beschränken, zu registrieren, zu lizensieren und zu kontrollieren; (c) alle Kriegswaffen zu begrenzen, zu registrieren und zu lizensieren sowie für die geplante Reduzierung aller nationalen Streitkräfte und Rüstungspotentiale die entsprechenden

gesetzlichen Bestimmungen zu erlassen und ihre Einhaltung zu überwachen, damit das verbleibende Potential keinesfalls größer ist als zur Grenzkontrolle und Wahrung der inneren Sicherheit erforderlich; (d) die Demontage und Vernichtung der vorhandenen verbotenen und überschüssigen Waffen zu regeln, zu überwachen und durchzuführen.

4. Weltweit ist die Herstellung, der Verkauf, Transport und Besitz aller Waffen zu verbieten, die von der UN-Behörde zur Rüstungskontrolle beziehungsweise -begrenzung und Militärkontrolle nicht genehmigt oder registriert wurden.

5. Es ist eine UN-Friedenstruppe zu schaffen, die mit der alleinigen Vollmacht ausgestattet ist, Streitkräfte aufzubieten und zu organisieren sowie militärische Gewalt anzuwenden; davon ausgenommen ist lediglich das Recht jedes Staates, zur Sicherung der Grenzen und zur Wahrung der inneren Sicherheit die Polizeigewalt auszuüben. Die Mitglieder dieser Friedenstruppe sind der UN zur Loyalität verpflichtet und erfüllen ihre Aufgaben gewissenhaft. Die Friedenstruppe wird mit konventionellen Handfeuerwaffen ausgerüstet, die ausreichen, um Beschlüsse, Bestimmungen und Verordnungen der UN oder eines Organs des internationalen Gerichtswesens entsprechend den von der UN geschaffenen und eingerichteten Befehlsstrukturen durchzusetzen. In den Dienstgraden der Friedenstruppe oder ihren Einheiten mit mehr als zehn Personen dürfen einzelne Staaten oder Staatsbürgerschaften nicht mehr als zehn Prozent der Mitglieder stellen. In Dienstgraden und Einheiten mit weniger als zehn Personen dürfen Staaten oder Staatsbürgerschaften nicht doppelt oder mehrfach vertreten sein.

Neue Grundsätze zur Kontrolle der Streitkräfte

6. Es ist ein Weltabkommen zum Verbot des Militarismus und zum Verbot von Verbrechen gegen den Frieden, von Kriegsverbrechen und Verbrechen gegen die Menschlichkeit abzuschließen und zu verkünden, das folgendes leistet: (a) Die Anwendung militärischer Gewalt bei der Verletzung des Abkommens zum Kriegsverbrechen zu erklären; jegliche Hoheitsrechte bei derartigen Vergehen sind aufgehoben. (b) Angehörige der Streitkräfte im Kriegsfalle zu schützen, indem es zu einem Kriegsverbrechen erklärt wird, unangemessen große Gewalt oder nicht erlaubte Waffen anzuwenden oder wehrlose oder im Rückzug befindliche Soldaten ohne Offensivmöglichkeiten, die ihren Wunsch sich zu ergeben signalisiert haben, anzugreifen. (c) Ebenfalls Kriegsverbrechen wären Angriffe auf Städte, Dörfer, Ansiedlungen oder andere zivile Ein-

richtungen wie Wasser- und Energieversorgung, Kommunikation, Gesundheitsversorgung, Bildungseinrichtungen und das Verkehrswesen, auf Fahrzeuge, Wohnungen, Büros und gewerblichen Besitz, auf religiöse, historische und archäologische Einrichtungen, Stätten und Gebäude sowie auch für die Produktion, die Lagerung, die Verteilung oder den Verkauf von Lebensmitteln bestimmte Anlagen. Kriegsverbrechen wären auch die durch militärische oder paramilitärische Handlungen, durch Angriffe oder zivile Übergriffe verursachten Umweltschäden.

Die unwahren Behauptungen der Vereinigten Staaten, daß die Haager und Genfer Konventionen, das Abkommen von Nürnberg, das Kriegsrecht und die US-amerikanischen Gefechtsregeln beim Angriff auf den Irak nicht verletzt worden seien, machen es erforderlich, umfassende und genaue, moderne Grundsätze für den Schutz der Truppe vor unangemessener Gewalt und den Schutz der Zivilisten vor jeglicher Gewalt zu erlassen.

Verbot militärischer und politischer Einflußnahme auf andere Länder

...

Schaffung von UN-Organisationen, die sich mit Kriegen und Kriegsfolgen befassen

...

B. UN-Reformen, die auf ein weltweit gültiges Recht, auf demokratische Macht, Lauterkeit in der Regierungstätigkeit und den Weltfrieden abzielen

1. Es ist ein föderatives System für eine globale Regierungsgewalt zu schaffen, das die UN ermächtigt, den Frieden zu sichern, die internationalen Wirtschaftsbeziehungen zu regeln und für soziale Gerechtigkeit für alle zu sorgen; alle anderen Zuständigkeiten verbleiben bei den einzelnen Staaten und ihren Völkern. Die UN sind ferner mit legislativen, exekutiven und judikativen Vollmachten auszustatten.

2. Der Sicherheitsrat mit den Einrichtungen der ständigen Mitgliedschaft und des Vetorechts ist durch einen Weltrat von Abgeordneten zu ersetzen, die die Vollversammlung aus ihren Reihen wählt...

3. Die Zusammensetzung der Vollversammlung sollte durch direkte allgemeine Wahl bestimmt werden, das heißt, jeder Staat entsendet seine UN-Abgeordneten durch eine solche Wahl...

4. Zwischenstaatliche Auseinandersetzungen sind zuerst und vor allem durch die in Abschnitt VI der UN-Charta dargelegten Mittel beizulegen...

5. Die UN sollten ermächtigt werden, die einzelnen Staaten zu besteuern, weltweit tätige Unternehmen zu gründen und Handel, Verkehr und Vermögen international zu besteuern sowie weltweit gültige gesetzliche Bestimmungen für diese zu erlassen…

6. Der Generalsekretär, hohe Beamte und die Leiter von UN-Institutionen sowie die Befehlshaber der Friedenstruppe sind von einer Mehrheit der Generalversammlung zu wählen und an ihre Weisungen gebunden.

7. Die Vereinten Nationen schaffen einen Internationalen Gerichtshof für Straftaten…

8. Die allgemeine Erklärung der Menschenrechte und andere internationale Verträge zum Schutz der bürgerlichen, politischen, sozialen, wirtschaftlichen und kulturellen Rechte sind als unumstößliches und unveräußerliches Völkerrecht zu verankern…

9. Die Vereinten Nationen sollten einen Internationalen Grenzausschuß einrichten und ermächtigen, in Grenzstreitigkeiten und bei strittigen Ansprüchen auf Meeresgebiete, den Meeresboden, den Luftraum und andere Güter der Erde zu verhandeln, und, sofern eine Übereinkunft nicht zu erzielen ist, zu schlichten.

C. Reformen zur Durchsetzung wirtschaftlicher und sozialer Rechte und zur ökologischen Sicherung der natürlichen Grundlagen

Mit der Verwüstung des Irak sind Versuche der USA und anderer reicher Nationen fortgesetzt worden, die Dritte Welt zu beherrschen und auszubeuten. Der Angriff hat ein Schwellenland in die Armut zurückgebombt und den Zugriff der Alliierten auf die Ölvorkommen und die Bodenschätze des Irak gesichert. Er ist ein sinnfälliges Beispiel für die Politik der reichen Staaten, ärmere Länder und die Armen im eigenen reichen Land zugunsten der Reichen noch weiter verarmen zu lassen. Da die UN Abgaben erheben, Schulden erlassen und Wiedergutmachung fordern können, haben sich die UN mit folgenden Angelegenheiten auseinanderzusetzen:

1. Gesundheit
2. Lebensmittel
3. Wasser
4. Arbeit
5. Bildung
6. Geburtenkontrolle

7. Wohnen
8. Erschließung und sinnvolle Nutzung von Ressourcen
9. Umweltschutz und ökologisches Verhalten
10. Verhinderung wirtschaftlicher Ausbeutung
11. Beschränkung des Einsatzes von Embargos und Sanktionen
12. Umverteilung des Reichtums
13. Vorbeugung gegen unlautere Praktiken im internationalen Handel

D. Reformen in den Vereinigten Staaten

1. Abschaffung des Militarismus
2. Abschaffung verfassungswidriger Regierungstätigkeit
3. Abschaffung plutokratischer Herrschaft
4. Abschaffung der Konzentration des Reichtums
5. Abschaffung von Inhaftierung als Mittel sozialer Kontrolle
6. Bewältigung der Folgen von Interventionen in anderen Ländern

E. Reform des internationalen Medien- und Informationswesens

1. Informationsfreiheit

Die Grundrechte auf Information und Kommunikation sowie eine unbeeinflußte und vielfältige Medienlandschaft ohne politischen, ideologischen oder wirtschaftlichen Zwang sind uneingeschränkt zu wahren. Der Weltöffentlichkeit werden Informationen vorenthalten, die für sinnvolle Entscheidungen wesentlich sind; oft ist sie in Fragen lebenswichtiger Bedeutung fehlinformiert.

Demokratische Institutionen aber können ihren Zweck nicht erfüllen, wenn die Öffentlichkeit falsch oder nicht informiert ist oder durch Nachrichten und Medien manipuliert wird. Der aus dem Jahre 1979 stammende Bericht der UNESCO-Studiengruppe zu Kommunikationsproblemen – der MacBride-Report – sollte aktualisiert, seine Vorschläge umgesetzt werden. Zu den dort angesprochenen Fragen gehören etwa: ein verbesserter Fluß von Informationen aus und über die Dritte Welt, ein verbesserter Zugang zu den Medien für unterprivilegierte und oppositionelle Gruppen, ein Netz von Nachrichtenagenturen für alle Sprachen, das Recht auf Gegendarstellung, größere Ehrlichkeit der Medien und öffentliche Brandmarkung bezahlter Propaganda.

Die UN sollten in allen Staaten Bibliotheks- und Informationsdienste finanzieren, um die Versorgung mit wichtigen Informationen über die Welt, über die einzelnen Länder uand über ihre Städte sicherzustellen. Diese Informationsdienste und -zentren sollten demokratisch verwaltet und beauftragt werden, wichtige Informationen insbesondere über solche Länder zur Verfügung zu stellen, die in den Medien nicht behandelt werden; sie sollten ferner die Hilfe von Fachleuten anbieten, die sich auf die betreffende Region und ihre Angelegenheiten spezialisiert haben. An der modernen Kommunikationstechnologie sollten alle Länder teilhaben. Das Informationswesen in Dritte-Welt-Ländern ist von den UN mit Ausrüstungen, Ausbildungsleistungen, Technik und Geldmitteln zu fördern; ebenso sollte der Zeitungsdruck finanziell unterstützt werden.

Die bisherigen Bemühungen der UN um die Informationsfreiheit und um eine ausgewogene Verbreitung wichtiger Nachrichten und Meinungen sind ohne Erfolg geblieben. Bei der ersten Tagung der UN-Vollversammlung 1946 wurde die Informationsfreiheit bezeichnet als »Prüfstein für alle Freiheiten, denen sich die Vereinten Nationen verpflichtet fühlen«. 1948 berief der Wirtschafts- und Sozialrat eine UN-Konferenz über die Informationsfreiheit ein. Es wurde eine Konvention entworfen, die das Sammeln und die internationale Verbreitung von Nachrichten, die Informationsfreiheit sowie das internationale Recht auf Gegendarstellung regeln sollte. Fertiggestellt wurde jedoch nur die Konvention zum Recht auf Gegendarstellung – sie wurde nur von wenigen Staaten unterzeichnet. Durch sie ist eine Regierung, die sich für das Opfer falscher Information durch eine andere Regierung hält, berechtigt, ihre eigene Darstellung des Sachverhalts an die Regierung des anderen Landes zu übermitteln; diese muß die Gegendarstellung den Medien ihres Landes zur Verfügung stellen. Die Konvention verlangt jedoch nicht die Veröffentlichung einer solchen Gegendarstellung.

2. Abschaffung von Medienmonopolen

Versuche, die Vielfalt elektronischer und schriftlicher Kommunikation durch alternative Medien zu vergrößern, sollten von den UN und privaten Organisationen, die an genauer und umfassender Information, an Fairneß in den Medien und an öffentlichem Zugang zu Informationen interessiert sind, finanziell gefördert werden. Dies gilt für das Fernsehen, die Ton- und Bildübertragung und -verbreitung durch Kabel, Audio- und Videokassetten, für den Rundfunk, für Kurzwellensender, für Zeitungen, Zeitschriften, Wochenschriften, Flugblätter und andere Massenkommunikationsmittel. Entscheidend für die Qualität, Vielfalt und Ausgewogenheit im Informationswesen sind Bemühungen, die Kommerzialisierung der elektronischen und Printmedien sowie die Werbung darin einzudämmen. Die Sendefrequenzen gehören der Öffentlichkeit; sie sollten ihr auch dienen.

Wer Lizenzen zu ihrer Nutzung erwirbt, sollte abweichenden Meinungen Raum geben und für die Behandlung aller wichtigen Fragen, zum Beispiel für die Verwirklichung des Rechts auf Gegendarstellung, für alternative Nachrichtensendungen, für Informationen über die Bereitstellung von Versorgungseinrichtungen, für mehrsprachige Sendungen, freie Sendezeiten für kandidierende Politiker, für Beteiligungsrechte von Minderheiten sowie für die genossenschaftliche Nutzung von Sendezeit und -frequenz sorgen.

Monopole im Medienbereich sind die schlimmsten Auswüchse des Kolonialismus. Mehr als alles andere haben sie bewirkt, daß die US-Bürger das Gemetzel im Irak als »gerechten« Sieg feierten. Universitäten und andere Hochschulen, Gemeindezentren, Gewerkschaften und andere Organisationen und Gruppen sollten Medienräte und Studiengruppen bilden, um Kommunikationsbedürfnisse zu prüfen, Kommunikationsmöglichkeiten und ihre Nutzung weiterzuentwickeln, den Fundus vorhandener Informationen zu vergrößern und für eine Vielfalt der Standpunkte zu sorgen. Derartige Einrichtungen sollten lokale, regionale, nationale und internationale Medienauswertungen vornehmen, und der allgemeinen Öffentlichkeit den Zugang zu den Medien ermöglichen und gegebenenfalls das Gebaren der elektronischen und Printmedien kritisieren. Umfragen zu einer ausgewogenen und fairen Präsentation in den Medien sollten veröffentlicht werden. Kriterien zu Prioritäten und der Dringlichkeit in der Berichterstattung – von der Begrenzung der atomaren Rüstung bis zur inneren Sicherheit, vom Hunger in der Welt bis zum Müllproblem – sollten ebenso entwickelt werden wie Strategien zu ihrer Umsetzung.

F. Reformen, die den einzelnen, privaten Gruppen und Nichtregierungsorganisationen zur Verantwortung für den Frieden und für soziale Gerechtigkeit befähigen sollen

1. Internationales Zentrum für Frieden und soziale Gerechtigkeit

Es sollte geschaffen werden, um Alternativen zu den in diesem Kapitel dargelegten Vorschlägen zu entwickeln, zu vervollständigen, auszuarbeiten, zu verbreiten und umzusetzen. An diesem Zentrum sind auch private Organisationen auf lokaler, regionaler, nationaler und internationaler Ebene zu beteiligen. Um die Ziele des Zentrums zu verwirklichen, sind internationale politische Bündnisse zu schaffen. Es sollte darauf hinwirken, daß vorhandene Netzwerke größeren Wert auf themenübergreifende Koalitionen legen und sich in Basisorganisationen und Bildungsprogrammen für Frieden und soziale Gerechtigkeit engagieren. Es sollte die Arbeit der UN-Institutionen ebenso überwachen wie zum Beispiel Vorkommnisse im Zusammenhang mit der Verletzung militärischer Bestimmungen oder Vorschriften zum Waffenhandel und zur militärischen Forschung, ebenso Militärinterventionen, bewaffnete Konflikte und Menschenrechtsverletzungen.

Den stärksten Impuls erhalten Reformen durch die Menschen selbst. So wie Krieg erst durch das Handeln einzelner möglich wird, so wird auch Frieden durch unser Handeln geschaffen. Man muß den Frieden wollen, das Notwendige dazu wissen und beharrlich genug sein. Vorschläge, die scheinbar unmöglich zu verwirklichen sind, wenn die politische Macht nur den vorhandenen Regierungen und Machtstrukturen übertragen wird, werden realisierbar, wenn wir unser Schicksal selbst in die Hand nehmen.

Man kann von einer Regierung nicht erwarten, sich selbst zu reformieren oder entsprechende bereits beschlossene Reformen durchzuführen. Um Frieden und soziale Gerechtigkeit herzustellen und zu wahren, sind deshalb politische Verfahren unverzichtbar, die sicherstellen, daß die Macht vom Volke ausgeht, die das Handeln der Regierung kontrollieren, die die Öffentlichkeit und betroffene Gruppen informieren, die Reformen durchsetzen helfen und die einem Fehlverhalten der Regierung entgegenwirklen sowie die Zuverlässigkeit der Verfahren selbst wahren. Private Organisationen, darunter solche, die sich mit dem Frieden, der Weltregierung, den Menschenrechten, mit Hunger, Gesundheitsfragen, mit der Umverteilung des Reichtums, mit Flüchtlingen, Bildung, Arbeit, Kinder- und Frauenfragen, mit Militärinterventionen, mit der Umwelt, mit Rassismus und Diskriminierung befassen, sollten mit ihren Aktivitäten auf die genannten Ziele hinwirken. Für einzelne wie für Initiativen und Organisationen kann das Internationale Zentrum Dienstleistungen im Bereich der Forschung und Information anbieten; ferner kann es Literatur beschaffen, über Modellprojekte informieren und die Verständigungs- und Kooperationsmöglichkeit verbessern und in allen anderen Bereichen Hilfe anbieten.

2. Die Rolle des Internationalen Zentrums in den Vereinigten Staaten

Die Reform der Vereinigten Staaten an Haupt und Gliedern kann das Internationale Zentrum unmittelbar angehen: Vom Erfolg eines solchen Unternehmens hängen Frieden und soziale Gerechtigkeit in der Welt ab. Dabei sollte das Internationale Zentrum die weltweiten Kontakte nutzen, um die Weltöffentlichkeit zu informieren und internationale Unterstützung anzuregen und zu organisieren.

3. Die globale Bedeutung des Internationalen Zentrums

Aufgabe des Internationalen Zentrums wäre es, Strategien für die wirtschaftliche und politische Zusammenarbeit der Länder mit niedrigem Einkommen und ihrer Bevölkerung zu entwickeln. So lassen sich Auffanggruppen zum Beispiel aus den Mitgliedern einkommensschwacher Gruppen oder den Reihen der Einwanderer ohne gültige Papiere bilden, um der wirtschaftlichen Ausbeutung der Armen vorzubeugen. Gemeinsame Interessen und Probleme der Völker und Länder mit niedrigem Einkommen sollten festgestellt, einheitliche Strategien zur Verwirklichung ihrer Ziele entwickelt werden. Auszuarbeiten sind auch Möglichkeiten zum Schutz der Urbevölkerungen, von über verschiedene Staatsgebiete verstreuten Volksgruppen wie den Kurden, von Exilanten und im Ausland lebenden Volksgruppen wie zum Beispiel die Inder in Ostafrika.

Unabhängigkeits- und Befreiungsbewegungen sind weltweit zu beobachtende Erscheinungen. Es gibt täglich zahlreiche Situationen, in denen die Menschenrechte verletzt werden; Gewalt ist chronisch, Krieg jederzeit möglich. Und es gibt verdienstvolle Gruppen und Bewegungen, die zu unterstützen sind, Ansprüche, die zu prüfen sind sowie Strategien für ein besseres Verständnis und eine friedliche Lösung von Konflikten, die zu verfolgen sind. Ansätze zu privaten Unternehmungen, die das Streben nach Unabhängigkeit, Souveränität und Selbstbestimmung unterstützen, sind zu organisieren und zu fördern.

4. Dem Internationalen Zentrum zugeordnete lokale Zentren

Nationale, regionale und lokale Zentren für Frieden und Gerechtigkeit, die mit dem Internationalen Zentrum zusammenarbeiten, sollten überall dort eingerichtet werden, wo private Initiativen entwickelt werden können, um anstehende Probleme aufzugreifen und in die Arbeit des Internationalen Zentrums zu integrieren.

5. Ständige Vollversammlung der Völker

Es sollte eine finanziell voll unterstützte und unabhängige Ständige Vollversammlung der Völker geschaffen werden, in der alle Völker ein Gegengewicht gegen ihre Regierungen bilden und die als »Schattenorganisation« zu den UN und ihren Einrichtungen fungiert. Sie ist weltweit demokratisch zu wählen und von der Organisation her an UN-Strukturen auszurichten, um möglichst effektiv arbeiten zu können. Den Nichtregierungsorganisationen der UN und anderen Einrichtungen steht es frei, ihre Aktivitäten mit der Vollversammlung der Völker und deren Einrichtungen zu koordinieren. Die Vollversammlung der Völker sollte ihre politischen Einschätzungen, ihre Berichte, Vorschläge und Maßnahmen allen interessierten Organisationen und Einzelpersonen wie auch den UN und den Regierungen durch sie selbst, durch in diesen Angelegenheiten tätige private Gruppen sowie durch die Medien zur Kenntnis bringen.

6. Das Ständige Tribunal der Völker

Es sollte ein finanziell voll unterstütztes und unabhängiges Ständiges Tribunal der Völker geschaffen werden, das die Arbeit des Internationalen Gerichtshofs, des Internationalen Strafgerichtshofs sowie des Internationalen Gerichtshofs für Menschenrechte überprüft und darüber Bericht erstattet. Das Tribunal sollte Anhörungen in solchen Angelegenheiten durchführen, die vor UN-Gerichten verhandelt wurden, wenn sie von besonderer Bedeutung sind und Anlaß zu der Vermutung besteht, daß ein Fehlurteil vorliegt. Das Tribunal sollte sich aus Juristen und international bedeutenden Persönlichkeiten zusammensetzen, die von der Vollversammlung der Völker berufen werden. Seine Beschlüsse sind überall zu veröffentlichen; Interessenverbände sollten an ihrer Umsetzung mitwirken.

Es liegt an uns

Vorschläge allein ändern nichts. Nicht einmal die Bestimmungen einer angeblich so verehrten Verfassung werden praktisch wirksam, wenn es am Willen mangelt, sie zu befolgen. Solange wir nicht handeln, bleiben Worte nur frommer Wunsch. Wenn wir Frieden wollen, wenn das Volk Frieden will, dann müssen wir unnachgiebig und beharrlich dafür eintreten.

Im Krieg spiegelt sich der Charakter eines Volkes. Die Vorbereitung eines Kriegs, seine Planung, die Begeisterung für ihn, der Auftrag dazu: All dies ist nur möglich durch die bewußte Entscheidung einiger weniger und ihre Billigung oder Hinnahme durch viele andere. Über Krieg wird von einem Volk entschieden, das die Macht dazu hat. Zum Krieg führende Handlungen, Taten im Krieg sind Ergebnis eines gewollten Verhaltens.

Der Sieg der Gewalt am Persischen Golf – eine unverkennbare Gefahr für die ganze Welt. Nicht eine der zahlreichen US-amerikanischen Interventionen in Ländern der Dritten Welt – man hat mehr als 200 in Amerika, Afrika, Asien und dem Nahen Osten gezählt – hat den zugrundeliegenden Konflikt gelöst. Über Generationen waren sie enge Verbündete der USA: zum Beispiel Liberia und die Philippinen, die Kolonien in Afrika und Asien. Heute sind diese Länder verarmt, ihre Bürger meist Analphabeten, politisch gespalten, an Leib und Seele krank, von Gewalt zerrüttet. Dennoch ist der US-amerikanische Militarismus nie stärker, ist die Gier nach Ausbeutung nie größer gewesen.

Das moralische und praktische Versagen des Wettrüstens, die Technologie des Todes, die Lügen und Einschüchterungen, Bestechung, Korruption, Mord – das alles ist allen bekannt, aber es wird von allen hingenommen. Amerika hat den Sieg der Gewalt verherrlicht, es hat sein Mitgefühl vergessen. Es hat dem Materialismus gehuldigt wie keine Gesellschaft zuvor. Aber trotz allen Überflusses ist zum Beispiel die Säuglingssterblichkeit in den USA höher als in den meisten anderen Industrienationen, sogar höher als in manchen »Entwicklungsländern«.

Den Amerikanern sind Dinge wichtiger als Menschen. Während weltweit jährlich Millionen Säuglinge und Kleinkinder verhungern, erhalten amerikanische Bauern 1400 Dollar pro Milchkuh und Jahr, um ihre Molkereiprodukte zu vermarkten. Damit kostet eine Milchkuh den Steuerzahler das Doppelte dessen, was die Hälfte der Weltbevölkerung an Pro-Kopf-Einkommen verdient. Die amerikanische Kultur, die Medien, sie werden von Gewalt, Krieg, Gier, materiallem Reichtum, Ausbeutung und Machtstreben beherrscht.

Groß ist die Zahl derer, die jeden Sinn für Gemeinschaft, ihr soziales Pflichtbewußtsein verloren haben. Und ihre Regierung macht Staaten mit niedrigem Einkommen reihenweise zu Vasallen, beutet ihre Vorkommen, ihre Arbeitskräfte aus und mißbraucht und mißachtet die Armen im eigenen Land – gleichzeitig gibt sie vor, im Namen von

Demokratie und Freiheit zu handeln. Wen sie nicht unterdrücken kann, den schlägt sie durch Kriegsdrohungen in ihren Bann.

Menschliche Werte als Richtschnur des Handelns aber werden die Zukunft bestimmen. Sanftmütige Menschen, für die Menschenliebe kein Fremdwort ist, wollen ihre Mitmenschen teilhaben lassen – Krieg ist für sie kein Mittel der Politik mehr. Der Verzicht auf alle Formen der Gewalt, ein offenes und großherziges Bekenntnis zur Gleichheit aller Menschen, die Achtung der Rechte anderer, die Liebe zu Kindern, das Bezwingen der Gier als dem Feind der Liebe und unabhängigen Geistes: All das ist vonnöten, um Rassismus, Haß, Angst und Gewalt im Menschen zu überwinden.

Krieg als Mittel der Politik hat noch nie zu einem wirklichen oder andauernden Frieden geführt, denn ein Friede als Folge einer solchen Politik kann von den Besiegten nicht hingenommen werden. Wer Frieden durch Krieg erstrebt, bereitet den Boden für den nächsten Krieg und verdirbt seinen eigenen Charakter. Eine Siegermacht mag eine Zeitlang tun können, was sie will. Aber es ist eine unruhige Zeit, die meist mit einer Katastrophe für alle endet.

Was dringend not tut: die Vision von meinem Frieden, der tatsächlich wünschenswert und zu verwirklichen ist. Es gibt kein höheres Ziel, dem man seine ganze Energie, seine ganze Vorstellungskraft widmen kann. Nichts anderes wird mehr zählen, wenn wir hier versagen. Nichts deutet darauf hin, daß die nationalen Regierungen uns Wege zum Frieden erschließen, denn sie kennen nur die Gewalt als ultima ratio ihrer Politik. Der gesunde Menschenverstand nötigt zu der Schlußfolgerung, daß die moderne Kriegstechnik alles zerstören wird, wenn sie nicht gezügelt und abgeschafft wird.

Thomas von Aquin hat längst Bekanntes festgestellt, als er schrieb, daß Krieg unter souveränen Staaten unausweichlich ist, solange es kein positives Recht gibt. Wesentlich für den Frieden ist ein Weltrecht. Internationale Institutionen müssen mächtig genug sein, um Kriege zu verhindern, Konflikte zu lösen, Abrüstung durchzusetzen, Angriffe durch und gegen einzelne Staaten abzuwehren, die Menschenrechte zu schützen, die Armen mit Nahrung, Medikamenten, Bildung und Behausung zu versorgen, Unabhängigkeit und Selbstbestimmung zu gewährleisten und wirtschaftliche Freiheit für alle zu sichern. Es müssen Institutionen sein, die dem Volk dienen.

Natürlich sind wir zum Frieden fähig; wir müssen ihn nur wollen. Unseren Willen zum Frieden zu stärken, unsere Vision von einer besseren Welt leben zu lassen, dazu brauchen wir Leidenschaft: Sie ist die Triebfeder menschlichen Handelns. Die Leidenschaft der Menschheit muß der Frieden sein.

Anmerkungen

1. Kapitel

1 »Brief Seiner Majestät Königs Hussein an S.E., den Präsidenten Saddam Hussein von Irak: Auszüge«, in: Weißbuch Jordanien und die Golfkrise, August 1990 – März 1991, Die Regierung des Haschemitischen Königreichs von Jordanien, Dokument, VII

2 New Statesman, 15. Juli 1983

3 David Wise, »A People Betrayed«, Los Angeles Times. 14. April 1991, M1

4 Kermit Roosevelt, Countercoup: The Struggle for Control of Iran (New York: McGraw-Hill, 1979)

5 Gerard Chaliand und Ismet Seriff Vanly, People Without A Country: The Kurds and Kurdistan (London: Zed Press, 1980), S. 183. Vgl. a. Daniel Schorr, »1975: Background to Betrayal«, Washington Post, 7. April 1991, D3, sowie Christopher Hitchens, »Minority Report«, The Nation, 6. Mai 1991, S. 582

6 William Safire, New York Times, 12. Februar 1976

7 S. Chaliand und Vanly

8 Christopher Hitchens, »Why We Are Stuck in the Sand – Realpolitik in the Gulf: A Game Gone Tilt«, Harper's Magazine, Januar 1991, S. 70

9 Dilip Hiro, The Longest War (New York: 1991)

10 Seymor Hersh, »U.S. Secretly Gave Aid to Iraq Early in the War Against Iran«, New York Times, 26. Januar 1992, S. 1

11 Shahram Chubinl und Charles Trip, Iran and Iraq at War Boulder, CO: Westview Press, 1988, S. 207

12 The Christic Institute, »Covert Operations, the Persian Gulf War and the New World Order« (Washington, DC: The Christic Institute)

13 Foreign Report (London: The Economist, 6. Mai 1982)

14 Francis A. Boyle: »International Crisis and Neutrality: Foreign Policy Toward the Iraq-Iran War«, in Neutrality: Changing Concepts und Practices (New Orelans: Institute for Comparative Study of Public Policy, University of New Orleans, 1986)

15 Vgl. The Christic Institute

16 U.S. Energy Information Administration, Annual Reports. 1984, 1985. S. a. Stephen C. Pelletiere et al., Iraqi Power and U.S. Security in the Middle East (Carlisle, PA: Strategic Studies Institute, U.S. Army War College)

17 Stephen J. Hedges und Brian Duffy, »Iraqgate«, U.S. News & World Report, 18. Mai 1992, S. 42–51

18 »'Nightline' on the Bush-Iraq Connection«, in: Israel and Palestine Political Report, Juni 1991 (Nr. 164), S. 5

19 Toward 2000 (Istanbul: 16. März 1991)

20 Far Eastern Economic Review, 19. Dezember 1991

21 Report of the Congressional Committees Investigating the Iran-Contra Affair, Appendix A: Vol. 1, Source Documents, Frankfurt Meeting, Tape 12, 1500.

22 Fred Halliday, Arabia Without Sultans: A Political Survey of Instability in the Arab World (New York: Vintage Books, 1975)

23 Ibid.

24 Ibid.

25 Vgl. Roosevelt

26 Vgl. Blackwell

27 William Webster, »Threat Assessment; Military Strategy; and Operation Requirements«, Testimony to Senate Committee of Armed Services, 23. Januar 1990, S. 60

28 H. Norman Schwarzkopf, Testimony to Armed Services Committee, 8. Februar 1990. Congressionel Information Service Document S. 201–16.11 »Threat Assessment; Military Strategy; and Operational Requirements«, S. 577–759

29 United States Army, »A Strategic Force for the 1990s and Beyond«, Januar 1990, von General Carl E. Vuono, Stabschef des Heeres, S. 1–17

30 Patrick Tyler, »While Fear of Big War Fades, Military Plans for Little Ones«, New York Times, 3. Februar 1992, A1

31 Blackwell

32 U.S. News & World Report, Triumph Without Victory: The Unreported History of the Persian Gulf War (New York: Time Books, 1991), S. 28–30 und Kapitel 2.

33 Tom Mathews et al., »The Road to War«, Newsweek, 28. January 1991, S. 54, 57, 58, 60, 61.

34 Pelletiere et al.

35 Glenn Frankel, »Imperial Legacy; Lines in the Sand«, Washington Post, 31. August 1990, A 1

36 Thomas Hayes, »Big Oilfield Is at the Heart of Iraq-Kuwait dispute«, New York Times, 3. September 1990, A 7. S. a. G. Henry Schuler, »Congress Must Take a Hard Look at Iraq's Charges Against Kuwait«, Los Angeles Times, 2. Dezember 1990

37 Pierre Salinger and Eric Laurent, Secret Dossier: The Hidden Agenda Behind the Gulf War (New York: Penguin Books, 1991), S. 2, 46–63, 94–117, 112, 114

38 Vgl. Schuler

39 Vgl. Pelletiere et al.

40 Knut Royce, »A Trail of Distortion Against Iraq«, Newsday, 21. Januar 1991

41 Michael Emery, »Jordan's King Hussein on the Gulf War«, San Francisco Chronicle, 13. März 1991, Z-3

42 Milton Viorst, »A Reporter at Large: After the Liberation«, The New Yorker, 30. September 1991, S. 37–73

43 Notiz des kuwaitischen Geheimdienstes, mit höchster Geheimhaltungsstufe, von Brigadegeneral Fahd Ahmad Al-Fahd, Leiter des Ministeriums für Staatssicherheit, an Scheich Salem Al-Sabah Al-Salem Al-Sabah, Innenminister; angeblich von irakischen Streitkräften aus dem kuwaitischen Amt für Innere Sicherheit erbeutet

44 George Lardner Jr., »Iraqui Charges Alleged Kuwaiti Memo Proves a CIA Plot Against Baghdad«, Washington Post, 1. November 1990, A 30

45 Saddam Hussein, »Saddam Hussayn on the Post-Cold War Middle East«, Orbis, Winter 1991, S. 117–119

46 John K. Cooley, Payback: America's Long War in the Middle East (London: Brassey's, 1991), S. 185.

47 Khalidi Walid, »Iraq vs. Kuwait: Claims and Counterclains«, in: The Gulf War Reader, Micah Sifry und Christopher Cerf, Hg. (New York: Times Books, 1991)

48 Ibrahim Youssef, »Iraq Threatens Emirates and Kuwait on Oil Glut«, New York Times, 18. Juli 1990

49 Michael Emery, »How Mr. Bush Got His War: Deceptions, Double-Standards & Discrimination«, Open Magazine Pamphlet Series Nr. 9, April 1991 (Westfield, NJ: Open Magazine), S. 7. S. a.: »How the U.S. Avoided Peace« und »In the Middle of the Middle East; After 38 Years of Diplomatic Dexterity, King Hussein Keeps His Balance«, Village Voice, 5. März 1991

50 Dr. Michael Emery, Einladung des saudi-arabischen Königs Fahd an den kuwaitischen Emir zum Gipfeltreffen am 31. Juli 1990 in Dschidda, Saudi-Arabien

51 Ibid.

52 Vgl. Emery, Open Magazine Pamphlet Series, Nr. 9, SD. 8

53 George D. Moffet III, »PLO Chief Says US Thwarted Efforts to Resolve Gulf Conflict«, Christian Science Monitor, 5. Februar 1990

54 Foreign Broadcast Information Service, »Columnist Urges Kuwait to Reject U.S. Support«, Jordan, FBIS-NES-90-140, 20. Juli 1990, S. 27; Mu'nis al-Razzaz, Amman AL-DUSTUR (in arabisch), »Last Station: The Real Dispute: Between the Near and the Far«, JN2007102590

55 Ellen Ray und William Sharp, »Disinformation and Covert Operations«, Covert Action Information Bulletin, 9

56 American Foreign Policy: Current Documents, Document 260 (Washington D.C.: Außenministerium), S. 458

57 John Gittings, »Introduction«, in: Beyond Gulf War (London: Catholic Institute for International Relations), S. 8

58 Vgl. Hedges

59 Keesing's Record of World Events, 1990, Ref. 37390, zur Tunesien-Erklärung und zur Beschlagnahmung der »Superkanonen«-Teile durch die Briten

60 Murray Waas, »Who Lost Kuwait?« Village Voice, 22. Januar 1991

61 UN-Sicherheitsrat, Dokument S/PV. 2933, Erklärung des kubanischen UN-Botschafters Ricardo Alarcon zur Resolution 661 zur Verhängung von Sanktionen gegen den Irak, S. 41

62 Vgl. Schwarzkopf, Aussage vor dem Streitkräfte-Ausschuß

63 Vgl. Cooley, S. 184

64 Vgl. Waas

65 John Pilger, »Sins of Omission«, The British New Statesman, 8. Februar 1991, S. 8

66 James Tanner, »Iraq-Kuwait Strains May Disrupt OPEC Bid for Pact to Prop Up World Oil Prices«, Wall Street Journal, 25. Juli 1990, A 2

67 »The Glaspie Transcript: Saddam Meets the US-Ambassador«, in: Micah Sifry und Christopher Cerf, Hg., The Gulf War Reader (New York: Times Books, 1991), S. 130

68 Leslie H. Gelb, »Mr. Bush's Fateful Blunder«, New York Times, 17. Juli 1991, A 21

69 Thomas Friedman, »Envoy to Iraq, Faulted in Crisis, Says She Warned Hussein Sternly«, New York Times, 21. März 1991

70 »U.S. Messages on the July Meeting of Saddam Hussein and American Envoy«, New York Times, 13. Juli 1991. Vgl. a. Sydney Blumenthal, »April's Bluff: The Secrets of Ms. Glaspie's Cable«, The New Republic, 5. August 1991

71 Stewart M. Powell, »Critics Ask if U.S. Sent Iraq Wrong Signals«, San Francisco Examiner, 24. September 1990, A12.

72 Entwicklungen im Nahen Osten, Juli 1990. Bericht des Unterausschusses für Europa und den Nahen Osten des außenpolitischen Ausschusses des Repräsentantenhauses (Washington, D.C. Government Printing Office, 1990), S. 14

73 Vgl. Salinger

74 James Ridgeway, The March to War (New York: Four Walls Eight Windows Press, 1991), S. 60

75 Vgl. Emery, Open Magazine Pamphlet Series Nr. 9

76 Vgl. Salinger, S. 112

77 Vgl. UN-Sicherheitsrat

78 Ibid.

79 Michael Emery, Interview vom 14. Januar 1991

80 Vgl. Cooley, S. 201

81 Vgl. Woodward

82 Vgl. Woodward, S. 258–259

83 Vgl. Woodward, S. 276

84 Andrew Rosenthal, »Bush Sends U.S. Forces to Saudi Arabia as Kingdom Agrees to Confront Iraq«, New York Times, 8. August 1990, A8

85 Vgl. Sifry und Cerf, S. 197

86 »Niederschrift der Ansprache des Präsidenten vor der Gemeinsamen Sitzung beider Häuser des Kongresses«, New York Times, 12. September 1990, A20

87 Vgl. U.S. News & World Report, Triumph Without Victory, S. 97–98

88 Jean Heller, »Public Doesn't Get the Picture with Gulf Satellite Photos«, St. Petersburg Times, 6. Januar 1991. Abgedruckt in: These Times, 27. Februar – 19. März 1991, S. 7

89 »Where Are the Troops?«, Newsweek, 3. Dezember 1990

90 In: These Times, 27. Februar – 19. März 1991, S. 7

91 Vgl. Ridgeway, S. 84

92 Thomas Friedman, »U.S. Jobs at Stake in Gulf, Baker Says«, New York Times, 14. November 1990

93 Vgl. Ridgeway, S. 84

94 Seymour Hersh, deutsche Ausgabe: Atommacht Israel: Das geheime Vernichtungspotential im Nahen Osten, 1991

95 Vgl. Pelletiere et al., S. 14–15

96 John Broder und Douglas Jehl, »Experts Say Iraq's Military Is Formidable, But Flawed«, Philadelphia Inquirer, 19. August 1990, A13 (Abdruck aus der Los Angeles Times)

97 Middle East Watch, »Kuwait's 'Stolen' Incubators: The Widespread Repercussions of a Murky Incident«, Weißbuch, Band 4, Ausgabe 1 (6. Februar 1992), S. 5

98 Ibid.

99 John R. MacArthur, »Remember Nayirah, Witness for Kuwait?«, New York Times, 6. Januar 1992, A 17

100 Newsweek, 10. September 1990, S. 17

101 Robert Parry, »The Peace Feeler That Was«, The Nation, S. 480–482

102 Youssef M. Ibrahim, »Saudi Prince Hints at Deal with Iraq for Kuwaiti Port«, New York Times, 23. Oktober 1990, S. 1

103 Ibid.

104 Philip Shenon, »Hussein Offers to Talk with U.S.«, New York Times, 16. November 1990, A14

105 Vgl. Ridgeway, S. 63

106 Vgl. Ridgeway, S. 135

107 Fred Bruning, »Hussein Accused of Running a 'Hostage Bazaar'«, New York Newsday, 25. Oktober 1990, S. 13

108 Vgl. Ridgeway, S. 172

109 George Bush, »The Letter to Saddam – January 9, 1991«, in: The Gulf War Reader, Micah Sifry und Christopher Cerf, Hg. (New York: Times Books, 1991)

110 Bill Moyers, PBS Special Report: After the War, Frühjahr 1991

111 Vgl. Mathews

112 Vgl. Emery, Open Magazine Pamphlet Series Nr. 9, S. 15

113 Scott Armstrong, »Eye of the Storm«, Mother Jones, November/Dezember 1991, S. 75

114 Rick Atkinson, »U.S. to Rely on Air Strikes if War Erupts«, Washington Post, 16. September 1990, A1

115 Leitartikel: »Longing for War?«, New York Times, 5. Mai 1991, E16

116 Vgl. Woodward, S. 353

2. Kapitel

1 Scott Armstrong, »Eye of the Storm«, Mother Jones, November/Dezember 1991

2 Matti Peled, »United States' Irresponsibility«, Third World War, Sommer 1991 (veröffentlicht vom Sprecher der Bertrand Russell Peace Foundation, Nottingham, UK)

3 Rick Atkinson, »U.S. to Rely on Air Strikes if War Erupts«, Washington Post, 16. September 1990, A1

4 Craig Whitney, »B-52 Crews in England Tell of High-Altitude Strikes on Iraqi Targets«, New York Times, 8. März 1991

5 World Almanac and Book of Facts: 1992 (New York: Pharos Books, 1991), S. 35

6 R.W. Apple Jr., »Commander Claims Gains in Breaking Iraqi Army's Will«, New York Times, 5. Februar 1991, A1

7 John Cushman, Jr., »Military Experts See a Death Toll of 25 000 to 50 000 Iraqi Troops«, New York Times, 1. März 1991, A1

8 Melissa Healy und John Broder, »Number of Iraqis Killed in War May Never Be Known«, Los Angeles Times, 8. März 1991, A7; vgl. a. Simon Tisdall, »No Haven from the Horror«, Manchester Guardian/Le Monde (Weekly English Edition), 31. März 1991

9 New York Times, 23. März 1991, S. 4

10 James Gerstenzang, »Tens of Thousands of Iraqi Soldiers' Bodies Left Behind«, Los Angeles Times, 1. März 1991, S. 8

11 Interview mit Ted Saunders, Leiter der Illinois Veterans Task Force, Chicago; vgl. auch Heroes Today, Homelesse Tomorrow? Homelessness Among Veterans in the United States (Washington, D.C.: National Coalition for the Homeless, November 1991), vi.

12 Paul Rogers, »The Myth of the Clean War«, Covert Action Information Bulletin, Sommer 1991, S. 29

13 David Noble, »Professors of Terror«, Third World Resurgence (Penang, Malaysia) 18/19 (Februar-März 1992), S. 34

14 »Allies Drop Napalm on Iraqi Lines«, International Herald Tribune, 25. Februar 1991

15 Stephen Sackur, On the Basra Road (London: London Review of Books, Ltd., 1991), S. 23

16 Vgl. Rogers

17 Mark Crispin Miller, »Operation Desert Sham«, New York Times, 24. Juni 1992, A21

18 Minneapolis Star-Tribune, »Hussein to Be Target in War, Say Pentagon«, 11. Januar 1991, S. 7. Abdruck in Newsday

19 Patrick Tyler, »Cheney Cancels News Briefings on Gulf Assault«, New York Times, 24. Februar 1991, A1

20 John MacArthur, Second Front: Censorship and Propaganda in the Gulf War (New York: Hill and Wang, 1992), S. 202

21 Rick Atkinson, »Outflanking Iraq: Go West, 'Go Deep'; After Months of Preparation, Army Swept Quickly Around and Through Opposition«, Washington Post, 18. März 1991, A1

22 Nachrichtenagentur Reuters, »Getting Blown to Bits in the Dark«, The Toronto Globe and Mail, 25. Februar 1991

23 William Branigin, »Gruesome Examples of Horrors of War Abound in Iraqi Desert«, Washington Post, 3. März 1991, A34

24 Michael Gordon, »G.I.'s Recall Destruction of Powerful Iraq Force«, New York Times, 8. April 1991

25 Knute Royce und Timothy Phelps, »Pullback a Bloody Mismatch«, Newsday, 31. März 1991, S. 7.

26 Patrick Sloyan, »Massive Battle After the Ceasefire«, Newsday, 8. Mai 1991, S. 4

27 Patrick Sloyan, »Buried Alive«, Newsday, 12. September 1991, A1

28 Vgl. Royce und Phelps

29 Bill Moyers, PBS Special Report: After the War, Frühjahr 1991

30 Vgl. Royce und Phelps

31 Steve Coll und William Branigin, »U.S. Scrambled to Shape View of Highway of Death«, Washington Post, 11. März 1991, A1

32 Bob Drogin, »On Forgotten Kuwait Road, 60 Miles of Wounds War«, Los Angeles Times, 10. März 1991, A 1.

33 Vgl. Moyers

34 Frank Smyth, »Who Are Those Guys? How Intelligence Agents Are Trying to Remake the Iraqi Opposition«, Village Voice, 26. März 1991

35 Michael Wines, »Kurd Gives Account of Broadcasts Tied to CIA Urging Iraqi Revolt«, New York Times, 6. April 1991, S. 1

36 Barton Gellman, »'Voice of Free Iraq' at Heart of Debate over U.S. Backing of Rebels«, Washington Post, 9. April 1991, A17

37 Elaine Sciolino, »Radio Linked to CIA Urges Iraqis to Overthrow Hussein«, New York Times, 16. April 1991, A9

38 Michael Wines, »CIA Joins Military Move to Sap Iraqi Confidence«, New York Times, 19. Januar 1991; vgl. a. Gellman, »'Voice of Free Iraq'«

39 Associated Press, »CIA Reportedly Got OK to Help Rebels«, San Francisco Chronicle, 5. April 1991

40 Vgl. Risdall, »No Haven from the Horror«; vgl. a. Edward Gargan, »Stoic, Iraqis Surrender to a Journalist«, New York Times, 16. April 1991, A9

41 »One Million Kurds Reported Fleeing Iraq«, Facts on File, 11. April 1991, S. 254

3. Kapitel

1 Barton Gellman, »U.S. Bombs Missed 70% of the Time«, Washington Post, 16. März 1991, A1

2 Abeed Abed und Gavrielle Gemma, »Impact of the War on Iraqi Society«, Bericht über die Reise im Auftrag der Kommission vom 3. bis 14. April 1991

3 Barton Gellmann, »Allied Air War Struck Broadly in Iraq«, Washington Post, 23. Juni 1991, A1

4 Ibid.

5 Vgl. Gellmann, »U.S. Bombs Missed 70% of the Time«

6 Michael Gordon, »Desert Missions by Commandos Aided in Victory«, New York Times, 1. März 1991, A1

7 Michael Evans, »How The SAS Took Out the Scuds... by Major«, London Times, 15. Mai 1991, S. 1

8 Paul McEnroe, »Commandos in Iraq Guide Allied Bombers«, Minneapolis Star-Tribune, 21. Februar 1991, 1A; Joshua Hammer, »'Special Ops': The Top-Secret War«, Newsweek, 18. März 1991, S. 32

9 Michael Gordon, »Pentagon Study Cites Problems with Gulf Effort«, New York Times, 23. Februar 1992, A1

10 Vgl. Abed und Gemma

11 Dennis Bernstein und Larry Everest, »Health Catastrophe in Iraq«, Z Magazine, Juni 1991, S. 27

12 Aussage von Dr. Levinson, M. D., bei den Anhörungen der Untersuchungskommission am 14. September in San Francisco und am 15. September in Los Angeles

13 »Zusammenfassung der Recherchen des Internationalen Fernmeldevereins (ITU) zur Telekommunikation in Irak«, aus dem Bericht über humanitäre Angelegenheiten in Irak, dem Generalsekretär vorgelegt von einer Delegation unter Leitung von Sadruddin Aga Khan, Leitender Abgesandter des Generalsekretärs, datiert vom 15. Juli 1991, Annex 10

14 Vgl. Bernstein und Everest

15 Aussage Paul Walkers, Direktor des Instituts für Frieden und internationale Sicherheit am Massachusetts Institute of Technology, bei der Anhörung der Untersuchungskommission in Boston und New York am 11. Mai 1991

16 Ed Vulliamy, »Limbs and Lives Blasted Away by Allied Bombs«, The Guardian, 3. Mai 1991

17 Middle East Watch, »Needless Deaths in the Gulf War: Civilian Casualties During the Air Campaign and Violations of the Laws of War« (New York: Human Rights Watch, 1991), S. 99

18 Laurie Garrett, »The Dead«, Columbia Journalism Review, Mai/Juni 1991

19 Anhörungen des Europäischen Parlaments zu den US-Kriegsverbrechen am Golf, März/April 1991, Brüssel

20 Miriam Martin, Gulf Peace Team, Gespräche mit Anwohnern im Stadtviertel Al-Amariyah, der Untersuchungskommission vorgelegt, Copyright 1992, Sati-Castek-Martin

21 Aussage von Prof. Mohammed Khader beim Internationalen Tribunal gegen Kriegsverbrechen am 29. Februar 1992 in New York City

22 Dokument S/22205 des UN-Sicherheitsrates vom 7. Februar 1991, vorgelegt vom Ständigen Vertreter Jordaniens beim Generalsekretär

23 Vgl. Middle East Watch, S. 205

24 Chronicle Wire Services, »News Reports That Allied Bombs Have Hit Civilians on Highway«, San Francisco Chronicle, 1. Februar 1991, S. 25

25 Angaben des stellvertretenden irakischen Premierministers Ramadam gegenüber Mitgliedern der Muhammad-Ali-Friedensdelegation am 30. November 1990

26 David Lauter und Kim Murphy, »Trade Embargo Already Putting Squeeze on Iraq«, Los Angeles Times, 9. August 1990, A1

27 Dokument S/2236 des Sicherheitsrats, Bericht an den Generalsekretär über humanitäre Fragen in Kuwait und Irak in der Zeit unmittelbar nach dem Krieg, vorgelegt von einer Delegation unter Leitung von Martti Ahtisaari, Unter-Generalsekretär für Verwaltung, 20. März 1991, S. 6

28 E. Faye Williams, the Peace Terrorists: A Personal Story on the Middle East Crisis (Washington, D.C.: EFW Publishers, 1991)

29 James Fine, »Exceptions to the UN Trade Embargo Against Iraq: Security Council Resolutions 661 and 665 and Humanitarian Law«, Office of the International Programs, University of Pennsylvania, 15. September 1990

30 International Physicians for the Prevention of Nuclear War, »Middle East Trip Report«, 14.–22. Dezember 1990 (Cambridge, MA: IPPNW, 1990)

31 Vgl. Ahtisaari, S. 13

32 Ibid., S. 5

33 Ibid., S. 5

34 Anne McIlroy, »Plan to Save Iraqi Children Stalled by Federal Inaction«, Ottawa Citizen, 14. Mai 1992

35 Vgl. Aga Khan, S. 33

4. Kapitel

1 Paul Lewis, »U.N. Survey Calls Iraq's War Damage Near-Apocalyptic«, New York Times, 22. März 1991, 1.

2 Sadruddin Aga Khan, »Help Iraq Help Its People«, New York Times, 14. Sepember 1991, Op.-Ed.

3 General H. Norman Schwarzkopf, »Threat Assessment; Military Strategy; and Operational Requirements«, Aussage vor dem Verteidigungsausschuß des Senats, 8. Februar 1990, S. 577–579

5. Kapitel

1 »Carbon Release in the Persian Gulf«, Earth Island Journal, Sommer 1991, S. 45

2 Penny Kremp: »For Generations to Come: The Environmental Catastrophe«, aus Phillis Bennis und Michel Moushabeck (Hrsg.): Beyond the Storm: A Gulf Crisis Reader (Olive Branch Press, New York 1991), S. 326

3 Brian Tokar, »Disaster in the Gulf and Poison at Home«, Z Magazine, Dezember 1991, S. 57

4 Siehe Kemp, S. 332

5 Zitiert in »Violations of the Geneva Protocols on the Environment by the U.S.« (Arms Control Research Center, San Francisco).

6 Ibid.

7 »Excerpts from Briefing at Pentagon by Cheney and Powell«, New York Times, 24. Januar 1991, A11

8 New York Times, 31. Januar 1991

9 Financial Times (London), 4. Februar 1991; siehe auch »Counting the Human Costs of the Gulf War«, MET Report Background Papers (London: Medical Educational Trust, Juli 1991), S. 15

10 Aussage von Ross Mirkarimi, Koordinator des Persian Gulf Project des Arms Control Research Center in San Francisco, beim Hearing der Untersuchungskommission in Los Angeles am 15. September 1991

11 Nick Cohen, »Radioactive Waste Left in Gulf by Alies«, London Independent, 10. November 1991

12 James Ridgeway, Using Nuclear Bullets (Moving Target Column)«, Village Voice, 15. Februar 1991

13 John H. Miller, Hidden Casualties, Volume II: Environmental and Human Impacts of the Gulf War (Arms Control Research Center, Brooklyn, NY)

14 Miller, Hidden Casualties

15 John H. Miller, »Environmental Fallout from the Gulf War«, Fellowship, April/Mai 1991; siehe auch Laura Glassman und Jacquelyn Walsh, »Oil Spills and Oil Fires«, Earth Island Journal, Frühjahr 1991, S. 43 und S. 48

16 Arbeitsgruppe zu den Umweltauswirkungen des Golfkriegs, zusätzliche Schäden: Environmental and Other considerations of the War in the Gulf (Institute for Environental Studies, Universität Toronto), S. 40

17 Philip Shenon, »Another Oil Spill Perils the Gulf«, New York Times, 31. Januar 1991, A11

18 Malcolm Spaven, »Gulf Oil Slick: Whose Pollution?«, Earth Island Journal, Sommer 1991, S. 48

19 Andrew Rosenthal, »Bush Calls Gulf Oil Spill a 'Sick Act' by Hussein«, New York Times, 25. Januar 1991, S. 5

20 Vgl. Spaven

21 Louis Peck, »The Spoils of War«, The Amicus Journal, Frühjahr 1991

22 Friends of the Earth, Washington, D.C.

23 Randy Thomas, »Nations Paralyzed as Oil Pours from a Wounded Earth«, Earth Island Journal, Sommer 1991, S. 48

24 Harvard International Study Team, »Environmental and Agricultural Survey: The Impact of the Gulf Crisis on the Environment and Agriculture in Iraq«, Appendix B, A. 3. 2. of Health and Welfare After the Gulf Crisis: An In-Depth Assessment, Oktober 1991

25 John Horgan, »Science and the Citizen: Burning Questions« und »Why Are Data from Kuwait Being Withheld?«, Scientific American, Juli 1991, S. 20

26 Tom Fiedler, »Up to 50 Oil Fires Smother Kuwait in Pall of Smoke«, San Jose Mercury News, 13. Februar 1991

27 John Horgan, »Science and the Citizen: Up in Flames« und U.S. Gags Discussion of War's Environmental Effects«, Scientific American, Mai 1991, 17–24

28 Siehe Horgan, »Burning Questions«

29 Siehe Horgan, »Burning Questions« und »Up in Flames«

30 O. J. Vialls, »Another Middle East Oil Disaster?«, Australian Guardian, 25. März 1992

31 Charles Hirshberg, »Hell on Earth«, Life, Juli 1991, 45

32 O. J. Vialls, Brief an die Untersuchungskommission, 29. Oktober 1991

33 O. J. Vialls, »Possible Strategic Disinformation: The Ignition of 500 Oil Wells in Kuwait and Iraq«, Notiz an Senator Jo Vallentine, Westaustralien, 17. April 1991

34 Siehe Horgan, »Burning Questions«

35 Randy Thomas (GEERT), zitiert in Angela Blackburn, »Deadly Ecologocal War Rages On in the Persian Gulf«, Oakville Beaver, 20. September 1991, S. 3

36 William Booth, »You Can Taste the Oil«, Washington Post, 12. April 1991, A29

37 Matthew Wald, »Experts Say Kuwait Fires May Shorten Lives«, New York Times, 14. August 1991, A29

38 Anne McIlroy, »Ecological Legacy of the Gulf War Still Unknown Factor in Iraq, Kuwait«, The Vancouver Sun, 22. November 1991, A13

39 Fred Pearce und Stephanie Pain, »Oil from Kuwaiti Wells Still Pouring into the Desert«, New Scientist, 9. November 1991, S. 14

40 Reto Pieth, »Toxic Military«, The Nation, 8. Juni 1992, S. 773

6. Kapitel

1 Siehe George Abed, »The Palestinians and the Gulf Crisis«, Journal of Palestine Studies, Winter 1991, S. 29

2 Middle East Watch, »A Victory Turns Sour: Human Rights in Kuwait Since Liberation«, September 1991

3 New York Times, 30. Juni 1991

4 Associated Press, »Kuwaiti Royalty: Killers?«, New York Newsday, 29. März 1991

5 Andrew Rosenthal, »Bush Not Pressing Kuwait on Reform«, New York Times, 3. April 1991

6 Siehe Middle East Watch, S. 57

7 Aus der Geheimhaltung freigegebenes 200-Seiten-Weißbuch des Pentagon über den Wiederaufbau Kuwaits durch die US-Streitkräfte. Sandy Close und Dennis Bernstein, »Pentagon Planners Outline Key U.S. Military Role in Kuwait Recovery«, Pacific News Service, 25. Februar 1991

8 Aussage von Dr. M. A. Samad-Matias, Professor für Afrikanische und Karibische Studien an der City University of New York, beim Hearing der Untersuchungskommission in New York am 11. Mai 1991

9 Chris Hedges, »Foreign Women Lured into Bondage in Kuwait«, New York Times, 3. Januar 1992

10 Judith Miller, »Ousted Yemenis a New Burden to Their Nation«, New York Times, 30. Oktober 1990, A1

11 Zum folgenden Abschnitt vgl. Hedges

12 Siehe auch Middle East Watch, S. 21–23

13 Gregory Nojeim, Kommittee gegen die Diskriminierung arabischer Amerikaner, Washington D.C.

14 Jinsoo Kim und Beth Stephens, Brief des Center for Constitutional Rights, New York, 31. Januar 1991

15 Tod Ensign, »Resistance Grows«, On Guard 11, 1991 (herausgegeben von Citizen Soldier, New York)

16 Robert S. Rivkin, »Kuwaiti-Style Military Justice at Camp LeJeune«, The National Lawyers Guilt Practitioner, Frühjahr 1991, S. 51–53

7. Kapitel

1 Zechariah Chafee, Free Speech in the United States (Cambridge University Press, Cambridge 1948), S. 21

2 Zitiert in Thomas I. Emerson, The System of Free Expression (Random House, New York 1970), S. 51

3 Leonard W. Levy, Freedom of Speech and Press in Early American History (Harvard University Press, Cambridge, Massachusetts 1960), S. 87

4 Paul Leicester Ford (Hrsg.), The Writings of Thomas Jefferson, Band 9 (New York 1892–1899), S. 452

5 Jim Naureckas, »Gulf War Coverage: The Worst Censorship Was at Home«, EXTRA! (Fairness and Accuracy in Reporting), Mai 1991

6 New York Times, 4. März 1991

7 Robert Fisk, »War Journalism: Media Surrender«, San Francisco Examiner, 6. Februar 1991 (nachgedruckt nach dem »London Independent«)

8 George Will, »Wolf Out of Babylon«, Washington Post, 3. August 1990

9 Siehe Naureckas

10 Carl Nolte, »Searching for the Real War«, San Francisco Chronicle, 23. Januar 1991, A1.

12 Peter Ford, »Pool System Inadequate, Western Journalists Say«, Christian Science Monitor, 12. Februar 1991, S. 3

13 William Boot, »The Pool«, Columbia Journalism Review, Mai/Juni 1991, S. 24

14 Die Berichte in diesem Abschnitt stammen, soweit nicht anders vermerkt, aus »STOP PRESS: The Gulf War and Censorship, Artikel XIX, Februar/März 1991 (International Centre Against Censorship«, London)

16 Alexander Cockburn, »When the U.S. Press Fled Baghdad«, The Nation, 27. Januar 1992, S. 78

17 John Chancellor, »War Stories«, New York Times, 1. April 1991, A17

18 Alle Berichte in diesem Abschnitt stammen aus »Casualties at Home: Muzzled Journalists«, EXTRA! (Fairness and Accuracy in Reporting), Mai 1991, 15.

19 Siehe »STOP PRESS: The Gulf War and Censorship«

20 Reuters-Associated Press, »Even Troops Blanch at Death Video«, Toronto Star, 24. Februar 1991

21 Michael Wines, »CIA Joins Military Move to Sap Iraqui Confidence«, Washington Post, 19. Januar 1991, S. 9; Jim Hoagland, »Those Phantom Helicopters«, Washington Post, 3. März 1991, C4

22 Ellen Ray und William Schaap, »Disinformation and Covert Operations«, Covert Action Information Bulletin, Sommer 1991, S. 11–12; John Cooley, Payback: America's Long War in the Middle East (Brassey's, New York 1991), S. 223

23 »Where Are the Troops?«, Newsweek, 3. Dezember 1990

24 Molly Moore, »Bombing Damage Hard to Assess«, Washington Post, 7. Februar 1991, A1

25 Pressemitteilung des Pentagon, Juli 1991

26 Michael Burton, »US Media Look Back at Desert Storm: The Iraqis That Got Away«, EXTRA!, April/Mai 1992, S. 27

27 »Desert Storm Plus 1: Vigilance Is the Price for Leaving Saddam Hussein in Power« (Leitartikel), Houston Post, 16. Januar 1992, A34

28 Siehe Burton, »U.S. Media Look Back at Desert Storm«

29 Patrick Tyler, »U.S. Strategic Plan Calls for Insuring No Rivals Develop«, New York Times, 8. März 1992, A1
30 Sean McBride, Many Voices/One World: The McBride Report (UNESCO, Paris 1980)
31 Philip S. Foner (Hrsg.): The Complete Writings of Thomas Paine, 1945, Band 1, S. 604

8. Kapitel

1 U.S. News & World Report, Triumph without Victory: The Unreported History of the Persian Gulf War, Times Books, New York 1991, S. 97
2 Vgl. Stephen C. Pelletiere et al., Iraqui Power and U.S. Security in the Middle East (Charlisle Barracks, PA: U.S. Army College Strategic Studies Institute), S. 51–52; Michael Wines, »Years Later, No Clear Culprit in Gassing of Kurds«, New York Times, 28. April 1991, 13 und Washington Post, 3. Mai 1990
3 Phyllis Bennis, »U.S. Bribes, Threats Win U.N. War Support«, The Guardian, 12. Dezember 1990
4 Phyllis Bennis, »Bush's Tool and Victim«, Covert Action Information Bulletin, Sommer 1991, 4
5 James Madison, Letters and Other Writings of James Madison, Fourth President of the United States, Volume II (R. Worthington, New York 1884), S. 131
6 Bob Woodward, The Commanders (Simon & Schuster, New York 1991), S. 318–320
7 Henry Gonzalez, »Terms of Impeachment«, The Texas Observer, 25. Januar 1991
8 James D. Richardson (Hrsg.), Messages and Papers of the Presidents, Band 1 (Bureau of National Literature and Art, 1903), S. 326–327
9 Maureen Dowd, »Immersing Himself in Nitty-Gritty, Bush Barnstorms New Hampshire«, New York Times, 16. Januar 1992, A1

Über den Autor

Ramsey Clark, geboren 1927, stellvertretender US-Justizminister unter John F. Kennedy, Justizminister unter Lyndon B. Johnson (bis 1968), Unterhändler von Jimmy Carter während der US-Geiselaffäre im Iran, international anerkannter Rechtsanwalt und Menschenrechtsaktivist, in den letzten 20 Jahren scharfer Kritiker der US-Außenpolitik gegenüber kleinen Staaten wie Vietnam, Grenada, Libyen, Nicaragua und Panama, Autor des US-Bestsellers »Crime in America« (Verbrechen in Amerika, 1970).